बुनियाद-II

मनोहर श्याम जोशी

सम्पादक

भूपेन्द्र अबोध

वाणी प्रकाशन

प्रकाशन के उत्कृष्टतम 61 वर्ष

सजिल्द पहला संस्करण : 2012
सजिल्द दूसरा संस्करण : 2018

vaniprakashan.com

वाणी प्रकाशन

4695, 21-ए, दरियागंज, नयी दिल्ली-110 002

फ़ोन : +91 11 23273167, 23275710

शाखाएँ

अशोक राजपथ, पटना-800 004, बिहार
कॉफ़ी हाउस कैम्पस, महात्मा गांधी मार्ग, प्रयागराज-211 001, उत्तर प्रदेश
महात्मा गांधी अन्तरराष्ट्रीय हिन्दी विश्वविद्यालय, वर्धा-442 001, महाराष्ट्र

sales@vaniprakashan.in
vaniprakashan@gmail.com

Buniyad-II
by Manohar Shyam Joshi

Edited by Bhoopendra Abodh

ISBN : 978-93-5000-956-7
Novel

मूल्य : ₹ 495

जी.एस. ऑफ़सेट, दिल्ली-110 095 में मुद्रित

वाणी प्रकाशन का लोगो मक़बूल फ़िदा हुसेन की कूची से

भूमिका

'बुनियाद' धारावाहिक को पुस्तकाकार प्रकाशित करने की योजना राजकमल प्रकाशन की प्रकाशिका श्रीमती शीला संधू जी की थी। जोशी जी ने इसका दायित्व श्री भूपेन्द्र अबोध जी को सौंपा। श्रीमती संधू जी के सुझाव के अनुसार इसमें सारे सम्वाद उसी तरह ज्यों-के-त्यों रहने दिए गए और उन्हें इस तरह सम्बद्ध कर दिया गया कि कथा का प्रवाह भी अखण्ड बना रहे।

इसका पहला खण्ड 1988 में प्रकाशित हुआ था। अब वाणी प्रकाशन के प्रकाशक श्री अरुण माहेश्वरी जी के आग्रह पर शेष कथा को दूसरे और तीसरे खंड में प्रकाशित किया जा रहा है। इसके लिए भी अबोध जी के अतिरिक्त और कौन व्यक्ति हो सकता था! अब लोकप्रिय धारावाहिक के तीनों खंड पाठकों के सम्मुख हैं। आशा है आप 'बुनियाद' की कथा व सम्वादों का रसास्वादन इनके द्वारा कर पायेंगे।

मैं अबोध जी के इस परिश्रम के लिए धन्यवाद की औपचारिकता में न पड़ उनकी व अरुण माहेश्वरी जी की हार्दिक आभारी हूँ।

श्रीमती भगवती जोशी

सपन सेनगुप्ता हाथ में 'जिन' का ग्लास लिये निवेदिता के कमरे में आता है। सेल्फ पर सजी निवेदित की तस्वीरें एवं अन्य चीजें देखता है। एक तस्वीर उठाता है जिसमें किशोरी निवेदिता सेनगुप्ता से लिपटी हुई है। एक घूंट पीने के बाद गहरी सांस भरता है : बच्चे बड़े क्यों हो जाते हैं?

तभी सुजाता की आवाज सुनाई पड़ती है: दादा, निवेदिता के कमरे में हो क्या?

सेनगुप्ता ग्लास कहीं ओट में छिपाता है। सुजाता हाथ में प्रसाद और चरणामृत की थाली लिये आती है : आज ठाकुर पूजा के लिए आए नहीं?

सेनगुप्ता : ठाकुर मेरी सुनते ही नहीं कुछ। क्या करता आकर?

सुजाता : सारा कुछ तो दिया है उन्होंने। लो, प्रसाद और चरणामृत लो।

सेनगुप्ता : मेरी निवेदिता लौटाने को कहा ठाकुर से?

सुजाता : ठाकुर से क्या कहना है? अरुन्धति से कहो।

सेनगुप्ता : जिसने इतना अपमान किया उसके आगे हाथ जोड़ूं?

सुजाता का ध्यान छिपाकर रखे शराब के ग्लास की ओर जाता है : ये क्या दादा, भोर बेला से ही शुरू कर दिया?

सेनगुप्ता : नौ बजे का समय है, भोर बेला कहां?

सेनगुप्ता ग्लास उठाने को है कि सुजाता छीनती है : डा॰ रॉय ने मना किया। फिर क्यों पीते हो?

सेनगुप्ता : उनसे पूछो जिन्होंने पीने के लिए मजबूर किया। पहले माँ ने, फिर बेटी ने।

सुजाता : अरुन्धति में बहुत-सी बुराइयां हैं ये मैं मानती हूँ, लेकिन पीना तुमने उसकी वजह से शुरू नहीं किया सपन दा। तुम तो पहले से ही पीते थे।

सेनगुप्ता : पहले भी तो दुःख ही दुःख मिला गृहस्थी में।

सुजाता : सपन दा, तब तो ज्यादा दोष तुम्हारा था।

सुजाता के हाथ से ग्लास वापस लेकर एक घूंट पीता हुआ पूछता है : मेरा दोष? तभी डा॰ रॉय आता है।

सेनगुप्ता : मेरा? मेरा दोष ये था कि शायद मैंने परफैक्शन चाहा।

तभी डा॰ रॉय पहुचता है : क्यों सेनगुप्ता मोशाय, अब अपना रूम इधर में बना लिया क्या?

सेनगुप्ता : बार-बार चरण इधर ही खिंचे चले आते हैं डाक्टर रॉय। मन में होता है कि निवेदिता वहीं बैठी मिलेगी जहां उसे नई साड़ी पहनने के लिए छोड़ आया था।

डा॰ रॉय : सुनो सुजाता, तुम लोग इनका पीना कम नहीं करा सकते तो मेरे को बुलाते क्यों हो बाबा?

सुजाता : मेरे वश का तो है नहीं। निवेदिता ही कुछ कर पाती थी।

डा॰ रॉय : तो निवेदिता को बुलाना होगा।

सुजाता : दो बार गई मैं उसे बुलाने। वो नहीं आई।

डा॰ रॉय : क्यों? निवेदिता तो अपने बाबा से अनेक अटैच्ड। मुझसे रोज पूछता है बाबा के बारे में।

सेनगुप्ता : मेरे बारे में पूछती है मगर मेरे को नहीं पूछती है। उसके लिए वो बदमाश रोशनलाल दुनिया का सबसे अच्छा आदमी है। उसीसे मिलने-जुलने की सुविधा के लिए अपनी माँ के यहां गई है वो।

डा॰ रॉय : असम्भव।

सेनगुप्ता : सुजाता से पूछो। ये भी पहले असम्भव कहती थी।

सुजाता : हां डॉक्टर मोशाय। अरुन्धति के यहां उस लड़के का भी आना-जाना है।

डा॰ रॉय : अच्छा? ऐसी बात? ठीक है। मैं रोशनलाल के पिता से बात करूंगा। वो भी तो मेरा पेशेण्ट।

सुजाता : उन्हें यहीं क्यों नहीं ले आते?

डा॰ रॉय : ले आऊँगा।

लाजो अपनी छोलदारी में बैठी गेहूं फटक रही है। उसके पास एक फार्म पड़ा हुआ है। रोशन गाता हुआ आता है : तू डाल-डाल मैं पात-पात बिन पकड़े कभी न छोड़ूं रे...! लो माताजी, सम्हालो कटोरदान। मेरे को ये समझ में नहीं आता कि जब आपके पीछे भरजाई जी होरी ने अपनी रोटी आप डाली तो अब आप फिर क्यों भेजने लगे हो?

लाजो : अगर तुम लोगों को दे के आने में भी तकलीफ होती हो तो मैंने दे भी आप ही आनी है।

रोशन : माताजी, आप तो उल्टे हम पर गुस्से होते हो। और पिताजी किधर गये?

लाजो : सतबीर के साथ मंगला की मीटिंग में, और वहीं से अम्बाले निकल जाने हैं। भगाई हुई औरतों को एक मुल्क से दूसरे मुल्क लौटवाने और बसाने का जो काम शुरू हुआ है उसीके सिलसिले में।

रोशन : वहां तो वो प्रज्ञावती बहन जी आने वाली थीं?

लाजो : प्रज्ञावती बहन जी नहीं आईं तभी मंगला हार के तेरे पिताजी को बुलाके ले गयी। भूषण मिला?

रोशन : प्राजी तो अब तक दफ्तर से लौटे ही नहीं थे।

लाजो : कुछ काम पड़ गया होना है।

रोशन : जी, काम का तो बहाना है। घर आने से डरते हैं। और हां,

लाजो : और हां, पुश्तैनी जायदाद के क्लेम के बारे में पूछ रही थीं भरजाई जी। मैंने तो उस दिन ही कह दिया था कि इसे भरेगा तो लभायाराम ही।

लाजो फार्म निकाल कर दिखाती है : वो तो मैंने कल भरवा लिया। तेरे पिताजी से। बहुत मना कर रहे थे। मैंने कहा जब लभायाराम ने भरा ही नहीं तो आपने ही भरना हुआ। लाला गेंदामल आपके भी बाऊजी थे। और जो आपने भी नहीं भरना है तो किसी और ने भर लेना है।

रोशन : हाँ, दो गवाह जुटा लेने हैं कि कूचा राधाकिसन वाला मकान भी अपना था और ग्वालमंडी और निस्बत रोड वाली दुकानें भी।

लाजो : मास्टरजी बोले कि लभायाराम की अमानत मानते हुए भर देता हूँ।

रोशन : खयानत हम कर लेने हैं।

लाजो : इस तरह की बातें करेगा तो जरूर किसी दिन जेल जाएगा।

डॉ॰ रॉय छोलदारी के बाहर पहुँचता है। लाजो की नजर उस पर पड़ती है : आओ जी डाक्टर साहब। आओजी, बैठो जी।

डॉ॰ रॉय : अभी तो मैं आपको और मास्टर हवेलीराम को लेने आया है। मिस्टर सेनगुप्ता आप लोगों से मिलना चाहते हैं।

लाजो : रोशन पुत्तर, तूने तो कुछ गड़बड़ नहीं की ?

रोशन : मैं उनके यहां काम ही नहीं करता। और डॉक्टर साहब, मिस्टर सेनगुप्ता के दिल में चाहे जो ख्याल हो, लेकिन मैं उनकी बहुत इज्जत करता हूँ।

डा॰ रॉय : बड़ों का इज्जत करना ही चाहिए।

लाजो : मास्टरजी तो अम्बाले चले गये हैं। कहो तो मैं चली चलूं?

डॉ॰ रॉय : हाँ, चलिए।

सेनगुप्ता की स्टडी में सुजाता तथा डा॰ रॉय बैठे हैं। लाजो सेनगुप्ता से आमने-सामने वाली स्थिति में है।

सेनगुप्ता : चलिए, पहले आपको पता नहीं था। लेकिन अब तो आपको बता दिया ना।

लाजो : मुझे बताने से क्या होगा सेनगुप्ता साहब?

सुजाता : होगा कैसे नहीं? आप तो रोशन लाल की माताजी हैं।

लाजो : सेनगुप्ता साहब भी तो निवेदिता के पिता हैं।

सेनगुप्ता : हमने आपके लड़के को नौकरी दी। आपके पति का इलाज करवाया। उस अहसान का ये बदला दिया आपने?

लाजो : मेरे पुत्तर के किये की आप मेरे से सफाई क्यों मांग रहे हैं?

डा॰ रॉय : सफाई नहीं मांगा। एक ठो रिक्वैस्ट किया हाय कि रोशन को जरा समझा दो।

लाजो : जी, समझाने के वास्ते मैंने कब मना किया?

सुजाता : मात्र समझाने से नहीं होगा, आपको उसे निवेदिता से मेल-जोल बढ़ाने से रोकना भी पड़ेगा।

लाजो : जी इसकी गारण्टी तो मैं दे नहीं सकती।

सुजाता : मगर क्यों?

लाजो : हम इस तरह के मामलों में ज्यादा रोक-टोक के हक में हैं नहीं।

सेनगुप्ता : आप लोग क्यों होंगे? इतनी बड़ी सम्पत्ति मिलती जो दिखाई देती है आपको।

सुनकर लाजो को बहुत बुरा लगता है और मुँह से निकलता है : बातचीत में कड़वाहट मत लाओ सेनगुप्ता साहब।

सेनगुप्ता : कड़वाहट आप लोग लाए हैं। मैं नहीं।

सुजाता : सपन दा मुझे बात करने दो। देखिए बहन जी, इस तरह की बातों में आप बेटे पर अंकुश नहीं लगायेंगे तो किस तरह की बातों में लगायेंगे? माँ के नाते कुछ कर्तव्य होता है आपका।

लाजो उठने को होती है : समझाने का फर्ज है जी, तो समझा दूंगी। बाकी वो बालिग है और परम्परा तो बालिग बच्चों को बराबरी का दर्जा देने की है।

सेनगुप्ता : छोड़ो सुजाता। बेकार है इनसे बहस करना। बातों से तो सभ्य लोग मानते है।

लाजो : मेरे को इजाजत दो सेनगुप्ता साहब। मैं न तो कड़वा बोलने की आदी हूँ, न सुनने की।

सेनगुप्ता : तो सुनिए, मैं भी कृतघ्न, क्या बोलते हैं, अहसान फरामोश लोगों से मीठा बोलने का आदी नहीं हूँ। मैं भी आप लोगों के स्तर तक उतर आऊं इससे पहले आप यहां से चली जाइए।

खुद को नियंत्रण में रखते हुये लाजो दरवाजे की तरफ बढ़ती है। सेनगुप्ता उसके लिये दरवाजा खोलता है। बाहर निकलती हुयी लाजो नमस्कार करती है: नमस्ते।

सेनगुप्ता : नहीं चाहिए आपकी नमस्ते। अगर आप समझती है कि आपका बेटा रोशन मेरी बेटी और सम्पत्ति पर डाका डालने की कोशिश करेगा और सजा नहीं पायेगा तो ये आपकी भूल है। जेल की चक्की पिसवाऊंगा आपके रोशन को।

छोलदारी में बैठा रोशन बहुत शर्मिन्दा नजर आ रहा है। लाजो गुस्से में हैं : हमारी इतनी बेइज्जती करा दी, अब बताता क्यों नहीं कि बात क्या है?

रोशन : माताजी, आपकी सौगंध। मैंने कुछ नहीं किया।

लाजो : झूठे की सौगंध झूठी। तूने तो मेरी सौगंध खाके निवेदिता से भी झूठ बोला था।

रोशन : माताजी, आप यकीन करो। मैंने कोई गड़बड़ नहीं ना की है।

लाजो : तो अगलों ने ऐसे ही मेरे को बुलाकर उल्टी-सीधी सुना दी?

रोशन : उनका तो दिमाग ही खराब है। दिमाग खराब नहीं होता तो क्या अपनी बेटी से लड़ते?

लाजो : पुत्तर मैं तो बस इतना कहना चाहती हूँ कि तूने कोई गलत या गैर-कानूनी काम किया हो तो डर के रह। उनके पांव में पड़ जा। नहीं तो सिर उठा के चल।

रोशन : जी सर तो मेरा उठा हुआ ही है।

लाजो : मगर हमारा झुकवा रहा है।

रोशन : माताजी, सोचने वाली बात है कि अगर मैं सेनगुप्ता साहब की जायदाद पर निगाह लगाए बैठा हूँ तो मैंने आप ही ये कभी नहीं चाहना है कि निवेदिता जी अपने पिताजी से नाता तोड़ लें। मैं तो उनकी माँ के घर जाकर उन्हें समझा भी आया कि आप करोड़पति बाप के पास ही रहो, इसी में सबका भला है।

लाजो : ये लालच ही तेरे को ले डूबेगा। रात-दिन करोड़पति होने के सपने देखता रहता है।

रोशन : सपने देखना कोई गुनाह तो नहीं ना है, जो मैं जाकर सेनगुप्ता साहब से माफी मांगूं?

लाजो : इस देश के करोड़ों लोग अपनी मेहनत से गरीबी हटाकर खुशहाली लाने का साझा सपना देखें तो उससे बड़ा पुण्य नहीं हो सकता पुत्तर। लेकिन कंगाली के आलम में करोड़ों लोग किसी भी तरह खुद करोड़पति होने के सपने देखने लगें तो समाज पाप के सैलाब में डूब जाएगा।

बाहर से एक पुलिस कांस्टेबल की आवाज : लाला रोशनलाल जी।

रोशन : अरे आ भई कालीचरण। आज यहां किस तरह? तेरी खतिर-तवज्जो में कोई कमी हो गई क्या हमसे?

कांस्टेबल : इस समय तो थानेदार साहब ने याद किया है।

रोशन : थानेदार साहब ने? उन्हें क्या मुसीबत आ गई?

कांस्टेबल : आप जानो। इस तरह के धंधों में मुसीबतें आती ही रहती हैं लालाजी।

जूते में पैर डालता हुआ रोशन चिंतित हो उठी लाजो को जैसे तसल्ली देता है : कोई फिकर वाली बात नहीं है माताजी।

रोशन के जाने के साथ लाजो के चेहरे पर संकल्प का भाव आता है : ये जरूर उस सेनगुप्ता साहब ने करॉया होना है।

सपन सेनगुप्ता के चेहरे पर भी लाजो जैसा ही संकल्प का भाव है। वह अपनी स्टडी में है और सुजाता उसके सामने खड़ी है।

सुजाता : बुलाकर बात तो कर लो सपन दा।

सेनगुप्ता : ना। तुम जा के उससे कह दो कि जितनी फिकर तुम्हें अपने बेटे के बारे में है उससे ज्यादा मुझे अपनी बेटी के बारे में है। जब मेरी बेटी घर आ जाएगी तब आपका बेटा भी घर पहुँच जाएगा।

सुजाता : वो निवेदिता को कैसे लौटा सकती है?

सेनगुप्ता : ये जाकर निवेदिता से पूछे। उसकी कलंकिनी माँ से पूछे।

अरुन्धति अपने कमरे में बैठी तानपुरा लेकर गा रही है। हल्की उदास निवेदिता पास बैठी है। गाना खत्म होने पर निवेदिता दाद देती है : गाना तो खूब सुन्दर।

अरुन्धति : मगर तेरे बाबा इससे चिढ़ते हैं। जानती हो, इस गाने का रिकॉर्ड उन्होंने चूर-चूर कर दिया था।

निवेदिता : नशे में तो बाबा जो ना करें।

अरुन्धति : पूरे होश में किया उन्होंने। रिकॉर्ड तोड़ा ही नहीं, उस आदमी को फोन पर गाली भी दी जिसने वो रिकार्ड मुझे उपहार में दिया था।

निवेदिता : क्यों?

अरुन्धति : इसलिए कि तेरे बाबा के वास्ते मेरा हर प्रशंसक मेरा प्रेमी था। यह रिकॉर्ड उनके लेखे रिकॉर्ड नहीं, प्रेम-पत्र था।

निवेदिता : बाबा तो अनेक पजेसिव। जिसे भी अच्छा मानते हैं, चाहते हैं वो पूरी तरह उनका ही हो।

अरुन्धति : किन्तु नहीं चाहते कि वो स्वयं पूरी तरह से किसी के हों।

निवेदिता : बाबा भीतर से बुरे नहीं है। माने...

अरुन्धति : मुझे दोषी मानती है तू, ये तो मैं अच्छी तरह जानती हूँ।

निवेदिता : ठीक-ठीक ऐसा तो नहीं है।

अरुन्धति : किन्तु कुछ-कुछ तो है। इसीलिए होश संभालने पर अपने बाबा के पास गई तू।

निवेदिता : मैं इसलिए गई कि...।

अरुन्धति : इसीलिए ना कि तेरे बाबा ने, तेरे समाज ने, तुझे समझाया कि तेरी माँ तो पापी, तुझे उसकी ओर से प्रायश्चित करना होगा। तू वो सब करती है जो तू समझती है मुझे करना चाहिए था।

निवेदिता : बाबा को मेरी ज्यादा दरकार थी माँ।

अरुन्धिति : सच बता, क्या तू ये मानती है। कि मैंने तेरे बाबा को छोड़कर पाप किया ?

निवेदिता : लोग कहते है कि...

अरुन्धति : कि तेरी माँ कुलटा है। उसके प्रेमी हैं कई। लोग ये नहीं कहते कि तेरे बाबा हर रात अमीर और अय्यास मित्रों के जलसाघरों में सुरा और सुन्दरी का सेवन करके लौटते हैं। क्या स्त्री होते हुए भी तू ये मानती है कि पुरुष को नीतिहीन होने का विशेषाधिकार है?

फोन की घंटी बजती है। निवेदिता उठाती है : हैलो। हाँ नमस्कार डा॰ मोशाय। नहीं, अभी तक तो कुछ फैसला नहीं किया। क्या? अच्छा... अच्छा... अच्छा।

फोन रख रुआंसी होकर अरुन्धति को देखती है : बाबा की तबीयत तो खूब खराब। दवा नहीं खाते। शराब जास्ती पीते हैं। रॉय मोशाय बोले कि तेरी वजह से उनकी हालत बिगड़ रही है। जल्दी वापस आ।

निवेदिता रोने लगती है और अरुन्धति से चिपक जाती है। अरुन्धति उसके सिर पर हाथ फेरती है : तेरा कुछ दोष नहीं है री। लोग इसी तरह मेरे मन में भी अपराध भाव पैदा करते थे। बहुत मुश्किल से मैं समझ पाई कि हर व्यक्ति अपने अच्छे-बुरे के लिए स्वयं जिम्मेदार होता है। अपना-अपना नर्क, अपना-अपना स्वर्ग हर कोई अपने भीतर ले के चलता है।

दरवाजे पर दस्तक दिये आने की आवाज सुनकर निवेदिता आंसू पोंछ दरवाजा खोलती है और सामने लाजो को देखकर चौंकती है : आप....। **फिर लाजो को अरुन्धति से मिलवाती है :** माँ, ये लाजवंतीजी हैं। मिस्टर रोशन की माताजी।

अरुन्धति : अच्छा, अच्छा, आइये बैठिए। आपका बेटा तो यहां बहुत आता है।

लाजो : शायद इसी जुर्म में पुलिस वाले पकड़ कर ले गये उसे। कल सेनगुप्ता साहब ने रोशन के पिताजी को बुलाकर धमकी दी कि अगर निवेदिता घर नहीं लौटी तो मैंने रोशन को सजा दिला देनी है और आज पुलिस सचमुच आकर उसे पकड़ ले गई।

निवेदिता : बाबा ने ऐसा किया, मैं मान ही नहीं सकती।

अरुन्धति : किन्तु मैं मान सकती हूँ। देखा हुआ है मेरा यह नाटक।

लाजो : निवेदिता बेटी, क्या तुमने तचमुच रोशनलाल के कहने पर घर छोड़ा है?

निवेदिता : नहीं तो।

लाजो : फिर उसे क्यों सजा दिला रही हो? कह दो ना अपने बाबा से कि रोशन का इस बात से कोई ताल्लुक नहीं।

अरुन्धति : कह देगी। आप जरा चैन से बैठिए तो।

लाजो : जब तक रोशन छूट नहीं जाता मेरे को चैन कहां। सबेरे की भटक रही हूँ। अब जाती हूँ अपने बड़े पुत्तर के पास। शायद उसकी पहचान का कोई पुलिस अफसर हो।

सेनगुप्ता अपनी स्टडी में बैठा हुआ है। सुजाता भी। फोन बजता है। सेनगुप्ता उठाता है और उसका चेहरा खिल उठता है : निवेदिता, मेरी बेटी। याद आ गई तुझे अपने बूढ़े बाबा की?

निवेदिता : डा॰ रॉय ने बताया कि आपका शरीर ठीक नहीं।

सेनगुप्ता : मैं मर रहा हूँ और तू फोन से नर्सिंग करेगी निवेदिता?

निवेदिता : बाबा, अपना ख्याल रखिए। डा॰ मोशय की बात मानिए।

सेनगुप्ता : किसकी खतिर जीऊँ बेटी? मेरा कौन है दुनिया में?

निवेदिता : मैं तो हूँ बाबा।

सेनगुप्ता : मरते हुए बाबा से मसखरी करती है? मेरी है तो क्या इसीलिए मेरे को छोड़ के चली गई है?

निवेदिता : मैं आ जाऊँगी बाबा।

सेनगुप्ता : कब? गाड़ी भेजूं क्या?

निवेदिता : उसकी जरूरत नहीं है। मैं आ जाऊंगी। और बाबा, सुनिए। वो मिस्टर रोशन को छुड़वा दीजिए प्लीज।

सेनगुप्ता : अच्छा, तो रोशनलाल की वजह से किया है फोन तूने? तो सुन ले, उस रोशन लाल को में तभी छुड़वाऊँगा जब तू शुभेन्दु से विवाह करेगी। बोल क्या कहती है?

निवेदिता फोन पर कोई जवाब देने की स्थिति में नहीं है। वह फोन रख देती है। इधर से फोन डायल करता सेनगुप्ता सुजाता से मुखातिब होता है : क्यों मुझे इतना तड़पाती है निवेदिता? किस बात का दंड दे रही है वो मुझे सुजाता?

सुजाता : ये सब बाद में सोचना सपन दा। उसने आने को कहा है। चलिये उसे ले के आते हैं।

कालबेल की आवाज सुनकर अरुन्धति दरवाजा खोलती है और सुजाता के साथ सेनगुप्ता को देखकर चौंकती है : आप? **तभी निवेदिता की भी नजर अन्दर प्रवेश करने सेनगुप्ता पर पड़ती है और दौड़कर वह लिपट जाती है। उसकी पीठ पर प्यार भरी थपथपी फेरते सेनगुप्ता के मुँह से निकलता है :** निवेदिता। मेरी बच्ची। चलेगी ना मेरे साथ?

सुजाता : इसमें पूछना क्या है सपन दा? निवेदिता के फोन करने पर ही तो आए हैं हमलोग। जा निवेदिता, अपनी सूटकेस ले आ।

निवेदिता, जो अब भी सेनगुप्ता की बांहों में है, अरुन्धति की ओर देखती है : माँ...।

अरुन्धति : मैं तुझे रोकूंगी नहीं।

सुजाता : हम यहां झगड़ा करने नहीं आए हैं।

निवेदिता एक कोने में से अपनी अटैची निकालती है और उसमें कुछ चीजें डालने लगती है : बाबा, आपने मिस्टर रोशनलाल को छुड़वा दिया ना?

सेनगुप्ता : किस शर्त पर छुड़वाऊँगा ये तू सुन चुकी है।

सुजाता : इस समय ये पचड़ा छोड़ो। घर में अपने लोगों के बीच करेंगे ये चर्चा।

निवेदिता : बाबा, मैं शुभेन्दु से विवाह नहीं करूंगी।

सेनगुप्ता : तो तू क्या यहीं रहेगी और इस कुल्टा अपनी माँ के कहने पर उस अधम रोशनलाल से विवाह करेगी?

अरुन्धति : मिथ्या आरोप मत लगाइए। मैंने रोशनलाल के बारे में निवेदिता से कुछ नहीं कहा।

सेनगुप्ता : झूठ तुम्हारे मुँह से इतना सुन चुका हूँ कि अब और सुनने की इच्छा नहीं रही।

सुजाता : चल निवेदिता, सोच मत। देख रही है तेरे बाबा की हालत कैसी हो गई है तेरे बिना?

सेनगुप्ता : माँ-बेटी दोनों। दोनों शायद यही चाहते हैं कि मैं मर जाऊँ।

निवेदिता : ऐसा मत बोलो बाबा। मैं दिन-रात आपके बारे में सोचती रहती हूँ। रोती रहती हूँ। माँ तो चली जाती हैं।

सुजाता : सपन दा तो तेरे बगैर एक पल भी नहीं रह पाते। जब से तू गई है, सोए तक नहीं है।

निवेदिता : मैं भी बाबा के बगैर एक पल नहीं रह सकती पिशि माँ।

सुजाता : ये तो सभी को मामूम है निवेदिता। अब चल ।

अरुन्धति : निवेदिता, जाने से पहले अच्छी तरह समझ ले कि तू इनकी शर्तों पर जा रही है या अपनी।

सेनगुप्ता : तुम्हें बोलने का अब कोई अधिकार नहीं रहा। तुम कौन होती हो बाप-बेटी के बीच में बोलने वाली?

सेनगुप्ता को सम्बोधित करती अरुन्धति निवेदिता के कंधे पर हाथ रखती है : आप शायद भूल रहे हैं कि मैं इसकी माँ हूँ। और मैं आप लोगों को इसे तभी ले जाने दूंगी जब आप लोग इसकी शर्तें मानोगे।

सुजाता : इसे जो कहना होगा घर जाकर हमसे कहेगी।

अरुन्धति : नहीं, मैं सारा फैसला करा के इसे यहां से भेजूंगी। सुनिए सेनगुप्ता मोशाय। अगर आप मेरी बेटी को ले जाना चाहते हैं तो उसकी तीन शर्तें हैं। पहली, आप किसी से भी इसका जबरदस्ती विवाह नहीं करेंगे। दूसरी, अगर आप चाहते हैं कि ये होटल में काम करे तो शुभेन्दु को वहां से हटा दें। और तीसरी ये कि आप रोशनलाल को इसकी वजह से परेशान न करें।

सेनगुप्ता : और चौथी ये कि इसका विवाह तुम्हारे पसन्द किए हुए रोशनलाल से करा दें, और पांचवी ये कि रोशनलाल की मारफत सारी जायदाद तुम्हारे पास भिजवा दें, क्योंकि अब तो तुम्हारी बूढ़ी महफिल में पैसा लुटाने वाला कोई आता नहीं।

निवेदिता : बाबा, इस तरह मत बोलिए माँ से। इस तरह बोलेंगे तो मैं कभी नहीं आऊँगी।

सुजाता : निवेदिता, तेरे माँ-बाबा का झगड़ा बहुत पुराना। ऐसे नहीं निपटना। तू चल।

निवेदिता : मैं शुभेन्दु से विवाह नहीं करूंगी।

सुजाता : अच्छा बाबा सुन तो लिया। अब चल।

निवेदिता : सुन लिया मगर फैसला क्या किया?

सुजाता : ठीक है, वहां नहीं करेगी शादी।

सेनगुप्ता : एक बात तुम सब सुन लो। मैं अपनी बेटी की शादी रोशनलाल से हरगिज नहीं करुंगा।

अरुन्धति : अगर वो चाहेगी मोशाय तो आप रोक नहीं सकेंगे। लेकिन वो रोशनलाल से विवाह करना चाहती भी नहीं है। आप ही उसे रोशनलाल की ओर धकेल रहे हैं, जिस तरह कभी आपने अपनी पत्नी को किसी और की ओर धकेला था। आप उनमें से हैं मोशाय जो अपने को सही सिद्ध करने के लिए अपने पांव पर कुल्हाड़ी भी मार सकते हैं।

निवेदिता : बाबा, मैंने ये कभी नहीं कहा कि रोशनलाल से विवाह करना चाहती हूँ। मैंने तो सिर्फ ये कहा है कि उन्हें मेरी वजह से परेशान मत कीजिए। उन्हें छुड़वाइए।

सेनगुप्ता : उसे तो मैं तभी छुड़वाऊँगा जब तू मेरी पसन्द के किसी लड़के से विवाह के लिये मुझे आश्वस्त कर देगी।

सुजाता : अब चलो। काफी हो गई बहस।

सेनगुप्ता : ना। पहले रोशनलाल वाला मामला साफ होना चाहिए।

तभी बाहर से आहट होती है। ये लोग दरवाजे की ओर देखते हैं । रोशन बंगाली लिबास में भीतर आता है : मैं तो आप ही ये कहने आया था।

निवेदिता : थैंक्यू बाबा। आपने रोशनलाल को छुड़वा दिया।

रोशन : निवेदिता जी थैंक्स तो आप अपने बाबा के दुश्मनों को दो। उनकी मदद से ही छूटा हूँ।

रोशन अब सेनगुप्ता से मुताखिब होता है : सेनगुप्ता मोशाय, मैं जिन्दगी में कुल तीन आदमियों से मुताबिर हुआ—एक अपने पिताजी से, दूसरा टैगोर से, और तीसरा आपसे। पिताजी ने मुझे टैगोर तक पहुंचाया, टैगोर ने मुझे आप तक पहुंचाया, और जी मैं समझता था आप तो रब तक पहुँचा दोगे। मगर अफसोस, आपने इस तरह के काम किए कि मेरे को बहुत ही घटिया आदमियों के पास पहुंचना पड़ा। आपने चार सौ बीसी दिखाई तो मेरे को आठ सौ चालीस के उत्पादकों के पास जाना पड़ा।

सेनगुप्ता : तुम अपनी बकवास बंद करो और मेरी बेटी का पीछा छोड़ो।

रोशन : मैं जितनी इज्जत आपकी करता हूँ, उससे कहीं ज्यादा निवेदिता जी की करता हूँ। मैंने तो आप आकर इनसे दो बार कहा कि निवेदिता जी आप अपने बाबा के पास चले जाओ, इसीमें हम सबका भला है। सेनगुप्ता साहब आप निवेदिता जी को बहुत प्यार से रखा करो। बेटी तो बहुत ऊँची चीज होती है। टैगोर ने अपनी कहानी काबलीवाला में लिखा है....।

सेनगुप्ता : टैगोर मुझे समझाने की जरूरत नहीं है, सुना? तो, निवेदिता घर नहीं चलेगी?

सेनगुप्ता एक क्षण मौन रहता है। फिर जैसे बहुत थक-हार कर निवेदिता की

ओर देखता है। निवेदिता आकर सेनगुप्ता का हाथ पकड़ लेती है : चलो बाबा।

रोशन का चेहरा प्रफुल्लित हो उठता है।

सतबीर लाजो की छोलदारी में बैठा कविता लिखने की कोशिश कर रहा है। उसे पता नहीं कि मंगला आ गई है। कविता की पंक्ति लिखता है, सोचता है, काटता है, फिर लिखता है :

किरण करुणा की बन तुम आज,
मेरे आंगन उतरो तज लाज।

(काटते हुए) दूसरी पंक्ति शुद्ध बकवास।

मंगला : काटते क्यों हैं? बहुत अच्छी है पंक्ति। पन्तजी वाला रंग है।

सतबीर : बात तो तब पैदा होनी है जब मेरा अपना रंग आये।

मंगला : रंग तो प्रिंस, एक-दूसरे का ही चढ़ता है। आप पर किसी का चढ़ा, किसी पर आपका चढ़ेगा।

सतबीर : आप अकेली किस तरह? जे.बी साहब किधर?

मंगला : उन्हीं को ढूंढती यहां आई हूँ। आज कैंप के स्कूल में बच्चों को कापियां-किताबें बांटने का प्रोग्राम था। ना लेने आए, और ना कोई खबर की। घर पर पूछा तो बताया कि निकल गये हैं। मैंने सोचा यहीं आए होंगे।

सतबीर : जी, इधर तो नहीं ना आए। अगर कैंप का प्रोग्राम है तो पहले इधर ही आने हैं। आप बैठो। बच्चन का यह यह संग्रह देखा आपने?

एक किताब उठाकर देता है।

मंगला किताब लेकर पढ़ने लगती है : गीत मुझे बहुत अच्छा लगता है।

बहुत किया अभिमान कि
उनकी मेरी अनुपम जोड़ी,
अब क्यों घबराऊँ जब
उनसे मेरी होड़ा-होड़ी।

कैंप सें बबली और जे.बी. जा रहे हैं। दोनों के हाथों में सामान से भरे थैले हैं।

बबली : कापी-कूपी तो बांट दी, अब?

जे.बी. : अब चलें-चूलें?

बबली : आप तो हर बात में मेरा मजाक उड़ाते हो।

जे.बी. : अंग्रेजी में कहावत है कि नकल करना खुशामद करने का सबसे बढ़िया ढंग है।

बबली : आपको क्या जरूरत पड़ी है मेरी खुशामद करने की?

जे.बी. : तुम तो... आपको 'तुम' कह सकता हूँ ना?

बबली : इसमें पूछने की क्या जरूरत है?

जे.बी. : मैं यही कहना चाहता था कि तुम समझती हो सब लोग सारे काम किसी जरूरत के मारे या फायदे के लालच में करते हैं।

बबली : मेरे देखने में तो यही आया।

जे.बी. : मुझमें भी?

बबली : आपकी बात और है।

जे.बी. : त्वाड़ी गल हौर है।

लाजो आती है : जे.बी.साहब, तुसी कदों पंजाबी बोलन लग पये?

जे.बी. : जदों बबलीजी मेरे...'मेरे साथ' को क्या कहते हैं?

बबली : नाल।

जे.बी. : नाल काम करने लगे।

लाजो : काम करने लग पये।

जे.बी. : सेम ही गल है जी। अच्छा जी, हम तो अब क्या कहते हैं टूरें।

लाजो : यहां तक आये। हमारे यहां नहीं चलना?

जे.बी : माताजी, इस समय मैं जरा जल्दी में हूँ।

लाजो : तू आ बबली।

बबली : नहीं मासीजी, मेरे को भी इनके साथ जाना है।

लाजो : तू अब बिल्कुल आती ही नहीं है मेरे पास बबलीए। सतबीर भी तेरे बारे में कुछ नहीं बताता। कोई झगड़ा हुआ मेरे पीछे?

बबली : नहीं जी।

जे.बी. : माताजी, कुछ है जरूर। मुझे लगता है इनमें आजकल कुट्टी-सी चल रही है। लेकिन आप फिक्र मत कीजिए। मैं दोनों के कान पकड़कर ठीक कर दूंगा। इसके तो अभी पकड़े देता हूँ। **बबली के कान पकड़ता है। इस अंतरंगता से लाजो को कुछ हैरानी और थोड़ी परेशानी होती है :** सयानों के कान पकड़ने हैं?

लाजो की छोलदारी में मंगला उदास बैठी है। वह किताब बंद करती है और उठने लगती है। सतबीर, जो हिसाब-किताब कर रहा था, निगाह उठाता है और देखता है कि मंगला रुआंसी है : क्या हुआ मंगला जी?

मंगला : कुछ नहीं। मेरे ख्याल से अब जय नहीं आयेगा।

सतबीर : आप दस-पन्द्रह मिनट और देख लो जी।

मंगला : नहीं, कोई फायदा नहीं है। इधर छठी बार ये सब हुआ है। कभी-कभी तो ऐसा लगता है कि...।

सतबीर : जे.बी.साहब थोड़े भुलक्कड़ हैं जी।

मंगला : कभी-कभी मुझे लगता है कि मुझसे शादी के लिए हामी भी उन्होंने भुलक्कड़पन में भरी होगी।

सतबीर : आप किस तरह की बात करते हो मंगला जी? जे.बी. साहब तो आप पर जान छिड़कते हैं।

मंगला : मैं जानती हूँ उन्हें। जिस तरह की लड़की चाहिए उस तरह की मैं हूँ नहीं। लेकिन उन्हें शुरू से मालूम था कि मैं कैसी हूँ, फिर 'हाँ' क्यों कह दिया?

सतबीर : आपसे बेहतर लड़की तो कोई हो ही नहीं सकती।

तभी लाजो आती है।

मंगला : नतस्ते माताजी।

लाजो : नमस्ते बेटी। कब आई?

सतबीर : ये तो बहुत देर के आए बैठे हैं और जे.बी. साहब का इंतजार कर रहे हैं।

लाजो : जे.बी. तो बबली के साथ हमारे स्कूल में आया था कापी-शापी बांटने। और फिर दोनों कैंप के बाजार में खरीदारी करते रहे।

सतबीर : यहां आ रहा है?

लाजो : नहीं, गये। सतबीर पुत्तर, तेरा कुछ झगड़ा हुआ है बबली से?

सतबीर : नहीं माताजी।

लाजो : पुत्तर, जब निहालदेई सहारनपुर जाने लगी थी तब तुम लोगों ने बबली के रहने वास्ते कोई इंतजाम क्यों नहीं किया?

सतबीर : मैंने मंगलाजी के यहां कमरा दिलाया माताजी।

सुनकर लाजो आश्चर्य चकित होती है : अच्छा? मंगला बेटी तेरे साथ रहती है बबली?

मंगला सिर झुका लेती है।

सतबीर : माताजी, उसे जे.बी. साहब ने कहीं कमरा दिला दिया वहां रहने लग पड़ी है।

लाजो सोच में पड़ जाती है : जे.बी. ने? मैंने बबली तेरे वास्ते पसन्द कर रखी है पुत्तर। ये सब ठीक नहीं ना हो रहा ।

वृषभान का ड्राइंग रूम। श्यामलाल राजरानी के पास साजिश करने वालों के अंदाज में खड़ा है।

राजरानी : मगर लल्लाजी, कुछ मालूम तो हो कि क्या हो रहा है?

श्यामलाल : खुलासा बताता हूँ भाभीजी तो नमकहराम बनता हूँ। इशारे से मैंने लल्ली से भी कह दी थी, बाकी खुली-खुली खरी-खरी तो आप ही से कह सको। असल में क्या है जो रैफ्यूजी लौंडा रख लिया है ना इन्होंने, प्रिंस! उसी ने लगा दी है ये लौंडिया जे.बी. के पीछे।

राजरानी : अजी हमारी मंगला तो सतबीर कि बड़ी तारीफ करे है।

श्यामलाल : भाभीजी मंगला पढ़ने में जरूर अव्वल आती होगी, बाकी है तो अभी निरी नादान। आप तो दुनिया देखी हो। आप तो समझ सको हो कि प्रिंस और बबली मिल के आपका सारा खेल बिगाड़ने में जुटे हैं।

राजरानी : आप ये कहना चाहो हो कि प्रिंस मंगला को बहका रहा है और बबली जय को?

श्यायलाल : हाँ। ये है ना असली बात।

श्यामलाल अपना संवाद मुस्करा के बोल रहा होता है कि सुभद्रा कमरे में आ जाती है : बहुत खुश नजर आ रहे हो भाईजी।

श्यामलाल : लल्ली, इन भाभीजी की बात सुनके तो खुसकैट से खुसकैट आदमी तक कैट हो जाए। फिर अपन तो पहले ही...बांवरे हैं।

सुभद्रा : भाईजी, हमें तो आपके रिश्ते समझ ना आते। मैं इनसे बहनजी कहूं हूँ और आप हो मेरे भाईजी। फिर, इनके लल्ला कहां से हो गए?

श्यामलाल : लल्ली, वो ना सुनी तुमने के, जाकी रही भावना जैसी...।

सुभद्रा : मैं तो सिर्फ यह पूछूं हूँ कि भावना रही किसकी? तुम्हारी, के इनकी?

श्यामलाल : इस तरह की चीजें कभी एकतरफा हुआ करे हैं।

ये लोग हंस रहे होते हैं कि वृषभान आ जाता है और हंसी-ठट्ठे पर खिन्न होता है : श्यामलाल जी।

श्यामलाल : मालिक, आप 'जी' कहकर पुकारते हो तो 'जी' बहुत खराब होता है। बच्चे हैं आपके। हुक्म करो।

वृषभान : आपसे ऑयल मिल जाने को कहे मुझे पैंतालीस मिनट हो गये।

श्यामलाल : मंगला की माताजी ने रोक लिया जी।

वृषभान : कभी-कभी सोचता हूँ आपको घर में ही रख लूँ। फैक्ट्रियों की मैनेजरी आपके बस की है नहीं ।

श्यामलाल : मालिक, देखो सच्ची बात। हम तो हैं ही आपके घर के आदमी। मैंनेजर की गद्दी पर बैठने की तमीज सीख सके हैं तो आपकी बदौलत। लेकिन खुदा बड़ा बोल न बुलवाए, लाला वृषभान से सीख-सीखकर आज इस श्यामलाल

की वो पोजीशन है शहर दिल्ली में कि मैनेजरी के मामले में अगला किसी के आगे झुकता है तो बस लाला वृषभान के। तो जी फैक्ट्री पहुंचते ही आपको फोन करता हूँ।

श्यामलाल चल पड़ता है। उसके जाने के बाद वृषभान राजरानी से मुखातिब होता है : और राजरानी, सब मजे में है तुम्हारे राज में?

राजरानी : हमें तो जी बस यही एक तकलीफ है कि मंगला का ब्याह ना हो रहा। आपने तब कह दी थी कि इम्तिहानों के बाद कर दोगे गर्मियों में। गर्मी तो बीती जा रही है।

सुभद्रा : जीजी हम तो भतेरा जोर दे रहे हैं जय पर, लेकिन वो मानता नहीं।

राजरानी : सुभद्रा, इस शादी को टालो मत। मुझे तो बहुत डर लग रहा है।

वृषभान : किस बात का डर?

राजरानी : अजी लोग यूं कह रहे हैं कि जे.बी. ने एक लड़की को अपनी प्राइवेट सेक्रेटरी में रख लिया है। मकान-वकान दिलवा दिया है। कोई रैफ्यूजन बताई बबली-चबली करके।

सुभद्रा : अजी लोगों की अच्छी कही। जो जी में आया बक दे हैं। उस लड़की को उसने एक नौकरी दी है बस।

राजरानी : मेरी मानो सुभद्रा। मकान भी दिलवाया है।

सुभद्रा : अजी दिलवा दिया मकान। कोई ऐसी हूर की परी ना है।

वृषभान : अफवाहों पर कान मत दिया करो राजरानी।

राजरानी : मेरी मंगला तो जय के बारे में अफवाह उड़ाने से रही। बबली ने खुद मंगला से कहा कि आपके यहां नहीं रहूंगी, जे.बी.साहब के साथ रहूंगी।

वृषभान : अरे, मैं जय से बात करूंगा।

राजरानी : बात-वात में क्या धरा है जी? बदनामी से बचना हो तो जल्दी से शादी करा दो।

सुभद्रा : मैं जी आज ही पंडित राधेश्याम को बुलाकर साहा निकलवाती हूँ।

जे.बी. वृषभान की स्टडी में पर्दा उठा के प्रवेश करता है जहाँ वृषभान और सुभद्रा बैठे हैं।

जे.बी. : पापा, माजरा क्या है? मेरी जिस सेक्रेटरी की आप बहुत तारीफ करते हैं उसने दफ्तर में कदम रखते ही भगा दिया कि जाओ घर में बुला रहे हैं।

वृषभान : हाँ, मुझे तुमसे बात करनी थी।

जे.बी. : किस बारे में पापा?

सुभद्रा : इसी सेक्रेटरी के बारे में।

जे.बी. : अगर आप उसकी तनख्वाह बढ़ाना चाहते हैं पापा तो फोन पर ही कह दिया होता।

वृषभान : सुभद्रा, मैंने तुमसे क्या कहा था?

सुभद्रा : लो जी, आप ही करो बात।

वृषभान : जय, हमने फैसला किया है कि तुम्हारी फौरन शादी कर दें। तुम्हारी अम्मा पंडितजी से साहा भी निकलवा लाई हैं।

जे.बी. : शादी मेरी होनी है, उतावली अम्मा को ज्यादा है।

सुभद्रा : उतावाली तो मंगला को है भई।

जे.बी. : क्यों, मौसी लोग फिर आई थीं जोर देने?

सुभद्रा : अजी लोग-बाग तरह-तरह की अफवाहें उड़ाने लगेंगे तो लड़की वाले शादी जल्दी करने के लिए जोर देंगे ही।

जे.बी. : क्या अफवाहें हैं?

वृषभान : उस बात को छोड़ो।

सुभद्रा : अजी क्यों छोड़ो? आज नहीं तो कल जय को मालूम तो हो ही जाएगी। जय, ये जो तेरी सेक्रेटरी है इसे तूने कोई मकान-वकान दे के रख लिया है?

जे.बी. अचानक गुस्सा हो उठता है : ये किसने कही तुझसे? मौसी लोगों ने?

सुभद्रा कुछ कहने को होती है लेकिन वृषभान बीच में बोल पड़ता है : जिरह करना छोड़ो जय। अगर तुमने अपनी सेक्रेटरी को मकान ले के दिया है तो ये ठीक नहीं किया।

जे.बी. : मैं ये जानना चाहता हूँ पापा कि आप लोग मेरे बारे में इस तरह की बकवास सुन कैसे लेते हो? कोई मेरे सामने कह के देखे कि मैंने अपनी सेक्रेटरी को रखैल बना के रखा है।

सुभद्रा : ना, जय ना। रखैल वाली बात किसी ने ना की है।

जे.बी. : तो क्या की है? मेरी सेक्रेटरी जिन लोगों के साथ कैंप में रहती थी वो लोग सहारनपुर चले गए। वो बिचारी बड़ी मुसीबत में थी। मैंने उसे एक कमरा दिलवा दिया तो कोई गुनाह कर दिया?

वृषभान : लोग-बाग इस तरह की बातों का गलत मतलब लगा लेते हैं।

जे.बी. : मंगनी के बाद ही इनकी ये हालत है तो शादी के बाद तो निहाल ही कर देंगे। कभी अगलों को इस बात का दर्द होता है कि हमारी बेटी को क्लब क्यों नहीं ले जाता, तो कभी इस बात का कि क्लब क्यों ले गया? आज उन्हें प्राइवेट सेक्रेटरी को कमरा दिलाने पर एतराज हो रहा है, कल उससे बोलने पर पाबन्दी लगा देंगे। एब्सर्ड!

सुभद्रा : बेटे इसमें नाराज होने की कोई बात ना है। देखो, सच्ची बात अगर वो लड़की मंगला का दिया कमरा छोड़कर तेरे दिए कमरे में रहने लगी तो मंगला को बुरा तो लगना ही था, आखिर तेरी मंगेतर है।

जे.बी. : तो मंगला ने की है शिकायत?

वृषभान : मंगला बिचारी ने कुछ नहीं कहा है।

जे.बी. : अम्मा, तू उन लोगों से कह दीयो कि मैं मंगला से शादी करने के लिए राजी हुआ हूँ, मंगला की गुलामी करने के लिए नहीं। और शादी भी मैं तब करूंगा जब मेरी मर्जी होगी।

बबली शार्टहैंड नोटबुक और पेंसिल लेकर जे.बी. के कमरे में पहुँचती है। वहां देखती है कि जयभूषण कोहनी मेज पर टिकाए और चेहरा हथेलियों में छिपाए बैठा है।

बबली : जे.बी.साहब।

जे.बी. हथेलियों से चेहरा हटाता है : क्या है बबली?

बबली : आपने ऑयल मिल के लिए नोट डिक्टेट कराने के वास्ते कहा था।

जे.बी. : कहा तो था, मगर मूड नहीं है।

बबली : जे.बी साहब, आप मूड बहुत जल्दी उखाड़ लेते हो।

जे.बी. : मैं तो मस्तमौला किस्म का आदमी हूँ बबली। लेकिन लोग मजबूर कर देते हैं। खुद दुखी रहते हैं, दूसरों को दुखी करते हैं।

बबली : आप मत हुआ करो ना दुखी। इन्सान ने कभी मजबूर होना ही नहीं चाहिए।

जे.बी. : तुम्हें बात करनी है तो खड़ी क्यों हो? बैठो।

बबली : इस समय आपका मूड ठीक नहीं है। मैंने बाद में आ जाना है।

जे.बी. : तुमसे बात करने का हमेशा मूड रहता है।

बबली : जी क्यों भला?

जे.बी. : क्योंकि तुम अलग किस्म की हो। छुई-मुई नहीं हो औरों की तरह। इस बात से नाराज, उस बात से नाराज। तुम कैसे कह रही थी इन्सान को मजबूर नहीं होना चाहिए?

बबली : अगर इन्सान जान ले कि अपने पर उसका पूरा हक है तो दुनिया की कोई भी ताकत उससे जबरदस्ती कोई काम नहीं ना करा सकती।

जे.बी. : औरों का भी तो कुछ हक बनता है अपने पर। इन्सान का कुछ फर्ज हो जाता है औरों के लिए।

बबली : तो फर्ज निभाने की बात करो, मजबूरी की क्यों करते हो? और आप

ये कैसे भूल जाते हो जे.बी. साहब कि इन्सान का अपनी खातिर भी कोई फर्ज बनता है?

जे.बी. : किताबी बातें करती हो तुम।

बबली : अगर मैं मानती कि इन्सान का अपने पर पूरी तरह से हक नहीं ना है तो मैंने किताबें पढ़ने-समझने लायक बन ही नहीं सकना था। मेरे घरवाले तो पढ़ाने के बिल्कुल हक में नहीं थे।

श्यामलाल आता है और आखिरी बातें सुन लेता है। बबली को टोकता है : देखो मिस साहिबा, हमारे यहां स्टेनो डिक्टेशन लेने के लिए रखी जाती है, फालतू बातें करने के लिए नहीं।

जे.बी. : बबलीजी को बात करने के लिए मैंने बैठाया है।

श्यामालाल : तब तो आप पहले बबलीजी से ही बात कर लो। हम फिर आ के बता देंगे जी कि लालाजी ने इस नाचीज को जे.बी.साहब से क्या बात करने को कही है?

तमतमाया चेहरा लिये बबली जाने लगती है।

जे.बी. : फ्री होते ही मैं तुम्हें बुला लूंगा बबली। हाँ, बताइए श्यामलाल जी।

श्यामलाल : आजकल इन पर बहुत मेहरबान हो गये दीखे। चल निकला सिलसिला। बहुत अच्छे।

श्यामलाल जे.बी. की पीठ थपथपाता है। जे.बी. श्यामलाल का हाथ कंधे से हटाता है : लालाजी ने ये सब कहने भेजा है आपको?

श्यामलाल : सॉरी सर। लालाजी का मैसेज तो ये था कि ये जो ऑयल सप्लाई के ठेके का मामला है ना, उस सिलसिले में ये जरा जरूरी है कि तुम सिंह साहब के लौंडे को क्लब में खिलाओ-पिलाओ।

जे.बी. : मुझे उसकी सूरत से नफतर है।

श्यामलाल : उससे मोहब्बत करने को थोड़ी कह रहे हैं।

जे.बी. : मैं पापा से पूछता हूँ। **जे.बी.फोन मिलता है :** पापा मैं जय। श्यामलाल जी सिंह साहब के बेटे दलगत को एन्टरटेन करने को कह रहे हैं।

वृषभान : हाँ जय, तुम्हें पता है कि कपड़े की सप्लाई के कॉन्ट्रैक्ट का मामला सिंह साहब के पास अटका है।

जे.बी. : पापा, वो तो झगड़ालू आदमी है।

वृषभान : मुझे पता है कि तुम दोनों की नहीं बनती। लेकिन बिजनेस की खातिर उसकी ओर दोस्ताना हाथ बढ़ाना जरूरी है। तुम मंगला को साथ ले जाओ। तुम दोनों पर उसका सोबरिंग इन्फ्लुएंस होगा।

जे.बी. : ओ॰के॰ पापा। **फोन रखकर जे॰बी॰ श्यामलाल से मुखातिब होता है :** वो दलपत तो घनघोर किस्म का बोर है।

श्यामलाल : बोर को तो मैं सम्हाल लूंगा। तुम तो बस हलो-हलो कर आना।

जे॰बी॰ : पापा तो मंगला को साथ ले जाने की कह रहे हैं। ठीक है श्यामलाल जी, आप उसे ले के छह बजे पहुंच जाना। सात-सवा सात तक मैं भी आ जाऊंगा मंगला को ले के।

श्यामलाल : ठीक है। मंगल। के आने से पहले ही उसका टुन्न प्रोग्राम पूरा करा देंगे।

जे॰बी॰ : (फोन पर) कौन मौसीजी? नमस्ते जी। मैं जय बोल रहा हूँ। मंगला है क्या? मौसीजी वो जब आए तो उससे साढ़े छह तक मेरे दफ्तर पहुंचने को कह देना। पापा ने उसे क्लब ले जाने को कहा है।

मंगला और सतबीर ड्यौढ़ी पर खड़े हैं। सतबीर के हाथ में एक पतली-लम्बी किताब है जिसे वह उलट-पलट रहा है।

मंगला : प्रयोगवादी कविताएं हैं तारसप्तक में।

सतबीर : कुछ फरक ही ढंग की हैं। खासी दिलचस्प।

राजरानी आती है : क्यों प्रिंस? जाते-जाते फिर अटक गये बातों में? **सतबीर किताब मंगला को वापस करता है :** लो जी। अगली बार आऊंगा तब देखूंगा।

मंगला : आप ले जाइए इसे प्रिंस।

सतबीर जाने लगता है : थैंक्यू जी। नमस्ते जी।

मंगला : इस तरह क्यों बोली अम्मा प्रिंस से?

राजरानी : मुझे जय का जरूरी संदेश देना था तेरे को। और इस मरे का साहित्य ही खत्म होने में ना आ रहा था। जय के पापा ने फोन करके तुझे क्लब ले जाने की कही है। तू ठीक साढ़े छह बजे जय के दफ्तर में पहुंच जइयो।

मंगला : मैं नहीं जाती क्लब-क्लब में। मुझे क्या समझ रखा है जय ने? जब चाहा, जहां चाहा, बुला लिया? खुद आए नहीं और आए भी तो आकर अनदेखा कर दे?

राजरानी : अरे, वो पुराने टण्टे भूल जा।

मंगला : आज सुबह की ही तो बात है। मुझे कैंप ले जाने की कही लेकिन लेने नहीं आये। कैंप में भी नहीं मिले।

राजरानी : भुलक्कड़ है जरा।

मंगला रुंआसी हो जाती है : हाँ, यही भूल गया कि किसके साथ कैंप जाना है। अपनी सेक्रेटरी बबली को ले के आया वहां।

राजरानी : अब इस बबली की ओर से तो तू बेफिकर हो जा। मैं आज जा के करि आई सारी बात।

मंगला : इसका मतलब जय ठीक कह रहा था कि तुम उसकी शिकायत करने गई।

राजरानी : अजी मुझे क्या पड़ी है उस दो टके की लौंडिया की शिकायत करने की? मैं तो तेरी शादी की तारीख तय करने गई थी। अगले महीने का पहला साहा तय हुआ है।

मंगला : तुम वहां गिड़गिड़ाने के लिए पहुंची अम्मा? तुम्हें पता है, जय शादी करने को तैयार नहीं है?

राजरानी : अरे तो क्या जय की जिद के मारे तुझे कुंवारी बिठा रखेंगे?

मंगला : अगर मैं उसे पसन्द नहीं हूं तो क्यों जबरदस्ती करती हो?

राजरानी : अरे तू तो उसकी ब्याहता होगी। तुझे उसकी पसन्द-नापसन्द से क्या!

मंगला : अम्मा, क्या आप लोगों ने मुझे इसीलिए पढ़ाया-लिखाया कि मैं सिर्फ घर की चाबी का हिस्सा पाने के लिए शादी करूं? इतने बड़े समाज सुधारक हैं पिताजी? क्या वो मुझे ऐसे लड़के से ब्याह देंगे जो मेरी सौत पहले से ही लाया बैठा हो?

राजरानी : अब ये की तूने गंवारों वाली बात। देख बेटी, जय का तो शुरू से ही लड़कियों से थोड़ा मेल-जोल रहता आया है। तुझे इसकी खबर थी।

मंगला : पहले जय मुझे हर लड़की के बारे में बता देता था अम्मा। मगर इस बबली के बारे में तो वो बिल्कुल खामोश रहता है।

राजरानी : कुछ बात ही नहीं है इसलिए रहता होगा।

मंगला : बात है और वो नजर आती है उनकी आंखों में।

श्यामलाल और दलपत क्लब में बैठे पी रहे हैं।

दलपत : आया नहीं जी अभी। कहीं ऐसा तो नहीं कि वो मुझे बस अपने मैनेजरों की सोहबत के लायक समझता हो?

श्यामलाल : अजी कमाल कर रहे हो आप। वो तो आप को अपना खारा यार मानता है। वो जी लालाजी ने उससे अपनी मंगेतर साथ लाने को कहा था। उसी में देर हो रही होगी।

जे०बी० के ऑफिस में बबली और जे०बी० बहुत रिलैक्स्ड ढंग से बैठे एक-दूसरे को देख रहे हैं।

जे॰बी॰ : क्या देख रही हो ऐसे?

बबली : मैं ये देख रही हूँ कि लोग जिस तरह का आपको बताते हैं उस तरह के आप नजर आते नहीं हो।

जे॰बी॰ : क्योंकि तुम्हारी नजर साफ है।

सतबीर आता है : माफी चाहता हूँ जी। सवा सात बज गये। आपको तो क्लब जाना था?

जे॰बी॰ : ओ गॉड! पता ही नहीं चला कि कितना वक्त गुजर गया।

टेलीफोन घुमाता है। जे॰बी॰-मंगला की पूरी बातचीत फोन पर ही होती है : अरे मंगला, ये तुम कर क्या रही हो? मैं यहां तुम्हारे इंतजार में बैठा सूख रहा हूँ। क्लब नहीं चलना है?

मंगला : मैं क्लब नहीं जाऊंगी।

जे॰बी॰ : क्यों?

मंगला : तुम्हें पता है कि मुझे क्लब जाना पसन्द नहीं । जहां जाना पसन्द है वहां तुम किसी और को ले गए।

जे॰बी॰ : फिर वही खटराग। मैं तुमसे क्लब चलने को इसलिए कह रहा हूँ कि पापा का हुक्म है।

मंगला : मैं जानती हूँ कि तुम मुझसे बात भी करते हो तो इसलिए कि मां-बाप के प्रति फर्ज निभाना है।

जे॰बी॰ : एक तो क्लब के लिए देरी करा दी, उस पर बकवास कर रही हो। अगर नहीं जाना था तो मुझे फोन कर सकती थी।

मंगला : फोन तो तुम भी सबेरे मुझे कर सकते थे कि कैंप में तुम्हारे साथ नहीं, अपनी प्राइवेट सेक्रेटरी के साथ जाऊंगा।

जे॰बी॰ : बार-बार उसी बात को दोहरा रही हो और फिर भी ये दावा करती हो कि तुमने मेरे पापा-अम्मा से शिकायत नहीं की।

मंगला : जय, मुझे अब पता चला है कि शिकायत मेरी अम्मा ने की। मैं उनकी ओर से माफी चाहती हूँ। अम्मा ने जल्दी शादी के लिए जोर दिया तो वो भी गलत किया। मेरी तरफ से ना कोई जल्दी है, ना कोई जरूरी। तुम आराम से सोच लो। अगर तुम मुझे अपनी जीवन संगिनी बनाने के काबिल कभी समझो तो अपना लेना। बुजुर्गों की जिद पर मुझे दवा की तरह ग्रहण मत करो।

जे॰बी॰ : तुम्हारा ये छायावाद तो मेरी समझ में आता नहीं। क्लब चलना है कि नहीं, साफ बताओ।

मंगला : नहीं।

जे॰बी॰ : मत जाओ क्लब, जहन्नुम जाओ।

जे॰बी॰ फोन रख देता है और उठने को होता है : प्रिंस गाड़ी लगवाओ। बबली चलो क्लब। उठो।

बबली : (हिचककर) जी माफी चाहूंगी।

जे॰बी॰ : तुम्हें तो मैं हुकम दे सकता हूँ।

बबली : मैं तो इस करके कह रही थी कि मैंने वहां क्या करना है जाकर?

जे॰बी॰ : वही जो उसे करना था। मुझे ज्यादा पीने नहीं देना है और वहां जो हमारा झगड़ालू मेहमान बैठा है दलपत, उससे लड़ने नहीं देना है।

दलपत और श्यामलाल क्लब में बैठे पूरे रंग में हैं। श्यामलाल हाथ नचा-नचा कुछ गा रहा है तभी जे॰बी॰, सतबीर और बबली आते हैं। दलपत की नजर उन तीनों पर जाती है।

दलपत : श्यामलाल जी, ये तो जे॰बी॰ की दुल्हन ना दीखे। इसकी शादी तो बर्फ वालों की लड़की से कर दी बताई?

श्यामलाल का ध्यान भी उस ओर जाता है। वह बहुत चटखारे लेकर बताता है : ये तो माल लाया है आपकी खिदमत में पेश करने के लिए। प्राइवेट सेक्रेटरी है अगले की।

दलपत : वही, जिसे कमरा दिला रखा है?

दलपत का संवाद पूरा होने तक ये लोग पहुंच चुके होते हैं और उसकी आधी-अधूरी बात सुन भी लेते है।

जे॰बी॰ : हैलो दलपत। इनसे मिलो, मेरे फ्रेण्ड और कुलीग प्रिंस सतबीर और ये मेरी प्राइवेट सेक्रेटरी कांता सूरी।

दलपत बबली का हाथ पकड़ लेता है और उसे पास की खाली कुर्सी पर बैठाने की कोशिश करता है : आपकी तो बहुत तारीफ सुनी है। आप इधर को बैठो, मेरी बगल में।

जे॰बी॰ : उसका हाथ छोड़ दो दलपत।

दलपत : हाथ पकड़कर छोड़ना तो हमने सीखा नहीं। अब शरमाओ मति। बैठ जाओ पास में। इस कंजूस ने तुम्हें सिर्फ कमरा दिला रखा है, हम कोठी दिला देंगे।

जे॰बी॰ आव देखता है न ताव, दलपत के एक चांटा मार देता है जिससे फाइट शुरू हो जाती है। सतबीर बीच-बचाव करता है। इस क्रम में दोनों ही ओर से पीटा जाता है और धकिआया जाता है। श्यामलाल भी उठ खड़ा होता है लेकिन लड़खड़ा

रहा है। दलपत बोतल उठा कर जे॰बी॰ के सिर पर मारने को होता है। सतबीर उसका हाथ पकड़ लेता है और पूरी ताकत लगा कर उसके हाथ से छीन लेता है।

लेकिन जे॰बी॰ अभी लड़ने के मूड में है। खासकर इसलिए कि पहले झापड़ के बाद जवाबी हमले में दलपत ने उसकी काफी ठुकाई की है। इसलिए जे॰बी॰ सतबीर की मुट्ठी से बोतल छीनता है और दलपत के सर पर मार देता है। दलपत गिर जाता है और गिरते-गिरते कहता है : जनखा है साला। भाग के तो जाएगा नहीं। अबे लड़ना है तो मर्द की तरह खुद लड़। भाड़े के पिट्ठुओं को क्यों लड़वा रहा है? बेटे तू इसे लेके कहीं और को चला जा। दलपत ना तुझे छोड़ने का है और न तेरी रखैल को।

जे॰बी॰अपने ड्राइंग रूप में घबरॉया बैठा है। कभी हथेलियों में मुंह छिपाता है, कभी नाखून चबाता है, कभी चहलकदमी करता है और आखिर में परेशान होकर कमरे से बाहर जा रहा होता है कि श्यामलाल आ जाता है। जे॰बी॰ पूछता है : दलपत मिला?

श्यामलाल : मिलता कैसे नहीं?

जे॰बी॰ : कुछ बात बनी?

श्यामलाल : काफी हद तक बन गई।

जे॰बी॰ : राजी हो गया रिपोर्ट ना करने को?

श्यामलाल : अजी रिपोर्ट तो वो कभी का कर चुका।

जे॰बी॰ : फिर?

श्यामलाल : मैं उसे समझा आया हूँ कि बोतल उस पर प्रिंस ने मारी।

जे॰बी॰ : ये क्या कह रहे हैं आप?

श्यामलाल : आंखों देखी कही है जी। चश्मदीद गवाह है श्यामलाल।

जे॰बी॰ : बोतल पर मेरी अंगुलियों के निशान होंगे।

श्यामलाल : अजी निशान-विशान सब साफ करी आया था श्यामलाल।

जे॰बी॰ : प्रिंस को फंसवाना गलत होगा श्यामलालजी।

श्यामलाल : तो क्या ये सही होगा कि लाला वृषभान पूछें कि जय बेटे हमने तुम्हें मेहमान को खुश करने को भेजा था कि खत्म करने को? लाडले हो, इकलौते हो, लेकिन भइया मेरे, अगर हर दस-पन्द्रह दिन बाद ऐसा घपला करते रहोगे तो वो तुम्हें गद्दी से उतार ही देंगे।

जे॰बी॰ : इसीलिए तो मैंने आपको भेजा था दलपत से सुलह-सफाई करवाने।

श्यामलाल : वही कराई है जी। इसी में सबका भला है। नहीं तो सिंह साहब लाखों का नुकसान तो करा ही देंगे और साथ में तुम्हारी जिन्दगी भी तबाह कर

देंगे। अब तुम जाके कहीं छिप जाओ ताकि लालाजी के सामने फौरन पेशी ना हो। लेकिन सुनो, उससे पहले प्रिंस को मेरे पास भेजो।

सतबीर अपनी छोलदारी में बैठा काफी परेशान नजर आ रहा है और अपनी ही आवाज जैसे कानों में बज रही हो : माताजी-पिताजी जाने किससे मिलने चले गये। ऐसा वो कौन था जिसके पास मेरे को नहीं ना ले जा सकते थे?

जे॰बी॰ घबरॉया हुआ आता है : प्रिंस...।

सतबीर : हो गया जी सब ठीक?

जे॰बी॰ : हुआ भी और नहीं भी। तुम्हें श्यामलाल जी बुला रहे हैं।

सतबीर : जी किस वास्ते?

जे॰बी॰ : वो जाके दलपत को समझा आए हैं कि बोतल जे॰बी॰ने नहीं, प्रिंस ने मारी है। चाहते हैं, तुम भी यही कहो। श्यामलाल जी डरा रहे हैं कि नहीं तो पापा का लाखों का नुकसान होगा और मेरी जिन्दगी तबाह हो जाएगी। दोस्त, ऐसा करते हैं कि हम दोनों भी वहीं जाकर छिप जाते हैं जहां बबली को छिपाया है। इस बीच पापा हमें छुड़ाने का कुछ-न-कुछ इंतजाम कर लेंगे।

सतबीर : जी ना। मैं आज तक कभी डर या शर्म के मारे ना छिपा, ना अब छिपूंगा।

जे॰बी॰ : ठीक है तो तुम मिल लो श्यामलालजी से। मैं तो छिपने जा रहा हूँ।

श्यामलाल अपनी केबिन में बैठा है। सतबीर को आता देखकर जैसे उल्लसित होता है : अरे आ भई, आ पुराने किले के प्रिंस। आज कैसे भूल पड़ा?

सतबीर : जे॰बी॰ साहब कह रहे थे कि दलपत साहब को आपने ये समझा दिया है कि उनके ऊपर बोतल मैंने मारी?

श्यामलाल : देखो भइया, मैंने-वैने कुछ ना समझाई। ये तो वकीलों के खेल हैं सब।

सतबीर : आपका मतलब है हबीब साहब ने समझाया दलपत को?

श्यामलाल : देखो भइया, मैंने किसी का नाम ना लिया। जो इतने ही अक्लमंद हो और इशारों से समझते हो तो इतना और समझ लो प्यारे भाई, कि ये लालाओं की नौकरी है। इसमें हमेशा कारिन्दों से कुर्बानी देने को कहा जाय है। के जी सुनो कारिन्दाजी, माल बने तो हमें दो और जेल जाने की नौबत आए तो तुम जाओ।

सतबीर : मतलब?

श्यामलाल : मतलब साफ है प्यारे भाई। बोतल किसी ने भी मारी हो, भीतर तुम्हें

ही जाना होगा राजी-खुशी। क्यों? इसलिए कि तुम इतने गरीब हो कि नमक तक खरीद के ना खा सके। अगलों का दिया खाते रहे। तो अब दिखाओ नमकहलाली। जाओ।

मंगला के जलसाघर में लाजो हवेली, और वीरांवाली बैठे हैं। वीरांवली पूछ रही होती है : दिल्ली आकर नया कुछ लिखा प्राजी ने?

लाजो : दिल्ली आकर तो उदास रहने लग पड़े हैं मास्टरजी।

वीरांवाली : दिल्ली तो इन्हें कभी भी पसन्द नहीं थी। कहते थे, दरबारियों का शहर है।

हवेलीराम : सच, दिल्ली मुझे पहले भी कभी रास नहीं आई और अब तो बेहद उदास करती है, जैसे ये हमारे दर्दों की राजधानी है।

लाजो : किस तरह की बातें करते हो मास्टरजी? ये तो अब हमारे उम्मीदों की राजधानी है।

हवेलीराम : खुदगर्ज उम्मीदों का ही तो दर्द है सारा।

लाजो : दिल्ली में एक नया हिन्दुस्तान जन्म ले रहा है मास्टरजी।

हवेलीराम : जो मर रहा है मुझे उसका ज्यादा अफसोस है लाजो जी। दिल्ली से दूर भाग जाने का दिल करता है।

लाजो : वाह! इन्कलाबी से होते-होते संन्यासी हो चले गास्टरजी?

हवेली हल्का मुस्कुराता है। वीरांवली कहती है : जब तक लाजोजी के मोह से बंधे हैं तब तक संन्यासी कैसे हो सकते हैं मास्टरजी?

लाजो खिखियाती है : तब तो इस बंधन को और भी कसना पड़ेगा।

हवेलीराम : संन्यासी जिसे बनना हो उसे कोई बन्धन नहीं बांध पाता। हमारी वीरांवाली को बांध सका?

वीरांवाली : आपकी वीरांवाली की तो मजबूरी थी, मगर बच्चे के लिए मोह कभी नहीं गया। हालांकि लाजो मना कर रही है लेकिन आज भी मेरा बहुत मन कर रहा है उसे देखने को।

लाजो : ना जी, ना। सतबीर के मन में वैसे ही शक पड़ा हुआ है। पिछली बार एक झलक देख लिया तो यही कहता रहा कि ये प्रज्ञावतीजी तो हू-ब-हू तस्वीर वाली बुआजी जैसे दिखते हैं।

वीरांवाली : मेरे वास्ते तो अब दिल्ली आना ही मुसीबत हो चला है। मंगला है मेरी शिष्या और सतबीर का इसके यहां आना-जाना है। ये आप बहुत जोर दे रही है कि सतबीरजी को मिलने का वक्त दो।

हवेलीराम : और ये मंगला उन्हीं लाला वृषभान की बहू बनने वाली है।

वीरांवाली : मेरे को पता है।

लाजो : जैसे ये आप बच्ची-बच्ची-सी है, वैसे ही वो लड़का भी है जिससे इसकी शादी होने वाली है।

बीरांवाली : मेरे को मिलवाया है मंगल ने उससे। उसकी माँ से भी मिलवाया है। इस मारे तो और भी मुसीबत है। वो लोग जिद करते हैं कि हमारे घर आओ।

लाजो : तू तो वापस उत्तरकाशी चली जा। और इन्हें भी ले जा साथ। इनका भी वहां मन लगा रहेगा।

वीरांवाली : जरूर ले जाऊंगी। मगर जाने से पहले पुत्तर की एक झलक जरूर देखना चाहती हूँ।

लाजो : इस तरह कर। चेहरा अच्छी तरह से ढंक ले। काला चश्मा डाल ले। दूर से देख ले।

मंगला आ जाती है : काला चश्मा किसे चाहिए?

वीरांवाली : मेरी आंखें दुखने लग पड़ी हैं।

मंगला : अरे! चलिए डाक्टर को दिखा लाएं। गाड़ी तो लगी हुई है।

वीरांवाली : अगर गाड़ी है तो मैं इस समय इन लोगों के साथ पुराना किला कैंप जाना चाहूंगी।

मंगला : कैंप जाएं तो प्रिंस से जरूर मिलें। आपने वादा किया है। माताजी आप इन्हें सतबीरजी से जरूर मिलवा देना।

लाजो : जरूर।

मंगला : एक मिनट रुकिए। आपके लिए काला चश्मा ला दूँ।

काला चश्मा पहनी वीरांवाली का क्लोजअप। पल्लू सिर पर है। चश्मे के कांचों में लाजो दिख रही है। वीरांवली, लाजो और हवेलीराम पुराना किला कैम्प के बाहर खड़े हैं।

हवेलीराम : लाजोजी, सतबीर ने यही तो कहा है ना कि प्रज्ञावती की सूरत बुआजी से मिलती है। फिर देखेगा तो फिर वही कहेगा। और तुम भी यही कह देना जो पिछली बार कहा था कि बुआजी से सूरत मिलती है इसलिए मुझे और भी अच्छी लगती हैं।

लाजो : नहीं, सतबीर के आमने-सामने हो जाने से गड़बड़ हो जानी है।

हवेलीराम : कुछ नहीं होगा वीरांवाली। चल भीतर चल।

लाजो : नहीं! तू यहीं खड़ी रह वीरांवाली। हमने अभी ले आना है उसे किसी बहाने से। तू देख लेना और फौरन गाड़ी पर चढ़ के चली जाना।

लाजो हवेलीराम का हाथ पकड़कर भीतर ले जाती है। इनके जाने के बाद वीरांवाली अपनी बेचैनी और घबराहट छिपाने के लिए कभी इधर चलती है और कभी उधर। पीछे से सतबीर आ जाता है। उसे लगता है कि औरत शायद कुछ ढूंढ रही है सो पास आ जाता है।

सतबीर : जी आप किसी को ढूंढ रहे हो?

इस समय तक वीरांवाली की पीठ सतबीर की तरफ है। वह घूमते हुए कहती हैं : नहीं, की किसी का इंतजार कर रही हूँ। मुंह खुलने से वीरांवली के दांतों में दबा आंचल उड़ जाता है।

चेहरा पहचान कर चौंकता हुआ सतबीर : आप...आप। प्रज्ञावती बहनजी हो ना?

वीरांवाली : हां पुत्तर। आश्रम में लोग मुझे इसी नाम से बुलाते हैं।

सतबीर : आप शुरू से ही आश्रम में हो क्या?

बीरांवाली : नहीं।

सतबीर : तो जी आश्रम जाने के पहले आप कहां थे? तब आपको लोग क्या बुलाते थे?

वीरांवाली : संन्यास तो पुत्तर अपना किरिया-करम कराके लिया जाता है। पहले वाली पहचान, पहले वाला चित्त, सब फूंक दिया जाता है चिता जलाकर।

सतबीर : सचमुच फूंक दिया जाता है?

वीरांवाली : मानकर तो यही चलना होता है पुत्तर।

सतबीर : जी आज आप, ये काला चश्मा किस तरह लगाए हो? संन्यासी हौरी भी लगाते हैं?

वीरांवाली : मंगला को जानता है ना तू पुत्तर। उसी ने जिद करके डलवा दिया। कहती थी, धूप तेज है, आंखें लाल हो जानी हैं।

वीरांवाली चश्मा उतारती है। उसकी आंखें लाल और डबडबाई हुयी हैं।

सतबीर : जी, आंखें तो आपकी सचमुच लाल हुई पड़ी हैं।

वीरांवाली की आंखों से पानी झलक जाता है : आप रो रहे हो?

वीरांवाली : ना पुत्तर, ना!

सतबीर : जी एक बात कहूँ? हमारे एक बुआजी थे, आप बिल्कुल उनके जैसे लगते हो।

बीरांवाली : हाँ, तेरे माताजी बता रहे थे।

सतबीर : तब तो माताजी ने आपको ये भी बताया होना है कि मैं आप से बहुत मिलना चाह रहा था।

वीरांवाली : तेरे माताजी ने, मंगला ने, सबने बताया इसी करके आई पुत्तर। मुलाकात हो गई, अब चलूं।

सतबीर : जी भीतर चलो। माताजी हौरी से मिलो।

वीरांवाली : तुम लोगों की छोलदारी में कोई नहीं है। और तेरे माताजी-पिताजी से मैं मंगला के यहाँ मिल ली थी सबेरे।

सतबीर : चलो ना वो लोग आ जाने हैं।

वीरांवाली : नहीं, अभी नहीं। फिर कभी।

सतबीर : माताजी-पिताजी नहीं हैं तो क्या? मैं तो हूँ। आप चलो ना जी, मेरा थोड़ा स्वार्थ भी है। एक ऐसा सवाल पेश हुआ है कि मैं किसी बुजुर्ग से सलाह करना चाहता हूँ। आप भी तो मेरे बुजुर्ग हो।

वीरांवाली : मैं जल्दी में हूँ, यहीं पूछ ले पुत्तर।

सतबीर : किसी दूसरे का कसूर अपने सिर पर लिया जा सकता है क्या?

वीरांवाली : प्यार की खातिर जरूर।

सतबीर : लेकिन ये तो झूठ बोलने वाली बात हो गई। और जी मैं कभी झूठ बोलता नहीं।

वीरांवाली : जब नाम ही सतबीर हुआ तब झूठ कैसे बोल सकना है तूने? लेकिन पुत्तर प्यार की खातिर तो किसी भी तरह की कुर्बानी दी जा सकती है। जीते जी मरा भी जा सकता है। खुश रह, तरक्की कर।

वीरांवली सर पर हाथ फेर देती है और दौड़ कर गाड़ी पर चढ़ जाती है। सतबीर उसे देखता है और सहसा उसे कुछ ख्याल आता है। वो गाड़ी की ओर लपकता है : प्रज्ञावतीजी, प्रज्ञावतीजी। आपको ये किस तरह पता चला कि मैं किसका पुत्तर हूँ, और मेरा क्या नाम है? पहली बार देखा फिर मेरे को किस तरह पहचाने जी...? **वीरांवाली कोई जवाब नहीं देती। गाड़ी चल पड़ती है। सतबीर चिल्ला के दोहराता है :** मेरे को किस तरह पहचाने जी...? **तभी पीछे से लाजो और हवेलीराम आते हैं।**

हवेलीराम : क्या हुआ पुत्तर?

सतबीर : प्रज्ञावती बहन जी आए थे।

लाजो : अरे, तो उनको भीतर लाना था।

सतबीर : जी, उन्होंने कहा कि वो भीतर देख आए। यहाँ छोलदारी में कोई नहीं है।

लाजो : चल तेरे से तो मुलाकात हो गई। तू बहुत चाहता था उनसे मिलना।

सतबीर : मेरे चाहने के बावजूद आप मेरे को तब साथ नहीं ले गए जब आप उनके पास गए। आपने तो कहा था भूषण प्राजी के यहां जा रहे हो।

लाजो : हम तो वहीं जा रहे थे। रास्ते में मंगला मिल गई और वो जबरदस्ती ले गई साथ।

हवेलीराम : तो कुछ बात हुई प्रज्ञावतीजी से?

सतबीर : जी। मगर मेरे को ये नहीं ना समझ आया कि उन्हें ये किस तरह पता था कि मैं ही सतबीर हूँ?

सुनकर लाजो सकपकाती है और एक और झूठ बोलती है : मैंने उन्हें तेरी तस्वीर दिखाई थी पुत्तर।

सतबीर : मेरी तो एक ही तस्वीर है। वो ट्रंक में रखी पड़ी है।

लाजो : वही दिखाई थी जब वो पिछली बार हमारी छोलदारी में आए थे।

सतबीर : ये तो आपने तब बताया नहीं।

लाजो : भूल गई होनी है।

हवेलीराम : और क्या बात हुई उनसे? कोई अच्छी सीख दी उन्होंने?

सतबीर : जी उन्होंने बताया कि प्यार की खातिर झूठ भी बोला जा सकता है। **सुनकर हवेलीराम और लाजो के चेहरे पर हल्की चिन्ता उभरती है। उधर वृषभान भी चिन्ताओं में डूबा हुआ है। सुभद्रा उसकी ठोढ़ी पर अंगुली रखकर उसका चेहरा अपनी ओर करती है।**

सुभद्रा : सोच-सोच कर अपनी सेहत क्यों खराब करो हो जी? श्यामलाल भाई कोशिश में लगे हैं, हबीब भाई दौड़-धूप कर रहे हैं, सब ठीक हो जाएगा।

वृषभान : सब ठीक हो जाएगा, मगर जय नहीं। सुभद्रा, मैं बहुत कोशिश करता हूँ कि जय के बारे में कोई अच्छी रॉय बना सकूं। बेफिकर हो सकूं उसकी ओर से। लेकिन उसे तो मानो जिद हो गई है अपनी गैर-जिम्मेदारी के ऐसे-ऐसे नमूने पेश करते जाने की कि मैं चाहते हुए भी नजरन्दाज नहीं कर सकूं।

सुभद्रा : बालक है जी, बालक। वैसे देखो जी सच्ची बात, पहले से तो बहुत सयाना हो गया है।

वृषभान : उसे अब भी बालक ही समझती हो तो घर के पालने में लिटाकर झुलाती रहा करो। बालिग हो गया लेकिन बालक ही बनाये हो।

सुभदा : अजी बालिग हो जाएं हैं इक्कीस में, लेकिन गधा-पच्चीसी चले है ठेठ पच्चीसों साल तक। शादी-वादी हो जाएगी, अपने बालक हो जाएंगे, तो खुद ही सयाना हो जाएगा।

वृषभान : ऐसे गैर-जिम्मेदार की शादी भी कौन करेगा? मंगला को साथ ले जाने को कहा था, ले गया अपनी सेक्रेटरी को। मंगला की वजह से लड़ाई होती तो हम कुछ कहने-सुनने लायक रहते। वो लड़ा सेक्रेटरी की खातिर।

श्यामलाल आता है : अजी उस लौंडिया ने ही तो करॉया कूंडा। अरे जो कुछ कर रही थी वो तो बड़े-बड़े, क्या कहें, रिसियों-मुनियों को आसन से डुला दें। फिर दलपत गरीब की क्या बिसात? वो जरा-सा शुरू हुआ तो हाय-तौबा मचाने लगी। भई वाह!

वृषभान : नहीं, वो लड़की इस तरह की नहीं है। ये जय की गलती थी जो उसे क्लब ले गया।

श्यामलाल : मालिक आप तो इन रैफ्यूजी लोगों के खिलाफ कुछ सुनना ही नहीं चाहो हो। लेकिन जी, मेरी अरज सुनो। ये प्रिंस आदमी सही नहीं है। और ये लौंडिया जो इसने अपने जय के पीछे लगाई है वो तो सवा सत्यानासी है पूरी।

वृषभान : श्यामलाल, तुमने प्रिंस पर जब-जब इल्जाम लगाए वो गलत साबित हुए हैं। इस मामले में तो कोई कह ही नहीं सकता कि उसने दलपत से झगड़ा किया, उसने दलपत की ठुकाई की।

श्यामलाल : मैं कहता हूँ जी मैं, श्यामलाल, चश्मदीद गवाह कि जय ने झगड़ा ना किया। प्रिंस ने किया। आप मुझे बताओ कि जय को क्या पड़ी है उस रैफ्यूजन की खातिर दलपत से झगड़ा करने की? वो तो सतबीर ने किया। उसकी ही लगे है वो खास-में-खास।

वृषभान : दलपत का तो कहना है कि झगड़ा जय ने किया।

श्यामलाल : अजी ये कोई मानने वाली बात है कि हमारे जय ने दलपत जैसे हट्टे-कट्टे नौजवान की ठुकाई कर दी?

सुभद्रा : ये ही तो मैं कहूं हूँ कि जय मिजाज का थोड़ा गरम जरूर है लेकिन उसका गुस्सा बस चीखने-चिल्लाने तक का है। फौजदारी तो वो कर ही ना सके है।

वृषभान : ये तुम जाके दलपत से कहो।

श्यामलाल : वो तो मैं कही आया जी। समझ आया सब कुछ। दलपत का सिर तो झुका हुआ था। उसने तो देखा ही नहीं कि किसने मारा। मैंने सिंह साहब से यही बात कही कि मैंने देखा कि उस प्रिंस के बच्चे ने मारा। उसे आप चाहे जो सजा दिलवा दो जी।

वृषभान : मगर जय ने तो अपनी अम्मा से यही कहा कि गुस्से में मैंने मार दिया।

श्यामलाल : अजी वो तो नादान की यारी में बहुत शौक से गधे की सवारी कर रहा है। खास दोस्त समझता है ना प्रिंस को अपना।

लाजो : रोटी अभी तक नहीं खायी? क्या बात है पुत्तर?

सतबीर : कुछ नहीं।

अपना चेहरा वह हथेलियों में छिपा लेता है। लाजो आती है और सतबीर की पीठ के पीछे रखी तस्वीर उठाती है। हवेली सतबीर के पास आकर बैठता है और उसके चेहरे से हथेलियाँ हटाता है : क्या सोच रहा है पुत्तर?

सतबीर : जी मैं सोच रहा हूँ...क्या प्यार की खातिर झूठ बोलना चाहिये?

हवेलीराम : ये तो सारे हालात देखकर ही कहा जा सकता है।

सतबीर : आप तो हमेशा यही कहते थे कि सच से बड़ा कोई तप नहीं है।

हवेलीराम : वो तो अब भी कहता हूँ। लेकिन पुत्तर, हर कोई हर वक्त तपस्वी हो नहीं सकता।

सतबीर : जी, आप भी...? पिताजी, क्या आपने भी झूठ बोला है कभी?

हवेलीराम : झूठ तो पुत्तर धर्मराज युधिष्ठिर तक को बोलना पड़ा।

लाजो आती है और थाली उठाकर सतबीर के सामने बैठ जाती है : चल, अब रोटी खा ले।

सतबीर : माताजी...माताजी...जी मैं असली में किसका पुत्तर हूँ?

लाजो : हमारा पुत्तर, हमारा।

सतबीर : कल ही भरजाई जी के माताजी कह रहे थे कि तू रोशन से फर्क तरह का इस करके है कि तू असली में उसका भाई नहीं।

लाजो : समधन जी भी पता नहीं क्यों मेरे से इतनी दुश्मनी करते हैं। एक पुत्तर को तो मेरे से कर ही दिया अलग।

सतबीर : लेकिन माताजी, क्या ये सब सच है...? क्या मैं आपका पुत्तर...?

लाजो रोटी का एक कौर तोड़ती है और उसे दाल में भिंगोती है।

लाजो : ना, पुत्तर ना। तू तो मेरे वास्ते पुत्तर से भी बढ़कर है।

सतबीर : पुत्तर से भी बढ़कर? इसका मतलब हुआ पुत्तर नहीं? ये झूठ आप... किसके...प्यार की खातिर बोलते हो माताजी?

लाजो वह सबतीर के मुंह में कौर डालने को होती है : तेरे पुत्तर...। तेरे...।

श्यामलाल आता है : अरे, मैंने कही कि प्रिंस बाल गोपाल जसोदा मैया से यह प्यारा सवाल फिर कभी कर लेना। अभी तो लालाजी याद कर रहे हैं।

वृषभान सुभद्रा के साथ अपनी स्टडी में है और फोन पर बात कर रहा है : हाँ हबीब, सुनाओ। अच्छा कन्फ्यूज्ड है दलपत। हाँ-हाँ...हाँ-हाँ... अच्छा। तो तुम्हारी क्या एडवाइज है? लेकिन अगर सतबीर बेगुनाह है तो उसे फंसाना...आई सी...। ...उसे ज्यादा आसानी से बचाया जा सकेगा। देखो मैंने बुलाया तो है दोनों को।... नहीं, मैं समझ रहा हूँ। ठीक है, मैं सतबीर से रिक्वैक्ट करूंगा।

सुभद्रा : क्या कहते हैं हबीब भाई?

वृषभान : कहते हैं, किसी न किसी को सजा दिलाए बग़ैर सिंह साहब को तसल्ली नहीं होगी।

सुभद्रा : तो?

वृषभान : वो बता रहे हैं कि दलपत कहता है कि हो सकता है मुझे जय ने नहीं, प्रिंस ने मारा हो।

श्यामलाल पहुँचता है : सोलह आने यही बात है जी। भले ही जय ना मान रहा हो।

वृषभान : जय मिल गया?

श्यामलाल : हाँ। उस प्रिंस ने उसे बबली के साथ गोपाल जी की बगीची में छिपा रखा था।

वृषभान : वो यहां क्यों नहीं आया?

श्यामलाल : अभी पट्टी पढ़ा रहा है प्रिंस कि लालाजी से क्या कहियो, क्या ना कहियो।

जे॰बी॰ और सतबीर बहस करते हुए आते हैं।

जे॰बी॰ : तुम्हें मेरी बात माननी होगी प्रिंस।

सतबीर : आपकी हर बात मान ही लूं इस तरह की कोई मजबूरी तो नहीं है। लालाजी नमस्ते, माताजी नमस्ते।

जे॰बी॰ : पापा ये क्या बकवास है?

सुभद्रा : अपने पापा से इस तरह ना बोला जाय है जय। ये तुम लोगों से जवाब तलब करेंगे कि तुम करोगे? हैं?

वृषभान : सतबीर, क्लब में दलपत से जो मारपीट हुई उसके बारे में कुछ पूछना था तुमसे।

जे॰बी॰ : प्रिंस से क्या पूछना है? मैंने बता तो दिया था अम्मा को।

रातबीर : लालाजी, क़ुसूरवार मैं हूँ।

जे॰बी॰ : कैसे हो? मेरे सर पर हाथ रखकर कहो कि एश-ट्रे तुमने मारी। देखो प्रिंस, तुमने दलपत के हाथ से एश-ट्रे छुड़वाई जरूर लेकिन दलपत पर मारी नहीं।

श्यामलाल : भैया जे॰ बी॰, तुम प्रिंस को टोक क्यों रहे हो? उसे अपनी बात कहने दो।

सतबीर : जे॰बी॰ साहब का कोई कसूर नहीं है लाला जी।

जे॰बी॰ : ये झूठ है पापा। तुम मेरा गुनाह अपने सिर पर नहीं ले सकते दोस्त।

वृषभान : देखो सतबीर, मेरा मन ये मानने को नहीं करता कि मारपीट तुमने की। लेकिन इस कम्पनी के मालिक और जय के पापा की हैसियत से मेरा स्वार्थ ये कहता है कि तुमने ही मारा हो तो बेहतर। अगर जय कसूरवार ठहरता है तो सिंह साहब हमें कभी माफ नहीं करेंगे। कपड़े की सप्लाई का लाखों का काम इस बार हमसे छिन जाएगा। आर्थिक पहलू चाहे छोड़ भी दें लेकिन कानूनी पहलू को नजरन्दाज करना मुशिकल है। कम्पनी के वकील हबीबुल्लाह साहब को तो तुम जानते ही हो। उनका कहना है कि इस मामले में जय का बचाव करना कठिन होगा, जेकिन अगर कसूर तुम कबूल कर लो तो ये दलील दी जा सकती है कि तुम्हारी बिरादरी की लड़की के बारे में ऐसा-वैसा कहे जाने पर तुम आपा खो बैठे।

सतबीर : मैं पहले ही कह चुका हूँ कि कसूर मेरा है।

वृषभान : हबीब इस बात की पूरी कोशिश कर रहा है कि कोर्ट-कचहरी की नौवत ही नहीं आए और अगर आ भी गई तो दफा 323 में एक हजार रुपये का जुर्माना भर के तुम्हें छुड़वा देंगे।

सुभद्रा : बाद में तुम्हारी तरक्की भी कर देंगे चुपके से।

सतबीर : इसकी कोई जरूरत नहीं है।

वृषभान सतबीर के कंधे पर हाथ रखता है : है बेटे, है। थैंक्यू वैरी मच।

मंगला के जलसाघर में बीरांवाली बैठी हुई है। लाजो और हवेलीराम भी बैठे है।

वीरांवाली : मेरी सलाह पर की उसने ये बेवकूफी। अगर पूरी बात बताई होती तो मैं उससे कहती कि अपने लालाजी से पूछना, जो मैं भी अगर आपका बेटा होता तो किसे कुर्बान करते?

हवेलीराम : वीरांवाली, मैं समझता हूँ कि अब हमें सतबीर को बता ही देना चाहिए।

वीरांवाली : वीरांवाली अगर कहीं होती तो उसे अरूर बताते कि ये तेरी मां है। प्रज्ञावती तो किसी की मां हो ही नहीं सकती प्राजी।

लाजो : कम-से-कम लाला वृषभान को तो बता दें।

वीरांवाली : नहीं। किसी दिन बिल्कुल ही जरूरी हो गया तो मैंने आप बता देना है उनको।

सतबीर अपनी छोलदारी में बैठा तस्वीर को देख रहा है। श्यामलाल की आवाज सुनते ही वह चौंकता है।

श्यामालाल : मैंने कही जी प्रिंस ऑफ पुराना किला, अब किस उधेड़बुन में हो

मेरे यार? तुमने की कुर्बानियां, लालाओं ने की मेहरबानियां। अच्छी-खासी मैनेजरी तुम्हें दे दी। और क्या लूटोगे?

सतबीर : मैंने जो भी किया जय की खातिर किया।

श्यामलाल : अमां ये डायलॉग जय से ही बोलना। ये किसकी तस्वीर देख रहे हो तुम? **सतबीर के हाथ से तस्वीर ले लेता है :** ये तुम्हारे पिताजी-माताजी के साथ कौन खड़ी है? **सतबीर तस्वीर छीन लेता है। श्यामलाल :** क्यों भैया मेरे, ये भी कोई टॉप सीक्रेट है क्या?

सतबीर : ये मेरे बुआजी हैं।

श्यामलाल : ये तुम्हारी बुआजी हैं? ये कहां हैं आजकल?

सतबीर : ये तो कभी के गुजर गए।

श्यामलाल : बुआजी है...। गुजर गए...। हा-हा-हा...।

तस्वीर की ओर फिर सतबीर की ओर देखता हुआ श्यामलाल मेज पर तीन बार हाथ मारता है–कुछ गहरा ही दीखे चक्कर इन कुर्बानियों का। इन मेहरबानियों का।

हरशरण दास बर्फवाले की गद्दी। मसनद-गाव तकिए। एक मुंशियाना डेस्क पीछे हरशरण दास बैठे हैं। पास ही कैशबाक्स और तिजोरी है। बही-खाते हैं। सामने सहज आसन में वीरांवाली बैठी है। उसके सामने एक फाइल खुली हुई है। मंगला उससे सटके बैठी है। सतबीर थोड़ी दूरी पर।

वीरांवाली : अभी तो एक चौथाई काम भी पूरा नहीं हुआ। मृदुला बहन ठीक कह रही थीं कि फिर जाना होगा पाकिस्तान।

बरफवाले : बहुत किया है जी काम आपने। और आप ये देख लो कि भगाई गई औरतों को ढूंढकर उनके घरों तक पहुंचाना ये तो बहुत ही पुण्य का काम है।

मंगला : पिताजी बुरा इस बात का लगता है कि ऐसे नेक काम के लिए भी औरतों का आगे बढ़ना लोगों को मजाक मालूम होता है। मृदुलाजी को लोग आधी बहन आधा भाई कहते हैं।

वीरांवाली : लेकिन वो भी अब मान रहे हैं कि सच में साराभाई हैं मृदुला बहन।

हरशरणदास कैशबाक्स से चाबी निकालकर चैक काटने लगता है। श्यामलाल आता है।

हरशरण : अरे आओ भाई श्यामलाल। कैसी चल रही है जय की शादी की तैयारियां?

श्यामलाल : वो तो आप जानो जी, आप हो बेटी के बाप।

वीरांवली की तरफ चेक बढाता हुआ हरशरण : अभी तो पांच हजार ले लो मुझसे। बाद में और कुछ कर दूंगा।

श्यामलाल : लोगों ने दानवीर का नाम दे रखा है तो कुछ गलत नहीं दे रखा है।

सतबीर : पिताजी कहते हैं कि दानी तो और भी बहुत से लोग हैं लेकिन आप दानी होने के साथ-साथ वीर भी हो। उद्योग-व्यापार में होते हुए भी आप अंग्रेजों से ना डरे और गांधीजी की आप मदद करते रहे। औरों से भी कराते रहे।

हरशरण : बेटे, तेरे पिताजी तो मुझसे भी कहीं आगे निकले। उन्होंने तो आजादी की लड़ाई की खातिर करोड़ों का अपना पुश्तैनी व्यापार ठुकरा दिया।

श्यामलाल : अजी हां।

हरशरण : इस प्रिंस के दादाजी लाला गेंदामल लाहौर के सबसे बड़े व्यापारियों में से थे।

श्यामलाल : प्रज्ञावती बहनजी, आप भी तो शायद लाहौर की ही हो?

वीरांवाली सकपकाती है : जी, मैं उत्तरकाशी की हूँ।

श्यामलाल : बहनजी, लाला वृषभान आपके दर्शनों को तरस रहे हैं। आप कृपा नहीं कर रहीं। क्या बात है?

वीरांवाली : मैंने लोगों के यहां आना-जाना छोड़ दिया है।

श्यामलाल : अजी एक बार तो आ जातीं।

वीरांवाली उठती है। सब लोग उसे विदा देने के लिए उठते हैं।

वीरांवली : मृदुला बहन इंतजार कर रही होंगी। मैं चलूं।

श्यामलाल : एक छोटा-सा सवाल कर सकता हूँ? इस प्रिंस के मां-बाप से आपका कुछ रिश्ता है क्या?

वीरांवाली : मेरा किसी से कोई रिश्ता नहीं ना है, मगर सभी मेरे सगे हैं।

श्यामलाल : आज हर जगह टालने वाला ही जवाब मिल रहा है। जे॰बी॰को बुलाने गया तो बोला जरा प्राइवेट सेक्रेटरी को डिक्टेशन दे लूं, फिर आऊंगा। तुम मंगला को ले आओ। अब तू मत टाल दीयो मंगला।

मंगला : मैं तो प्रज्ञावती बहन जी के साथ जा रही हूँ।

वीरांवाली : घर में काम है तो रहने दो। मैं चलूं।

मंगला : श्यामलालजी मेरा क्या काम है? मुझे क्यों बुला रहे हो?

श्यामलाल : साड़ियां पसन्द करवानी हैं।

मंगला : जय से कहो, अपनी सेक्रेटरी से पूछकर पसन्द कर ले।

हरशरण : ये क्या तरीका है बात करने का?

श्यामलाल : इसका गुस्सा भी जायज है अपनी जगह।

सतबीर : मगर श्यामलाल जी, आज तो दफ्तर बंद है। डिक्टेशन देने का तो सवाल ही नहीं उठता।

श्यामलाल : क्यों? सेक्रेटरी के कमरे में जाके नहीं दे सकते डिक्टेशन?

मंगला : श्यामलाल जी जाकर उनसे पूछो कि मंगला की पसन्द-नापसन्द की परवाह सिर्फ साड़ियों के मामल मैं ही क्यों की जाती है?

लाला वृषभान के घर का एक कमरा जिसके एक कोने में एक तख्त रखा है और दूसरे कोने में मसनद बिछी है। तख्त पर सुभद्रा गाव तकियों का सहारा लेकर अधलेटी है। एक नाउन उसके पांव दबा रही है।

सुभद्रा : अरी फूलवती, जरा दम तो लगा। क्या मरे-मरे हाथों से दबा रही है? हमारे जय की शादी पर ऐसे मरे-मरे हाथों से ढोलकी बजाएगी?

फूलवती : अजी बी जी ढोलकी मैं ऐसी बजाऊंगी कि लोगों को ढोल का शुबहा गुजरेगा। और ये भी सुन लो, जैसे तगड़े हाथ मैं लगाऊंगी वैसा ही तगड़ा नेग लूंगी।

सुभद्रा : ले लियो।

फूलवती : बनारसी साड़ी पे ग्यारह सिक्के खरी चांदी के। इससे कम में मैं ना टलने की।

श्यामलाल के गाने की आवाज आती है–छोटा-सा बलमा मेरा अंगना में गिल्ली खेले...। नाउन थोड़ा सावधान होती है, लेकिन सुभद्रा बेफिकर रहती है, हालांकि उसके कपड़े थोड़े अस्त व्यस्त हैं और एक टांग थोड़ी-सी उघड़ी है।

गाता हुआ श्यामलाल दरवाजे पर प्रकट होता है। पगरखी उतारता है और गाने के साथ हाथ भी नचाता है।

सुभद्रा : भाईजी की उम्र चाहे जितनी हो, नचवइया-गवइया आज भी वैसे ही धरे हैं जैसे लड़कपन में हुआ करे थे।

श्यामलाल : तुम भी तो वैसी ही धरी हो लल्ली। दो-चार दिन में लौंडे की शादी होने वाली है। आज भी कोई देखे तो तुम्हें झट से पसन्द कर ले।

फूलबती : हाँ जी, इनकी बहू बराबरी की लगेगी।

सुभद्रा : कहां फूल-सी मंगला और कहां मैं।

श्यामलाल : अजी इसका फैसला तुम थोड़ी कर सको? निगाह वाले करेंगे।

सुभद्रा : दो चीजों में हमारे भाई जी का शुरू से कोई जवाब नहीं। एक तो बातें बनाने में और दूसरा गाना गाने में।

फूलवती : अजी मैं तो ये कहूं हूँ कि साड़ी पहना के भैया के ब्याह में एक ठुमका इनका भी लगवा दो।

सुभद्रा : होलियों पर भाई जी साड़ी पहनकर नाचा करे थे हमारे मैके में।

फूलवती : अजी वही तो कह रही हूँ कि आपने देखा, आपके मैके वालों ने देखा हम ससुराल तो तरस गए।

श्यामलाल : वो तो तूने सुनी ही होगी फूलवती के जी भूल गये राग-रंग भूल गये छकड़ी, तीन चीज याद रही नौन - तेल - लकड़ी।

फूलवती : अजी वाह! गिरस्ती तो बसाई ना अब तक, फिर नौन - तले - लकड़ी का चक्कर कहां हो गया?

श्यामलाल : अजी क्या बताएं, लल्ली ने यहां बुला के सौंप दिया चार्ज जय के कारोबार का। वरना मैं तो जी पूरा मलंग किस्म का आदमी था। सोना, खाना, गाना और बजाना। क्या समझी? (गाकर) पंछी करे न चाकरी, अजगर करे ना काम...।

वृषभान कमरे में आता है। उसे देखते ही सुभद्रा सीधी बैठ जाती है और फूलवती सिर पर आंचल खींच लेती है।

वृषभान : कम्पनी के काम से तो था ही, घर के काम से भी परहेज हो चला है क्या? यहां भी बस जनाने में बातचीत ही करते रहना चाहते हैं? चार दिन बाद की शादी है उसकी कोई फिकर नहीं?

श्यामलाल हाथ जोड़ के खड़ा हो जाता है : मैं आपके सौंपे सारे काम निपटाई आया था जी। यही बताने जनाने में आया। मदनगोपाल जी रस्तोगी खुद आ रहे हैं साड़ियाँ दिखाने। जेवर के लिए कृष्ण गोपाल जी से तकादा करि आया कि मीनाकारी वाला सैट कल तक जरूर बना दो।

सुभद्रा : और मंगला से भी कह दी है ना कि यहां आ जाए साड़ी पसन्द करने?

श्यामलाल : कह तो दी ही है, बाकी आए न आए उसकी मर्जी। कुछ खफा-सी लगी।

वृषभान : क्यों?

श्यामलाल फूलवती की ओर देखता है।

श्यामलाल : सबके सामने बताने की बात ना है।

फुलवती उठकर चली जाती है।

सुभद्रा : क्या बात है भाईजी?

श्यामलाल : जब आप लोग मानने को तैयार ही ना हो तो मैं क्या तो कहूँ और कैसे तो कहूँ।

वृषभान : ये स्टाइल मारना छोड़िए। साफ बात करिए।

श्यामलाल : साफ बात ये है कि उस सेक्रेटरी के मारे मंगला और जय में पूरी ठन गई है। मंगला तो तैयार ही ना है इस शादी को।

श्यामलाल जाने लगता है।

वृषभान : वॉट नॉनसेन्स... कहां है वो जय...?

श्यामलाल दरवाजे से मुड़कर कहता है : आप मुझसे ना ही पूछें तो बेहतर।

सुभद्रा उसके पास आती है : पता है तो बता दो भाईजी।

श्यामलाल : पता है लल्ली। मैं खुद गया उसे बुलाने लेकिन वो आया नहीं।

वृषभान : मुझे बताइए वो है कहां?

श्यामलाल : चुगलखोरी ठीक ना लगती है जी मुझे।

वृषभान : (गरजकर) कहां है वो?

श्यामलाल सिर झुका लेता है : जी उस कमरे में जिसमें उसने अपनी सेक्रेटरी को रख छोड़ा है।

वृषभान : मैं लाऊंगा उसे कान पकड़कर।

वृषभान के जाने के बाद सुभद्रा श्यामलाल से कहती है : ये तो ठीक ना हुई भाई जी।

श्यामलाल : ठीक तो उसी दिन से ना हो रही है जिस दिन से उस रैफ्यूजी लड़के को कम्पनी में बहाल किया।

सुभद्रा : वहां कोई फोन-वोन हो तो जय को आगाह कर दो।

श्यामलाल : फोन तो वहां है पड़ोस में, लेकिन नम्बर पता करना होगा। चलो, कुछ करता हूँ।

एक छोटे-से और सादे ढंग से सजे कमरे में बबली तथा जे॰बी॰ चाय पी रहे हैं।

जे॰बी॰ : बस लाइट्स ऑफ होने के बाद हम खिड़कियों से पाइप के सहारे उतरकर रैकेंड शो के लिए पहुंच जाते थे।

बबली मुस्कुराती है : नाइट सूट डाल के?

जे॰बी॰ : राइट यू आर। अगर फिल्म खराब हुई तो हाल में सो भी जाते थे। चाय तुम बहुत अच्छी बनाती हो।

बबली : मैं तो खाना भी बहुत अच्छा बनाती हूँ।

जे॰बी॰ : खिलाया होता तो मानते।

बबली : तो फिर आज रोटी यहीं खाकर जाओ।

जे॰बी॰ : खाली रोटी से काम नहीं चलेगा।

बबली : आई मीन लंच। मेरा मतलब है लंच करके जाओ।

जे॰बी॰ : जरूर करेंगे। तुम्हारी कम्पनी तो मुझे सबसे अच्छी लगती है। बताऊं क्यों? इसलिए कि तुम ये महसूस ही नहीं होने देती कि मैं किसी लड़की के साथ बैठा हूँ।

बबली : जी मेरे को पता है। मैं बहुत मामूली हूँ।

जे॰बी॰ : मैंने बात तुम्हारी तारीफ में कही मिस मामूली।

बाहर से जनाना आवाज : बबली जे॰बी॰ साहब के लिए फोन आया है।

जे॰बी॰ : एक मिनट चैन से बैठने नहीं देते। पता नहीं अब क्या मुसीबत आ गई।

(फोन पर) श्यामलाल : अब मुसीबत ये आ गई जी कि तुम्हारे पापा तुम्हें कान पकड़ के लिवाने के लिए निकल पड़े हैं घर से। फौरन तुम वहां से चल दो। और अम्मा कह रही हैं कि मंगला को भी बुलाता लईयो मना-मुनाकर। वो नाराज है तेरे से।

जे॰बी॰ : ठीक है।

जे॰बी॰ मंगला को फोन करता है : हैलो मंगला। अम्मा ने कुछ साड़ियां-वाड़ियां मंगवाई हैं पसन्द करने के लिए। तुम फौरन वहां चली जाओ।

मंगला : तुम कहां से बोल रहे हो जय?

जे॰बी॰ : मैं जहां से भी बोल रहा हूँ, घर पहुँच जाऊँगा। तुम भी पहुँचो। साड़ी पसन्द करने के लिए तुम्हारी ज्यादा जरूरत है। आखिर तुम्हें पहननी है, मुझे नहीं।

मंगला : तुम पहले यहां आ जाओ जय। मुझे तुमसे आमने-सामने कुछ दो टूक बात करनी है।

जे॰बी॰ : अब और क्या बात करनी है? जल्दी शादी के लिए मैं राजी हो तो गया।

मंगला : तुम तो ऐसे कह रहे हो जैसे मैंने तुम्हें जल्दी शादी करने को कहा हो।

जे॰बी॰ : तो क्या मैंने कहा?

मंगला : चिल्लाने की जरूरत नहीं है जय। अगर तुम मुझसे शादी नहीं करना चाहते तो मत करो। तुम्हारे लिए कोई मजबूरी नहीं है कि मन मार के राजी हो जाओ।

जे॰बी॰ : अब बंद भी करो ये बकवास। पहले तुम लोगों ने अम्मा-पापा से मेरे ऊपर प्रेशर डलवाया और जब मैंने हामी भर ली तो तुमने पता नहीं कहां का फलसफा झाड़ना शुरू कर दिया। नॉव लिसिन, अगर तुम्हारी मर्जी नहीं मुझसे शादी करने की, समझी, मेरी नहीं तुम्हारी, तो साफ-साफ कहो।

मंगला : मेरी मर्जी तुमसे शादी करने की है अम्मा-पापा के तईं। तुम्हारे फर्ज

से नहीं। तुम यहां आओ मैं इसी बारे में तुमसे बात करना चाहती हूँ।

जे॰बी॰ : मैं तुम्हारी तरह से पोएट-वोएट नहीं हूँ जो शब्दों से खेलूं। प्लेन एंड सिम्पल वर्ड्स में सुन लो—अगर तुम्हें लाला वृषभान की बहू बनना मंजूर है तो फौरन घर पहुंचो। वहीं बातें होंगी।

बबली बैठी हुई काली उड़द बीन रही है। जे॰बी॰ झुंझलाता हुआ आता है।

बबली : मैं आपके वास्ते उड़द की दाल बनाने चली हूँ। आपको पसन्द है?

जे॰बी॰ : सॉरी। लंच फिर कभी। मुझे फौरन जाना होगा। पता नहीं लोगों को मेरे यहां बैठने से क्या परेशानी हो जाती है।

बबली : आप मेरी वजह से अपने को परेशानी में मत डाला करो प्लीज। उस दिन वहां उस लोफर से उलझ पड़े। किसका फोन था?

जे॰बी॰ : छोड़ो। और बबली तुम्हारी वजह से मुझे कोई परेशानी नहीं है। किसी और को हो तो होती रहे। लंच न करने का बुरा तो नहीं मानोगी न?

बबली : जी मैं कभी बुरा नहीं मानती।

जे॰बी॰ : तुम्हारी यही बात मुझे पसन्द है कि तुम सेन्टीमेन्टल नहीं हो और लड़कियां तो बिना बात भी बुरा मान जाती हैं। रोती-धोती हैं।

बबली : जी सेन्टीमेन्टल तो हर इंसान होता है। लेकिन कुछ को मजबूत होके ये फैसला करना पड़ जाता है कि सेन्टीमेन्ट जाहिर करने में फायदा कोई नहीं, नुकसान ही नुकसान है।

जे॰बी॰ : अगर मुझे तुममें कोई बात खराब लगती है तो ये कड़वाहट ही।

बबली : जी कड़वे तजुर्बों की देन है ये कड़वाहट।

जे॰बी॰ : उन तजुर्बों के बारे में पूछने पर भी कभी कुछ बताती क्यों नहीं हो?

बबली : बताने का तजुर्बा भी बहुत कड़वा है जे॰बी॰ साहब। सुनने वाला मजबूरी का फायदा भले ही उठा ले, पसीजता नहीं।

जे॰बी॰ : अगर तुम सभी आदमियों को बेरहम और बदमाश मान बैठी तो बिल्कुल अकेली पड़ जाओगी।

बबली : रब ने दुनिया में जब मेरे को छोड़ ही दिया है अकेला तब अकेलेपन से क्या घबराना?

जे॰बी॰ : तुम्हारी बहादुरी की दाद देता हूँ। लेकिन सच बताओ क्या इतनी बड़ी दुनिया में तुम्हें एक भी भला आदमी नजर नहीं आता? एक भी...?

बबली : जी मैंने देखा कि सहारा देने की नौबत आने पर भोले-से-भोला इंसान भी दुत्कार देता है।

जे॰बी॰ : इधर पता चल रहा है कि मेरे नजदीकी लोगों की मेरे बारे में कितनी खराब रॉय है। पापा की, अम्मा की, मंगला की, और मेरी सेक्रेटरी की।

बबली : जी मैंने आपके वास्ते नहीं ना कहा।

जे॰बी॰ : मैं जब भी तुमसे कोई बात करने बैठता हूँ तुम मजबूरी से फायदा उठाने वालों का जिक्र जरूर करती हो। क्या मैंने ऐसा कुछ किया कभी?

बबली : मुझे माफ कर दीजिए। मेरा मतलब ये नहीं था। प्लीज, प्लीज...।

जे॰बी॰ : बबली, दुनिया में कोई तो ऐसा होना चाहिए जिससे बेझिझक तुम अपना सारा सुख-दुख कह सको। जिसके सामने तुम सिर्फ तुम हो सको। जब मुझे तुमसे खुल के बात करने में कोई झिझक नहीं होती तो तुम्हें भी नहीं होनी चाहिए ना। मैं तो तुम्हें बिल्कुल अपना दोस्त जैसा समझता हूँ।

बबली : इतनी बड़ी बात ऐसे ही नहीं कह दी जाती जे॰बी॰ साहब।

जे॰बी॰ : बेरहम तो कह ही चुकी हो, अब झूठा भी ठहराना चाहती हो?

बबली : जी नहीं...मैं तो...।

जे॰बी॰ : अच्छा, तुम्हें दोस्ती करने से एतराज है?

बबली : आपने मेरे को अपना सेक्रेटरी बनाया, मेरे वास्ते तो यही बड़े भाग की बात है। इससे ज्यादा कुछ होने का सपना देखने का जोखम नहीं उठाना चाहती।

जे॰बी॰ : बहादुर लोग जोखम उठाने से नहीं डरते।

वृषभान के घर के एफ कमरे में मसनद पर साड़ियां फैली हुई हैं। गांठें रखी हुई हैं। मदनगोपाल साड़ियां दिखा रहा है। सुभद्रा और श्यामलाल बैठ कर देख रहे हैं। फूलवती पीछे खड़ी है।

श्यामलाल : मैंने कही मदनगोपाल जी, जोत में की दिखाओ। ये क्या दिखा रहे हो कन्डम माल?

सुभद्रा : बड़े पुराने गंवारू फैशन की हैं। बहू हमारी आ रही है पढ़ी-खिली मॉडर्न।

मदनगोपाल : शादी पर तो भारी कामदार साड़ियां ही दी जाएं। मॉडर्न भी हैं। जारजेट लो, आरगेन्जा लो, कन्चोई लो।

वृषभान कमरे में आता है। वो बहुत गुस्सा है : मदनगोपाल जी, ये साड़ियां आप ले जाइए। जरूरत होगी तो हम खुद आकर ले आएंगे।

सुभद्रा : भला ये क्या बात हुई कि जरूरत होगी? जरूरत है जभी तो बुलाया।

वृषभान : मदनगोपाल जी माफ कीजिएगा। आपको बेकार तकलीफ दी।

मदनगोपाल : तकलीफ की क्या बात है लालाजी।

सुभद्रा : क्यों जी, क्या बात हो गई?

वृषभान : जब इस शादी के लिए ना लड़का राजी है ना लड़की, तब ये तमाशा करने की क्या जरूरत है?

सुभद्रा : ये चंडूखाने वाली किसने सुना दी आपको?

वृषमान : जय ने, उसी से पूछो।

सुभद्रा : जरूर पूछूंगी जी। बच्चों के साथ बचपना थोड़ी करना है हमने?

जे॰बी अपने कमरे में गुस्सा बैठा हुआ है।

जे॰बी॰ : बचपना मैं थोड़ी कर रहा हूँ? बचपना तो तुम मुझसे कह रही हो। मंगला से कहो जाकर। तेरे कहने से मैंने फोन किया कि साड़ी पसन्द करने चली जा। इतनी उल्टी-सीधी सुनाने लगी।

सुभद्रा : उससे भी कहूंगी, तुझसे भी कहूंगी।

श्यामलाल : मगर उससे कौन कहेगा जी जिसे इसके दोस्त प्रिंस ने पीछे लगा रखा है?

जे॰बी॰ : श्यामलाल जी, आइन्दा ऐसी बकवास सुनने को नहीं मिले आपसे।

श्यामलाल : लो जी, मैं अभी चुप हो गया।

बबली के कमरे में सतबीर और बबली।

बबली : आप मेरे से ये सब किस तरह और क्यों कह रहे हो सतबीर जी।

सतबीर : बबली जी, वो इस तरह है कि मंगला जी की माताजी बहुत परेशान हैं आपकी वजह से।

बबली : वही मैं पूछती हूँ सतबीर जी कि वो परेशान हैं तो आप मेरे से कहने क्यों आए? आप जे॰बी॰ साहब को नहीं जानते? और आप ना भी जानते हों तो क्या मंगला के माताजी नहीं जानते?

सतबीर : जी मैं तो सिर्फ इतना कहना चाहता था कि ये ठीक नहीं हैं। आपको पता होना है कि उनकी शादी होनी है।

बबली : मैं क्या रोकने बैठी हूँ? आप मेरे को ये बताओ कि आप क्यों परेशान हो?

सतबीर : जी मैं क्यों परेशान होने लगा?

बबली : इस करके कि बबली जी को कहीं से भी सहारा कैसे मिल गया? हमदर्दी कैसे मिल गई?

सतबीर : ये तो आप नाइंसाफी वाली बात कर रहे हो बबली जी। मैं तो...।

बबली : मेरे को कुछ नहीं सुनना। और आप जाओ और अपने मंगला जी को बता आओ कि मैं बबली जी को फटकार आया।

सतबीर : जी इस तरह की कोई बात नहीं है।

बबली : जाओ सतबीर जी। मैंने और कुछ नहीं सुनना।

बबली अपना चेहरा हथेलियों से ढँकती है। सतबीर एक-दो बार उसकी ओर बढ़ने को होता है मगर सिर झुकाकर जाने लगता है : अच्छा बबली जी, नमस्ते जी।

सुभद्रा तख्त में पड़ी बहुत दुखी नजर आ रही है।

श्यामलाल : सर ज्यादा दुख रहा हो तो मैं दबा दूं?

सुभद्रा : नहीं भाई जी। आती होगी फूलवती।

श्यामलाल : मैंने तो लल्ली शुरू में ही कह दी थी कि पंजाबी मेरे लिए सरदर्द बन जाने हैं। तुम्हारी अपनी शादी के टैम बने थे और अब तुम्हारे बेटे की शादी के टैम बने हैं। लल्ली, मैंने कही थी कि अपनी बुआजी के वक्तों की किसी बुढ़िया का पता कर जिससे ये मालूम हो सके...।

वृषभान आता है और सुन लेता है। उसे देखते ही श्यामलाल उठ खड़ा होता है।

वृषभान : सुभद्रा तुम यहां लेटी हो और मैं वहां स्टडी में तुम्हारा इंतजार कर रहा हूँ।

सुभद्रा : वहां आके बताने लायक बात होती तो आती। मेरा तो माथा दुख गया है। हम बुजुर्ग कर रहे हैं शादी की बात, बच्चे कर रहे हैं पिरेम की। पढ़ा-लिखा मॉडर्न बनाके मंगला मरी का भी दिमाग खराब कर दिया है उसके बाप ने। मैं तो खरी-खरी सुनाई आई हूँ। बताओ जी, शादी का पिरेम से क्या मतलब है?

श्यामलाल : बहुत बुरी बला है जी पिरेम, कईयों की जिन्दगी तबाह कर दी है उसने।

वृषभान : श्यामलालजी, मेरे सुनने में आया है कि प्रेम से आपकी दिलचस्पी कुछ ज्यादा बढ़ गई है। मैंने आपको यहां बुलाया, काम सिखाया और धंधे में आगे बढ़ाया कि सुभद्रा आपको बहुत मानती है। क्या इसी भलाई का बदला चुकाने के लिए मेरे पहले रिश्ते के बारे में जासूसी कर रहे हैं?

श्यामलाल दोनों कान पकड़ता है : तौबा जी, तौबा...।

वृषभान : तो क्या आप आजकल ऐसे ही मेरी ताई जी के साथ वालों की खोज में....

श्यामलाल : गुस्ताखी माफ। आपकी ताईजी को मैं बुआजी कहा करे था। मैं

उनके साथवालों की खोज इस मारे कर रहा हूँ कि उनके पास हमारा एक सालिगराम था। अब की जब मैं घर गया तो पण्डत ने जनमपत्री देखकर ये बताई कि तुम्हारे पुश्तैनी सालिगराम की पूजा नहीं हो रही इसी मारे तेरे मालिक लोग खफा लगे हैं तेरे से।

वृषभान : मालिक लोग मेहनत करने और मुनाफा कमा कर देने से खुश होते हैं, सालिगराम पूजने से नहीं। जाइए गाड़ी लगवाइए। मैं जाकर बात करता हूँ हरशरण जी बर्फवाले से।

श्यामलाल : अभी लो जी। वहां प्रज्ञावती बहनजी के दर्शन भी हो जाएंगे आपको।

सुभद्रा : वाह जी। ये क्यों जाएंगे लड़की वालों के यहां? लाला हरशरण दास बर्फवालों को यहां बुलाकर लाओ।

बाहर देहरी के पास श्यामलाल को पांव पसारे बैठी फूलवती मिलती है। वो ऊंघने का नाटक कर रही है। श्यामलाल उसे कान पकड़ के उठाता है और आगे ले जाता है : तू बाज ना आवेगी आंख मूंद के बैठने और कान लगा के सुनने से?

फूलवती : मैं तो आपके हुक्म की बांदी हूँ।

श्यामलाल : तुझे हमने अपनी जासूसी करने का हुक्म दिया था? ऐं?

फूलवती हाथ जोड़ती है : गलती हो गई। श्यामलालजी जो आप अच्छा इनाम-इकराम दो तो मैं आपको बुआजी के जमाने के एक आदमी का नाम-पता दे दूं।

श्यामलाल जेब से चांदी का एक सिक्का निकाल के देता है : बता।

फूलवती : अपने यहां जो पंडित राधेकिसन आवे हैं ना, उसके दादाजी। उन्होंने ई बड़े लाला जी की शादी कराई थी।

श्यामलाल इस सूचना से प्रसन्न होता है और माथा पीटता है। फिर एक सिक्का और देता है : वो बुड्ढा जिन्दा है अभी? लपककर जा और उसे ये दक्षिणा दे और पूछ कि बड़े लालाजी का लाहौर में जो रिश्ता तय हुआ था वो किसके घर में हुआ था? लड़की का नाम क्या था?

वृषभान अपनी स्टटी में बैठा है। श्यामलाल मंगला और हरशरण के साथ आता है : लाला हरशरणदास आए हैं जी मंगला बिटिया को ले के।

वृषभान फौरन उठकर गरमजोशी से स्वागत करता है : आइए बैठिए।

हरशरण : अजी बेटी की शादी की तैयारियों में बैठने की फुर्सत कहां है हम पे? और सुनाओ, कैसे याद किया?

वृषभान : जय की मां कह रही थी कि मंगला मना कर रही है शादी के लिए।

हरशरण : अजी यों तो हम भी सालों से सुन रहे हैं कि जय मनै कर रहा है। इस तरह बच्चों की बातों में बुजुर्ग आने लगें जब तो हो लिया लाला वृषभान। आप भरोसा रखो, शादी उसी साहे पर होगी।

वृषभान : शादी तो बच्चों की होनी है।

हरशरण : ये विलायत नहीं, हिन्दुस्तान है प्यारे भाई। यहां शादी खानदानों में होवे हैं। चल मंगला, लालाजी के पांव छू।

वृषभान हरशरण के 'कूल' से प्रभावित होता है। मंगला उसके पांव छूती है। वो उसके सिर पर आशीर्वाद का हाथ रखता है : सदा सुखी रह मंगला।

मंगला : मौसाजी, जय मुझसे शादी नहीं करना चाह रहा। फिर भी उसे मजबूर करके आप मुझे और उसे क्यों दुख देना चाहते हैं?

बरफवाले : ये सारी बहस तू मुझसे कर चुकी है। इसे यहां दोहराने की जरूरत नहीं है बेटी।

मंगला : बाऊजी से बहस करके मैं ये समझी कि उनका समाजसुधार घर पर लागू नहीं होता। मौसाजी क्या आपसे बिना बहस किए मैं ये मान लूं कि आप भले ही नई रोशनी के समझे जाते हों, उस रोशनी को घर में घुसने देने के कायल नहीं है?

हरशरण मंगला का हाथ पकड़ कर उसे ले जाने लगता है : अब वकालत मत झाड़ बेटी। वकील तो लाला वृषभान के पास पहले से है। हबीबुल्लाह। तुझे तो उन्होंने बहू बनाना है।

मंगला अपना हाथ छुड़ाकर वृषभान से मुखातिब होती है : तो क्यों, जय ये ठीक कह रहा था कि मुझे इस घर में लाला वृषभान की बहू बन के आना है, उसकी जीवनसंगिनी नहीं?

हरशरण : दोनों चीजों में कोई फरक थोड़ी है पगली? चल।

मंगला : है, और आप जानते हैं। सुभद्रा मौसी जी भी जानती हैं।

वृषभान : हरशरणदास जी मैं सोचता हूँ कि हमें एक बार दोनों बच्चों को साथ बैठा कर बात कर लेनी चाहिए।

हरशरण : अब बात करने की गुंजाइश कहां रही? आखिरी साहा है, फिर तो तारा डूब जाएगा। इसे मैं मना लूंगा, आप जय को समझाओ।

वृषभान : नहीं, जबरदस्ती करना ठीक नहीं।

बाहर से फूलवती इशारा करके श्यामलाल को बुलाती है : श्यामलालजी, बीबीजी बुला रही हैं।

श्यामलाल उसके साथ जाता–

फूलवती : बड़ी जल्दी में हो? बीबीजी की मिजाजपुर्सी करने के लिए?

अंगिया में से एक चिट निकाल के फूलवती देती है : ये ना देखोगे कि आपका काम कराई लाई। लालाजी का पहला रिश्ता कहां हुआ था इसमें लिख दिया है बूढ़े पंडित जी ने।

तभी मंगला, हरशरणदास और वृषभान इस ओर आते हैं।

हरशरण : आपकी जिद के आगे लाचार हूँ, बाकी लगता तो यही है कि इससे अनिष्ट होगा।

ये लोग आगे बढ़ जाते हैं और उधर चिट को पढ़कर श्यामलाल की आंखों में चमक आ जाती है।

♦ ♦ ♦

लाजो के छोलदारी में हवेलीराम सामने अखबार फैलाए कुछ लिखने की कोशिश कर रहा है, लेकिन उससे लिखा नहीं जा रहा। कापी-किताबें दबाए लाजो आती है। वह प्रसन्न दिख रही है। कापी-किताबें रखते हुए कहती है : मास्टर जी, आज बड़ी मजेदार बात हुई। हमारे हेडमास्टर साहब कहने लग पड़े कि लाजो जी आप मैथेमेटिक्स बहुत अच्छा पढ़ाते हो। तो जी मैंने मन-ही-मन कहा कि वो तो इस करके पढ़ा पाती हूँ कि मैंने घर में अपने वास्ते बहुत अच्छा मास्टर रख छोड़ा है।

हवेलीराम नजर उठाकर ऊपर देखता है। लाजो पूछती है : क्या बात है मास्टरजी? आज की हंसी का कोटा मेरे पीछे पूरा कर लिया क्या?

हवेलीराम के होठों पर फीकी मुस्कान खेल जाती है : नहीं तो।

लाजो : लिखने में खोए हुए हो?

हवेलीराम : इतना खोया हुआ हूँ कि लिखा ही नहीं जाता। जो कभी शायरी के बारे में लगा था वही अब अखबारनवीसी के बारे में लगने लगा है। लफ्जों का खेल है। सिर्फ शब्द-विलास है निरा।

लाजो : जब मामाजी से बहस होती थी तब तो आप कहा करते थे कि शब्द में बड़ी शक्ति है। मेरे को तलवार से नहीं, कलम से इन्कलाब लाना है।

हवेलीराम : अब लगता है भाई आत्मानंद सही थे। कागज काले करने से कुछ नहीं होता।

लाजो : शब्दों से प्रेरणा मिलती है मास्टरजी।

सतबीर के साथ रोशन गाता हुआ आता है : वतन की राह पर वतन के नौजवां शहीद हो, पुकारते हैं ये जमीनो-आसमां...।

हवेलीराम : रुक क्यों गया पुत्तर? आज तो तू अच्छा-सा गाना गा रहा था।

रोशन : जी मैं ये सोचने लग पड़ गया कि ये जमीनो-आस्मां बाद में शहीदों के बच्चों को कोई इनाम-इकराम भी देते हैं?

लाजो : आते ही शुरू कर दी बकवास। कोई घर ढूंढा?

सतबीर : घर तो बहुत देखे, पर किरॉया बहुत ज्यादा है माताजी।

लाजो : किरॉया मिल के दिया जा सकता है। तुम तीनों भाई कमाने वाले हो। जब यहां आकर जिन्दगी की नई शुरूआत की है तो एक बार साथ रहने की नई शुरूआत भी करनी चाहिए।

सतबीर : प्राजी से कहा था। वो बोले, जल्दी ही सरकारी क्वार्टर मिल जाना है।

रोशन : कुछ नहीं होना है।

हवेलीराम : रोशन पुत्तर, तेरे को मालूम है कि मैंने अपने पिछले लेख में लिखा था कि जो रेफ्यूजी भाई अपने पैरों खड़े हो चुके हैं उन्हें कैम्प छोड़ देना चाहिए।

रोशन : पिताजी मैं तो कहता हूँ कि हमें उस करौलबाग वाले मकान में घुस पड़ना चाहिए। मैंने कई मुसीबत के मारों को इसी तहर घर दिलवा दिये और मेरे अपने माताजी-पिताजी कैम्प में पड़े सड़ते रहें ये कोई ठीक बात नहीं ना है।

हवेलीराम : वो भी मुसीबत का मारा रहा होगा जो यहां अपनी जायदाद छोड़ गया है।

रोशन : वो वहां जाकर किसी और मुसीबत के मारे की जायदाद में घुस गया होना है अब तक।

सतबीर : माताजी आप कहो तो मैं लाला वृषभान से पूछ देखूं। जैसे जे॰बी॰ साहब ने बबली को जगह दिला दी है, वैसे शायद वो हमें भी दिला दें।

लाजो घबराती चौंकती है : ना पुत्तर, ना।

सतबीर : आप लोग लाला वृषभान की बात आते ही चौंक क्यों जाते हो?

लाजो : मैंने क्यों चौंकना है पुत्तर?

सतबीर : जी वही मैं पूछ रहा हूँ।

कुलभूषण आता है। पैरीपोना करता है : पैरीपोना पिताजी, पैरीपोना माताजी।

हवेलीराम : जीता रह पुत्तर। तेरे यहां सब राजी-खुशी?

कुलभूषण : हन जी। बस सासूजी को थोड़ा सिरदर्द होने लग पड़ा है।

रोशन : उनके होने लग पड़ा है? उनकी वजह से होता था सिरदर्द तो।

लाजो : लगता है आज दफ्तर से सीधा यहां आया है। कोई खास बात?

कुलभूषण : वो इस तरह था जी कि...।

रोशन : पिताजी ने अब तक मुख्तारी नहीं ना दी?

कुलभूषण रिएक्ट करता है : मैं मुख्तारी मांगने नहीं आया हूँ, सुना...? और मुख्तारी मांगते हुए मेरे मन में कोई पाप नहीं था। मैं तेरे वरगा बेईमान नहीं हूँ।

रोशन : लो, रोशन वरगा बेईमान होना क्या हर किसी के बस का है?

हवेलीराम : बेईमान के साथ साथ छिछोरा होना भी जरूरी है क्या?

कुलभूषण : पिताजी, आज सरकारी क्वार्टर मिलने की खबर आयी। सीधा आपको बताने आ रहा हूँ। हम सब उसमें इकट्ठे रहेंगे।

लाजो : हवेली सुनकर जहाँ खुश होते हैं, रोशन बहुत अजीब तरह का मुंह बनाता है।

कुलभूषण के कमरे में सुलोचना रोशन का जैसा मुंह बनाकर बैठी है। कुलभूषण नाइटसूट पहने हुए दोनों हाथ पीछे करके सुलोचना की ओर बढ़ रहा है : ओ वण्डरफुल, वण्डरफुल, एण्ड मोस्ट वण्डरफुल, एण्ड येट अगेन वण्डरफुल।

सुलोचना झुंझलाकर लैम्प के स्विच की ओर बढ़ती है : किसी का माथा दुख रहा है, इन्हें मसखरी सूझ रही है।

कुलभूषण : विद द कन्वर्सिंग आई फॉर्गेट ऑल टाइम।

सुलोचना स्विच आफ कर देती है। कुलभूषण स्विच ऑन कर देता है। सुलोचना गुस्सा होती है : आई एम नॉट एम्यूज्ड।

कुलभूषण दोनों हाथ सामने लाता है और उनमें एक हार है जो सुलोचना के गले में पहनाता है। सुलोचना खुश होती है : आज ये खुशामद क्यों?

कुलभूषण : सिर्फ ये कहने के लिए कि आई लव यू।

सुलोचना : नॉट एज मज़ एज़ आई डू। मैंने तुम्हारे प्यार की खातिर अपना स्टेज और फिल्म कैरियर छोड़ दिया। वरना आज ऐसे हार तो मैं अपनी नौकरानियों को देती होती।

कुलभूषण सुलोचना को बाँहों में लेता है : मैं तो औथेलो से भी ज्यादा जलता हूँ। मैं भला तुम्हें इण्डिया के और लोगों के साथ किसी तरह शेयर कर सकता था। लोचन डार्लिंग?

सुलोचना : बातें बनाना छोड़ो और बताओ आज क्या गरज आ पडी है जो लोचन फिर से डार्लिंग लगने लग पड़ी है?

कुलभूषण : ऑनेस्टली, कोई बात नहीं है। तुमने कहा था जेवर के वास्ते सो...।

सुलोचना : मैंने तो पूरे सेट के वास्ते कहा था।

सुलोचना बांहों से धीरे से निकलकर बिस्तर की ओर बढती है और उसमें अधलेटी हो जाती है। कुलभूषण उस पर झुकता है। सुलोचना उसे रोकती हुई मुस्कुराती है। कुलभूषण बताता है : धीरे-धीरे पूरा सेट बनवा देने हैं।

कुलभूषण : धीरे-धीरे कछुए की चाल पर।

कुलभूषण : मगर सही रास्ते पर।

सुलोचना : लाहौर में केन्यर्ड कालेज के महीनों तक चक्कर काटे, शेक्सपीयर के कितने ही कोटेशन्स सुना दिये, मगर सीधे-सीधे कभी कोई बात नहीं ना की। मैं अगर मम्मीजी से नहीं कहती तो हमारी कभी मैरिज ही नहीं ना होती।

कुलभूषण : मैंने ताजिन्दगी शुक्रगुजार रहना है तुम्हारी मम्मीजी का और विलियम शेक्सपीयर का। अगर वो 'एज़ यू लाइक इट' ना लिखता तो नाथागली कन्वेण्ट से पढ़कर आई हुई सुलोचना कैम्फर को उसमें पार्ट करते हुए मैंने कैसे देखना था?

सुलोचना : मैं उस रोल में खूब जमी थी ना?

कुलभूषण : तुम हमेशा जमती हो लोचन। सिर्फ उन वक्तों को छोड़ के जब तुम्हारा मूड उखड़ा हुआ होता है।

सुलोचना : तुम उखाड़ते हो मेरा मूड भूषण। दस साल होने को आये शादी हुए लेकिन तुमने कभी एक बात मेरे मन की नहीं ना की।

कुलभूषण : क्या नहीं की?

सुलोचना : जो नहीं ना की उन्हें छोड़ो। अब कहूं उसे कर दोगे?

कुलभूषण : बताओ तो क्या करना है।

सुलोचना : पहले प्रॉमिस करो कि कर दोगे।

कुलभूषण : ओ॰के॰। मगर करने लायक हुई तो।

सुलोचना : आज कनाट प्लेस में वृषभान एण्ड सन वालों का एक आदमी मिला श्यामलाल।

कुलभूषण : उसे दफ्तर की बातें तुमसे करने की क्या जरूरत थी?

सुलोचना : रिलैक्स। वो घरेलू बातें कर रहा था। तुम्हारी फैमिली के बारे में पूछ रहा था जनरली। तुम्हारे पो जो बुआजी थे वीरांवाली, उनके बारे में खासकर। मैंने कहा मैं तो आप ही नहीं जानती ज्यादा।

कुलभूषण : उसका क्या वास्ता इन सब बातों से?

सुलोचना : वो तुम्हारे पिताजी की बायोग्राफी छपवा रहा है, तुम्हें खुश करने वास्ते। वैसे तो सुना तुम बड़ा नाराज हो उससे? प्लीज डार्लिंग जी उसे माफ कर दो। और सब अफसरान तो कर चुके।

कुलभूषण : मैं औरों की तरह करप्ट नहीं ना हूँ।

सुलोचना : इतने साल हो गये मेरे साथ रहते-रहते मगर हाल तक भी दुनियादार मेवालाल कैम्फर के दुनियादार जवांई नहीं ना बने? नादान मास्टर हवेलीराम के नादान पुत्तर ही रह गये।

कुलभूषण : मुझे खुशी है इस बात की।

सुलोचना : मेरे को पता है तुम्हें खुशी होती ही इसी से है कि अपने पिताजी को खुश करने वास्ते अपनी बीवी-बच्चों का दिल दुखाओ।

कुलभूषण सुलोचना को बाँहों में भरता है : बात इससे बिल्कुल उल्टी है। दुनिया जानती है और कहती है कि मेरे वास्ते तुम ही सब कुछ हो।

सुलोचना : तो इस श्यामलाल से एक बारी मिल लो।

कुलभूषण : उससे कहो दफ्तर में आये और अब हमारे-तुम्हारे बीच किसी तीसरे का जिक्र तक नहीं होना चाहिए।

सुलोचना : कुलभूषण द ग्रेट लवर।

कुलभूषण : बाकी दुनिया को स्विच ऑफ करने से पहले एक बात—मुझे क्वार्टर मिल गया है।

कुलभूषण स्विच की ओर बढ़ता है। ऐसा लगता है कि अब ये स्विच ऑफ करके सो जाएंगे। लोचन मुंह मटकाती है। स्विच ऑफ करते-करते रुक जाता है।

सुलोचना : ग्रेट। अब मम्मीजी विचारों को रसोई में नहीं ना सोना पड़ेगा। उन्हें हम एक अलग बैडरूम दे देंगे।

कुलभूषण : मम्मीजी को अलग बैडरूम देना तो मुश्किल होना है। उन्हें स्टोर में जगह दे देने हैं। क्वार्टर दो ही बैडरूम वाला है।

सुलोचना : हाँ, तो दूसरे बैडरूम में वो और निक्का-कुक्की।

कुलभूषण लाइट ऑफ कर देता है : नहीं, उसमें पिताजी हौरी। मैं उनसे जाकर कह आया।

सुलोचना : उनको जा कर कह आये और फिर मेरे को बहलाने के वास्ते ये हार खरीद लाये?

कुलभूषण : ये मैंने पहले ही ले लिया था।

सुलोचना : एहतियातन? ओ भूषण, हाउ कुड यू बी सो मीन, सो डीवियस।

कुलभूषण : मेरे को आज तक किसी ने चालबाज या कमीना नहीं ना कहा है लोचन!

सुलोचना : औरों ने तुम्हें भुगता कहाँ है?

कुलभूषण : लोचन प्लीज, ये बहस छोड़ो।

सुलोचना : कैसे छोड़ूँ? कहते हो मम्मीजी को स्टोर में रख लेने हैं। जैसे मम्मीजी

सामान हों, इंसान नहीं। भूषण अगर तुम अपने पिताजी हौरी को साथ रहने लाये तो ये इस बात का एक और सबूत होगा कि तुम मेरे से प्यार नहीं, नफरत करते हो।

कुलभूण : मैं तुमसे प्यार करता हूँ और अब सिर्फ उस प्यार की ही बात करना चाहता हूँ।

स्विच ऑफ करना चाहता है। लोचन हाथ पकड़ लेती है : तुम्हें शरम आनी चाहिए प्यार का लफ्ज जबान पर लाते हुए। मक्कार कभी किसी से प्यार नहीं कर सकता।

कुलभूषण इस आरोप से दुखी होता है : मैंने क्या मक्कारी की? कब की? तुम अच्छी तरह जानती हो लोचन कि अगर मैंने जिन्दगी में किसी से प्यार किया है तो तुम से।

सुलोचना : तुम्हें मेरे से कभी प्यार नहीं रहा। तुमने आई॰सी॰एस॰ होने का सपना पूरा करने की खातिर मेरे से शादी की। वो सपना पूरा नहीं ना हुआ और तब से तुम मेरे से बराबर नफरत करते हो।

कुलभूषण आग-बबूला हो चुका है लेकिन सब्र कर रहा है : लोचन मेरे को प्रोवोक मत करो प्लीज।

सुलोचना की 'टोन' में 'चौलेंज' है। वह खड़ी हो जाती है। भूषण उसे बिठाने की, उसका मुंह सचमुच बंद करने की कोशिश करता है।

सुलोचना : प्रोवोक हो के तुमने क्या कर लेना है, बोलो? तुम... तुम सयाने मर्द हो ही नहीं भूषण। तुम तो...गोद के बच्चे हो। इसी करके तुम्हें सिर्फ अपने माताजी से प्यार है।

कुलभूषण : स्टाप इट।

सुलोचना : और भी सुनो। तुम प्यार करना जानते ही नहीं। तुम सिर्फ डरना जानते हो, डरना। सबसे ज्यादा डरते हो अपने माताजी-पिताजी से।

सुलोचना अब कुलभूषण का दिया हार उतारती है : थोड़ा-सा मेरे से भी डरते हो। ये हार तुम्हारे प्यार की नहीं, तुम्हारे डर की निशानी है भूषण।

कुलभूषण की 'टोन' शांत, संयत होते हुए भी खतरनाक है। वो स्विच ऑफ करना चाहता है और इस सिलसिले में सुलोचना को 'पुश' करता है। अब कुलभूषण के सब्र का बांध टूट चुका है। वह जीवन में पहली बार सुलोचना को झापड़ मारने के लिए हाथ उठाता है पर अपने को रोक लेता है। सुलोचना हार कुलभूषण के मुंह पर दे मारती है और रोती- चीखती पांव-पटकती चली जाती है।

कुलभूषण : अब बस करो। अनफ इज अनफ।

सुलोचना : नो बिद यू। इट इज नेवर मामाज़ बॉय। अगर सयाने मर्द हो तो अपने माताजी-पिताजी से डरना बंद करो और मेरे सामने भी दुम दबाकर नहीं, सीना तानकर आओ।

कुलभूषण : करता नहीं था मगर अब करने लग पड़ा हूँ तुमसे नफरत।

छोटी-सी रसोई जिसमें फर्श पर बिस्तर लगा है। निक्का-कुक्की नींद से उठकर बैठे हुए हैं। रसोई में सुलोचना और मोहिनी भी हैं।

कुक्की : क्या हुआ नानीजी? मम्मीजी रो क्यो रहे हैं?

मोहिनी : कुछ नहीं हुआ, सो जाओ।

निक्का : मम्मीजी हमारे बैडरूम में किस तरह आ गये?

कुक्की : इनका फिर पापा से झगड़ा हुआ है।

कुक्की की बात सुनकर सुबकती हुई सुलोचना फिर नाराज होकर रोने लगती है : इतनी नफरत करते हैं मुझसे कि मासूम बच्चों की निगाह तक से छिपी नहीं रह गई। फिर आप कहते हो कि मैं जाकर माफी मांगू?

मोहिनी सुलोचना का हाथ पकड़ती है और उसे उठाकर ले जाती है : कुछ सोच के ही कहती हूँ पुत्तर, कुछ सोच के ही। थोड़ा सब्र कर फिर मैंने सब ठीक कर देना है।

रसोई से बाहर निकलते ही मोहिनी सुलोचना के कान में मंत्र फूंकती है। वो नहीं देख पाती कि उधर कुलभूषण अपनी चारपाई से उठकर इधर ही आ रहा है और सुन पा रहा है।

सुलोचना : कब तक मम्मीजी? कब तक?

मोहिनी : मुख्तारी मिल जाए, पुश्तैनी जायदाद मिल जाए। तब तक सास-ससुर की सेवा कर।

कुलभूषण : मम्मीजी, एक बात आप लोग साफ समझ लो कि मैं माताजी-पिताजी को साथ रहने के लिए लाने चला हूँ तो इस करके नहीं कि मेरे को पुश्तैनी जायदाद का लालच है। मैं उनको इस करके ला रहा हूँ कि उनका हक बनता है मेरे साथ रहने का।

मोहिनी : हमने कब मना किया पुत्तर? मैंने तो लाहौर में ही कई बारी कहा तेरे माताजी से कि आप लोग भी हमारे साथ आ जाओ। वो बच्छोवाली का मकान छोड़ना नहीं चाहते थे। और लोचन को वहां बाथरूम वगैरह की परेशानी थी। तू और लोचन मेरे साथ रहने आए तो अपने पिताजी-माताजी से पूछकर ही आए।

कुलभूषण : वो तो ठीक है जी लेकिन आप सुलोचना को समझा दो कि

पिताजी-माताजी के यहां पर रहने पर कोई एतराज न करे और वो जब यहां आएं तो ठीक से पेश आए।

मोहिनी : ले, मैं तो आप ही इससे कह रही हूँ सास-ससुर की सेवा कर।

कुलभूषण : किसी लालच में नहीं।

मोहिनी : इसमें लालच की क्या बात है पुत्तर? जिस हक से तेरे माताजी-पिताजी अपने बड़े पुत्तर के पास रहने हैं उसी हक से बड़े पुत्तर को पुश्तैनी जायदाद का क्लेम मिलना है। चल पुत्तर अब लोचन को माफ कर।

सरकारी क्वार्टर का बाहरी हिस्सा। रोशन-सतबीर सामान उठाकर आ रहे हैं। कुछ चीजें कुलभूषण के हाथ में भी हैं। लाजो-हवेलीराम खाली हाथ हैं। उधर मोहिनी, सुलोचना, कुक्की, निक्का अपने संवाद बोलते हुए एक साथ दादी की ओर बढ़ते हैं। लाजो निक्का को और हवेली कुक्की को गोद में उठा लेते हैं।

कुक्की : दादाजी, दादाजी।

निक्का : दादीजी, दादीजी।

लाजो : मेरा बन्दर।

हवेलीराम : मेरी बन्दरिया।

कुक्की : अब आप यहीं रहोगे ना दादाजी-दादीजी?

मोहिनी : और क्या? तेरे डैडीजी इनके बड़े पुत्तर हैं। बड़े पुत्तर के साथ नहीं ना रहने हैं तो किसके साथ रहने हैं? आओजी। भीतर आओजी। ये बड़ा-बड़ा बैडरूम आप लोगों के लिए रखा है।

दरवाजे से ये लोग भीतर बैडरूम में जाते हैं। वहां दो पुराने ढंग की साधारण चारपाइयां और एक टेबल-कुर्सी रखी हैं।

सुलोचना : पिताजी, अभी तो बढ़िया फर्नीचर नहीं ले सके। बाद में ले लेने हैं।

हवेलीराम : हमारे लिए तो यही बहुत है।

सुलोचना : मैंने कहा कि पिताजी के लिखने-पढ़ने के लिए मेज जरूर होनी चाहिए।

हवेलीराम : जीती रह पुत्तर।

रोशन : (धीमे से) दिखाती रह लीला।

सुलोचना नाराज होती मालूम दिखती है लेकिन मोहिनी उसे आंख के इशारे से रोक लेती है : लोचन पुत्तर, इन लोगों के वास्ते नाश्ता बना के बैठी है। ला क्यों नहीं री?

सुलोचना चली जाती है। मोहिनी कहना जारी रखती है : बहनजी, भूषण आप लोगों को लेने निकला तब मैंने लोचन से कहा कि इतने बरसों से तू चाह रही थी कि सास-ससुर की सेवा का मौका मिले। रब अब पूरी रकने चला है तेरी साध।

रोशन : रब के यहां देर हो सकती है अंधेर नहीं। ये तो इंसान है जिसके यहां देर भी है अंधेर भी। मैंने कहा जी निक्का की नानीजी, इस तरह का खतरा यहां तो नहीं है? इतनी देरी से तो आपने हमारे माताजी-पिताजी को साथ रहने बुलाया है, अब इन्हें कोई तकलीफ तो नहीं होनी है?

मोहिनी : किस तरह की बातें करता है? यहां तो इनकी सेवा-ही-सेवा होनी है।

रोशन : माताजी आप लोगों ने मेवा का कोई पेड़ तो नहीं उगा लिया जो आपकी सेवा की बातें होने लगीं?

मोहिनी : सेवा तो वही है पुत्तर जो बस सेवा की खातिर ही की जाए। मेवा के वास्ते किया गया तो स्वारथ होता है।

रोशन : निक्का की नानीजी, जो आपने इसी तरह की ज्ञान की बातें सुनानी हैं जी तो मैंने आपके बास्ते भगतों की मंडली जुटानी है। उनका दिया मेवा आप भी खाना और मेरे को भी खिलाना।

मोहिनी बहुत लाड़ से रोशन को चपातिया देती है और हंसती है : बहुत रौनके लगाता है तू रोशन। तेरे आने से यहां बड़ी चहल-पहल हो जानी है।

रोशन : जी असली चहल-पहल तो तब होनी है जब आप लोगों ने पिताजी से मुख्तारी के कागज पर दस्तखत करा लेने हैं।

कुलभूषण : माताजी सुन लिया आपने? वहां छोलदारी में इतनी बहस हुई। बदमगजी हुई। आपने इसे समझाया। फिर ये आकर वही सब कर रहा है। लोचन तो नहीं कर रही? मम्मी तो नहीं कर रहे झगड़ा?

रोशन : मुख्तारी मिलने पर करेंगे। अभी क्यों करेंगे?

रातबीर : ओए, चुप कर रोशन।

रोशन : चुप ही हैं। बोलने से भी इन लोगों का ड्रामा पिताजी की समझ में आना नहीं है। जिस तरह एक बार तायाजी को ऐसी ही चिकनी-चुपड़ी में आकर मुख्तारी दे दी थी वैसे ही इन्हें भी दे देंगे।

लाजो : रोशन...।

हवेलीराम के चेहरे पर कई भाव आते-जाते हैं : विश्वास करना इंसान का बड़प्पन है। धोखा देना उसकी नीचता है। अगर हर इंसान यह मानकर चलने लगे कि सब इंसान ही धोखेबाज हैं तो इंसान का इंसानों की दुनिया में जीना मुहाल हो जाएगा। भूषण पुत्तर, मुख्तारी वाले कागज दे।

कुलभूषण : उसकी जरूरत नहीं है पिताजी।

हवेलीराम : वो मेरे समझने की बात है।

मोहिनी, जो नाश्ता लगाने में सुलोचना की मदद कर रही होती है, लपक के भीतर जाती है और में मुख्तारी के कागज ले आती है।

लाजो : जब भूषण मना कर रहा है तो रहने दो।

हवेलीराम मुख्तारी के कागजों पर दस्तखत कर देता है : अगर तुम्हें बाऊजी की जायदाद का क्लेम मिल जाए तो उसे लभायाराम की अमानत समझ के रखना।

रोशन : और अगर वो नहीं ना आए, और आना कहां से है, तो अपने सासूजी को सौंप देना।

मोहिनी : बड़ों के बीच में बोलना बदतमीजी समझी जाती है।

रोशन : मैं बदतमीजी नहीं ना कर रहा, रौनकें लगा रहा हूँ।

कुलभूषण : लो जी माताजी-पिताजी नाश्ता करो।

हवेलीराम : जो लभायाराम न आया तो मैं क्लेम का पैसा तुम तीनों भाइयों में बराबर-बराबर बांट दूंगा।

मोहिनी : वो तो आपने करना ही हुआ।

रोशन : (धीमे से) अगर आपने करने देने हुआ।

क्वार्टर में हवेलीराम का बैडरूम। लाजो बैठी स्वेटर बुन रही है। सतबीर अधलेटा किताब पढ़ रहा है। हवेलीराम आता है : लाजोजी एक और स्वेटर बुनने लगीं?

लाजो : हाँ।

हवेलीराम : एक और स्वेटर, एक और मौसम स्वेटर बुनने का।

लाजो : इसी तरह होते-होते एक दिन हम लाहौर वालों से दिल्ली वाले हो जाने हैं।

रोशन आता है : दिल्ली वाले नहीं माताजी, दिल्ली वालों के घरजवांई। ये स्वेटर आप मेरे वास्ते बना रहे हो?

लाजो : नहीं जे॰बी॰ साहब के वास्ते।

रोशन : सतबीर उनकी खुशामद करने वास्ते बनवा रहा होना है।

लाजो : बबली बुनवा रही हैं। कहती है, जे॰बी॰ साहब चाहते हैं कि वैसा ही नमूना डालूं जैसा आपने सतबीर के स्वैटर में डाल छोड़ा है।

सतबीर इस सूचना से हैरान होता है : बबलीजी यहां आए थे?

लाजो : कैंप के स्कूल में आई थी आज जे॰बी॰ के साथ।

रोशन : अच्छा जी, कैंप के काम के वास्ते तो पहले जे॰बी॰ आप ना जाकर मंगला को भेजता था सत के साथ। क्यों सत, ये क्या चक्कर है?

सतबीर : हर चीज में चक्कर ही नजर आता है।

रोशन : इस करके कि दुनिया गोल है और गोल ही घूमती है।

हवेलीराम : आज कैंप कमाण्डर से मैं उन रैफ्यूजी लड़कियों के बारे में बात कर रहा था जिनका अपना कोई नहीं बचा है। मैंने सुझाव दिया कि हमें कैंपों में ही उनके वास्ते लड़के ढूंढने चाहिए। तब उसने कहा कि मास्टरजी आप तो पहले इस बारे में लेख भी लिख चुके हैं और आप लोगों ने तो बबली का ब्याह अपने किसी लड़के से कर देने की बात भी कही थी मगर ब्याह किया तो नहीं। सुनकर मैं बहुत शर्मिन्दा हुआ। मुझे तो उन दिनों की बातें याद नहीं हैं लेकिन अगर सचमुच उन दिनों ऐसा हुआ था तो हमें बबली को अपनी बीवीरानी बनाना चाहिए।

लाजो : मैं तो इन दोनों से कहती-कहती थक गई मास्टरजी। आप ही समझाओ।

हवेलीराम : रोशन पुत्तर, बबली के बारे में क्या ख्याल है?

रोशन : ख्याल तो नेक है जी मगर मुफलिस को मुफलिस से ब्याह नहीं ना करना चाहिए।

लाजो : बबली मुफलिस कहां है? तीन सौ रुपया महीना लाती है।

हवेलीराम : हाँ, तुझेसे पैसे की बहुत लगी रहती है। कमाऊ बीवी ठीक रहेगी।

रोशन : मेरे वास्ते तो इस तरह की चाहिए जिसका बाप करोड़-दो करोड़ कमा के रख गया हो।

हवेलीराम : और सत, तू क्या कहता है पुत्तर? क्या तुझे भी कमाऊ बीवी नहीं, कमाऊ ससुर चाहिए?

सतबीर : जी...।

रोशन : पिताजी अब ये भी मेरी तरह करोड़पति वाली लाइन पर निकल चुका है।

सतबीर : जो जी में आया बक देता है। मैं किसी लाइन में नहीं निकल पड़ा हूँ। मैंने तो करनी ही नहीं शादी।

हवेलीराम : शादी तो करनी ही है।

लाजो : तेरी तरह तेरे पिताजी भी बहुत मना करते थे।

हवेलीराम : सतबीर मैं समझता हूँ कि बबली और तेरी जोड़ी बहुत अच्छी रहेगी।

सतबीर : नहीं पिताजी।

रोशन : शादी कर ले बबली जी से वरना तूने आफत में पड जाना है।

लाजो : आफत में? किस तरह?

रोशन : वो जो श्यामलाल-श्यामलाल करके है ना उनके यहां, वही जिसने मेरी नौकरी खत्म कराई, वही सतबीर का भी पत्ता साफ करना चाहता है। लोगों से कहता

है कि सतबीर ने ही बबली को जे॰बी॰ साहब के पीछे लगाया है।

सतबीर : पीछे नहीं लगाया, उनकी नौकरी में लगाया है।

रोशन : ये तू उसे जाकर समझा। मुझे क्यों समझा रहा है?

सतबीर : मैंने उसे भी समझा देना है।

रोशन : मगर सावधानी से। जाल बुन रहा है वो तेरे खिलाफ। लोगों से तेरे ही नहीं, अपने टब्बर के सारे लोगों के बारे में कुरेद-कुरेद कर पूछ रहा है। वो जो अपने कोई बुआजी थे ना बीरांवाली, उनके तक के बारे में पूछता है।

लाजो : *(आशंकित)* बीरांवाली के बारे में पूछता है?

लाजो के स्वर में आशंका सुनकर सतबीर चौकन्ना होता है : बुआजी के बारे में पूछकर उसने क्या बिगाड़ लेना है हमारा? कुछ बिगाड़ सकता है क्या माताजी?

लाजो : ना पुत्तर। बिगाड़ किस तरह सकता है।

सुलोचना आती है। उसके हाथ में फलों की एक डाली है : माताजी ये पकड़ो, फलों की टोकरी। पिताजी के एक भगत ने भिजवाई है।

लाजो : इनका ऐसा दानी भगत इधर कौन भला?

सुलोचना जैसे एक बम गिरा देती है : श्यामलालजी। पिताजी वो आपके बारे में किताब भी छपवाना चाहते हैं। कहते हैं कि आप बहुत बड़े इन्कलाबी आर्यसमाजी रहे हो, आपकी बायोग्राफी निकलनी चाहिए।

हवेलीराम : उनसे कहो, लाला हरदयाल या भाई परमानंद के बारे में कुछ छापें। मैं मदद करूंगा लिखने में।

सुलोचना : कोई आपको बड़ा मानता हो तो आप उसे रोक तो नहीं सकते पिताजी। एक जो वीरांवाली बुआजी थे उनका रिश्ता कहां तय हुआ था?

लाजो : श्यामलालजी इनके बारे में लिख रहे हैं कि बीरांवाली के।

सुलोचना : लो, मैंने कब कहा कि श्यामलालजी पूछ रहे हैं? मैं तो आप पूछ रही हूँ।

लाजो अपेक्षित सूचना नहीं देती। इस बात को सतबीर भी नोट करता है। लाजो फलों की टोकरी उठाकर सुलोचना को लौटा देती है : ये डाली लौटा देना बीवी रानी। मास्टरजी ने आज तक किसी भगत या चेले से कुछ नहीं ना लिया।

सतबीर : और इन श्यामलालजी का मामला तो शायद प्राजी के दफ्तर में फंसा हुआ है। उनसे कुछ भी लेना उस नजरिए से भी ठीक नहीं।

हवेलीराम : घूस की चीज को तो मैं छूना भी पाप समझता हूँ।

सुलोचना : अगर सचमुच ही आप इस तरह की चीज अछूत समझते हों तो मैं यहां से सारा फर्नीचर हटा दूं। ये भी उन्हीं श्यामलाल जी का दिया हुआ है।

हवेलीराम : जरा हटा दे पुत्तर। बल्कि सत और रोशन हटा देने हैं।

हवेलीराम की आज्ञा मिलने पर सत और रोशन उठाकर बाहर रखना शुरू करते है तभी कुलभूषण आता है : ये क्या हो रहा है?

लाजो : तेरे पिताजी ने बीवीरानी को बताया कि हम घूस की चीज छूना तक नहीं चाहते, इसलिए वो कह रही है कि यहां की सारी चीजें हटा लो क्योंकि ये श्यामलाल की दी हुई हैं।

कुलभूषण : श्यामलालजी? मगर लोचन तुमने तो इसके लिए मेरे से पैसे लिये थे।

सुलोचना : खर्चे और भी होते हैं घर में। तुम्हारी सैलरी से क्या। बनता है?

सुनकर कुलभूषण क्रुद्ध होता है : इसका मतलब ये है कि तुम मेरे बीहाफ पर घूस खाने लगो? मेरे को दुनिया की नजरों में करप्ट बना दो?

सुलोचना : तुम्हारा जितना करप्ट आदमी ढूंढने पर भी नहीं मिलना भूषण।

कुलभूषण : मेरे को अगर किसी बात को फख्र है तो बस इसी बात का कि आज तक मेरी ओर कोई ना अंगुली उठा सका, ना आंख।

सुलोचना : ये फख्र ही तुम्हारा करप्शन है। यू आर करप्टली एरोगेन्ट। जितना सैटिस्फैक्शन तुमको एक लाइन लिख के किसी का काम बिगाड़ देने में मिलता है उतनी तो लोगों को पच्चीस-पच्चीस हजार घूस खाने पर नहीं मिलता। दूसरे को छोटा करके बड़े बनते हो तुम।

कुलभूषण : स्टॉप दिस नॉनसेन्स। श्यामलाल को बुलाओ और ये चीजें लौटाओ।

सुलोचना : मैंने नहीं लौटानी। लौटाते हुए भी डरते हो क्या? कावरडली करप्ट दैट वॉट यू आर। तुम्हारा जैसा माँ का पल्लू पकड़ के चलने वाला दब्बू और डरपोक आदमी तो किसी का काम न होने में ही दिलेरी दिखा सकता है।

सुन-सुनकर कुलभूषण क्रोध से कांप रहा होता है। वह हाथ उठाता है और इस बार रुकता नहीं, झापड़ मार बैठता है।

♦ ♦ ♦

नये क्वार्टर में हवेलीराम का कमरा। हवेलीराम, रोशन और भूषण बैठे हुए है।

हवेलीराम : मैं ये मान सकता हूँ कि आदर्श और असलियत के बीच में खाई कुछ ज्यादा ही रह गई। कहीं हमने अपने आदर्शों को व्यावहारिक न बनाकर चूक की और कहीं अपने व्यवहार को आदर्श न बनाकर।

कुलभूषण : नहीं पिताजी, आपकी पीढ़ी ने एक ही गलती की—पश्चिम से

बराबर काफी परहेज बरतने की। पुराने ख्यालात की खिचड़ी में जरा-सा विलायती छोंक देने से हो क्या सकता था? बेसिकली फ्यूडल दिमाग वाले माडर्न इण्डिया बना नहीं सकते।

हवेलीराम : पुत्तर मैं तो कहना चाहता हूँ कि जिसे तू हिन्दुस्तान का पिछड़ा दिमाग कहता है, हमने शायद उसे अच्छी तरह न समझकर गलती की। अगर आइन्दा भी इस देश में पॉलीटिक्स वही पिछड़ा दिमाग चलाता रहा और हम बातें पश्चिम की माडर्निटी की करते रहे तो हालात बद से बदतर होते चले जाएंगे।

कुलभूषण : जी मैं तो कहता हूँ पॉलिटिक्स माडर्न दिमाग वालों से चलवाओ ना आप। लकीर पीटने वालों को परे करो। मुल्क को तरक्की की राह पर लगाओ।

रोशन : पहले आप तो तरक्की की राह से लगो प्राजी। आपका दिमाग तो मॉडर्न है फिर भी ईमानदारी के पुराने उसूलों पर चलते हो।

हवेलीराम : ईमानदारी के उसूल नये-पुराने नहीं होते पुत्तर।

कुलभूषण : पिताजी ये रोशन आपका नाम डुबा रहा है। मास्टर हवेलीराम का बेटा बनकर अफसरान और लीडरान के पास पहुँच जाता है और फिर उनसे सिफारिशें करवाता है। इसी दलाली में पैसे कमाता है।

हवेलीराम : जिसने जिन्दगी में पैसों को कभी अहमियत नहीं दी उसका बेटा उसका नाम लेकर पैसे कमाये ये कैसा मजाक है?

रोशन : जी इसी मजाक पर तो बहस हो रही है इतनी देर की। आपने पैसे नहीं ना कमाए, ये आदर्श था। मैं आपका नाम ले के कमा रहा हूँ, ये असलियत है।

कुलभूषण : रोशन, शर्म किया कर।

हवेलीराम : शर्म तो अक्सर अब मुझे आने लगी है कि अपने ही लोगों की असलियत नहीं पहचान पाया।

लाजो आती है : भूषण पुत्तर, तू दफ्तर से आके तबका यहीं बैठा है, उधर बीवीरानी नाराज हुई बैठी हैं। आज भी उसने रोटी नहीं खाई।

रोशन : यहां रोटी नहीं खाई। पड़ोस में डबल रोटी खा बैठी हैं।

हवेलीराम : पुत्तर मैंने उस दिन कहा था कि सुलह के लिए तू पहल कर। गलती तेरी थी, हाथ तूने उठाया।

कुलभूषण : पिताजी मैंने तो आपके कहने पर माफी भी मांग ली थी।

रोशन : हिन्दुस्तानी में मांगी होनी है। भरजाई जी कॉन्वेन्ट में पढ़े है। उनकी वरनाक्युलर कमजोर है।

लाजो : पुत्तर इस तरह ताने कस के झगड़ा बढ़ाया मत कर।

रोशन : माताजी मैं तो ऐसी बातें इस करके किया करता हूँ कि भरजाई जी के माताजी कहते हैं कि रोशन रौनकें लगाया कर।

हवेलीराम : इतना गुस्ताख मत बन रोशन। भूषण जा, बीवीरानी को रोटी खाने वास्ते राजी कर।

भूषण अनमने भाव से उठता है : कोई फायदा नहीं है माताजी।

लाजो : मुल्क के बारे में बहस करने से है? मुल्क सम्हला ही इस करके नहीं कि एक परिवार की तरह रहना नहीं आया हमें।

सुलोचना दीवार की ओर मुंह करके लेटी है। मोहिनी उसके कंधे पर हाथ रखती है : लोचन, भूषण सॉरी कहने वास्ते आया है पुत्तर।

सुलोचना तेजी से उठ बैठती है : यहां किस तरह आये? वहीं जाओ। उन्ही से कहो—सॉरी, मैंने लोचन से शादी कर ली।

कुलभूषण : अगर मैं वहां बैठा तो इसी करके कि मेरे को पता था कि तुमने लड़ाई ही करनी है।

सुलोचना : हाँ मैं लड़ाकी हूँ। तुम जाओ उनके पास जो तुमसे प्यार से बोलते हैं और जिनसे तुम प्यार से बोलते हो।

कुलभूषण : उनके कहने पर यहां आया। उन्होंने ही कहा कि लोचन से कहो कि रोटी खाओ।

सुलोचना : तुमने थोड़ी कहना था कि रोटी खाओ। तुम्हें तो खुशी होनी है, मेरे भूखे मर जाने से।

कुलभूषण कुछ कहने को होता हैं फिर झुंझला के चला जाता है : (बुदबुदाकर) हैल, हैल, हैल एण्ड डेमेशन।

कुलभूषण के जाने के बाद लोचन फिर मुंह फेर के लेट जाती है। अब मोहिनी उसके सिरहाने बैठ के उसके माथे पर हाथ रखती है : लोचन...।

सुलोचना : हाँ जी मम्मीजी।

मोहिनी : मेरे ख्याल से अब इसे ज्यादा ना खींच पुत्तर। अभी तक तो तेरे सास-ससुर की हमदर्दी तेरे साथ है, लेकिन जो तूने माफी मांगने पर भी इसी तरह गुस्से हुए रहना है तो उन्होंने भी तेरे से खफा हो जाना है।

सुलोचना : होने दो खफा। वो खुश ही कब थे?

मोहिनी : बात समझा कर। जब तक क्लेम नहीं मिल जाता हमने तेरे सास-ससुर से बिगाड़ नहीं ना करना है। मैं भूषण को बुलाती हूँ और सुलह-सफाई करा देती हूँ।

सुलोचना : नहीं मम्मीजी।

मोहिनी : इस तरह नादानी करनी रहनी है तो क्लेम नहीं,भूषण भी तेरे हाथ से निकल जाना है। पहले कभी हाथ उठाया था उसने तेरे पर? वो लोग तो शुरू से ही भूषण को तेरे खिलाफ करते रहे हैं। जो अब तूने भी कर दिया तो उसने तेरे को परे कर देना है। इस लाइन में मेरे को तेरे से ज्यादा तजुर्बा है। जिस तरह कहूँ, उस तरह कर। **तभी भूषण नजर आता है। मोहिनी आवाज लगाती है :** भूषण पुत्तर, इधर आना।

भूषण : जी मम्मीजी।

कुलभूषण उस ओर बढ़ता है। लोचन उठ के बैठ जाती है लेकिन भूषण की ओर नहीं देखती।

मोहिनी : थाली रखी है अपने हाथ से खिला दे लोचन को रोटी। लोचन उठ खा ले। तूने हाथ उठा दिया इस करके दिमाग सनक गया बिचारी का। तेरे को पता ही है कि मैंने और इसके डैडीजी ने कितने नाजों से पाला है इसे। लोचन से तो हम कभी जोर से बोले तक नहीं।

थाली उठाता हुआ रोटी का एक ग्रास तोड़कर दाल में भिगोकर भूषण लोचन के मुंह की ओर बढ़ाता है। लोचन मुंह दूसरी तरफ कर लेती है : मैंने आप खा लेना है।

मोहिनी : खा ले, इतने प्यार से खिला रहा है।

लोचन एक ग्रास खा लेती है और मुंह मटकाती है : प्यार से ही कुटाई भी की होनी है।

कुलभूषण : उसके वास्ते मैं बहुत शर्मिन्दा हूँ लोचन। लेकिन तुमने भी मुझे प्रोवोक किया। पहले श्यामलाल से घूस लेकर और फिर मेरे पर बेकार की लानत भेज कर।

मोहिनी : पुत्तर तेरा कहना भी सही है लेकिन प्रोवोक का इस तरह है कि तेरे ये जो भाई हैं ये भी कुछ कम प्रोवोक नहीं ना करते लोचन को।

कुलभूषण : मैं उनसे मना कर दूंगा मम्मीजी। लेकिन आप भी लोचन को समझा दो कि घूस ना लिया करे।

मोहिनी : इसने तो अपने डैडीजी को रोजाना डालियां लेते-देते देखा है। इस तरह की चीज को घूस तो तेरे पिताजी बरगे गैर-दुनियादार आदमी ही कहते है।

कुलभूषण : जी मैं इस मामले में अपने पिताजी की तरह का ही हूँ।

मोहिनी : हाँ, मगर सभी तो तेरी और उनकी तरह संत नहीं ना हो सकते! आप तेरा भाई रोशन नहीं है।

रोशन झांकता है : प्राजी के मम्मीजी मैं तो आप की तरह का हूँ। जो बात प्राजी आपके साथ रहकर भी नहीं ना सीख सके, मैं दूर बैठा-बैठा भी सीख गया।

पीछे से सतबीर आता है : तुझे चलना नहीं है मीटिंग में?

रोशन : आज तो जरूर जाना है क्योंकि मीटिंग अरुन्धति जी के घर है। वो आप करोड़पति नहीं हैं, तो क्या हुआ? उनकी कन्या तो है।

अरुन्धति दरवाजे पर लोगों को सी-ऑफ कर रही है। इनमें लाजो, हवेलीराम सतबीर भी शामिल हैं। रोशन, निवेदिता भी दिख रहे हैं। हालांकि वे जाने के मूड में नहीं है।

अरुन्धति : आज की मीटिंग बहुत अच्छी रही। यही अफसोस है कि प्रज्ञावती बहन जी नही पहुँच सकीं।

सतबीर : वो कब तक आने वाले हैं दिल्ली?

अरुन्धति : मंगला को मालूम होगा। वह पता नहीं क्यों नहीं आई?

सतबीर : मैंने अभी जाके पता कर लेना है।

रोशन : तेरे से यही उम्मीद की जाती है।

लाजो : रोशन पुत्तर, तू चल रहा है ना घर?

रोशन : आप चलो, मैं पहुंचता हूँ।

अरुन्धति : रोशन, आज तुम्हारे विचार सुनके मुझे बहुत सुखद आश्चर्य हुआ। मैं तो अब तक ये समझी थी कि तुम, जिसे कहते हैं, सतही ढंग के मॉडर्न हो। आज पता चला कि तुम ट्रेडिशन को, मॉडर्नेटी को एक-दूसरे में ढालने के कायल हो। बहुत अच्छा बोले तुम।

रोशन : जी, मैं जो भी बोला मेरी जबान से टैगोर बोला, मेरे पिताजी बोले। मेरे ख्यालात अपने कहां? इनके हैं।

अरुन्धति : नहीं हवेलीरामजी तो ज्यादा परम्परावादी हैं।

हवेलीराम : पीढ़ी का कुछ तो फर्क पड़ता ही है।

रोशन : बात ये है जी कि मेरे विचारों पर थोड़ा बहुत असर अपने प्राजी कुलभूषण का भी पड़ा है।

लाजो : सिर्फ पियार ढाल लेने से ही बात नहीं ना बन जाती पुत्तर। उसे व्याबहार में भी उतारना पड़ता है।

रोशन : माताजी बस अब वही करने चला हूँ।

मास्टर हवेलीराम घड़ी देखता है : हमें तो आज्ञा दीजिए। नमस्कार।

अरुन्धति : नमस्कार।

वे लोग चले जाते हैं। अरुन्धति, निवेदिता, रोशन भीतर को आते हैं। अरुन्धति पूछती है : तो रोशन, निवेदिता से तो अभी और होगी ना तुम्हारी बहस।

रोशन : जी इससे ज्यादा बहस मेरे बस की नहीं है। मैं तो इस करके रुक गया कि आपका गाना सुनूं।

अरुन्धति : गाना सुनना होगा तो सुबह आना होगा। मेरे रियाज के समय।

रोशन : जरूर जी। जिस तरह लोग मंदिर जाते हैं, मैने इधर आ जाना है।

अरुन्धति मुस्कराती है : आज तुम खाना यहीं खाकर जाओ।

रोशन : गुडनैस एण्ड आस्क-आस्क।

निवेदिता : माने?

रोशन : माने नेकी और पूछ-पूछ। माने रोशन से ये पूछने की जरूरत ही क्या है? बंगाली खाने के लिए कभी मना कर सका है वो आज तक? वो बनाओ जी परमल का डोरमा, नारियल वाली चने की दाल, मटर की कचौड़ी।

निवेदिता : मैं बना देती हूँ।

अरुन्धति : नहीं, तू बैठ। मैं बनाती हूँ। मीठे में मैं तुम्हें सन्देस खिलाऊंगी।

अरुन्धति जाती है। उसके जाने के बाद निवेदिता और रोशन के बीच एक असमंजस-प्रद मौन बना रहता है। फिर निवेदिता ही बात शुरू करती है : आपने ये जो कहा कि इण्डियन रैनेसां के लीडर्स ने भारतीय समाज की पेचीदगियों को चंद पश्चिमी फिकरों से उड़ा देने की कोशिश की, इससे मैं सहमत नहीं हो पाती हूँ।

रोशन : आपसे इस तरह का डिस्कशन मैं नहीं ना करना चाहता। पता नहीं कब मैं मूरख कोई गलत बात कह बैठूं और आप नाराज हो जाओ।

निवेदिता : नाराज तो आप हैं शायद।

रोशन : मैं तो आपसे नाराज होने की बात सोच तक नहीं सकता।

निवेदिता : उस दिन क्लब में मिले मगर कुछ बोले नहीं।

रोशन : श्यामलालजी आपके पास खड़े थे। मेरे को तो एक ही बात की फिकर रहती है कि कहीं आपके बाबा आपसे नाराज न हो जाएं।

निवेदिता : आपका काम-काज तो ठीक चल रहा है ना?

रोशन : आपकी मेहरावानी से, आपके बाबा की बदौलत।

निवेदिता : मैं समझी नहीं।

रोशन : बिजनेस के बारे में मैं जो कुछ भी जानता हूँ, मैंने आपसे सीखा है। और आपके बाबा ने मुझे नौकरी से निकाल के ये मौका दिया कि मैं आपके सिखाए हुए गुरों से अपना धंधा-रोजगार चमका सकूं। किन्तु निवेदिताजी, रोजगार ही तो सब कुछ नहीं होता जीवन में। माने...।

संवाद का ये हिस्सा रोशन एक गहरी सांस ले के ओर बहुत ही बंगाली अंदाज से कहता है। निवेदिता एक ऐसा इशारा पाती है इस संवाद में कि थोड़ा एम्ब्रेरसे होती है। एक खामोशी फिर दोनों के बीच कायम हो जाती है।

निवेदिता : सो तो है। बात ये है...।

रोशन : जी?

निवेदिता : जाके थोड़ी मदद करूं माँ की।

निवेदिता उठ जाती है।

रोशन : सुनिए, मेरे ख्याल से मना कर दीजिए खाने के लिए।

रोशन भी उठता है।

निवेदिता : क्यों?

रोशन : क्योंकि मैं यहां बैठूंगा तो कुछ-कुछ कहूंगा और शुरू से ही मेरी बदकिस्मती रही है कि मैं कुछ ऐसा कह जाता हूँ जो आपको परेशानी में डाल देता है।

निवेदिता : ना, नहीं तो।

रोशन : तो फिर बैठिए ना।

निवेदिता एक क्षण सोचती है फिर बैठ जाती है। दोनों की निगाह मिलती है। निवेदिता निगाह झुका लेती है और अपना एम्बेरेसमेंट छिपाने के लिए चश्मा उतारती है और उसके कांच पोंछने लगती है। रोशन पहली बार उसे बिना चश्मे के देखता है और पाता है कि उसकी शक्ल-सूरत अच्छी है। चश्मा पोंछकर निगाह उठाते ही निवेदिता कॉन्शस होती है कि रोशन उसे घूर रहा है। निवेदिता अब चश्मा पहनने को होती है। रोशन हाथ बढ़ाकर चश्मे की डण्डी पकड़ लेता है और उसे निवेदिता की आंखों के आगे से हटा देता है: कोई आपके चश्मे के पीछे छिपा था जो आज दिखा है।

निवेदिता : मेरे चश्मे के पीछे? कौन?

रोशन : आप निवेदिता जी।

निबेदिता : मैं छिपी हूँ? माने?

रोशन : लोग-बाग चश्मा कुछ देखने के लिए पहनते है। मगर आप इरा करके पहनते हो कि लोग-बाग आपको अनदेखा कर जाएं।

निवेदिता : आप तो कविता बोल रहे हैं।

रोशन : इसके वास्ते भी मैंने आपको ही कसूरवार ठहराना है।

निवेदिता : कोई और बात कीजिए।

रोशन : इस बात को पूरा कर लेने दो। निवेदिता जी, आपको याद होगा

पहली मुलाकात मैं मैंने आपसे कहा था कि आप जाने-पहचाने इस करके लगते हो कि आपको मैंने टैगोर के लिटरेचर में देख रखा है। उसके बाद कोशिश करने पर भी मैं आप में वो झलक पा नहीं सका। आप मिस्टर सपन सेनगुप्ता की बेटी और वारिस ही बने रहे। लेकिन निवेदिता जी, आप वही नहीं हो। निवेदिता जी भी हो। आप अपनी इस पहचान से क्यों अनजान रहना चाहते हो? और क्यों दुनिया को भी रखना चाहते हो?

निवेदिता को सुनकर अच्छा लगा है। लेकिन वो बहुत ही ज्यादा घबरा और शर्मा गई है।

निवेदिता : मुझे चश्मा दे दीजिए।

रोशन : जरूर पहनो जी। लेकिन कभी इसे उतारकर, अपने केश खोलकर, ज्यादा नहीं थोड़ा-सा सज-संवरकर अपने को आइने में देखो। आप पाओगे कि आपके भीतर एक टैगोर की हीरोइन है जो बाहर निकलने के लिए तड़प रही है। उसे बाहर निकलने दो निवेदिता जी।

निवेदिता : मेरे को अपने बारे में कोई भी सम्भ्रम नहीं है। कुछ भी कर लूंगी मगर रहूंगी वही एक ठो साधारण लड़की।

रोशन : इसका फैसला तो अभी हो सकता है। उतारिए ना चश्मा, खोलिए ना केश प्लीज।

रोशन बहुत ही सॉफ्टली बोलता है। निवेदिता सिर हिलाती है। निवेदिता की आवाज में घबराहट है। ऐसा लगता है कि उसका मुंह सूख रहा है।

निवेदिता : और कोई बात...कीजिए।

रोशन : आपको अपने ही सुन्दर चेहरे से लाज हो ये तो एक विचित्र कथा निवेदिता जी। प्लीज। प्लीज। प्लीज, प्लीज, प्लीज।

निवेदिता सिर हिलाती है। इधर-उधर देखती है फिर रोशन से बमुश्किल निगाह मिलाती है और सूखी लटपटाती जबान से बोलती है : ना। कुछ और बात...।

रोशन निवेदिता के रूबरू होने का फायदा उठाते हुए स्वयं हाथ बढ़ा के उसका चश्मा उतार देता है। निवेदिता घबराती-शर्माती-कांपती है मानो चश्मा ही नहीं उसके पूरा आवरण उतार लिया गया हो। अब रोशन हाथ बढाकर निवेदिता की केशराशि छूता है। निवेदिता घबराकर उठ जाती है : ना...। **रोशन भी उठ जाता है। निवेदिता एक क्षण उसे पीठ दिए खड़ी रहती है और कहती है :** मैं...जरा माँ के पास...। **रोशन अब उसके आगे आ जाता है और उसका रास्ता रोक लेता है। रोशन कुछ कहता नहीं लेकिन उसका चश्मा वापस उसे पहना देता है :** माँ के पास जाइए जरूर निवेदिता जी, मगर मुखौटा पहन के।

रोशन चला जाता है। निवेदिता आइने के सामने खड़ी है। वो चश्मा उतार के देखती है।...अरुन्धति के आने से चौंकती है। अरुन्धति रोशन को नहीं पाकर हैरान होती है : रोशन कहां है।

निवेदिता : गये।

अरुन्धति : गये माने?

निवेदिता : कुछ काम था। हठात याद आया।

अरुन्धति : इतना जरूरी था कि मिल के भी नहीं गया? क्या हुआ?

निवेदिता : कुछ नहीं।

अरुन्धति : कुछ तो हुआ। झगड़ा?

निवेदिता : झगड़ा क्यों होगा?

अरुन्धति : घबराई हुई-सी क्यों है?

निवेदिता : घबराई? ना।

अरुन्धति : तेरा चेहरा कुछ अजीब क्यों लग रहा है? चश्मा। चश्मा कहां गया? और आज ये केश कैसे फैला लिये?

निवेदिता : बुरी लग रही हूँ?

अरुन्धति : नहीं। बेशी सुन्दर।

निवेदिता : माँ...।

अरुन्धति : बोल।

निवेदिता : कुछ नहीं।

अरुन्धति : बताती क्यों नही? माँ से भी घबराती है?

निवेदिता : एक सखी है मेरी। वो कह रही थी... कि निवेदिता तेरे भीतर एक ठो रवि ठाकुर की नायिका है। बाहर आने को विकल है वो। चश्मा उतार दे, केश खोल दे, थोड़ी सज-संवर, बस बाहर आ जाएगी।

अरुन्धति : सखी का नाम रोशन?

निवेदिता : तुमने...सुन लिया क्या?

अरुन्धति : ना रे। किन्तु कुछ बातें मन की कानों से भी तो सुनी जाती हैं। अच्छा तो तेरे बाबा का कहना उचित ही था कि तुझे ये लड़का पसन्द है।

निवेदिता : ना, ये बात तो मैंने कभी बोली ही नहीं।

अरुन्धति : बोली नहीं तो क्या सोचा भी नहीं? देखती हूँ वो लड़का सच ही कह रहा था मेरे भीतर की नायिका तो तेरी बन्दिनी है। उसे दबाकर रखा न होता तूने तो क्या आज तक तुझे कोई पसन्द ही नहीं आता? तेरे बाबा तो एक के बाद एक इसलिए लड़कों को नापसन्द करते चले गये कि वो तुझ पर निर्भर है पूरी तरह।

इसलिए मुश्किल से तेरे लिए कोई वर पसन्द किया तो अपना ही एक कर्मचारी शुभेन्दु। लेकिन तू स्वयं किसी को पसन्द क्यों नहीं करती?

निवेदिता : ये सब मैंने कभी सोचा नहीं।

अरुन्धति : वही तो पूछती हूँ, सोचा क्यों नहीं ये सब? मुझे ये तेरा रोशन कोई अद्‌भुत या असाधारण व्यक्ति तो लगता नहीं। फिर भी कुछ गुण हैं ही इसमें। ज्ञानी नहीं है लेकिन ज्ञान का प्यासा है। महत्वाकांक्षी है और वो है जिसे आजकल लोग कहते हैं स्मार्ट। तुम क्या कहना चाहती है? तुझे उसमें पसन्द करने लायक कुछ भी नजर नहीं आया?

निवेदिता : ऐसा तो मैंने नहीं कहा।

निवेदिता कुछ नहीं कहती। अरुन्धति मुस्कुराती है। निवेदिता अरुन्धति के कंधे पर सिर रख देती है : नहीं जानती।

अरुन्धति : इसका मतलब हुआ, तुझे पसन्द है।

निवेदिता : *(घबराकर)* ना।

अरुन्धति : पसन्द नहीं है, नापसन्द नहीं है, तो क्या है?

मंगला के घर का जलसाघर। सतबीर वहां मंगला के साथ बैठा हुआ है।

मंगला : नापसन्द किया और मैंने? जे॰बी॰ खुद आके कहे मेरे सामने।

सतबीर : आप ये गलत समझ रहे हो कि जे॰बी॰ साहब ने मुझे भेजा है।

मंगला : तो मेरे बाऊजी-अम्माजी ने भेजा होगा। आजकल सब कहते हैं कि जाओ मंगला बेटी को समझाओ। क्या आप भी यही मानते हैं प्रिंस कि इस मामले में मैंने गलती की?

सतबीर : जी गलती किसी ने नहीं की, गलतफहमी हो गई थोड़ी-बहुत।

मंगला : कोई गलतफहमी नहीं हुई। हमारे माँ-बाप ने जे॰बी॰ और मेरी बातचीत कराई। मैंने जे॰बी॰ से सिर्फ इतना पूछा कि क्या तुम मुझसे शादी इसलिए कर रहे हो कि मैं तुम्हें सचमुच पसन्द हूँ? उसने 'हाँ-ना' कुछ जवाब नहीं दिया। इसका मतलब 'ना'।

सतबीर : जी मौन का मतलब तो 'हाँ' होता है।

मंगला : इस मामले में नहीं।

सतबीर : मैं तो कहता रहा हूँ आपका सवाल ही बेकार था। आप जानते हो वो तो शुरू से ही आपको पसन्द करता है।

मंगला : शुरू से ही नापसन्द करता है।

सतबीर : जी मैं मान ही नहीं सकता। वो तो इतना प्यारा इंसान है कि उसका

किसी को नापसन्द करने का सवाल ही नहीं उठता। कभी-कभी नाराज जरूर हो जाता है मगर उसकी नाराजगी भी बस आती है और जाती है।

मंगला : आपको इस बारे में कुछ नहीं पता है प्रिंस। और अब इस विषय को छोड़ो। आप तो कह रहे थे साहित्य चर्चा के लिए आया हूँ। लेकिन बातें जब से आए हो जे॰बी॰ की कर रहे हो।

सतबीर : जी, वो मेरा दोस्त है।

मंगला : दुश्मन तो सिर्फ वो अपना है।

सतबीर : मंगला जी, आप ही उसको इस आत्मघाती दुश्मनी से बचा सकती हो। **मंगला हल्की रुआंसी होती है :** वो बचाने दे तब ना। वो तो मेरे से मिलना ही नहीं चाहता।

सतबीर : वो तो तब से जब से आपने शादी की तारीख टलवाई।

मंगला : नहीं, उससे पहले से। आपको कुछ पता नही है प्रिंस।

सतबीर : मेरे को सब पता है। और इसी करके मुझे बहुत दुख भी हो रहा है।

मंगला : आपके दुखी होने की कोई बात नहीं है। आपको इसे कोई मतलब नहीं है।

सतबीर : जी, मगर लोग समझते हैं कि मैंने ही बबली को जे॰बी॰ साहब के पीछे लगाया है।

मंगला : लोग समझते होंगे, मैं तो नहीं। मैं तो शुरू से जानती हूँ जे॰बी॰ को मेरी जैसी नहीं, बबली जैसी लड़कियां पसन्द हैं।

सतबीर : जी, मैंने बबली को समझा देना है।

मंगला फिर से रुआंसी होने लगी है, इसलिए अपने आंसुओं से लड़ती हुई भर्राई आवाज में कहती है : मुझे बबली की दया की भीख नहीं चाहिए। अपना मान चाहिए। वो बबली नहीं, जे॰बी॰ ही दे सकता है।

सतबीर : मगर मंगला जी आप एक बार सारी बात ठण्डे दिमाग से सोचो। आप तो बहुत ज्यादा इमोशनल हो गये हो इस मामले में।

मंगला : इस मामले में न होऊं तो क्या शेयर बाजार के मामले में होऊं?

सतबीर : जी मैं तो ये कह रहा था कि इस तरह तो बात बिगड़ती ही जानी है।

मंगला : आप भी मुझसे ही कहेंगे? जे॰बी॰ से नहीं? मैंने क्या किया है? सिर्फ मुझसे किसी बेबसी में शादी न करे। अपने पापा-अम्मा से जो वो खुद नही कह सकता था, वो मैंने कह दिया है उसकी ओर से। बस!

सतबीर : जी मैं समझ सकता हूँ कि...।

मंगला : जे॰बी॰ तो नहीं समझता। मैं और वो पड़ोसी होते हुए भी दो अलग दुनियाओं के बाशिन्दे हैं मानो। और बातों की छोड़ो, मैं पूछती हूँ वो आप जैसा सीधा, सच्चा और साफ क्यों नही हो सकता? मैं...बहुत-सी बातों को नजर-अन्दाज कर सकती थी, करती रही हूँ। उसके साहित्य-संस्कृति में दिलचस्पी न लेने को, शराब पीने को, एक माने में लगभग स्वार्थी बच्चों जैसा होने को...लेकिन इसके साथ-साथ वो धूर्त और मक्कार भी हो...।

मंगला का स्वर टूट जाता है। वो बाकायादा रोने लगती है। सतबीर उसे सांत्वना देने के लिए पास आता है और रुमाल निकालकर देने लगता है : मंगला जी, मेरे को लगता है कोई आपको बेकार ही भड़का रहा है। जे॰बी॰ धूर्त और मक्कार नहीं।

मंगला रुमाल ले लेती है और आंसू पोंछते हुए कहती है : प्रिंस मैंने शुरू में आपसे ये कहा कि तबीयत ढीली होने की वजह से मीटिंग में नहीं आ पाई। उसका सच्चा कारण जानना चाहोगे? मैं इसलिए वहां नहीं आई कि तुम वहां मिलते। जे॰बी॰ का कोई जासूस हमें देखता। वो श्यामलाल जी या वो फूलवती या और कोई।

सुनकर सतबीर स्तब्ध रह जाता है : जी मैं समझा नहीं।

मंगला : जे॰बी॰ ने अपने अम्मा-पापा से कहा, मेरे सामने कहा, कि मंगला बबली से मेरे मिलने पर क्यों एतराज करती है? वो तो मेरी सेक्रेटरी है। मैं तो प्रिंस से इसके मेल-जोल पर कोई एतराज नहीं करता?

फूलवती आई है लेकिन भीतर घुसने की बजाय एक कोने में दुबककर सुन रही है। सतबीर बिल्कुल हक्का-बक्का हुआ पड़ा है। वो खड़ा होकर दरवाजे की ओर बढ़ता है। मंगला भी पीछे से आती है। फूलवती सावधान हो जाती है।

सतबीर : मेरे को पता होता तो मैं ना आता। जी, चलता हूँ। नमस्ते। मैं जे॰बी॰ साहब को सारी बात समझा दूंगा और आइन्दा आपको परेशान नहीं करूंगा।

मंगला : जे॰बी॰को सफाई देने की कोई जरूरत नहीं है प्रिंस, और न यहां आने से डरने की...**मंगला की नजर फूलवती पर जाती है। वह पूछती है** : तुम यहां क्या कर रही हो फूलवती?

फूलवती : जी मैं पूछने आई थी कि प्रज्ञावती बहन जी कब आएंगी?

♦ ♦ ♦

श्यामलाल सुभद्रा के कमरे से गुनगुनाता हुआ निकलता है : मैंने लाखों के बोल सहे, सांवरिया तेरे लिए।

उधर से फूलवती आती है और जान-बूझकर श्यामलाल से टकरा जाती है : बहुत कुछ देख के आ रही हूँ आज तो।

श्यामलाल : क्या?

फूलवती : थोड़ा उधर को चलो।

दोनों एक साइड को चले जाते हैं।

श्यामलाल : अब बोल क्या देख के आई है?

फूलवती : प्रिंस और मंगला को।

श्यामलाल : कहां?

फूलवती : मंगला के ही घर में। मंगला रोती जा रही है, अपने जे॰बी॰भैया के खिलाफ बोली जा रही है और वो बड़े पिरेम से उसके आंसू पोंछ रहा।

श्यामलाल कुछ सोचता है : जा, बीबीजी को नमक-मिर्च लगा के सुना सारी बात। मगर यूं ना कहियो कि भैया के खिलाफ मंगला बोल रही थी। यूं बोलियो कि प्रिंस भड़का रहा था के जे॰बी॰साहब आपके लायक हैं नहीं।

फूलवती : *(हंसकर)* आपके लायक तो मैं हूँ जी।

श्यामलाल : तू बीबीजी को समझा, मैं भैया को समझाता हूँ। कभी गवाही देने की जरूरत पड़ जाए तो हम एक-दूसरे के गवाह हो सकते हैं। यूं कह दीयो कि हम लोग प्रज्ञावती बहन जी के बारे में पूछने गये थे। मैं तो पूछना ही भूल गया। क्या पता किया तुमने?

फूलवती : कल वो आ रही बतायें।

श्यामलाल फूलवती को बख्शीश देता है : जब तो तू बीबीजी को और मंगला की अम्मा दोनों को वही समझा कि प्रज्ञावती बहनजी से बीच-बचाव करवाओ। और वो भण्डारे वाली बात भी मत भूलियो।

फूलवती : और कुछ?

श्यामलाल : और सुन, आइन्दा भी उन दोनों पर निगाह रखियो।

फूलवती : सामलालजी, मेरी निगाह तो सब पर रहे है।

फूलवती इस बात को शोख अंदाज से कहती है जिससे पता चलता है कि वो सब में श्यामलाल को भी शामिल कर रही है। वह सुभद्रा के कमरे में घुस जाती है। श्यामलाल को जे॰बी॰ आता दिखाई देता है।

श्यामलाल : भैया जे॰बी॰, मुझे मालूम है कि तुम्हें अपने प्रिंस के खिलाफ कोई शिकायत सुनना पसंद नहीं है।

जे॰बी॰ : झूठी शिकायत?

श्यामलाल : इस बारे में तो तुम फूलवती से भी पूछ लो। भैया, उसने भी देखा।

जे॰बी॰ : क्या देखा?

श्यामलाल : अब कैसे बयान करूँ? येई समझ लो कि प्रिंस मंगला बिटिया के बिल्कुल नजदीक बैठ के उसे तुम्हारे खिलाफ भड़का रहा था।

जे॰बी॰ : आप पहले भी कई बार इसी तरह कि बेबुनियाद शिकायतें कर चुके हैं प्रिंस के खिलाफ। प्रिंस वफादार है, बहुत ही सीधा और सच्चा है। अगर सचमुच कोई ऐसी बात होती तो खुद मुझसे कहता।

श्यामलाल : अच्छा, तो वो आके तुमसे कहता कि माई डियर फ्रेण्ड मुझे तेरी मंगेतर से प्यार हो गया है?

जे॰बी॰ : अब बस करिए श्यामलाल जी, वरना मुझसे बेअदबी हो जाएगी।

जे॰बी॰ श्यामलाल की बदतमीजी पर ही नहीं झुंझलाया है बल्कि उसके मन में थोड़ा-सा शक भी होने लगा है। वह सुभद्रा के कमरे के भीतर जाता है जहां फूलवती सुभद्रा को भड़का रही है : प्रिंस के खिलाफ बोलता जा रहा है।... वो बिचारी रो रही है तो अपना रुमाल निकाल के आंसू पोंछता जा रहा है।

जे॰बी॰ ये देखकर नाराज होता है : फूलवती तुम जाओ यहां से फौरन। मंगला को लेकर आइन्दा अम्मा को ऐसी बकवास सुनाते देखा तुम्हें तो खाल खींच लूंगा।

फूलवती आंखें पोंछने का नाटक करती हुई उठ के चली जाती है।

सुभद्रा : अरे काहे को डांटा बिचारी को? मेरा नमक खाती है। वह इस तरह की बातों की खबर मुझे नहीं करेगी तो क्या दुनिया में ढिंढोरा पीटेगी?

जे॰बी॰ : पूरी मक्कार है ये फूलवती।

सुभद्रा : उसे क्या पड़ी है झूठ बोलने की? जय बेटे, मैंने खुद प्रिंस को इधर कई बार मंगला के साथ जाते देखा है। मंगला मेरे पास तो आये ना, और प्रिंस के साथ घूमे ये ठीक ना लगता। शादी की तारीख भलेई टलवा ली हो मंगला ने, पर है तो तेरी मंगेतर ही।

जे॰बी॰ : मैंने इससे कब मनै की अम्मा? शादी की तारीख भी मंगला ने ही बढ़वाई, मैंने नहीं।

सुभद्रा : मेरी तो कुछ समझ में नहीं आता ये क्या हो रहा है।।

फूलवती राजरानी के साथ मंगला के जलसाघर में बैठी उसे बता रही है : जो भी हो रहा है ठीक ना हो रहा है। इसी मारे बीबीजी ने कहलाई है कि कल जब प्रज्ञावती बहनजी आएं तो आप उन्हें डलवाओ बीच में। मंगला और सतबीर दोनों ही बहुत माने है उनकी।

राजरानी : मंगला बिचारी तो वैसे ही मान जायेगी। समझाने की जरूरत तो जय को है। उसे कौन समझायेगा?

फूलवती : उसे तो सारे ही मिल के भतेरा समझा रहे हैं आजकल। प्रज्ञावती बहनजी से भी कहेंगे समझाने की। हमारी बीबीजी उनके बास्ते भण्डारा कराने की सोच रही हैं। उन्होंने कही है कि इसके लिए प्रज्ञावती बहनजी को राजी कराने का जिम्मा आप पर रहेगा।

राजरानी : जय के पापा तो इस तरह की चीजों के बहुत खिलाफ हैं बतायें।

फूलवती : उन्हें तो बीबीजी मना लेंगी। बात तो प्रज्ञावतीजी को मनाने की है। वो तो बीबीजी के कहने पर भी पिछली बार हमारी हवेली में नहीं आईं।

राजरानी : दो ही दिन के लिए आ रही हैं। मैं पूरा जोर डालूंगी। परसों का रख लो भण्डारा।

वृषभान की स्टडी। वृषभान, सुभद्रा, जे॰बी॰और श्यामलाल मौजूद हैं।

वृषभान : भण्डारा? वॉट नानसेन्स।

सुभद्रा : देखो जी, अब आप मत मनै करना। बड़ी मुश्किल से तो राजरानी बहन जी को मनाया है कि प्रज्ञावती जी को लेकर आएं।

वृषभान : लेकिन तुम्हें पता है कि मैं इस निठल्ली बिरादरी के कितना खिलाफ हूँ?

सुभद्रा : अरे प्रज्ञावती जी उस बिरादरी में से ना हैं। वो तो बहुत ही काम करने वाली औरत हैं।

श्यामलाल : तपस्विनी हैं जी सच्चे माने में। आ...हा...हा...क्या दिव्य रंग-रूप, कैसे उच्च विचार, कैसा आदर्श व्यवहार और कर्मठता। अजी बस कुछ पूछो मत।

सुभद्रा : ये जय तो आपकी तरह ही पक्का विलायती है। इससे पूछो।

जे॰बी॰ : पापा, शी इज मोस्ट इम्प्रेसिव। कहीं अखबार में भी छपा है उनके बारे में।

श्यामलाल एक अखबार की कतरन पेश करता है : ये रही जी कटिंग। वो तो फोटो लेने ना देतीं वरना कित्ते ही छप गये होते।

जे॰बी॰ : मुसीबतजदा औरतों की मदद के लिए बहुत अच्छे-अच्छे काम करती है। आजकल मृणालिनी साराभाई के साथ काम कर रही हैं।

वृषभान : अच्छा-अच्छा, भगाई गई औरतों को उनके घर लौटवाने के लिए?

सुभद्रा : मंगला के बाऊजी ने तो काफी पैसा भी उन्हें दिया बतायें।

श्यामलाल : लालाजी, मैं सोच रहा था कि आपको भी एक तगड़ा-सा चैक उनको देना चाहिए अपने हाथों से।

वृषभान : ठीक है, लेकिन भजन-कीर्तन में मैं नहीं बैठूंगा।

श्यामलाल : बस आप तो चैक देने आ जाना चाहिए।

मंगला के जलसाघर में राजरानी सोच में पड़ी हुई है। फूलवती पास बैठी समझा रही है : अजी इतना सोचना कैसा माताजी? बच्ची की जिन्दगी का सवाल है।

कार के आने और रुकने की आवाज।

राजरानी : आ गई दीखें।

राजरानी उठती है और अगवानी के लिए बढ़ती है। फूलवती भी। वीरांवाली आती है। उसके साथ चन्नी है। राजरानी और फूलवती दोनों उसके पांव छूती ही नहीं, दबाती भी हैं। वीरांवाली चन्नी को एक कोने में बैठा देती है।

फूलवती : जो आपको शर्म आती हो तो मैं कह दूंगी उन्हीं से।

राजरानी : आपकी गाड़ी टैम से पहले पहुंच गई दीखै, बहन जी।

वीरांवाली : मैं तो कार से आई हूँ।

राजरानी : अरे मंगला बिटिया तो आपको लिवाने स्टेशन गई है।

वीरांवाली : शादी हो गई अब तो। उसे अपने सास-ससुर की सेवा में रहना चाहिए।

राजरानी : शादी कहां हुई जी?

बीरांवाली : अरे क्यों?

राजरानी कोई जवाब नहीं देती। वो फूलवती की ओर देखती है। फूलवती पहले चन्नी की ओर देखती है फिर वीरांवाली की ओर : ये भी कोई आपके आसरम की है परगियावती बहनजी?

वीरांवाली : ये चन्नी है। मैं इसे लाहौर से बचाकर लाई हूँ। **(चन्नी का भयभीत और गंभीर चेहरा)** पुत्तर तू घबरा मत। तेरे की पहुंचा देने हैं पुराना किला कैंप तेरी लाजो मौसी के पास।

फूलवती : वो अब कैंप में नहीं रहतीं जी। उनके बड़े बेटे को सरकारी क्वार्टर मिल गया है, उसमें चली गई हैं। मैं खबर कर दूंगी उन्होंने को।

फूलवती चन्नी से मुखातिब होती है : आप जरा बाहर को बैठ जाओ। माताजी परगियावतीजी से कुछ पराइवेट बात करना चाहे हैं।

वीरांवाली चन्नी की ओर देखती है। चन्नी उठकर बाहर चली जाती है।

वीरांवाली : क्या बात है राजरानी बहन?

राजरानी मारे संकोच के कुछ कह नहीं पाती। फूलवती की ओर देखती है।

फूलवती : क्योंकि माताजी चाहे हैं कि आप जरा मंगला को समझाओ। पहले जय भैया मनै करते थे सादी को, अबकी इसने खुद मनै कर दी।

वीरांवाली : किस करके?

फूलवती : एक लड़का देखा होगा जी आपने सतबीर। ये सब उसी का किया-धरा है। ये सतबीर हमारे जय भैया का जिग्री दोस्त बना हुआ है। प्रिंस-प्रिंस कहता है वो उसे। उसने एक अपनी पहचान की लड़की बबली को जय भैया की नौकरी में लगा दी है। मंगला बिटिया को बुरा लग रहा है कि वह जय पर डोरे डाल रही है।

वीरांवाली : अरे।

राजरानी : आप ही समझा सको हो इन बच्चों को।

वीरांवाली : जी, कोशिश करूंगी।

फूलवती उठती है : माताजी मैं चलूं। जाकर लाजवन्ती जी को खबर करूं। आप बहन जी से भंडारे के बारे में जरूर कह देना। बीबीजी ने सारी तैयारियां कर ली हैं।

राजरानी : तू बेफिकर रह।

मंगला का खिला-खिला चेहरा। वह अपने कमरे में बैड पर बैठकर कविता पढ़ रही है :

मनाकर बहुत, एक लट मैं तुम्हारी
लपेटे हुए पोर पर तर्जनी के
पड़ा हूँ बहुत खुश, कि इन भांवरों में
मिले फारमूले मुझे जिंदगी के
भंवर में पड़ा-सा हृदय घूमता है,
बदन पर लहर पर लहर चल रही है,
न तुम सो रही हो, न मैं सो रहा हूँ,
मगर यामिनी बीच में ढल रही है।

कविता पढ़ते हुए मंगला विभोर हो जाती है, किताब बंद कर लेट जाती है। उसे आउट ऑफ फोकस सतबीर दिखाई देता है जो खुद भी सो नहीं पा रहा है। मंगला इस इमेज से लड़ना चाहती है। वो बुदबुदा के कहती है : मैं तुम्हारे दोस्त की मंगेतर हूँ प्रिंस...। **वीरांवाली कमरे में आती है और मंगला की बुदबुदाहट सुन लेती है। पूछती है :** किस के साथ बात कर रही हो मंगला?

मंगला उठ बैठती है : जी कविता...पढ़ रही थी। आप सोई नहीं?

वीरांवाली : मैं तो देर करके सोती हूँ और जल्दी उठती हूँ। तुम्हारे कमरे में रोशनी देखी तो चली आई।

मंगला उठ खड़ी होती है और बिस्तर को ठीक करके वीरांवाली के लिए जगह बनाती है : बैठिए ना।

वीरांवली बैठ जाती है और पास की जगह थपथपाती है : तू भी तो बैठा। मैं तो सोच रही थी कि पता नहीं इस बार तुमसे मुलाकात हो कि न हो।

मंगला : क्यों?

वीरांवाली : शादी करने के बाद तुमने इस घर की बेटी से उस घर की बहू नहीं हो जाना था?

मंगला : तभी तो मैंने शादी नहीं की।

वीरांवाली : मैं तुमसे सबेरे से पूछना चाह रही थी कि शादी की तारीख तुमने बढ़वा क्यों दी?

मंगला : जरूर अम्मा ने आपसे कहा होगा पूछने को।

वीरांवाली : जो वो ना भी कहते तो भी मैं पूछती।

मंगला : मैंने बताया ना कि मैं ये नहीं चाहती थी कि शादी करने का मतलब इस घर की बेटी से उस घर की बहू बन जाना है।

वीरांवाली : शादी का मतलब और क्या होता है?

मंगला : शादी का मतलब किसी की पत्नी बनना होना है।

वीरांवाली : शादी करके तुमने पत्नी ही तो बनना था।

मंगला : नाम के वास्ते।

वीरांवाली : तुम कहना चाहती हो कि तुम पत्नी ही नहीं, साथ में प्रेमिका भी होना चाहती हो। क्या तुम्हें जय से नहीं, किसी और के साथ प्यार है?

मंगला : जय को मुझसे प्यार नहीं है और होना भी मुश्किल है, क्योंकि उसका और मेरा स्वभाव एकदम उलट है।

वीरांवाली : और सतबीर और तुम्हारा स्वभाव एक तरह का है?

मंगला : ये बात भी उन्होंने कह दी आपसे?

वीरांवाली : उन्होंने तो अब कही। मुझे तो थोड़ी-बहुत पहले ही समझ में आ चुकी थी।

मंगला सुनकर मारे लज्जा से सकुचा जाती है : जी, हम दोनों के कई शौक एक-से हैं।

वीरांवाली : बस?

मंगला : इससे ज्यादा तो मैंने कभी सोचा नहीं।

वीरांवाली : सचमुच?

मंगला : मंगेतर हूँ। इससे ज्यादा तो सोच भी नहीं सकी।

वीरांवाली : नहीं ना सोच सकती तो चुपचाप शादी कर लो।

मंगला : एक ऐसे आदमी से जो मुझे नहीं, किसी और को पसन्द करता है। आपको अम्मा ने मुझे समझाने भेजा है। तो अब समझाकर ही जाइए। बताइए ना बहनजी, मुझे क्या करना चाहिए?

वीरांवाली पसोपेश में पड़ती है : प्रेम और विवाह के इस तरह के मसले मेरे को समझ में आते होते तो मैं...।

मंगला : जी?

वीरांवाली : ये जो लड़का है, सत...बीर, ये क्या तुम्हें बहुत पसन्द है?

अब मंगला पसोपेश में पड़ती है : अपनी पसन्द-नापसन्द को मैंने कभी खास अहमियत नहीं दी। दी होती तो जय से शादी करने को राजी ना होती। जब से जय ने एक और लड़की की वजह से मुझे अपने दोस्त के सुपुर्द किया और खुद बार-बार इस ओर इशारा किया तब से जरूर मुझे ऐसा लगने लगा है कि जय से तो उसका दोस्त ज्यादा पसन्द है। मुझे ज्यादा अच्छी तरह समझ पाता है। आपको अम्मा ने मुझे सही राह दिखाने के लिए भेजा है। तो अब दिखाकर ही जाइए। बताइए ना बहनजी, मुझे क्या करना चाहिए?

वीरांवाली : करना वही चाहिए जिससे अपने को सुख मिले, औरों को सुख मिले।

मंगला : ये तो कोई जवाब नहीं हुआ? अपने को सुखी करने में औरों को दुखी करना जरूरी हो तो मैं क्या करूं, बताइए?

वीरांवाली : सोच के बताऊंगी। तुम भी सोचना। अब सो जाओ। जिद और जल्दबाजी इन दो चीजों से बचना।

वृषभान की स्टडी में उसके अलावा श्यामलाल, जे॰बी॰ और सुभद्रा बैठे है। वृषभान फोन पर बात कर रहा है : वो मैं समझ रहा हूँ हबीब भाई, लेकिन जय की अम्मा ने कोई भंडारा-वंडारा कर रखा है घर में। बताओ मैं कैसे आ जाऊं नेगोशियेशंस के लिए? हाँ थोड़ी देर के लिए तो आ ही जाऊंगा बाद में। तब तक तुम सम्हालो।

सुभद्रा : भंडारा के दिन आप कहियो को मति जाना।

वृषभान : अरे भंडारे का मतलब ये थोड़ी है कि घर में नजरबंद हो जाऊं? जल्दी ही खत्म करो ये तमाशा। हबीब कह रहा है मेरी मौजूदगी जरूरी है।

जे॰बी॰ अपनी घड़ी देखता है : उनको आ जाना चाहिए था। फोन करूं?

श्यामलाल : फोन क्या करना है? मैं जाकर बुला ही लाता हूँ।

मंगला के जलसाघर में वीरांवाली और राजरानी बैठे हैं। लाजो चन्नी को लेकर आती है। लाजो पहले राजरानी को नोटिस नहीं करती, क्योंकि कमरे में शांति है और वीरांवाली आंखें मूदे बैठी है।

लाजो : वीरा...। प्रज्ञावती बहनजी, मैं चन्नी को लाई हूँ। ये बहुत परेशान है।

वीरांवाली : परेशान तो बिचारी ने होना ही हुआ। कितनी मुसीबतें उठा के आई है।

राजरानी : ये आपकी बहन की बेटी है लाजवन्ती जी?

लाजो : मेरा अपना सगा तो कोई है नहीं। मौसेरी बहन की बेटी है।

राजरानी : शादी हो गई इसकी?

लाजो : जी सगाई की थी अच्छे लड़के से। पता नही वो किधर गया। हम तो समझे थे ये भी मर गई।

चन्नी : टब्बर के सब तो मर ही गये। मुझ मरजानी को ही क्यों बचा लिया रब ने? मर जाती तो अच्छा था।

लाजो : तेरे से क्या कहा मास्टरजी ने? जिन्दगी बहुत बड़ी नियामत है, उसे हिकारत से कभी नहीं देखता चाहिए।

चन्नी : आप को मेरे को नहीं ना लाना था बचा के प्रज्ञावती बहनजी?

प्रज्ञावती : तेरे को तेरे बाप के नमकहलाल कारकुन शराफत हुसैन गुण्डों से बचा के अपने यहां धरोहर समझकर रख छोड़ा था तो इसी करके ना कि तू एक दिन फिर अपने लोगों के बीच जा सके।

राजरानी : देखो जी संजोग की बात। इसकी मौसी ही आपकी पहचान की निकल आई।

मंगला आती है : भंडारे के वास्ते बहन जी को बुलाने आ रहे हैं। **प्रज्ञावती उठने को होती है और उठते-उठते बोलती है :** तू...आप भी चलो लाजवन्ती जी।

श्यामलाल भी भीतर आ जाता है।

लाजो : भंडारा है कहां?

प्रज्ञावती : एक गरीब भक्तन है फूलवती। उसके यहां।

श्यामलाल : अजी भंडारा आपके अमीर भगत लाला वृषभान के यहां है। मैं गाड़ी ले के हाजिर हुआ हूँ आपको लिवाने। बहुत बेसब्री से इंतजार कर रहे हैं आपका।

प्रज्ञावती को सुनकर चक्कर-सा आ जाता है। वो राजरानी का सहारा लेती है : (बहुत धीमे से) हाय रब्बा।

राजरानी : क्या हुआ बहनजी?

लाजो : इनकी तबीयत ठीक नहीं मालूम होती।

प्रज्ञावती : दरअसल रात मेरे को नींद नहीं आई ठीक से। शायद इसी करके चक्कर-सा आ गया।

श्यामलाल : आप चलो तो प्रज्ञावती बहन जी। वहां हर तरह का आराम रहेगा। डा॰ माथुर भी पहुंचे हैं भंडारे के लिए। वो वहीं-के-वहीं जांच करके दवा भी दे देंगे।

लाजो : डॉक्टर को तो यहां भी बुलाया जा सकता है।

राजरानी : ठीक है। वो देख ले फिर, चली जाना।

प्रज्ञावती : नहीं, डॉक्टर को बुलाने की कोई जरूरत नहीं है। **प्रज्ञावती अपने को सम्हाल चुकी है। श्यामलाल खुश होता है :** तो आइए बहन जी।

प्रज्ञावती : नहीं, मैं नहीं चलूंगी। मेरी ओर से माफी मांग लेना।

श्यामलाल : ये चक्कर कुछ आया नहीं अपनी समझ में।

प्रज्ञावती : दरअसल मैंने अमीर लोगों के यहां न जाने का नियम-सा बना रखा है। अब गरीबों के यहां कभी चली जाऊं तो चली जाऊं, वरना भंडारे में जाती नहीं।

श्यामलाल : अजी गुस्ताखी माफ। जहां आकर आप उतरते हो ये कोई कम रईस लोग हैं?

प्रज्ञावती : मेरे वास्ते ये किसी अमीर भगत का घर नहीं है। ये तो मेरे लिए एक तरह से दफ्तर है।

श्यामलाल : अजी लाला वृषभान भी आपको काम के लिए चैक देना चाहे हैं। आके ले लो।

प्रज्ञावती : मैं पैसा लेने कहीं जाती नहीं।

श्यामलाल : वो तो आ सकते हैं ना पैसे देने? उसकी भी मनै है?

राजरानी : उसकी मनै क्यों करेंगी? बुला लो उन्हीं को यहीं।

वृषभान फोन पर : ठीक है हम ही आ जाते हैं। मैं वहीं से हैडऑफिस को निकल जाऊंगा। हबीब बहुत परेशान कर रहा है। मैंने जे॰बी॰ को भेजा है। बहुत बढ़ा-चढ़ाकर नहीं ना बता रहे हो प्रज्ञावतीजी के दर्शनों की।

मुस्कुरा करके फोन रख देता है और सुभद्रा से मुखातिब होता है : वहीं बुला रहे हैं। कुछ तबीयत नासाज है तुम्हारी बहन जी प्रज्ञावतीजी की।

सुभद्रा : कभी मेरी बहन जी समझ के साली मत बना बैठना।

जलसाघर में वीरांवाली, लाजो, चन्नी, श्यामलाल, राजरानी, मंगला, बैठे हैं।

श्यामलाल : अच्छा-अच्छा इस तरह बच गई है? बहुत शरीफ निकला जी वो शराफत हुसैन। वैसे, क्यूं जी उसने इससे निकाह तो नहीं पढ़वा लिया।

लाजो : नहीं जी। जैसा उसका नाम है वैसा ही शरीफ भी है इनके पिंड का शराफत हुसैन।

श्यामलाल : मैं तो इस मारे पूछ रहा था कि दोनों ही तरफ शादी कर लेने वाले बहुत केसेज हुए हैं।

सुभद्रा फूलवती के साथ आती है। पहले सुभद्रा कदम रखती है : आओ सुभद्रा बहन।

प्रज्ञावती, जो अब समझ रही है कि सुभद्रा के पीछे से वृषभान आयेगा लेकिन फूलवती आती है।

श्यामलाल : लल्ली, लाला वृषभान नहीं आए तुम्हारे साथ?

सुभद्रा : उन्हें दफ्तर जाना ही पड़ गया।

ये सुनकर प्रज्ञावती राहत की सांस लेती है।

श्यामलाल : अरे मैंने कही थी एक मिनट को इधर से होते हुए चले जाना। दरसन ही तो करने थे।

सुभद्रा : वो तो कह रहे थे, मैंने मनै की कि वहां जाओ तो जरा बैठो प्रेम से। ध्यान से सुनो ज्ञान की बातें।

श्यामलाल : ये भी ठीक है। काम निपटा के यहां आएंगे तो ठीक रहेगा। वरना एक बार यहां आ जाते तो उठकर कहां जा सकते थे काम पर? जब भी प्रज्ञावतीजी आ जाती हैं मेरा भी सारा दिन इन्हीं के चरणों में कटता है।

राजरानी : वैसे प्रज्ञावतीजी बड़े ताज्जुब की बात है कि लाला वृषभान आपसे मिलने को तैयार हो गए। साधु-सन्तों से दूर ही रहते हैं।

श्यामलाल : वो क्या है जी कि हमारे लालाजी के ख्यालात हैं माडर्न, लेकिन जब इनके बारे में अखबार में उन्होंने पढ़ा तो लगा कि ये भी नई रोशनी की हैं। वैसे भी हमारे लालाजी को पंजाब और पंजाब वाले अच्छे लगते हैं। वो जो लड़का है ना सतबीर उसे बिल्कुल अपने बेटे जैसा समझते है। बड़ी तरक्कियां दी हैं उसे।

राजरानी : बहुत नेकदिल हैं।

लाजो : मंगला बेटी, प्रज्ञावतीजी की तबीयत ठीक नहीं ना लग रही। मेरे ख्याल से इन्हें आराम करना चाहिए।

सुभद्रा : हाँ, अभी आराम कर लो आप। लालाजी वगैरह आ जाएं फिर उठ जाना। आप ज्यादा बात भी ना करो तो कम-से-कम चैक तो ले लेना उनके हाथ से।

राजरानी : हाँ, जाओ आप आराम करो। मंगला के कमरे में।

वीरांवाली उठती है और आंखों ही आंखों में लाजो को इशारे करती है।

लाजो : चन्नी तू यहीं बैठ। मैं जरा प्रज्ञावती बहन जी का माथा दबा दूं।

मंगला : वो तो मैं कर दूंगी।

मंगला भी उठ के चल देती है। ये लोग जाने लगते हैं कि पीछे से सुभद्रा आती है : बहनजी आपसे एक विनती थी।

प्रज्ञावती : जी क्या?

सुभद्रा : लालाजी के साथ मेरा बेटा भी आयेगा जय। आप उसे और मंगला को समझाना कि अब शादी में देर ना करें। राजरानी बहन जी ने आपको सारी बात बता दी होगी।

वीरांवाली : जी ठीक है।

टेलीफोन बज रहा है। श्यामलाल उठाता है : हैलो... हाँ भैया मैं श्यामलाल ही अर्ज कर रहा हूँ। अच्छा...अच्छा। ठीक है।

हमें ऐसा लगता है कि श्यामलाल को निराशाजनक खबर मिली है। वो एक क्षण सोचता है और फिर आइडिया सूझने पर टेलीफोन मिलाता है : हाँ कौन कल्लन? मैं श्यामलाल बोल रहा हूँ। ये जो अपने हरशरणदास जी बरफवाले है ना, तू जरा उनकी हवेली में पहुंच अपना कैमरा ले के।

मंगला के कमरे में प्रज्ञावती लेटी है। लाजो उसका माथा दबा रही है। मंगला पैर।

प्रज्ञावती : अब बस करो।

मंगला : पहले से कुछ बेहतर महसूस कर रही हैं?

प्रज्ञावती बैठने को होती है : हाँ।

मंगला : नहीं तो डॉक्टर बुलाऊं?

प्रज्ञावती : कोई जरूरत नहीं है।

मंगला : करा लेते हैं चेकअप। वरना आप तो जिद कर रही हैं शाम को जाने की। कहीं रास्ते में खराब हो गई तो?

मंगला जाती है। मंगला के जाते ही लाजो कुण्डी लगा देती है और वीरांवाली उर्फ प्रज्ञावती की ओर बढ़ती है : अब किस तरह करें वीरांवाली? ये तो बड़ी गड़बड़ हो गई।

वीरांवाली कुछ कहने को होती है कि दरवाजे पर दस्तक होती है। लाजो दरवाजे के पास जाती है मगर खोलती नहीं : कौन?

बाहर से श्यामलाल की आवाज : जी मैं श्यामलाल।

लाजो वीरांवाली को लिटा देती है और चादर उढ़ा देती है। कुंडी खोल के रास्ता रोके रहती है : प्रज्ञावती जी आराम कर रहे हैं।

श्यामलाल : चैक देने आ गये हैं।

लाजो : वो आराम कर रहे हैं। आप चैक रख जाओ।

श्यामलाल : ऐसी कोई जल्दी नहीं जी। जब उठ जाएंगी तब दिलवा देंगे।

श्यामालाल के पीछे से मंगला आती है। पूछती है : क्या बात है?

श्यामलाल : घर आप लोगों का है, मालकिन ये बनी हुई हैं। भीतर आने ही नहीं दे रही हैं इन लोगों को।

मंगला : चैक देने दीजिए ना। अब तो बहन जी की तबीयत बेहतर है। आइए आप लोग।

श्यामलाल : प्रज्ञावती जी, चैक ले लो जी।

मंगला : बहन जी।

वो पलटकर किन्हीं लोगों को सम्बोधित करती है लेकिन हम उन्हें देख नहीं पाते। मंगला भीतर चली जाती है। लाजो दरवाजे से हट जाती है। पहले श्यामलाल भीतर आता है फिर मंगला। अब प्रज्ञावती धीमे-धीमे उठती है। पहले निगाह झुकाए रहती है, फिर उठाती है। पहले सुभद्रा को फिर जे॰बी॰ को देखती है। उनके पीछे भी कोई है जो आकार-प्रकार में वृषभान जैसा है। वीरांवाली फौरन निगाह झुका लेती है।

सुभद्रा : जा जय बेटे, पांव छू।

जे॰बी॰ पांव छूता है।

प्रज्ञावती : जीते रहो।

जे॰बी॰ : प्रज्ञावती जी, पापा तो आ ही नहीं पाए। एक कारखाने के परचेजिंग नेगोशियेशन्स चल रहे हैं उसमें पड़ गये हैं।

प्रज्ञावती बेहद राहत महसूस करती है।

वीरांवाली : कोई बात नहीं, तुम तो आ गये। तुम्हारी अम्मा मेरे से तुम्हें कुछ समझाने को कह रही थीं।

सुभद्रा : इसे भी समझाओ और मंगला को भी समझाओ। जब शादी करनी ही है तो उसकी तारीख टालते क्यों हो?

प्रज्ञावती : जयभूषण, तुम्हें अपने पापा-अम्मा का कहना मानना चाहिए।

जे॰बी॰ : मैंने कब मना किया।

प्रज्ञावती : और मंगला बेटी, तुमने कल रात मेरे से एक सवाल किया था उसके जवाब में यह कहना चाहती हूँ कि माँ-बाप का ही कहना मान लो। न मानने में कभी-कभी ऐसी तकलीफ होती है जो फिर...।

बात कहते-कहते सम्हल जाती है : वो चैक?

सुभद्रा : जय बेटे, दे ना।

जे०बी० चैक देता है। श्यामलाल फोटोग्राफर की ओर इशारा करता है। यही फोटोग्राफर जे०बी० के पीछे आया था। फोटोग्राफर फोटो ले लेता है। वीरांवाली प्रोटेस्ट करना चाहती है मगर कर नहीं पाती।

श्यामलाल : आपकी तस्वीर एनलार्ज कराके और फ्रेम कराके रखूंगा। आशीर्वाद देती रहेगी लालाजी के परिवार को।

सतबीर का छोटा-सा केबिन। वो फोन पर बात कर रहा है : नहीं, पढ़ने के वास्ते तो फुर्सत निकालता ही हूँ मंगला जी।

रोशन आता है : सारी रात जागकर आपकी दी हुई किताबें पढ़ता हूँ मंगलाजी। **सतबीर उसे आंखों और हाथों के इशारे से फटकारता है और अपनी डेस्क से बाइन्ड की हुई मैगजीन उठाना हुआ फोन पर बात जारी रखता है :** 'रूपाभ' की फाइल यहीं पड़ी है मेरे पास। शाम को घर जाती बेर लौटा देनी है। नहीं जी, छह बजे तो नहीं। काम आजकल ज्यादा है सो थोड़ी देर हो जानी है। नहीं, आना मैंने जरूर है। अच्छा जी मंगला जी, नमस्ते।

रोशन : अच्छा जी सतबीर जी, नमस्ते। आप देर करना मगर अन्धेर नहीं ना करना। क्योंकि (गाकर) वल्ले-वल्ले सुआल करोड़ों दा।

सतबीर : करोड़ों का इसमें क्या सवाल है?

रोशन : सॉरी, गलती हो गई। करोड़ों के सवाल से तो तेरे बबली जी जूझ गये है। तू तो लाखों के सवाल में ही अटका पड़ा है। मैं तो तुम दोनों को बिल्कुल गैर-दुनियादार समझता था मगर वाह यार क्या हाथ मारा है। बबली जी ने करोड़पति जे०बी० अपनी जेब में डाल लिया है और तू लखपति मंगला के यहां दाल गला रहा है।

सतबीर : तेरे को शर्म आनी चाहिए इस तरह के अल्फाज जबान पर लाते।

रोशन : बहुत पोस्ती है मेरी शर्म। आते-आते देर लगा देती है। (पुकारकर) अरे शर्म, शर्म जल्दी कर। सतबीर जी नाराज होने लग पड़े हैं।

सतबीर : मेरे को पसन्द नहीं है इस तरह का मजाक।

रोशन : मेरे भोले बिरादर, मैं तो एक ही बात कह रहा हूँ कि बद अच्छा बदनाम बुरा। जो तो तू सचमुच मेरे नक्शे-कदम पर चलता हुआ एक अदद अमीर बीबी की तरफ बढ़ रहा हो तो शौक से करता रह मंगला जी से पोयट्री पर डिस्कशन। फोकट में बदनामी मत मोल ले। वरना श्यामलाल ने तेरे को उसी तरह निकलवा देना है जिस तरह मेरे को होटल से निकलवाया था।

सतबीर : तू गया होना है श्यामलाल के पास हाजिरी लगाने।

रोशन : मैं नहीं जाता श्यामलाल के पास। हां, उसके बन्दे को मैंने फोड़ रखा है। वही सारी खबरें दे जाता है।

सतबीर : तू यहां आता क्यों है?

रोशन फोन का नम्बर घुमाता है : फोकट में फोन करने। जब तक अपना दफ्तर नहीं बन जाता, जब तक अपना टेलीफोन नहीं लग जाता, तब तक अपने भाई का ही इस्तेमाल करूं। (फोन पर) पुट मी ऑन टु मिस्टर टंडन प्लीज। मिस्टर टंडन, रोशन हियर।...बस आपकी दुआ से ठीक ही चल रहा है। और वहां की क्या खबर है सर? ...अच्छा, अगर निवेदिता जी शुभेन्दु को रोज सुबह-शाम डांट पिलाने लग पड़ गये हैं तो अगले की सेहतें बन जानी हैं। ...आई सी। हफ्ते में एक बार किसी भी दिन या किसी खास दिन शनिचर रात-एतवार सुबह। ...नहीं मैं हाजिर होऊंगा आपके दौलतखाने में दो-एक रोज में। ...चंगा जी, बाय-बाय...।

सतबीर फोन रख देता है : यह दफ्तर का फोन है, इससे प्राइवेट काल नही की जाती, सुना?

रोशन : सुन लिया, निकाल दिया। अब तू ये बता बिरादर कि तेरे को एक हफ्ते का वक्त दें तो क्या तू मेरे को भी पोयट्री, म्यूजिक, आर्ट, और क्या कहें रब तेरा भला करे, कल्चर डिस्कस करने लायक बना सकता है?

सतबीर : (चिढ़कर) तू भाग यहां से।

रोशन चल पड़ता है : पिताजी से भी पूछ लेने हैं। तेरे को उनसे ज्यादा थोड़ी पता है। अच्छा, तो चलता हूँ। लौट के मिलता हूँ।

सपन सेनगुप्ता अपनी स्टडी में गंभीर सोच-विचार में पड़ा हुआ है। शुभेन्दु उसके पास खड़ा है : तो ठीक है सर। उसके बाद में आता हूँ।

वो जाने लगता है और जाते हुए सामान लेकर कमरे के भीतर आती हुई निवेदिता से टकरा जाता है। निवेदिता कुछ अलग किस्म की लग रही है, क्योंकि उसने चश्मा नहीं पहन रखा है शुभेन्द्र : क्षमा करें।

निवेदिता : क्षमा तो मुझे मांगनी चाहिए। असल में मैंने चश्मा नहीं पहन रखा है।

शुभेन्दु चला जाता है। निवेदिता के हाथ में छोटा-सा ओवरनाइट केस है : अच्छा बाबा तो अब मैं चलूं।

सेनगुप्ता : अभी से?

निवेदिता : खूब देरी हो चुकी है। टाइम तो साढ़े नौ। मगर आधी रात में जाकर माँ को जगाना ठीक नहीं। आपका दूध, आपकी दवाई बैडरूम में रख दी है। अब आप भी जाकर आराम कीजिए।

सेनगुप्ता : चिन्ता तो आराम की दुश्मन।

निवेदिता : चिन्ता का कारण क्या है बाबा?

सेनगुप्ता : तू।

निवेदिता : मैं? अब क्या किया मैंने?

सेनगुप्ता थोड़ी देर संकोच में रहता है फिर कहता है : तू ये जो हर सप्ताह अपनी माँ के पास जाने लगी है।

निवेदिता : आपसे पूछकर तो। और वो भी बस थोड़ी-सी देर के लिए। शनिवार रात का खाना यहां से खाकर जाती हूँ और रविवार नाश्ता करके वहां से लौट आती हूँ।

सेनगुप्ता : वो तो सब ठीक है किन्तु...।

निवेदिता : किन्तु क्या? बाबा, सुनिए। माँ आपको पसन्द नहीं हैं ये मैं जानती हूँ। किन्तु मेरी तो वो माँ हैं। और फिर आप इसके लिए राजी हो गये थे पीशीमां के सामने।

सेनगुप्ता : ये तो सच बात है किन्तु तेरा यह हठात चश्मा उतार लेना...केश फैलाने लगना...।

निवेदिता मुस्कुराती है, लजाती है, ओवरनाइट बैग में से चश्मा निकाल कर पहन लेती है और बिखरे बालों की पॉनीटेल-सी बनाने लगती है : बस, अब तो चिन्ता खत्म? जाइए आराम से सोइए।

सेनगुप्ता : निवेदिता...क्या तूने सप्ताह में एक बार अपनी माँ के पास जाने की सुविधा इसलिए मांगी है कि तू वहां...रोशनलाल से मिलती है?

निवेदिता : मिस्टर शुभेन्दु दास गुप्ता आपके लिए जासूसी करते हैं ये तो पता था, आपसे झूठ भी बोलते हैं ये एक नई बात मालूम हुई। प्रायः चार मिनट पहले मिस्टर रोशनलाल से मुलाकात जरूर हुई माँ के यहां मीटिंग में। और इसकी खबर मैंने दी थी आपको आकर, आपके जासूसों ने नहीं।

धड़धड़ाती चली जाने को होती है लेकिन दरवाजे से पलटकर दीन दुखी मुद्रा में बैठे हुए सेनगुप्ता को देखती है और वापस आती है। साफ्टली बोलती है: बाबा, शुभेन्दु दास गुप्ता आपका विश्वासपात्र है किन्तु मैं भी तो ऐसी नहीं कि मेरी किसी भी बात पर आप विश्वास न करें? मैं वहां माँ से मिलने जाती हूँ, और किसी से नहीं। आपको छू के कह रही हूँ।

सेनगुप्ता उसकी ओर देखता है। निवेदिता के सिर पर हाथ फेरता ललाट चूमता है : ठीक है, जा।

कुलभूषण के क्वार्टर का बाहरी आंगन। सतबीर के हाथ में एक नोटबुक है।

सतबीर : ठीक ही सुना।

रोशन सतबीर के सामने खड़ा हुआ है और याद करते हुए बोलता है : ऐसा इंसान किस काम का जो सपने तक बुजुर्गों के जमाने के देखता हो? करेक्ट?

सतबीर : करैक्ट।

रोशन : पैसे की जुबान दुनिया में सबसे ज्यादा बोली और समझी जाती है, लेकिन जो इंसान ये जबान न समझता हो वो प्यार की जबान समझ लेता है। करेक्ट...?

सतबीर : नहीं। ये इस तरह है—पैसे की भाषा दुनिया में बहुत फैली हुई है लेकिन एक प्यार की भाषा ऐसी है जिसे हर इंसान समझता है।

रोशन : गलती हो गई तो चलो, कोई नहीं। क्योंकि तीसरा कोटेशन ये है कि गलतियां वही इंसान नहीं करता जो कुछ नहीं करता।

सतबीर : तूने इतनी मेहनत बी॰ए॰ के इम्तिहान के लिए की होती तो जरूर पास हो गया होता रोशन। पूरा हफ्ता हो गया तेरे को रात-दिन घोट लगाते।

रोशन : बी॰ए॰ के इम्तिहान में फेल हो गया तो कोई नहीं, लेकिन बी॰वी॰ के इम्तिहान में फेल हो गया तो बेड़ा गर्क। उसे पास करके तो क्लर्की ही मिलनी थी और इसमें पास होकर रुपया मिलना है एक करोड़।

हवेलीराम सैर के लिए तैयार होकर बाहर आता है : सतबीर पुत्तर, आज सूरज उगे तो ध्यान से देखना जरूर पश्चिम से उगेगा।

रोशन : जी किस तरह?

हवेलीराम : वो इस तरह कि आज पहली बार तू सूरज के उगने से पहले उठ गया और वो भी जाड़ों में। वो भी इतवार के दिन। यह अनहोनी कैसे हो गई?

रोशन : पिताजी, आज मेरे को भी आप लोगों के साथ निकल पड़ना है।

हवेलीराम : सैर करने? सैर से तो तुझे बहुत परहेज है।

रोशन : मेरे को मन्दिर जाना है जी।

हवेलीराम : लेकिन हम जिस तरफ सैर को जाते हैं उस तरफ कोई मन्दिर नहीं है।

रोशन : मैं जिस मन्दिर में जा रहा हूँ वो उस तरफ ही है।

हवेलीराम : किसका मन्दिर है?

रोशन : संगीत का।

सतबीर : पिताजी से भी मसखरी करता है? संगीत का भी कोई मन्दिर होता है?

हवेलीराम : नाद को हमारे यहां ब्रह्म कहा गया है।

रोशन फौरन नोटबुक और पैंसिल निकालता है : जी किसको क्या कहा गया है?

हवेलीराम : नाद को ब्रह्म कहा गया है। जिस तरह ब्रह्म सब जगह है, उसी तरह संगीत भी। विलायत के एक विद्वान ने कहा है कि...

रोशन नोटबुक और पैंसिल सतबीर का थमाता है : पिताजी एक सैकेंड। सत, तू लिख। मेरी तो स्पैलिंग कमजोर है।

हवेलीराम : हिन्दी में बता देता हूँ। उसने कहा कि जहां भी संगति है, क्रम है, अनुपात है, वहां संगीत है।

रोशन : पिताजी ये बहुत फेमस आदमी का कहा हुआ तो नहीं है ना?

हवेलीराम : इस समय नाम याद नहीं आ रहा इसलिए शायद बहुत फेमस नहीं रहा होगा। लेकिन तुम्हारी ये जिद कुछ समझ में नहीं आई कि अपनी नोटबुक में गैर- फेमस लोगों के कोटेशंस ही नोट करेगा।

रोशन : जी वो बात ये है कि बहुत ही फेमस लोगों के कोटेशंस मेरे मुंह पे जँचते नहीं हैं।

हवेलीराम : वैसे ये बहुत खुशी की बात है कि तू इधर कला, साहित्य और संगीत से दिलचस्पी लेने लगा है।

रोशन : पिताजी, आपने वो सुबह का राग कौन-सा बताया था?

हवेलीराम : भैरवी।

रोशन : हाँ, भैरवी।

रोशन सीढ़ियां चढ़ता अरुन्धति के दरवाजे के आगे खड़ा है। तानपूरे के साथ अरुन्धति के रियाज की आवाज आ रही है। रोशन कालवेल की बटन दबाता है। रियाज की आवाज ज्यों-की-त्यों है। रोशन दुबारा घंटी बजाता है, फिर तिबारा। तानपुरे के साथ रियाज की आवाज बंद होती है और अरुन्धति का कहा सुनाई देता है–'ठहरिये, खोलती हूँ।' अरुन्धति दरवाजा खोलती है और रोशन को देखकर चकित होती है।

रोशन : नमस्कार।

अरुन्धति : अरे, आओ रोशन। आज इतनी राबेरे राबेरे कैसे?

रोशन दरवाजे पर लटकी घण्टियां बजाता है : संगीत के मन्दिर की घण्टियां बजाने चला आया। मेरे को तो बस एक यही साज बजाना आता है।

अरुन्धति मुस्कराती है : और बात बनाना भी खूब आता है।

रोशन : जी बातें बनाता तो हूँ मगर अफसोस कि बात बनती नहीं।

अरुन्धति तानपुरा उठाकर एक कोने में रखने लगती है। रोशन रोकता है : तानपुरा रख क्यों रही हैं? मैं तो रियाज सुनने आया हूँ।

अरुन्धति : रियाज का समय तो शेष हो गया। सुबह साढ़े चार से साढ़े छह।

रोशन : ये आपकी ज्यादती है। इतनी अच्छी...क्या कहते हैं भैरवी छेड़ रखी थी। सुनाइए ना।

अरुन्धति : भैरवी नहीं, भैरव।

रोशन : मैंने दूर से सुनी इसलिए भैरवी लगी होनी है। **अरुन्धति खिलखिला के हंस पड़ती है :** दूर से भैरव भैरवी जैसा लगा?

रोशन : कुछ इस तरह भी है कि मेरे को सुबह के रागों में भैरवी ज्यादा पसन्द है। जरा सुना दो ना।

अरुन्धति : अब संगीत नहीं। आज मेरी बेटी घर में आई हुई है। उसे नाश्ता करा के वापस भेज दूं।

रोशन झूठा आश्चर्य व्यक्त करता है : निवेदिताजी यहां आए हुए हैं?

अरुन्धति : हाँ, वो हर शनिवार रात को यहां आ जाती है और इतवार नाश्ता करके जाती है।

रोशन : जी ये तो बहुत खुशी की बात है। निवेदिता जी, बेटी आपके भी उतने ही हैं जितने सेनगुप्ता साहब के। बड़े आदमी हैं, बुजुर्ग आदमी हैं, उनके खिलाफ कुछ बोलना मेरे को शोभा नहीं देता लेकिन वो थोड़े स्वार्थी हैं।

अरुन्धति : थोड़े...? अनेक स्वार्थी है वो लोग।

रोशन : जी मेरे को तो कभी-कभी इस तरह भी लगता है कि जितना निवेदिता जी सेनगुप्ता साहब के लिए करती हैं उसका चौथाई भी वो निवेदिता जी के लिए नहीं ना करते हैं।

निवेदिता आ जाती है। वो नहाई हुई सजी-संवरी लग रही है। चश्मा नहीं पहन रखा। बाल खोल रखे हैं। निवेदिता रोशन और अरुन्धति की बात सुन चुकी है।

अरुन्धति : मैं भी बिल्कुल यही सोचती हूँ। मिस्टर सेनगुप्ता अपनी बेटी से भी प्यार पाना ही चाहते हैं, प्यार देना नहीं चाहते।

निवेदिता : माँ, मैंने कहा था कि हम लोग बाबा की बात नहीं किया करेंगे।

अरुन्धति : इस समय तो बात रोशन ने शुरू की।

निवेदिता : मिस्टर रोशनलाल, आप भी बाबा को डिस्कस न करें।

रोशन : मैंने उन्हें डिस्कस किया इसके लिए माफी चाहता हूँ। और एक और बात के लिए आपको मुबारकबाद देना चाहता हूँ।

अरुन्धति : किस बात के लिए?

रोशन चश्मा उतारने की इशारा करता है। निवेदिता इशारा समझ जाती है लेकिन अरुन्धति नहीं देख पाती।

रोशन : इन्होंने आपके यहां आने-जाने की इजाजत ले ली है इसके लिए। और इस बात को मैं आगे नहीं बढ़ाऊंगा क्योंकि ये मसला डिस्कस नहीं करना है। बल्कि मैं तो कहता हूँ कि हम कुछ भी डिस्कस न करें। बस इस मन्दिर में आपका संगीत सुनें।

जेब से नोटबुक निकालता है। टेढ़ी आंख से देखता है। फिर रख देता है।

अरुन्धति : इसे मन्दिर-मन्दिर क्यों कहते हो? ये तो मेरा घर है।

रोशन : हमारे यहां नाद को ब्रह्म कहा गया है। जहां आपका मीठा संगीत गूंजता रहता है वहां भगवान ने होना ही हुआ न?

अरुन्धति : मेरे संगीत से तो तुम्हारी बातें ज्यादा मीठी हैं। निवेदिता आज हम दोनों चुपचाप बैठे रहें और रोशन की बातें सुनते रहें।

रोशन : जी आप दोनों के पास-पास चुप बैठे रहने में भी संगीत होना है।

निवेदिता : कैसे?

रोशन : क्योंकि आप दोनों में संगति है, और संगति में संगीत होता है।

निवेदिता : संगति में संगीत होता है? बहुत सुन्दर। ये किसका कहा हुआ हैं?

रोशन : जी फिलहाल तो मेरा ही कहा हुआ है।

निवेदिता : बाद में हमारे जैसे लोग कहते रहेंगे। संगति में संगीत है। कैसा चमत्कार है इस उक्ति में?

अरुन्धति : ये तो कविता है। क्या पता ये कवि भी हों।

निवेदिता : इनके पिताजी तो हैं।

रोशन : छोटा भाई भी।

निवेदिता : और आप?

रोशन बहुत ही शर्माई-सकुचाई हंसी हंसता है : मैं नहीं।

निवेदिता : कुछ सुनाइए ना।

रोशन : जी मैं तो इतनी खराब कविताएं लिखता हूँ कि अपने आप को भी नहीं सुना पाता।

निवेदिता : कुछ सुनाइए ना प्लीज।

रोशन : जी अब किधर मिलती है फुर्सत कविता-कुविता के लिए? बरसों पहले सूझी थी कवि बनने की। लेकिन टैगोर को पढ़ा तो अपनी कविताओं से इतनी मायूसी हुई कि फाड़-फूड़ दी।

निवेदिता : कोई तो याद होगी।

रोशन : एक भी नहीं।

अरुन्धति : ये तो टालने वाली बात हुई।

रोशन जेब से नोटबुक निकालता है : वैसे आज बहुत दिनों बाद इधर आते हुए दो लाइनें लिखीं।

अरुन्धति : सुनाओ।

रोशन : बीती विभावरी जाग री, अम्बर पनघट में डुबो रही तारा घट उषा नागरी—जयशंकर प्रसाद।

अरुन्धति : जयशंकर प्रसाद। ये पंक्ति तो विचित्र।

अब रोशन को अपनी भूल का अहसास होता है। वो स्थिति सम्हालता है : जय शंकर प्रसाद इसका इस तरह है जी कि शंकर प्रसाद जी मेरे गुरु थे। उनसे ही कविता सीखी मैंने। तो जब मैं कुछ भी अपना पढ़ता हूँ तो आखिर में उनकी 'जय' जरूर बोलता हूँ—जय शंकर प्रसाद।

निवेदिता : आगे और सुनाइए ना।

रोशन : अभी तो इतनी ही लिखी है।

अरुन्धति : इसे तुम जरूर पूरी करना। बहुत अच्छी है।

रोशन : घर पहुंचते ही कर लेनी है पूरी।

घंटी की आवाज

अरुन्धति : ये कौन है?

निवेदिता जाकर दरवाजा खोलती है। शुभेन्दु आया है। उसके हाथ में चश्मा है। वह निवेदिता और फिर रोशन को मानीखेज ढंग से देखता है।

निवेदिता : कहिए?

सुभेन्दु : आप कल अपना चश्मा भूल गई थीं।

निवेदिता : मैं भूली नहीं थी, रख के आई थी।

शुभेन्दु : मैंने सोचा आपको देखने में कष्ट हो रहा होगा।

निवेदिता : इतना तो मैं बगैर चश्मे के भी देख पाती हूँ कि आप यहां जासूसी के लिए आए है। जाकर चश्मे को जगह पर रखिए और अपने को भी।

दरवाजा बंद कर देती है।

अरुन्धति : क्या हुआ?

निवेदिता : वही डर था। ये शुभेन्दु बाबा को...खैर छोड़ो।

अरुन्धति : बता ना।

निवेदिता बहुत संकोच से बताती है : शुभेन्दु ने बाबा से कहा है कि मैं यहां मिस्टर रोशनलाल से मिलने आती हूँ। कल जब मैं यहां के लिए चल रही थी तब

बाबा ने हठात प्रश्न किया। मैंने उनको छूकर कहा कि बाबा मैं माँ से मिलने जाती हूँ मिस्टर रोशनलाल से नहीं।

अरुन्धति : ये तो तूने सच ही कहा। रोशन का यहां आ जाना तो संयोग मात्र।

इस सूचना से रोशन चौंकने और घबराने का अभिनय करता है : मेरे को जरा भी पता होता कि निवेदिता जी यहां आए हुए हैं तो मैंने हरगिज यहां कदम नहीं रखना था। निवेदिता जी, मैं ये कभी नहीं चाहता कि आपका अपने बाबा से झगड़ा हो जाए। मैं चलता हूँ। और आप कहो तो आपके बाबा को भी सारी बात समझा आता हूँ कि आपका कोई कसूर नहीं हैं। गलती मेरी है।

अरुन्धति : कसूर न इसका है, न तुम्हारा। और इस तरह तुम्हारे जाने का क्या मतलब है? आराम से बैठो। सेनगुप्ता मोशाय तुम्हारा अपने घर में आना बंद करा सकते हैं मेरे घर में नहीं। और निवेदिता सुन, इतना डर के रहना तो ठीक नहीं। क्या रवि ठाकुर की नायिका इतनी डरपोक होती है? रोशनलाल जा रहा है उससे नाश्ता करने को भी नहीं कहेगी?

रोशन उठ के खड़ा हो जाता है। निवेदिता सकपकाकर निगाहें उठती है। उसकी आंखें डबडबायी हैं : नाश्ता करके जाएं। **रोशन बैठ जाता है :** चंगा जी।

अरुन्धति : और रोशन नाश्ता करके जाना। उस दिन तो तुम खाना बनवाकर भाग गये।

रोशन निवेदिता की ओर देखता है, फिर लजाता और मुस्कराता है: उस दिन तो...।

अरुन्धति : मुझे पता है। बोलो क्या खाओगे नाश्ते में?

रोशन : लूची आलूर दोम और मोहन भोग।

अरुन्धति के घर के बाहर कार खड़ी है। कार में सेनगुप्ता तथा शुभेन्दु हैं। ड्राइवर हॉर्न बजाता है और घर की तरफ देखता है। निवेदिता के साथ रोशन दरवाजे से बाहर निकल रहा है।

निवेदिता : अरे आइये, कार है। मैं अपको छोड़ दूँगी।

रोशन : क्यों तकलीफ करती हैं?

दोनों कार के करीब पहुँचते हैं। निवेदिता सेनगुप्ता को रोशन का परिचय देती है : बाबा ये रोशनलाल हैं। माँ के यहां मिल गये थे। यानी ये भी यहां आ गये संयोग से।

सेनगुप्ता : वो तो देख ही रहा हूँ। आ बैठ। और तुम भी बैठो रोशनललाल। कहां छोड़ना है तुम्हें?

रोशन : जी नहीं, मैं तो अभी थोड़ा रुकूंगा यहां।

सेनगुप्ता : अच्छा तो तुम निवेदिता और उसकी माँ से ही बात करना चाहते हो? मुझसे नहीं? तुम कल आओ मेरे पास, जरा बिजनेस की बात करनी है।

रोशन : जरूर आऊंगा सर। थैंक्यू सर।

निवेदिता कार में बैठती है। सेनगुप्ता ड्राइवर को इशारा करता है। गाड़ी चल पड़ती है।

सेनगुप्ता की स्टडी। काफी रात हो चुकी है। सेनगुप्ता बैठा कुछ पढ़ रहा है, लेकिन गौर से देखने में मालूम होता है कि वो पढ़ नहीं रहा। किताब की ओट में अपने चेहरे को छिपाए ड्रिंक्स ले रहा है। निवेदिता बैठी हुई क्रोशिए से कुछ बुन रही है : आज तो आपके सोने को देरी हो गई है।

सेनगुप्ता गहरा सांस भरता है, सामने पड़ी ड्रिंक में से एक घूंट लेता है: हूँ...।

निवेदिता : बाबा।

सेनगुप्ता : क्या?

निवेदिता : अब भी गुस्सा हो?

सेनगुप्ता : गुस्सा था कब?

निवेदिता : क्या बोलूं? डांट ही दो।

सेनगुप्ता : वो तो नहीं करूंगा।

निवेदिता : कितना ज्यादा गुस्सा हो बाबा कि आज मुझे गुस्सा करने लायक भी नहीं समझ रहे हो?

सेनगुप्ता ड्रिंक में से एक और घूंट लेता है। फीके ढंग से मुस्कराता है: पता नहीं कैसी उल्टी-उल्टी बातें बोल रही है। जा, तू सो जा।

निवेदिता : आपको सुलाए बगैर कभी सोई हूँ?

सेनगुप्ता : कोशिश कर, शायद सो पाए। आज से पहले मुझे छूकर कभी झूठ भी तो नही बोली थी।

निवेदिता : बाबा वो संयोग से वहां आ गये।

सेनगुप्ता : मैंने तुझसे सफाई नहीं मांगी।

निवेदिता अपनी जगह छोड़कर सेनगुप्ता के पास आ जाती है और उसके काउच के हत्थे पर बैठती है : बाबा आपको...मुझ पर जरा भी विश्वास नहीं? मेरा कहा हुआ सच भी आपके लिए झूठ है और शुभेन्दु का कहा हुआ झूठ भी सच?

सेनगुप्ता : मेरे अविश्वास करने पर इतना बुरा मानती है? कभी ये नहीं सोचती कि तेरे अविश्वास करने पर बाबा को कितना बुरा लगता होगा?

ठोढ़ी पकड़कर निवेदिता सेनगुप्ता का चेहरा अपनी ओर करती है : मैंने आप पर कब अविश्वास किया बाबा?

सेनगुप्ता : रोशन के विषय में तो किया ही। मैं कितनी बार तुझे समझा चुका हूँ कि वो लफंगा है। पैसे के लोभ में तेरे पीछे मंडरा रहा है। लेकिन तुझे विश्वास नहीं होता।

निवेदिता : बाबा मेरी बात सुनिए।

सेनगुप्ता : नहीं। बात तभी सुनूंगा और करूंगा जब अविश्वास की ये दीवार उठ जायेगी।और ये दीवार तब उठेगी जब मैं तेरे रोशनलाला को खरीद के तुझे दिखा दूंगा। गुड नाइट।

रोशन सेनगुप्ता के दफ्तर में है। सेनगुप्ता एक चैकबुक लिये बैठा है।

रोशन : जी लाहौर की तो बात ही कुछ और थी।

सेनगुप्ता : लाहौर के बारे में तुम लोगों की कहावत भी तो है।

रोशन : हाँ जी। वो इस तरह है कि जिसने लाहौर नहीं देखा वो पैदा ही नहीं हुआ।

सेनगुप्ता : तो मैं तो बिना पैदा हुए ही मर जाऊंगा जल्दी ही। सुनता हूँ लाहौर में तुम लोगों का बहुत जबरदस्त कारोबार था।

रोशन : जी था तो।

सेनगुप्ता : तो उसके ही सपने देखते होगे?

रोशन : जी ऐसा इंसान किस काम का जो सपने तक गुजरे हुए जमाने के देखता हो? मैं तो जी आइन्दा करोड़पति होने के सपने देखता हूँ।

सेनगुप्ता : बहुत अच्छा करते हो। मैं खुद चाहता हूँ तुम्हारे जैसे डैशिंग यंगमैन आगे बढ़ें। मैं तुम्हें अपने होटल में जरूर आगे बढ़ाता लेकिन तुमने बड़ी भारी गलती की।

रोशन : जी गलतियां तो वहीं इंसान नहीं करता जो कुछ नहीं करता। और इस मामले में तो मेरी ओर से कोई गलती नहीं हुई थी। आपको गलतफहमी करा दी गयी थी।

सेनगुप्ता : निवेदिता एक नादान लड़की है। बहुत बड़ी सम्पति की वारिस है। बहुत-से लोग उसे बहलाने-फुसलाने की कोशिश करते हैं। उसे मेरे खिलाफ भड़काते हैं।

रोशन : जी मैं तो निवेदिता जी से हमेशा ये कहता हूँ कि आप अपने बाबा के बताए रास्ते पर चलो उसी में सबका भला है।

सेनगुप्ता चैकबुक उठाकर खोलता है और पैन उठाता है : निवेदिता के बाबा तो ये चाहते हैं कि वो तुमसे न मिले।

रोशन : बिल्कुल ठीक चाहते हैं। उन्हें अपने बराबर के करोड़पति लड़कों से मेलजोल रखना चाहिए।

सेनगुप्ता : एक्जैक्टली। मैंने तुम्हारे बिजनेस के बारे में काफी इन्क्वायरी की इधर। मुझे पता चला कि तुम्हारा काम बहुत अच्छा चल निकला है लेकिन और आगे बढ़ने के लिए पैसों की कमी पड़ रही है।

रोशन : जी वो तो है।

सेनगुप्ता : निवेदिता से न मिलने की एवज में दस हजार रुपया तुम्हें दे दूं तो कैसा रहे? कम लग रहे हैं? अपने होटल से तुम्हें कुछ आर्डर भी दिलवा दूंगा।

चैक बनाने को होता है। रोशन तुरंत कोई जवाब नहीं देता।

रोशन : जी...।

सेनगुप्ता : बीस हजार? इससे ज्यादा लालच करोगे या पैसा लेने के बाद भी निवेदिता से मिलते रहोगे तो मैं तुम्हारा सारा धंधा-व्यापार चौपट करा के रख दूंगा।

चैक बना कर रोशन की ओर बढ़ा देता है। रोशन थोड़ा सोचता है और फिर मोड़-माड़के जेब में रख लेता है।

रोशन : रब ने चाहा मिस्टर सेनगुप्ता तो मैंने आपके चैक के बूते पर ही करोड़पति हो के दिखा देना है।

रोशन जाता है और उसके जाते ही सेनगुप्ता फोन उठाकर डायल करता है : निवेदिता? बीस हजार में बिका।

निवेदिता : क्या बाबा?

सेनगुप्ता : मिस्टर रोशनलाल। बीस हजार का चैक और कुछ आर्डर का वादा। तुम शुभेन्दु से कह दो कि उसे आर्डर दे दे।

निवेदिता : ठीक है।

निवेदिता फोन पर बिल्कुल पिट गई है। फोन रख देती है। अरुन्धति राग भैरवी के स्वर छेड़ रही है। पास में चश्मा पहने निवेदिता उदास बैठी है। कालबेल की आवाज सुनकर दरवाजा खोलने जाती है। रोशन को देखकर नमस्कार करती है। रोशन बहुत गंभीर बना हुआ है। वह भीतर नहीं आता।

निवेदिता : रोशन, अरे भीतर आओ ना।

रोशन : नहीं निवेदिता जी, मैंने पहले भी कई मरतबा कहा है कि आप मेरी खातिर अपने बाबा से झगड़ा मत करो। आपके बाबा ने मुझे बुलाया और मुझसे

कहा कि मैं आपसे ना मिला करूं।

निवेदिता : वो सब मैंने सुन लिया।

रोशन : तो आपने ये भी जरूर सुना होना है कि मिस्टर सेनगुप्ता ने मेरे को बीस हजार रुपये का लालच दिया। मेरी बिजनेस खत्म कराने की धमकी भी।

जैब से चैक निकालता है और निवेदिता की ओर बढ़ाता है : ये चैक मैं उन्हें वहीं के वहीं भी लौटा सकता था। लेकिन उन्होंने फिर भी आपसे कह देना था कि मैं पैसा ले गया, इस करके मैं आपको लौटाने आया हूँ। आप ठीक समझो तो मेरी ओर से मिस्टर सेनगुप्ता से एक बात भी कह देना—पैसे की भाषा दुनिया में बहुत फैली हुई है। लेकिन एक प्यार की भाषा ही ऐसी है जिसे हर इंसान समझता है।

निवेदिता चेक लेती है रोशन को मुँह से निकलता है : नमस्ते जी, निवेदिता जी।

♦ ♦ ♦

श्यामलाल फोटोग्राफर की दुकान पर पहुंचता है : लो आज भी कल्लन नहीं है यहां।

फोटोग्राफर अपने डार्क रूम से बाहर निकल के आता है : यहां हूँ जी। डार्क रूम में।

श्यामालाल : अमां कब तक अंधेरे में रहोगे और हमें रखोगे?

कल्लन : अजी अपनी तो रोटी-रोजी की सूरत ही अंधेरे में रहकर उभरती है। बोलो, क्या सेवा करें आपकी?

श्यामलाल : दो बारी मैं खुद तुम्हारे स्टूडियो से होके गया और दो बारी लड़के को भिजवाया। तुम्हारे असिस्टेंट ने यही कह दी कि हमें पता ना है वो आपकी तस्वीरें बना के कहां रख गये हैं।

कल्लन : अर्जेण्ट की तस्वीरों को रख के जाने का सवाल ही नहीं उठता लाला श्यामलाल। मैंने तो अपने ननिहाल जाने से पहले बना के दे दी थी।

श्यामलाल : किसे?

कल्लन : हरिशरण बर्फवाले की बेटी को।

श्यामलाल : मंगला को? मगर क्यों?

कल्लन : खुद मांगने आई तो मनै कर देता क्या? उनके घर वालों के ही तो फोटो खिंचवाए थे आपने।

श्यामलाल अपने केबिन में बैठा फोन मिलाता है : हाँ मंगला बिटिया, वो फोटो

भिजवाए नहीं तुमने? ...जल्दी का तो ऐसा है कि लालाजी देखना चाह रहे थे। तुम्हारे वहां कोई नहीं है तो मैं यहां से भिजवा देता हूँ किसी को। किसे भेजूँ?

फोन रखकर एक क्षण सोचता है। उसे एक आइडिया सूझता है और वो फिर फोन मिलाता है : सुनो भैया प्रिंस ऑफ पुराना किला। फौरन मंगला के पास जाओ और कहो फोटुओं का पैकेट मंगवाया है। ...नहीं, गाड़ी ले जाओ दफ्तर से।

जे॰बी॰ अपनी केबिन में बैठा फाइल देख रहा है। फोन बजता है। जे॰बी॰ उठाता है : जे॰बी॰। ...हाँ श्यामलाल जी, कहिए।

श्यामालाल : भैया जे॰बी॰ अभी एक ऐसी खबर सुनी कि तुम्हें बताए बगैर चैन नहीं आया। वो जो तुम्हारा यार है ना, अब तो वो दफ्तर से उठ के वहीं जाने लगा है।

जे॰बी॰ : कौन यार? कहां जाने लगा है?

श्यामलाल : प्रिंस सतबीर ऑफ पुराना किला। इस समय भी वहीं बैठा है, मंगला के यहां।

जे॰बी॰ : श्यामलाल जी मुझे याद नहीं पड़ता कि मैंने आपसे कभी कहा कि प्रिंस पर जासूस बिठवाओ।

मंगला की स्टडी में मंगला और सतबीर बैठे हुए तस्वीरें देख रहे है।

सतबीर : फोटो में तो आप बहुत ही अच्छे दिख रहे हो मंगला जी।

मंगला : हाँ, वैसे तो मामूली दिखती हूँ।

सतबीर : जी आप तो वैसे भी बहुत खूबसूरत हो। जी मेरा मतलब था कि ऐसे लोग बहुत कम होते है जो दिखते भी खूबसूरत हों और फोटोग्राफ में भी खूबसूरत हों।

मंगला : आज तक तो किसी ने मुझे खूबसूरत कहा नहीं।

सतबीर : जे॰बी॰ साहब ने भी नहीं? ताज्जुब है।

मंगला : इसमें ताज्जुब की क्या बात है? एक बार मेरी अम्मा ने जय से कह दिया कि मंगला बिटिया पढ़ने-लिखने में जितनी होशियार है, दिखने में उतनी ही प्यारी है। इस पर जय ने कहा कि ये चुहिया प्यारी है। इसे तो कोई अंधा ही खूबसूरत कह सकता है।

जे॰बी॰ आ गया है लेकिन इन्हें पता नहीं चला है।

सतबीर : जी इस तरह उन्होंने प्यार में कहा होना है।

मंगला : प्यार में बेइज्ज्ती की जाती है?

सतबीर : उन्होंने आपकी बेइज्जती क्यों करनी हुई? वो इस तरह हुआ होना है कि...।

मंगला : छोड़िए इस बात को। मैं खुद भी जानती हूँ कि मैं खूबसूरत नहीं हूँ।

सतबीर : जी वो इस तरह है कि आपकी खूबसूरती चुलबुली या बड़बोली नहीं है, बहुत खामोश और संजीदा है। इसी करके जे॰बी॰ साहब की निगाह में नहीं आई होनी है। वरना तो कोई अंधा ही ये कह सकता है कि आप खूबसूरत नहीं हो।

जे॰बी॰ पीछे से आकर सतबीर को एक धौल जमाता है : वण्डरफुल। मान गये।

सतबीर : आप कब आए जे॰बी॰ साहब?

जे॰बी॰ : क्यों, मुझे आता नहीं देखा प्रिंस? मेरे अंधेपन का जिक्र करते-करते तुम्हारी भी निगाह जाती रही? और मंगला, तुम्हारे साहित्य-वाहित्य की सेहत बिल्कुल ठीक है?

मंगला : तुम अपनी सुनाओ। आज कैसे भूल पड़े?

जे॰बी॰ : देखता हूँ, आज भी आकर भूल ही की है। बॉय-बॉय। तुम लोग जारी रखो साहित्य की चर्चा।

सतबीर : आप बैठो ना। मेरे को तो ये फोटो लेने भेजा था श्यामलाल जी ने।

जे॰बी॰ : वाह कितनी खूबसूरत डयूटियां देने लगे तुम्हें श्यमालाल जी।

मंगला : व्यंग्य-वाण अपने तरकस में ही रखो जय। श्यामलाल जी ने मुझे फोन करके प्रिंस को यहाँ फोटो लेने भेजा है। और जहां तक मैं समझती हूँ उन्होंने ही तुम्हें यहां भेजा है कि जाओ देखो तुम्हारा दोस्त वहां क्या कर रहा है।

सतबीर : अच्छा मंगला जी, नमस्ते। तो मैं चलता हूँ जे॰बी॰ साहब।

जे॰बी॰ : चलते-चलते एक छोटी-सी बात सुनते जाओ प्रिंस। ये सही है कि मैंने तुम्हें अपने यहां सर्विस दी है लेकिन ये मैंने तुमसे कब कहा कि तुम्हारी ड्यूटी में मेरी मंगेतर की ब्यूटी का जायजा लेते रहना भी शामिल है?

सतबीर : जी मैं तो बस ये कह रहा था कि इनका फेस फोटोजनिक है।

जे॰बी॰ : जी मैं भी सिर्फ ये कह रहा था कि दफ्तर के काम का न इनके फेस से ताल्लुक है न इनके फोटो से।

सतबीर : जी मेरा मतलब था...।

जे॰बी॰ : सफाई देकर मेरी अक्ल की तौहीन मत करो। कविता ना लिख सकूँ मगर इतना तो समझ ही जाता हूँ। जाओ दोस्त, अब काम करो।

सतबीर जाता है।

मंगला : तुमने ये बहुत गलत किया जय।

जे॰बी॰ : गलत किया ये बहस मत छेड़ो मंगला। मैं नहीं चाहता कि मेरे मुंह से कोई ऐसी बात निकल जाए कि तुम्हारा मूड खराब हो जाए।

मंगला : कोई कसर रह गई है क्या मूड खराब करने को? इतने महीनों बाद आए और वो भी ये सब करने।

जे०बी० : मैंने क्या किया?

मंगला : पहले औरों से जासूसी करवाते रहे, आज खुद आ गये। तुम मुझसे मिलने आए थे कि रंगे हाथो पकड़ने?

जे०बी० : मैंने तुमसे हाथ रंगने को कहा था?

मंगला : मेरे हाथ नहीं, तुम्हारी निगाह रंगी है।

जे०बी० : मैं पापा की तरह मॉडर्न आदमी हूँ। मेरी निगाह दकियानूस नहीं है।

मंगला : तभी दफ्तर से दौड़ के यहां आए। जिस प्रिंस से तुम बार-बार कहते रहते हो कि वो तुम्हें दफ्तर के भीतर भी अपना दोस्त माने साहब नहीं, उसे मेरे घर में आकर दफ्तर की ड्यूटी के नाम पर शार्मिन्दा किया। वो मेरा मेहमान था।

जे०बी० : और मैं कुछ नहीं हूँ जो इतना गरज के बोल रही हो? नहीं, शायद तुम ठीक कहती हो मंगला। मैंने बहुत बड़ी गलती की। अब किसी को शर्मिन्दा करने से कोई फायदा नहीं है। क्योंकि शर्म तो रह ही नहीं गई।

मंगला : तुम कहना क्या चाहते हो?

जे०बी० : इससे ज्यादा कुछ नहीं। बॉय-बॉय।

मंगला : इससे ज्यादा कुछ कहोगे तो मैं चुपचाप सुनने वाली नहीं हूँ जय।

जे०बी० : मुझमें कुछ शर्म बाकी है मंगला इसलिए भले ही कुछ भी देखूं, कुछ भी सुनूं, चुप रहूंगा।

वृषभान अपने ऑफिस में। श्यामलाल उसके पास खड़ा है और कागजात दिखा रहा है। वृषभान एक जगह दस्तखत करता है और फाइल बंद करके श्यामलाल को देता है।

सतबीर दरवाजे पर आता है : मे आई कमिन सर?

वृषभान : आओ प्रिंस।

सतबीर : आप मेरे को प्रिंस मत कहा कीजिए लालाजी।

वृषभान : जब सभी कहते हैं तो मुझे भी कहना ही पड़ता है। इस समय कैसे आए?

फोटो का पैकेट बढ़ाता है : ये फोटो का पैकेट ले आया जी मंगलाजी के पास से।

वृषभान : फोटो का पैकेट?

श्यामलाल पैकेट अपने हाथ में ले लेता है : अजी वो मैंने मंगाया था। मंगला बिटिया जिद कर रही थी कि प्रज्ञावती जी के साथ हमारी भी फोटुएं हैं। लालाजी को भी दिखाओ।

वृषभान : फोटो घर में भी देखे जा सकते है।

श्यामलाल : बच्ची है जी, उसका मन भी रखना पड़ता है।

वृषभान : दफ्तर का कोई और काम तो नही बचा न?

श्यामलाल : बस एक यह तय करना था कि बम्बई किसे भेजा जाये सौदा करने के लिए।

वृषभान : वहां तो जय को जाना था।

श्यामलाल : जे॰बी॰ साहब अकेले नहीं जाना चाह रहे। उनकी जिद है कि मैं साथ चलूं और मेरी ड्यूटी आपने लगा दी मेरठ जाने की। तो आप कहो तो मेरठ धनपतमल जी को भेज दें।

वृषभान : नहीं, जे॰बी॰ कोई बच्चा नहीं है जो हर जगह आपकी अंगुली पकड़ के जाए। **सतबीर की ओर इशारा करता है :** इस लड़के को भेज दो। क्यों भई, जाओगे?

सतबीर : जी मैं?

वृषभान : क्यों, तुम भी अकेले जाने में डरते हो?

सतबीर : डरने वाली तो कोई बात ही नहीं है।

वृषभान : ठीक है तो तुम जा के शिवलाल और हबीब से सारी बात समझ लो और परसों निकल जाओ।

सतबीर के जाने के बाद वृषभान फोटो पैकेट की ओर इशारा करता है। श्यामलाल बहुत उम्मीदों से पैकेट की तस्वीरें एक के बाद एक सामने रखता है लेकिन इनमें से एक भी प्रज्ञावती की नहीं है।

श्यामलाल : और तो घर वालो की ही है, वो प्रज्ञावती जी वाली ही दिखाने को कह रही थी खास कर। लेकिन पता नहीं कहां रह गया उनका फोटो।

वृषभान उठ जाता है : ऐसी क्या जल्दी है? जब मिल जाए तब दिखा देना।

मंगला अपनी स्टूडी में बैठी हुई है। फोन बजता है। वह उठाती है : हैलो, हाँ श्यामलाल जी। तस्वीरें तो मैंने सब भेज दीं। अच्छा प्रज्ञावती जी वाली? उसे तो वो खुद ले गईं।

श्यामलाल : अरे ये तो बड़ी बुरी हुई। हम लोग उस तस्वीर को एनलार्ज करा के रखना चाहते थे। खैर नैगेटिव तो होगा तुम्हारे पास...? जरा देख...। ...क्या बताया नेगेटिव भी ले गईं? एनलार्ज करवाएँगी? वाह! प्रज्ञावती जी का और मेरा दिमाग एक ही तरफ दौड़ रहा दीखे। तुम उन्हें चिट्ठी लिखकर वापस मँगवाओ नेगेटिव।

सतबीर आता है : आपने याद किया श्यामलाल जी।

श्यामलाल : यार तुम आदमी हो ही याद करने लायक। बैठो।

सतबीर बैठ जाता है : हुकुम कीजिए।

श्यामलाल : हुकुम तो क्या, एक इल्तजा करनी है। तुम्हें तो पता ही है कि मैं तुम्हारे पिताजी के बारे में किताब छपवाने की सोच रहा हूँ। उसी सिलसिले में थोड़ी मदद चाहिए प्यारे भाई।

सतबीर : जी, पिताजी अपने को इस लायक नहीं ना समझते कि उनके बारे में किताब छापी जाय।

श्यामलाल : उनका ऐसा समझना भी इस बात की निशानी है कि वो बहुत बड़े आदमी हैं। जभी लाला वृषभान ने हुकुम दिया के श्यामलाल, इन मास्टर हवेलीराम के बारे में किताब छपवाओ।

सतबीर : अच्छा जी!

श्यामलाल : तुम्हें तो पता ही है कि तुम्हारे और लालाजी के खानदान के बड़े पुराने और गहरे ताल्लुकात है।

सतबीर : नहीं जी।

श्यामलाल : अब प्रिंस इस तरह बनाओ तो मति। आई समझ में?

सतबीर : सौगन्ध रब की, मेरे को तो इस बारे में कुछ नहीं ना पता।

श्यामलाल : भई कमाल है। लाला वृषभान के तुम मुलाजिम हो और तुम्हारे माँ-बाप ने तुम्हें ये तक नहीं बताया कि लालाजी से तो तुम लोगों का घरोबा-सा रहा है? ये तो कोई मानने वाली बात ना है।

सुनकर सतबीर भौंचक-सा रह जाता है : मगर सच है। सौगन्ध रब की।

श्यामलाल : अजी हाँ। बगैर तुम्हारे खानदान के बारे में जाने हुए लालाजी तुम्हें यों ही तरक्की-पर-तरक्की दिये जा रहे होंगे? रब की सौगन्ध खाकर ये कहो जरा कि तुमने उन्हें नहीं बताया कि तुम मास्टर हवेलीराम के बेटे हो?

सतबीर : जी मैंने उन्हें बताया जरूर लेकिन यह समझकर नहीं कि वो मेरे पिताजी को जानते हैं।

श्यामलाल : मुझे अन्दाज लगाने दो कि कब बताया होगा। तभी ना जब मिल की हड़ताल के मामले में उन्होंने तुम्हें निकाला?

सतबीर : जी।

श्यामलाल मुस्कुराता है : तुम्हारे खानदान के बारे में सुनते ही जादू हो गया ना। बताओ जब लालाजी तुम्हारे खानदान को इत्ता मान देते हैं तब तुम्हारे घर वालों को उनकी इत्ती-सी बात रख लेने में क्या परेशानी हो रही है?

सतबीर : जी, मैं पूछूँगा उनसे।

श्यामलाल : हाँ, के जी ये बताने में आपको क्यो एतराज है कि मास्टर हवेलीराम कितने भाई-बहन थे?

सतबीर : ये भी नहीं बताया उन्होंने। पिताजी के एक ही भाई थे लाला रलियाराम और एक ही बहन थी वीरांवाली।

श्यामलाल नोट करने का नाटक करता है और मानीखेज ढंग से मुस्कुराता है : वीरांवाली। अच्छा तो ये नाम था उसका। बतावें जवानी में ही गुजर गई बिचारी। जल मरी थी शायद?

सतबीर : नहीं जी, नदी में डूब गए थे।

श्यामलाल : कहाँ भला?

सतबीर : दादीजी के साथ गंगोत्री गये थे। उधर ही कहीं।

श्यामलाल : उत्तर काशी में? जहाँ प्रज्ञावती का आश्रम है?

इस सवाल से सतबीर सोच में पड़ता है : जी ये तो... मेरे को पता नहीं।

श्यामलाल : जरा पूछना। और ये भी भैय्ये कि क्या तुम्हारी बुआजी ने इसलिए खुदकशी की कि लाला वृषभान ने उनसे शादी के वास्ते 'हाँ' कहकर 'ना' कर दी?

सतबीर पर जैसे गाज गिर जाता है : अपने लालाजी ने? ये आप... क्या कह रहे हैं?

श्यामलाल : सच्चाई बयान कर रहा हूँ। लाला वृषभान तुम्हारी बुआजी पर फिदा थे। उनसे शादी करने की खातिर अपने बाप से भी लड़ गए। मगर फिर पता नहीं क्या हुआ कि शादी की नहीं।

सतबीर : ये किसने बताया आपको?

लाजो अपने कमरे में। सतबीर उसके साथ है।

लाजो : बुआजी ने खुदकशी की? ये किसने कह दिया तेरे से पुत्तर?

सतबीर : श्यामलाल जी ने।

लाजो : उनका तो दिमाग खराब है। तेरे बुआजी ने आत्महत्या नहीं ना की। इन श्यामलाल जी को क्या पड़ी है जो तेरे बुआजी के बारे में पूछ-ताछ कर रहे हैं?

सतबीर : श्यामलाल जी कहते हैं कि लाला वृषभान ने उन्हें काम में लगाया है। मगर माताजी, लाला वृषभान हमारे बुआजी के बारे में जानकारी चाहें ये तो अजीब-सी बात लगती है।

लाजो स्तब्ध हो जाती है : श्यामलाल जी झूठ बोल रहे होने हैं।

सतबीर : हाँ, अब तो सभी झूठ बोलने लग पड़े हैं। और की क्या बात करनी, आप भी

लाजो : मैं पुत्तर?

सतबीर : माताजी, आपने मेरे को कभी नहीं बताया कि हमारे दादाजी का

लाला वृषभान के पिताजी के यहाँ आना-जाना था। आपस में काफी बिजनेस होता था। श्यामलाल जी ने मेरे को पुराने कागजात दिखाए निकाल के।

लाजो : बिजनेस की बातों से आप तेरे पिताजी बहुत दूर रहे। फिर मेरे को ये सब किधर से पता होना था पुत्तर?

सतबीर : बुआजी तो आपकी सहेली थीं। उनके बारे में तो आपको सब कुछ पता होना है माताजी।

लाजो : हाँ-आँ...।

सतबीर : उनका रिश्ता किससे हुआ था?

लाजो : तेरे दादाजी के पहचान वाले किसी व्यापारी के बेटे से।

सतबीर : उन लोगों का कोई नाम भी तो रहा होना है माताजी?

लाजो : मेरे को याद नहीं ना है। लाहौर के कोई होते तो मेरे को याद भी रह जाना था। बाहर के थे वो लोग।

सतबीर : तब तो ठीक ही कह रहे थे श्यामलाल जी।

लाजो : क्या?

सतबीर : कि बुआजी का रिश्ता लाला वृषभान से हुआ। वो ये भी कह रहे थे कि लाला वृषभान ने आप ही बुआजी से शादी वास्ते पहल की और फिर आप ही पीछे हट गया। बुआजी बदनाम हो गए। दादीजी उन्हें लेकर तीर्थ यात्रा पर निकल गये। माताजी, आप...चुप किस तरह हो गये?

लाजो : जिस बारे मेरे को कुछ पता नहीं, उस बारे क्या बोलूँ पुत्तर?

सतबीर : खाओ मेरी कसम।

लाजो ये कसम नहीं खा सकती। वो उठकर दूसरी तरफ चली जाती है। सतबीर उसके पास जाता है। उसका कन्धा छूता है। वह पलटती है। उसकी आँखों में आँसू हैं।

लाजो : श्यामलाल जी तेरा दुश्मन है। उनकी ओर से मेरे को अपनी कसम दिलाने वाला तू कौन होता है? जा, मैंने नहीं खानी कसम, नहीं बताना बुआजी के बारे कुछ भी।

सतबीर : क्यों माताजी? क्यों?

लाजो : क्योंकि मैं तेरी दुश्मन नहीं ना हूँ।

सतबीर इससे सन्तुष्ट नहीं है : सच बात क्या दुश्मन बताते हैं माताजी?

लाजो समझाने की एक आखिरी बेबस-सी कोशिश करती है : सत पुत्तर, सुन, इससे तेरे को या और किसी को क्या फर्क पड़ सकना है कि तेरे बुआजी का रिश्ता किससे तय हुआ था? वो मर गई, उनके साथ रिश्ते-नाते की बातें खत्म हो गईं।

सतबीर : माताजी आप जिस तरह पर्दादारी कर रहे हो उससे तो लगता है कि फर्क सचमुच पड़ सकना है।

लाजो लाजबाब हो गई है। वह मुँह फेर लेती है और फिर सतबीर के लिए नाश्ता उठाकर लाती है : हाँ, वीरांवाली की शादी लाला वृषभान के साथ तय हुई थी। अब नाश्ता कर तू।

लाला वृषभान के घर में नाश्ते की टेबल पर सुभद्रा, वृषभान, जे०बी० और श्यामलाल बैठे हैं। सुभद्रा श्यामलाल को पूरीनुमां कचौरी परोसती है : एक बेड़मी और लो भाई जी।

श्यामलाल : जहाँ चालीस वहाँ पौने घप्पचालीस। यहाँ जब भी आऊँ हूँ, ज्यादा खा जाऊँ हूँ। लल्ली के बनाये हुए की बात ही कुछ और है।

वृषभान : आज सुभद्रा ने नहीं, महाराज ने बनाया है।

श्यामालाल झेंपता है : अजी महाराज भी तो इन्हीं का ही ट्रेन किया हुआ है।

सुभद्रा दलिया चम्मच में लेकर वृषभान की प्लेट की ओर बढ़ाती है : थोड़ा दलिया और दूँ आपको?

वृषभान : नहीं। डॉ० माथुर कम खाने को कहता है और तुम ठूँस-ठूँस के खिलाना चाहती हो।

श्यामलाल : ये प्रज्ञावती बहन जी...।

सुभद्रा : फ्रूट ले जो थोड़ा। फ्रूट की तो मनै नहीं है।

वृषभान : बस थोड़ा-सा।

सुभद्रा : हाँ भाईजी, आप क्या कह रहे थे?

श्यामलाल : मैं कह रहा था जी कि वो प्रज्ञावती जी तो गायब ही हो गईं।

जे०बी० : उस दिन हफ्ते भर में तो फिर आने को कह रही थीं।

श्यामलाल : मेरी कितनी तमन्ना थी जी कि एक बार लालाजी को उनके दर्शन करा दूं। लेकिन अब मेरे को तो ऐसा लगे है कि ये प्रज्ञावती बहन जी अपने लालाजी से डरे हैं।

वृषभान : मैं डरूं तो डरूं, वो क्यों डरती हैं?

श्यामलाल : किसी ने खबर कर दी होगी कि लाला जी जोगी-जोगनों के सख्त खिलाफ हैं।

सुभद्रा : जय, तू आज भी दूध ना पी रहा। पी जल्दी से।

जे०बी० : दूध या तो बच्चे पीये हैं या बिल्लियां।

सुभद्रा : तू बच्चा भी है और चिलबिल्ला भी।

श्यामलाल नहीं चाहता कि टॉपिक खत्म हो जाए सो जारी रहता है : ना सिर्फ

वो यहां आने के लिए मना कर देती हैं, बल्कि लाला जी का नाम सुनते ही थर्रा जाती हैं।

वृषभान : काश मेरा नाम सुनकर मेरे मैनेजर थर्राते।

श्यामलाल : और तो और मैंने लाला जी को दिखाने के लिए जे॰बी॰ के साथ उनकी तस्वीर खिंचवाई थी उसे भी नैगेटिव समेत उठा ले गईं। कहीं ऐसा तो नहीं कि वो लालाजी को पहले से जानती हों?

सुभद्रा : इनको कहां से जानेंगी?

श्यामलाल वृषभान के चेहरे का भाव गौर से देखता हुआ कहता है : लाहौर से।

वृषभान नैपकीन से ओंठ पोछता हुआ उठता है : श्यामलाल जब तुम्हें इन बेकार की बातों से फुर्सत मिले तब कपड़ा मिल जरूर चले जाना।

श्यामलाल : बस, अभी गया जी।

सुभद्रा : ये लाहौर वाली बात करके इनकी दुखती रग क्यों छू दी भाई जी?

श्यामलाल : अजी मैंने तो इस वजह से कही कि सतबीर वगैरह को ये बहुत अच्छी तरह जानते हैं।

जे॰बी॰ : उससे क्या हुआ?

श्यामलाल : लल्ली मैं चाह रहा था कि ये जब तक इन्क्वायरी ना कर लूँ तब तक चुप ही रहूँ। लेकिन अब जब जय ने सवाल उठा ही दिया है तो मैं बता ही दूं कि लाहौर में लालाजी की शादी इसी प्रिंस की सगी बुआ से तय हुई थी।

सुनकर सुभद्रा धक्क रह जाती है और जे॰बी॰ थोड़ा हैरान हो उठता है : अजी हाँ।

श्यामलाल : तुम्हारी कसम। मुझे खुद उस पण्डित ने बताया जिसने टेवे मिलाये थे।

जे॰बी॰ : पापा को पता है ये?

कुटिल ढंग से श्यामलाल मुस्कराता है : पता है जभी तो हर मामले में फेवर करते हैं। अभी देखा ना तुम्हारी जगह उसे बम्बई भेज रहे हैं।

सुभद्रा : आपको कैसे पता था जी कि इन्हें पता है?

श्यामलाल : अजी मुझे खुद प्रिंस ने बताया। जैसे ही शुगर मिल की स्ट्राइक के मामले में उसके निकाले जाने की नौबत आई उसने लालाजी से कह दिया कि मैं मास्टर हवेलीराम का बेटा हूँ। बस जी जादू हो गया। जिस प्रिंस के हमारे लालाजी बिल्कुल ही खिलाफ थे, उसे ही वो सिर आंखों पर बिठाने लगे।

सुभद्रा : मेरे को तो आज तलक उन्होंने बताया ही नहीं कि ये लड़का भी उसी खानदान का है जिस खानदान की वो चुड़ैल थी।

श्यामलाल : अजी बता के कोई क्लेश मोल लेना था? देखो लल्ली, ये जे॰बी॰ मेरी बात तो सुनता ना है, तुम ही इसे समझाओ। अगर इसने ध्यान नहीं दिया तो प्रिंस इसका सब कुछ छीन ले जाएगा। बाप, मंगेतर, विरासत...।

वृषभान बाहर जाने के लिए तैयार होकर आता है : सुभद्रा मैं जरा हबीब के यहां तक जा रहा हूँ। और श्यामलालजी अब आप गप्प-गपाष्टक खत्म कीजिए।

श्यामलाल उठ जाता है : अजी मैंने कही, आपने मुझे ये कभी ना बताया कि प्रिंस आपके लाहौर वाले मास्टर हवेलीराम का बेटा है।

वृषभान : लाहौर में मेरा कोई नहीं है।

सुभद्रा : कोई थी तो ना तुम्हारी वहां पै? उसी का भाई के बेटा है ये प्रिंस।

वृषभान : होगा। ये मेरी ड्यूटी नहीं है कि अपने हर एम्पलाई के बाप का नाम मालूम करता रहूँ और घर में आकर तुम्हें बताता रहूँ।

वृषभान जाने लगता है। सुभद्रा रास्ता रोकती है : लेकिन मेरी ये ड्यूटी जरूर रहती है कि जय के भले-बुरे का ध्यान रखूं। आपसे शह पाकर वो प्रिंस जय का हर बात में हक मार रहा है। और तो और वो इसकी मंगेतर भी छीन ले रहा है।

वृषभान : वाहियात बातें मत किया करो। अगर ये जय सचमुच मंगला से शादी करने के लिए बेचैन है तो मंगला को मैं अभी राजी कर लूं।

शुभद्रा : करो ना। किसने रोका है?

जे॰बी॰अपने केबिन में बैठा है। फोन बजता है। वह उठाता है : जे॰बी॰। पापा कहां से बोल रहे हैं? ...अच्छा-अच्छा। ठीक है, मैं शाम को चला जाऊंगा मंगला के पास। ...नहीं। वो चाहती क्या है? मैं कान पकड़ के उठक-बैठक करूं, हाथ जोड़कर माफी मांगू या उसके सामने मुर्गा बन के बैठा रहूं? ...अच्छा, मुझे ये कहना होगा कि मुझे वो सचमुच पसन्द है? अच्छा कह दूंगा। ...बॉय। (अपने से) जैसे मैंने कभी कहा हो मुझे नापसन्द है। मुझे क्या, मेरे बाप तक को पसन्द है।

मंगला की स्टडी में मंगला और सतबीर बैठे हैं। सतबीर निराला के कविता-संग्रह में से कुछ पढ़ रहा है। मंगला अनमने भाव से सुन रही है।

सतबीर : मेरे प्रिय सब बुरे गये सब भले गये
मैं ही क्या, सब ही तो ऐसे चले गये।

पढ़ता-पढ़ता रुक जाता है और थोड़ी देर सोच में डूबा रहता है। मंगला की ओर देखता है और पाता है कि वो रुआंसी हो रही है। पूछता है : क्या बात है मंगलाजी? आज आप शुरू से बहुत उदास हो। मेरा यहां आना बुरा लग गया क्या?

मंगला : मैंने खुद बुलाया, फिर बुरा क्यों लगेगा?

सतबीर : जी मैंने तो कहा था, मेरे आने से आपको परेशानी होगी।

मंगला : मुझे कोई परेशानी नहीं हुई है। परेशान तो आज आप लग रहे हैं प्रिंस।

सतबीर : असल में अपने माँ-बाप से जिस बात की उम्मीद न हो उस तरह की बात वो कर जाएं तो थोड़ा दुख होता है।

मंगला : आप तो लड़के हैं, फिर भी अपनी मर्जी की कर सकते है। मेरी जैसी घरेलू लड़की क्या करे?

सतबीर : जी, क्या हो गया?

मंगला : आज जय के पापा आए थे। बाऊजी-अम्मा ने उनके साथ बैठ के जय के साथ मेरी शादी की तारीख तय कर दी है। मैंने कही थी कि कम-से-कम घर आकर मुझे बताए कि वो मुझे पसन्द करता है। तो जय ने फोन पर ही कह दिया कि मंगला तुम मुझे क्या मेरे बाप तक को पसन्द हो। मेरी फीलिंग्स की उसे कुछ भी परवाह नहीं है। मुझे तो उस पर अब जरा भी यकीन नहीं रहा।

सतबीर : अगर आपको जे॰बी॰ पर यकीन नहीं ना रहा है तो इस हालत में तो आपको जे॰बी॰ से शादी नहीं ना करनी चाहिए। आप दोनों के हक में गलत होगा।

मंगला : समझ में नहीं आता क्या करूँ?

सतबीर : जिस तरह मैंने बबलीजी से शादी करने के इंकार कर दिया, उस तरह आप भी कर दो। आप लड़की हो इसका मतलब ये तो नहीं कि आपकी शादी आपकी मरजी के खिलाफ कर दी जाए?

जे॰बी॰ को अचानक सामने देखकर सतबीर तथा मंगला एक साथ चौंकते है। जे॰बी॰ क्रोध से जैसे कांप रहा हो, मगर अपने पर काबू पाता हुआ मुस्कुराने का नाटक करता है : हैलो एवरीबडी। प्रिंस मैं तो यहां से तुम्हारे यहां ही आने वाला था। मंगला से मेरा समझौता हो गया है और इस खुशी में एक जोरदार पिकनिक ऑरगेनाइज कर रहा हूँ मैं। तुम्हें जरूर चलना होगा साथ में।

♦ ♦ ♦

जे॰बी॰ का केबिन। जे॰बी॰ अपनी सीट में झूलता हुआ डिक्टेशन दे रहा है: डियर तुलझापुरकर, टी॰यू॰एल॰ जेड॰ एच॰ए॰ 'तुलझा'। इट वाज वैरी नाइस ऑफ यू टु रिमैम्बर अस, नो मेक इट, इनवाइट अस...कि तभी फोन की घण्टी बजती है

जे.बी. फोन उठाता है : अम्मा तुम लोग मुझे दफ्तर में क्यों परेशान करते हो?

...नहीं, हम बच्चों की पिकनिक में तुम लोगों का क्या काम? ...अरे पिकनिक कल है। पकवानों के लिए अभी से क्यों पूछ रही हो? **फोन रखता है :** हाँ तो मैं क्या लिखा रहा था। फोन फिर बजता है। **जे॰बी॰ झुंझलाते हुए उठाता है। फोन के दूसरे किनारे सतबीर होता है। जे॰बी॰ तथा सतबीर की पूरी बातचीत कट-टू-कट में फोन पर ही होती है।**

जे॰बी॰ : ओ हैलो प्रिंस। बम्बई फतह करने के लिए बधाई। आके मिले भी नहीं?

सतबीर : जी फालोअप में बिजी हो गया और इसका सेहरा तो उन्हीं के सर सजना है। जैसा उन्होंने बताया वैसा मैंने किया।

जे॰बी॰ : काश कि हमें भी बताते। और बताओ कैसे याद किया?

सतबीर : जी कल की पिकनिक के बास्ते माफी चाहूंगा। मेरे को बहुत काम है।

जे॰बी॰ : कल छुट्टी के दिन क्या काम है? ये बहानेबाजी नहीं चलेगी।

सतबीर : जी वैसे भी मैंने क्या करना है वहां जाके? आप और मंगला जी जाओ।

जे॰बी॰ : अरे यही तो देखना है कि क्या करना है?

सतबीर : (घबराकर) जी...?

जे॰बी॰ : मेरा मतलब है तुम कौन-सा आइटम पेश करोगे? नाचोगे कि गाओगे?

सतबीर : जी मेरे को कुछ भी नहीं आता।

जे॰बी॰ : कुछ तो आता ही होगा तभी सब का दिल जीत लेते हो।

सतबीर : जी मैं तो एक मामूली इंसान हूँ।

जे॰बी॰ : गैर-मामूली ढंग से मामूली हो इसीलिए तुम्हारे ऑनर में यह पिकनिक की है। तुम कल आठ बजे मंगला के यहां मिलना, वहीं से साथ चलेंगे। बॉय-बॉय। (बबली से) वेयर वॉज आई? **फोन रखकर डिक्टेशन देना शुरू करता है।**

बबली : डियर तुलझापुरकर। इट बाज सो नाइस ऑफ यू टु इनवाइट अस...।

जे॰बी॰ : फार ए जाइन्ट वैन्चर इन द फील्ड ऑफ टैक्सटाइल मशीनरी। वी फाइन्ड दिस प्रोपोजल वैरी इण्ट्रेस्टिंग बट सीक सम क्लैरीफिकेशंस फॉर एक्जाम्पल...।

लिखाते-लिखाते चुप होता है और सोच में पड़ जाता है।

बबली : फॉर एक्जाम्पल...?

जे॰बी॰ : ये कैसे पता चलता है कि किसी लड़की को किसी लड़के से प्यार है?

बबली सवाल भी लिख लेती है। पूछती है : बीच में हिन्दी में जाएगा?

जे॰बी॰ : (मुस्कराकर) ये लैटर का हिस्सा नहीं है। मैं तुमसे पूछ रहा हूँ। बोलो कैसे पता चल सकता है?

बबली झेंप जाती है। कुछ अपनी गलती पर और कुछ इसलिए कि वो समझती है कि जे॰बी॰ ने ये सवाल उसके अपने संदर्भ में किया है : लड़के को आप ही पता चल जाना है।

जे॰बी॰ : लड़का, लड़की थोड़ी होता है जो लड़की की मन की बात समझ सके?

बबली नोटबुक की तरफ निगाह घुमाती है : वी सीक सम क्लैरिफिकेशंस। फॉर एक्जाम्पल...इसके आगे क्या लिखना है?

जे॰बी॰ : पहले मेरे सवाल का जवाब।

बबली : आप मेरे से ये क्यों पूछते हो?

जे॰बी॰ : क्योंकि तुम लड़की हो। बताओ ना।

बबली : जी मैं क्या बताऊँ? मैं तो इस बारे में कुछ जानती ही नहीं।

जे॰बी॰ : तुम्हारी जैसी लड़की प्यार के बारे में कुछ ना जानती हो ये तो नामुमकिन है।

बबली : मेरी जैसी...क्या आप भी मेरे को वैसा ही समझते हैं जैसा श्यामलाल जी?

जे॰बी॰ : श्यामलाल जी ने क्या तुमसे फिर कुछ ऐसा-वैसा कहा?

बबली : मेरे से तो नहीं कहते, मेरे बारे में कहते रहते हैं दूसरों से।

जे॰बी॰ : अभी करता हूँ उन्हें ठीक।

जे॰बी॰ गुस्सा होता है और फोन मिलाने लगता है। बबली हाथ बढ़ा के फोन करने से जे॰बी॰ को रोकती है। उस सिलसिले में वो एक दूसरे से छू जाते है: जी आप ये मत करो। उन्होंने बात का बतंगड़ बना देना है।

जे॰बी॰ : नहीं, नहीं...काम उन्होंने ऐसा किया है कि डांट पड़नी चाहिए।

बबली : डांट मैंने उन्हें आप दिया था।

जे॰बी॰ उसका हाथ थपथपा देता है : शाबाश।

धर्मसंकट में पड़ के बबली लजाती-शर्माती बैठ जाती है और नोटबुक उठा लेती है : आगे क्या लिखना है?

जे॰बी॰ : अभी सिर्फ बात करनी है।

बबली : आप मेरे से इधर-उधर की बात करते हो, श्यामलाल जी इसका भी बहुत ढिंढोरा पीटते हैं। और मुझे सबसे ज्यादा गुस्सा इस करके आता है कि सतबीर जी से भी कहते हैं।

जे॰बी॰ : प्रिंस से इसका क्या मतलब?

बबली : वही तो मैं पूछती हूँ। और सतबीर जी आके मेरे से कहते हैं...।

जे॰बी॰ : क्या?

बबली : कि जे॰बी॰ साहब के सामने मुलाजिम की तरह रहा करो।...आगे क्या लिखना है?

जे॰बी॰ कुछ कहने को होता है मगर गहरी सांस लेकर रह जाता है।

बबली : जवाब देने से पहले एक सवाल आपसे कर सकती हूँ?

जे॰बी॰ : छोटे-छोटे दो करो।

बबली : आप मेरे से ये सवाल किस नाते से कर रहे हो?

श्यामलाल पहुंचता है।

जे॰बी॰ : आइए श्यामलालजी।

श्यामलाल : रिश्ते-नातों के नाजुक मसले हल हो चुके हों तो एक जरूरी बात के लिए दो मिनट चाहूंगा तुमसे।

जे॰बी॰ : ये लैटर मैं बाद में फिनिश करा दूंगा बबली, तुम बाकी के टाइप करो। और हाँ, तुम्हारे सवाल का जवाब भी बाद में दूंगा।

श्यामलाल : तुम बाद में दोगे, मैं अभी दे देता हूँ। सुनिए मिस कांता सूरी। जे॰बी॰ साहब आपसे जो कुछ भी कहते हैं इस कम्पनी के मालिक होने के नाते कहते है। किसी तरह की गलतफहमी में रहने की जरूरत नहीं है।

बबली जाते-जाते रुकती है। पलटकर कुछ कहने को होती है और फिर अपने आंसुओं से लड़ती हुए चली जाती है। जे॰बी॰ श्यामलाल को आंखें तरेरकर देखता है।

जे॰बी॰ : श्यामलाल जी, आप हद से ज्यादा बढ़ रहे हैं।

श्यामलाल : ये मत भूलो कि हम श्यामलाल ही नहीं, तुम्हारे मामा जी भी हैं। लल्ली भाई जी-भाई जी, पुकारती है हमें।

जे॰बी॰ : मैंने आपको उस दिन वार्न किया था कि मेरी प्राइवेट सेक्रेटरी से आपने कोई बदतमीजी की आइन्दा तो मैं आपके खिलाफ एक्शन लूंगा।

श्यामलाल : ले ले भैया। बाकी हम तो अपनी लल्ली के बेटे को लल्ली के दुश्मनों से बचाने की हर चन्द कोशिश करते रहेंगे।

जे॰बी॰ : नानरोंरा। आपका रो बबली की क्या दुश्मनी है?

श्यामलाल : तेरे पिंस के खानदान की तो है। उस पिंस ने बबली तेरे को गुमराह करने के लिए छोड़ रखी है और आप मंगला बेटी को गुमराह कर रहा है।।

जे॰बी॰ : मंगला अपनी खुशी से गुमराह हो रही है।

श्यामलाल : नहीं, वो तो बहुत भोली-भाली सड़की है।

जे॰बी॰ : ये पिकनिक हो जाने दो। फिर मैं आपको बताऊंगा कि वो कितनी भोली है।

श्यामलाल : क्यों? पिकनिक में क्या होने वाला हैं?

मंगला जलसाघर में बैठी है। राजरानी साथ में है।

मंगला : फजीता होने वाला है पिकनिक में अम्मा। और कुछ नहीं।

राजरानी : पिकनिक में क्या फजीता हो सके भला? (मुस्कुराकर) सुभद्रा से यों कही जय ने कि हमारी पिकनिक में तुम बूढ़े लोग कोई मति आना।

मंगला : ताकि मैं फजीता कर सकूँ।

राजरानी : देख बेटी, सच्ची बात। फजीता तो इधर तू ही करा रही है। अरे इतने नामी खानदान के लोग अपने इकलौते लड़के के लिए तुझे मांग के ले जा रहे हैं फिर भी खुश होने की बजाय तू रोती रहती है।

मंगला : मौसी जी मुझे अपनी बहू बना के चाबियों का गुच्छा दिला सकती हैं, पति का प्यार नहीं।

राजरानी : अजी घर की चाबियों का गुच्छा मिल गया तो समझो सब कुछ मिल गया। प्यार-व्यार तो या नासपीटे बयास्कोप में होवे है या बाइयों के कोठे में। घर-गिरस्ती में ये चोंचले ना चलते। अरे चूल्हा-चौका देखो, बच्चों को पालो, पति की सेवा करो, भण्डारे और तिजोरी की चाबी अपने हाथ में रखो। फिर कुछियो करता रहे पति।

मंगला : तुम इस बातों को नहीं समझती अम्मा।

राजरानी : चल, मैं तो अनपढ़-गंवार हूँ, जय तो पढ़ा-लिखा है। आज पिकनिक में बहुत मौका मिलेगा। उसे ही समझा दीयो तेरी क्या नाराजगी है।

मंगला : तुम सब कुछ समझती हुई भी नासमझ बन रही हो अम्मा।

राजरानी : कुछ बतायेगी नहीं तो मैं समझूंगी कैसे?

मंगला : जय पिकनिक में सिर्फ मुझे नहीं, प्रिंस को भी ले जा रहा है।

राजरानी : वो मरा प्रिंस तो बम्बई गया है बतावें।

मंगला : आ गया।

राजरानी : ये बात तो गलत है। मैं कहती हूँ सुभद्रा से।

जेवर रखे हैं। सुभद्रा एक हार उठाकर पहन के देखती है : जब ये हार मुझपे इतना खिल रहा है तो तेरी मंगला पर तो कमाल ही ढायेगा। क्यों जय?

आइने में श्यामलाल का भी अक्स दिख रहा है। जे॰बी॰ थोड़ा दूर अनमना-सा बैठा है।

श्यामलाल : ना लल्ली, झूठ बात। जितना तुम पर खिल रहा है उतना किसी पर खिल सके भला?

इस तारीफ से सुभद्रा खुश होती है : भाईजी आप तो हद ही कर देते हो।

फिर जे॰बी॰ से मुखातिब होती है : जय, ये पसन्द है ना तुझे?

जे॰बी॰ : पहनना मंगला को है, मुझसे क्यों पूछ रहे हो?

श्यामलाल : अगली को पहने हुए तुझे ही देखना है।

टेलीफोन बजता है। श्यामलाल उठाता है : हैलो, हाँ जी कौन? लो जी करो बात।

फोन उठा के सुभद्रा के पास लाता है : राजरानी भाभी का फोन है।

सुभद्रा फोन लेती है : हाँ राजरानी बहनजी। हुक्म करो।...क्या?...अच्छा? ... नहीं जी नहीं। ऐसा नहीं होगा। क्यों रे जय, तू इस पिकनिक में प्रिंस को भी ले जा रहा है?

जे॰बी॰ : हाँ।

सुभद्रा : बेटे ये ठीक बात ना है।

जे॰बी॰ : ठीक बात तो ये ना है कि मंगला मेरी चुगली खाती है। प्रिंस को ले जाने की बात उसकी मौजूदगी में तय हुई थी तब उसने मनै क्यों नहीं की?

सुभद्रा : तो अब कर रही है। और हम सब कर रहे हैं।

जे॰बी॰ : वो मनै ना तब कर रही थी, ना अब कर सकती है। मुझसे ये मत पूछो कि क्यों?

जे॰बी॰ कमरे से बाहर निकलने लगता है। सुभद्रा उसके पीछे दौड़ती है : जय इस तरह बचपना नहीं करते बेटे। तू प्रिंस को मत ले जइयो।

जे॰बी॰ : वो कौन होते हैं मुझ पर अभी से रोक-टोक लगाने वाले? मैं जरूर ले जाऊंगा।

जे॰बी॰ चला जाता है। सुभद्रा उसे जाता हुआ देखती रह जाती है। श्यामलाल आ जाता है : प्रिंस को ले जाता है तो ले जाने दो लल्ली। मैं सोच रहा हूँ नौकर-चाकरों के साथ मैं भी पिकनिक पर चला जाऊं। मैं रहूंगा तो जय कोई गड़बड़ नहीं करेगा। कसूर सारा प्रिंस का है और इसके दिमाग में ये भर गई है कि कसूर मंगला का है। इसे ये ना समझ में आ रही कि प्रिंस को पुराना बदला लेना है इसकी अम्मा से।

सुभद्रा : मैंने क्या बिगाड़ा मरे का?

श्यामलाल : अगले तो यही समझते हैं कि तुमने उसकी बुआजी की जिन्दगी बर्बाद की।

सुभद्रा : उस मरी के मर-खप जाने के बाद ही मेरी शादी हुई।

श्यामलाल : पता नहीं जी मरी भी कि यों ही जला दी गई।

सुभद्रा : आप क्या कहना चाहो हो भाई जी?

श्यामलाल : पुरुफ मिल जाये पक्का जभी बताऊंगा।

मंगला जलसाघर में बैठी है। राजरानी कपड़े में बंधी टोकरी लाती है : कचौरियां, मठरियां, अचार, चटनी, फल और मिठाई ये तो रख दिया तेरी पिकनिक के लिए। और बता क्या बना दूँ जय की पसंद का?

मंगला : जय को जो पसंद है वो तुम बना नहीं सकती अम्मा?

राजरानी : अण्डा-मुर्गी, मां-मच्छी वो तो मैं ना बना सकती। जो हम खाते हैं वही बना सके हैं।

मंगला : जय को तो हमारा खान-पान पंसद नहीं है। न खान-पान, ना रहन-सहन, ना कुछ और।

राजरानी : अजी हमारी बेटी तो पसंद है। और क्या चाहिए?

मंगला : वो भी नहीं है।

राजरानी : अजी वाह! उस दिन सब के सामने कह गया बिचारा हिन्दी में भी, इंगलिश में भी, के जी आई...।

दरवाजे पर दस्तक

अब ये कौन आ गया?

राजरानी जाकर देखती है। सतबीर है।

सतबीर : नमस्ते माताजी।

राजरानी इसके आने से बिल्कुल खुश नहीं है : नमस्ते बेटा। कोई खास काम है क्या?

सतबीर सकपका जाता है : जी वो... काम मेरा तो...।

राजरानी : बेटा, मैंने उस दिन तुम्हें काफी समझाई थी कि यहां ज्यादा मति आया करो।

सबतीर : जी वो इस तरह था कि जे॰बी॰ साहब ने यहीं बुलाया था। पिकनिक में जाना है ना उनके साथ।

मंगला भी दरवाजे पर आ जाती है।

राजरानी : तुम्हें ले जाने की तो हमने मनै की थी उनसे।

सतबीर : जी मैं तो आप मना कर रहा था, मगर वो माने नहीं।

राजरानी : नहीं, तुम नहीं जाओगे पिकनिक में।

सतबीर : मैं वापस चला जाता हूँ जी। आप जे॰बी॰ सहाब से कह देना प्रिंस

की तबीयत ठीक नहीं ना थी।

मंगला : अम्मा तुझे जो कहना हो जय से कहना। इन बिचारों को क्यों परेशान करती हो? चलिए प्रिंस, आपको अपनी नई कविता सुनाऊं।

राजरानी : यहीं ले आ अपनी कविता की नोटबुक।

मंगला : इन्हें अन्दर क्यों नहीं ले जा सकती?

मंगला के घर के दरवाजे पर कार रुकती है। उसमें सामने ड्राइवर के साथ फूलवती है और पीछे श्यामलाल के साथ जे॰बी॰। सिर्फ जे॰बी॰उतरता है : मैं लाता हूँ उन्हें बुला के।

श्यामलाल भी उतरने को होता है : हम भी मार आएं सलाम भाभीजी को।

जे॰बी॰ : नहीं, आप बैठे रहिए। ...नमस्ते मौसीजी।

राजरानी : जीते रह बेटा। मंगला इंतजार कर रही है तेरा। और कौन है गाड़ी में?

जे॰बी॰ : श्यामलाल जी और फूलवती।

राजरानी : अरे, तो उन्हें भीतर लाओ ना।

जे॰बी॰ : इस तरह देरी होगी। मंगला को बुलाइए।

राजरानी मंगला के कमरे की ओर बढ़ने लगती है। जे॰बी॰ भी साथ-साथ आता है : वो अपने कमरे में है? राजरानी : कविता सुना रही है प्रिंस को? जय, भैया हमने तो मनै की थी तू फिर भी इस प्रिंस को ले जा रहा है पिकनिक में? ये तो कोई ठीक बात ना है।

जे॰बी॰ : अपनी पिकनिक में अपने दोस्तों को न ले जाऊँ?

मंगला के हाथ में एक खूबसूरत-सी और लम्बी-चौड़ी डायरी है। वो अपने कमरे में बैठी सतबीर से मुखातिब है। उसकी निगाहें कमरे के दरवाजे की ओर नहीं है जिससे होकर जे॰बी॰भीतर आता है। उसके पीछे राजरानी आती है।

मंगला : चलिए, वैसे अच्छा ही है कि जे.बी. साहब आपको जिद करके ले जा रहे हैं पिकनिक में। वरना वो मुझसे ऊब जाते, मैं उनसे ऊब जाती।

जे॰बी॰ : बहुत खूब मंगला! क्या गजब की कविता लिख लिख दी—'वो मुझसे ऊब जाते, मैं उनसे ऊब जाती'। माना कि मेरे लिए काला अक्षर भैंस बराबर है लेकिन कभी-कभी अपनी कविता मुझे भी सुना दिया करो। सुनाती नहीं हो तो चलो पढ़ने ही दिया करो।

जे॰बी॰ मंगला के हाथ से डायरी एक झटके-से ले लेता है।

मंगला : इसे वापस करो जय। ये मेरी पर्सनल डायरी है।

जे॰बी॰ डायरी लौटा देता हैं : ये पर्सनल डायरी पब्लिक के कुछ लोगों को तो पढ़ के सुनाई जाती है शायद।

मंगला : मैं इसमें से कविता पढ़ रही थी।

जे॰बी॰ : अरे हाँ। वो मुझसे ऊब जाते, मैं उनसे ऊब जाती...।

मंगला डायरी लेकर अलमारी में डालती है और चाबी लगा देती है। चाबी अपने पर्स में डालती है मगर वो पर्स बंद करे इससे पहले ही राजरानी उसे बुला लेती है : मंगला जरा इधर आइयो बेटी।

मंगला झुंझलाती हुई जाती है : क्या है अम्मा!

सतबीर सिर झुकाए बैठा रहता है। सतबीर से बातों के दौरान जे॰बी॰ पर्स से चाभी निकाल के अपनी जेब में डाल लेता है।

सतबीर : जे॰बी॰ साहब, आप मुझे साथ ले जाने की जिद न करें। मंगला के माताजी को एतराज है।

जे॰बी॰ : मंगला जी को तो नहीं है? और जे॰बी॰ साहब को भी नहीं है।

सतबीर : जी मैं माफी चाहूंगा।

जे॰बी॰ : तुमने क्या कसूर किया है जिसकी माफी चाहते हो? तुम तो हमारे गैस्ट ऑफ आनर हो प्रिंस।

मंगला टोकरी उठाकर आती है : चलिए।

जे॰बी॰ : यौर पर्स मैडम।

जे॰बी॰ पर्स बंद करके मंगला को बाअदब देता हैं। टोकरी सतबीर उठा लेता है।

मंगला : थैंक्स!

गाड़ी में सामने ड्राइवर, फूलवती और सतबीर हैं। पीछे श्यामलाल, और मंगला। जे॰बी॰ बाहर खड़ा है।

जे॰बी॰ : प्रिंस तुम यहां आओ, पीछे।

सतबीर : जी मैं इधर ही ठीक हूँ।

जे॰बी॰ : तुम आओ ना। जगह है।

श्यामलाल : वहीं बैठे रहने दो भैये, यहां मंगला बिचारी को परेशानी हो जाएगी।

मंगला : मैं आगे बैठ जाती हूँ।

जे॰बी॰ : अरे नहीं, पीछे की सीट पर तीन लोग मजे में आ जाएंगे। मैं तो बिरजू वगैरह के साथ आऊंगा ना।

श्यामलाल : क्यों?

जे॰बी॰ : उन्हें भी बुलाया है। पहुंचते ही होंगे। चलो प्रिंस, बैठो पीछे। रास्ते भर कविता सुनते-सुनाते जाना वरना ये ऊब जाती हैं। बॉय-बॉय।

सतबीर बहुत अनमने भाव से उतरता है और मंगला के साथ बैठता है। गाड़ी चल देती है। वो हाथ हिलाता है। राजरानी बाहर आती है। उसे देखकर हैरान होती है : तुम नहीं गये?

जे॰बी॰ : असल में मैंने बिरजू को इधर बुला रखा था। मैं उसका इंतजार करूंगा। मौसीजी आप मेरे लिए एक कप चाय बनवाओ। मैं मंगला के कमरे में हूँ। मेरा एक जरूरी कागज वहां गिर गया दीखे।

राजरानी के चेहरे पर बड़ा बुरा-सा भाव आता है। जे॰बी॰ की ओर वह बहुत आशंका से देखती है मगर चाय बनाने चली जाती है। जे॰बी॰ मंगला के कमरे की ओर बढ़ जाता है।

जे॰बी॰ मंगला के कमरे में तलाशी ले रहा है। सबसे पहले वो चाबी से उस आलमारी को खोलता है जिसमें मंगला ने डायरी रखी थी। डायरी निकालता है और यहां-वहां से पढ़ता है। डायरी अपने बैग में डाल लेता है। आलमारी में से और चीजें देखता है जो किसी लड़की की आलमारी में से निकल सकती हैं जैसे छोटा-मोटा जेवर, क्लिप, कांटे...। इन सबको वापस डालता है। उसे रिबन से बंधे हुए पत्र मिलते है। वो खोलता है। पत्रों को पलटकर देखता और पढ़ता है।

(बुदबुदाकर) मेरी प्रिया मंगला। ...सदा तुम्हारी कमलेश।

तुम्हें बांध पाती सपने में तुम मुझमें प्रिय फिर परिचय क्या?

....

कौन प्यासे लोचनों में घुमड़ फिर झरता अपरिचित।

(बुदबुदाकर) मंगलाजी को समर्पित। भटकन को राह बनाकर पहुंचूंगा किस मंजिल पर? ...सही मंजिल पर पहुंचोगे मेरे पोयट।

जय को आलमारी में एक किताब दिखाई देती है। उसके ऊपर खूबसूरत कवर चढ़ा हुआ है। खोलकर पढ़ता है–बच्चन का ये नया संग्रह मंगलाजी को जन्म दिन पर। **किताब को वापस भीतर रख देता है। तभी किताब में रखी हुई एक पर्ची की ओर उसका ध्यान जाता है। उसे पढ़ता है**–मंगलाजी आपने कहा था कि भावनाओं के मामले में प्रिंस भूखा ही रहना पसन्द करता है। तो इस संग्रह की दो पंक्तियों की ओर ध्यान दिलाना चाहूंगा।

वासना जब तीव्रतम थी बन गया था संयमी मैं,
है रही मेरी क्षुधा ही सर्वदा आहार मेरा।

पढ़ने के बाद इस पर्ची को जेब में डाल देता है। राजरानी की आवाज पर चौंक

के पलटता है। हाथ बढ़ाके दराज या अलमारी बंद करता है।

राजरानी : चाय तो चढ़वा ली, साथ में कुछ खाओगे भी?

जे०बी० : नहीं मौसी।

राजरानी : अलमारी में क्या ढूंढ रहे थे?

जे०बी० : ऐसे ही...देख रहा था। खुली हुई थी ना। मैंने चाबी लगा दी।

राजरानी : ये चाबी तो मंगला अपने साथ रखती है।

जे०बी० : मुझे तो अपना कागज ढूंढते हुए मिल गई, यहीं नीचे गिरी हुई।

चाबी राजरानी को लौटाता है और अपना सामान उठाके चल देता है : चलो मौसी, रसोई में ही पी लूंगा चाय।

पिकनिक स्पाट के बंगले के लॉन में श्यामलाल, मंगला और सतबीर बैठे है। चाय पी चुके हैं। फूलवती जूठे कप उठाने आई है : आपका प्याला खत्म हो गया हो तो दे दो जी श्यामलाल जी।

श्यामलाल आखिरी घूँट भरता है और प्याला ट्रे में रखता है : ये चाय का प्याला है, श्यामलाल जी का नहीं।

फूलवती : पी तो आप ही रहे हो।

श्यामलाल : अरे हम इसे पीनेवाली चीज समझें? लो, हमें तो इसे पी के भी उबासी आ रही है।

जोर की उबासी लेता है और साथ में चुटकी बजाता है : बड़ी देर कर दी जे.बी. ने मंगला बिटिया, ये तो वही हो गई के (गाकर) आए ना बालम वादा करके...।

सतबीर उठने को होता है : जी मैं फोन करके देखूं?

मंगला : बेकार है। मेरे ख्याल से तो हमें वापस चले जाना चाहिए।

श्यामलाल : ये हम कैसे कर सकें भला? वो पहुंचता ही होगा।

जेब से ताश की गड्डी निकालता है : चार जने तो हैं। तब तक जम जाए चौकड़ी। जम जाए कोटपीस।

सतबीर : जी मेरे को नहीं आता ताश का खेल।

श्यामलाल : तुम बिल्कुल खुसकट नौजवान हो यार। पता नहीं तुम कविता कैसे कर लेते हो।

मंगला : आप तो बहुत अच्छी कविता कर लेते होंगे श्यामलाल जी?

श्यामलाल : क्यों जी?

मंगला : आप ताश अच्छे खेल लेते हैं ना।

श्यामलाल झेंप से मुस्कुराता है : सभी खेल खेल लेता हूँ जी थोड़े-बहुत। खुदा बड़ा बोल ना बुलवाए, शेरो-शायरी में भी अच्छा दखल रखता हूँ।

ताश की गड्डी फेंटता है। इधर-उधर देखता है : लो फूलवती भी चली गई। अरे फूलवती, यहां आ। तीन-दो पांच खेलेंगे।

फूलवती किचन के दरवाजे से पलट के बोलती है : ना खेलती जी ताश-वाश। और आप भी जरा इधर में आओ। एक जरूरी काम है।

श्यामलाल उठकर जाने लगता है और जाते-जाते बोलता है : अब क्या जरूरी काम आ गया? तब ये पूछना था कि चाय में पत्ती कितनी डालनी है?

श्यामलाल रसोई में प्रवेश करता है।

फूलवती : आप तो झूठों के सरदार हो। तब मैंने चाय की पत्ती पूछने बुलाया था?

उसकी बात सुनकर श्यामलाल मुस्कुराता है : सबके सामने घड़ी-घड़ी मत बुलाया कर, केजी श्यामलालजी इधर आना। बोल अब क्या आफत आ पड़ी तुझ पे?

फूलवती : आफत तो आप पर पड़ेगी क्योंकि आप जय भैया का इशारा समझ ही ना रहे हो। वो पीछे रह गये हैं तो इसी मारे कि हम दोनों इन दोनों की जासूसी कर सकें।

श्यामलाल : जासूसी करें किस बात की? वो खुसकेट तो गुमसुम बैठा रहे है।

सतबीर मुंह झुकाए बैठा है। मंगला एक गहरा सांस लेती है और उठ खड़ी होती है : मैं तो ऊब गई हूँ यहां बैठे-बैठे। चलिए प्रिंस, थोड़ा टहलते हैं।

सतबीर अनमने भाव से उठता है : सोचता हूँ जी कि मैं चला ही जाऊं कम-से-कम।

मंगला : आपके चले जाने का भी मतलब लगाया जाएगा।

सतबीर : पता नहीं ये क्या मजाक किया है जे॰बी॰ साहब ने।

ये लोग लंच लेते हैं। अब हम देखते हैं कि जे॰बी॰छिपा हुआ है और वो झाड़ की आड़ में जाता हुआ इनका पीछा करता है।

जे॰बी॰ वायस ओवर

मजाक किया जरूर है, पर पता नहीं किराने?

लॉन में घूमते हुए सतबीर और मंगला की बातचीत होती है।

सतबीर : शायद जे॰बी॰ मेरे से खफा हैं।

मंगला : अगर खफा हैं तो बताएं कि क्यों है? किस बात से हैं? अगर खफा हैं तो तुम्हारे आनर में पिकनिक किस खुशी में की? और फिर उसमें आए क्यों नहीं?

सतबीर : शायद मेरा बम्बई भेजा जाना उन्हें नागवार गुजरा है।

मंगला : तो कहें साफ-साफ। मुझे अगर किसी चीज से चिढ़ है तो मक्कारी से। जो मन में हो, कहो साफ-साफ।

कुछ खडकने की आवाज

लगता है यहां भी कराई जा रही है जासूसी। कौन है वहां?

कोई नहीं आता तब सतबीर लपकता है और झाड़ियों के पीछे जाते जे॰बी॰ को धर लेता है : जे॰बी॰ साहब आप?

जे॰बी॰ पहले झेंपता है : मुझे जरा देरी हो गई प्रिंस।

मंगला गुस्से से व्यंग्य करती है : पैदल चलकर आये हो शायद। तुम्हारी कार की आवाज नहीं सुनाई दी।

जे॰बी॰ : तुम्हारे कान कहीं और लगे होंगे।

मंगला : कार झाड़ियों के पीछे पार्क की? पगडंडियों से लाए उसे?

जे॰बी॰ : हाँ! मैंने कहा, देखूं भटकन को राह बनाकर पहुंचूंगा किस मंजिल पर।

सतबीर : जी ये तो मेरी एक कविता का मुखड़ा है।

जे॰बी॰ : सही पहचाना। अब सवाल ये है कि मंगला जी को समर्पित इस मुखड़े में कितना दुखड़ा है?

मंगला : जान सकती हूँ तुम ये क्या कह रहे हो जय?

जे॰बी॰ : तुम मुझमें प्रिय, फिर परिचय कैसा...।

मंगला : जय, इस तरह जासूसी करते तुम्हें शर्म आनी चाहिए।

जे॰बी॰ जेब से एक कागज निकालकर देखता है : शर्म तो उन्हें आनी चाहिए जो...हाँ, सपनों में बंध नहीं पाते...जिनके प्यासे लोचनों से अपरिचिय झरते हैं। जो...

मंगला कागज छीन लेती है। एक क्षण (ऑकवर्ड) चुप रहती है। जे॰बी॰ आयरॉनिकली मुस्कुराता है। मंगला रुआंसी हो जाती है। सतबीर उसकी मदद को आता है : जे॰बी॰ साहब, आप जिस तरह सोच रहे हो उस तरह कुछ भी नहीं है।

जे॰बी॰ : मुझे पता है प्रिंस कि तुम भावनाओं के मामले में भूखे रहने की जिद करते हो, क्योंकि तुम्हारा आहार वो है, वो...मंगला कागज लौटाना तो।

ऐसा लगता है कि मंगला विस्फोट कर बैठेगी, लेकिन वो एक गहरी सांस लेती है और कागज लौटाती हुई गोया क्षोम व्यक्त करती है : है क्षुधा आहार मेरा...। सारी हिन्दी कविता को ही मंगला के गुनाह का सबूत मानते हो?

जे॰बी॰ : कवियों के खिलाफ गवाही तो कविता में से ही जुटाई जा सकती है न?

मंगला : मेरी जिस डायरी में से तुमने ये पंक्तियां पढ़ी हैं जय, उसमें ये भी पढ़ा होगा कि तुम्हारे बारे में मेरी क्या राय है।

जे॰बी॰ : उन गालियों के लिए बहुत-बहुत शुक्रिया।

मंगला : मैंने तुम्हें गालियां नहीं दी हैं, सिर्फ एक कमजोर और कायर इंसान कहा है।

जे॰बी॰ : कमीना कहते-कहते रह गई।

मंगला : मेरी डायरी चुराकर पढ़ते हुए तुमने महसूस किया होगा कि मैंने तुम्हें कितना सही पहचाना है।

जे॰बी॰ : मैंने ये महसूस किया कि तुम्हारे बारे में मेरी राय कितनी सही है। उस दिन मैंने तुम्हारे और प्रिंस के सिलसिले में कुछ कह दिया था तो तुमने मुझे आगा पापा के सामने जलील किया।

मंगला : अगर उस दिन तुमने ये कहा होता कि मंगला और प्रिंस दोनों कविता और राजनीति में रुचि लेते हैं, उनकी पसन्द-नापसन्द एक-सी है, उन्हें एक-दूसरे की कम्पनी अच्छी लगती है तो मैं कहती कि ये सच है। मैं तुम्हारी तरह डरपोक नहीं हूँ। और कुछ जानना चाहते हो मेरे और प्रिंस के बारे में? मुझसे ही पूछ लो ताकि जासूसी करने की जरूरत ना पड़े।

जे॰बी॰ : इसके बाद रह ही क्या जाता है?

मंगला अपना पर्स खोलकर देखती है : कम-से-कम मेरी चाबी लौटाना तो रह ही जाता है। कोई ओर होता तो माफी मांगना भी जरूरी समझता।

जे॰बी॰ आगबबूला हो उठता है : चोरी और सीनाजोरी, दोनों तुमने की है। तुम्हें मांगनी होगी माफी।

पांव पटकता हुआ जाता है : श्यामलालजी मैं जा रहा हूँ। मंगला को घर पहुँचा दीजियेगा।

श्यामलाल आश्चर्य से देखता है।

बबली का अचरजभरा चेहरा। वह चरपाई पर बैठी है। आँखें उनींदी हैं। दरवाजे पर दस्तक की आवाज सुनकर पूछती है : कौन ?

जे॰बी॰ की आवाज : मैं...जे॰बी॰।

बबली घबराती है, मगर फिर दरवाजा खोलती है। जे॰बी॰ पीया हुआ लग रहा है।

बबली : आप? इस वक्त?

लड़खड़ाता हुआ बढ़ता है और चरपाई पर गिर जाता है : तुम्हारे सवाल का जवाब देना रह गया था।

♦ ♦ ♦

बबली के कमरे में जे॰बी॰ तकिये से चिपटा सोया हुआ है। कराहते हुए करवट बदलता है। सूरज की रोशनी उस पर पड़ती है। आँखें खोलता हुआ बैठता है और सिर पकड़ता है। उसे हैंगओवर है : ये मैं कहां हूँ?

उठता है। फर्श पर दरी-चादर-तकिया पड़ा है : ओ लॉर्ड!

बबली चाय का प्याला लाती है, रखती है और रुखे स्वर में कहती हुई जाने लगती है : आपकी चाय।

जे॰बी॰ : मुझे तो कुछ पता ही नहीं चला।

बबली : पता तो मेरे को चलना है।

जे॰बी॰ : आई एम सॉरी बबली।

बबली : जे॰बी॰ साहब, आप बराय मेहरबानी जल्दी से जल्दी यहां से चले जाओ प्लीज।

जे॰बी॰ : माफी मांगने तक के लिए नहीं रुकने दोगी?

बबली : इसके बाद भी अपने को माफी का उम्मीदवार समझते हो?

जे॰बी॰ : नशे में मैं कुछ...ऐसा-वैसा...मुझे तो याद नहीं पड़ता...आई एम सॉरी। मैं तुम्हारे बिछौने पर सो गया...लेकिन थैंक गॉड। तुम्हारे पास और भी बिछौना था।

बबली क्रोध और ग्लानि से कांपने लगती है : आप एक कैमरा लेकर दोनों बिस्तरों की तस्वीर ले लो और एक हलफनामा भी भर दो कि आप नशे में थे। आपने कुछ ऐसा-वैसा नहीं किया। दुनिया ने उसे मान लेना है।

जे॰बी॰ : दुनिया को मारो गोली। इस वक्त मेरी-तुम्हारी बात हो रही है।

बबली : आप जाओ यहां से प्लीज।

जे॰बी॰ : देखो बबली कल रात तुम्हें कुछ बताने के लिए ही यहां आया था। पहले वो बताऊंगा, फिर जाऊँगा।

बबली : बताने की अब क्या जरूरत रह गई है? एक कुंवारी लड़की के कमरे में रात के वक्त नशे में धुत्त आकर आप बता चुके हो कि आप मेरे को क्या समझते हो।

जे॰बी॰ : देखो, मेरा सिर दर्द से वैसे ही फटा जा रहा है। फॉर हैवंस सेक तुम टिपिकल मिडिल क्लास घरेलू लड़की की तरह रिएक्ट मत करो और मेरी बात सुनो।

बबली : सुन तो चुकी। आप मेरे को घरेलू नहीं, बाजारू लड़की समझते हो।

जे॰बी॰ : अपनी तरफ से ही कहती जाओगी? मुझे बताने नहीं दोगी कि मैंने वो सवाल तुमसे किस नाते किया था?

बबली : जिस नाते कोई भी अय्याश, कोई भी रईस लड़का किसी

मुसीबतजदा-अनाथ लड़की से करता है। जे.बी.साहब आप भी श्यामलाल जी और अपने दोस्तों की तरह यही मानते हो कि मैं आपकी...रखैल हूँ।

'रखैल' शब्द के साथ बबली रोना शुरू कर देती है और मुँह फेर के दूर चली जाती है। जे॰बी॰ कुछ देर खड़ा रहता है फिर उसके पास आता है और उसकी पीठ पर हाथ फेरता है : बबली, तुम जानती हो कि ये झूठ है। अपनी पीठ पर पड़ा जे॰बी॰ का हाथ झटकती हुई बबली : अब आप चले जाओ प्लीज। मैंने दफ्तर में इस्तीफा भेज देना है।

कहकर जोर-जोर से रोने लगती है। अब जे॰बी॰ उसकी दोनों बाहें अपनी हथेलियों में कस के पकड़ लेता है और उसे थोड़ा-सा झकझोरता है। इस हमलावराना तेवर से बबली स्तब्ध रह जाती है, लेकिन फिर भी धीमे-धीमे सुबकती रहती है। जे॰बी॰अपनी बात सुना रहा होता है : रोना बंद करो बेवकूफ लड़की। मेरी बात सुनो। तुम्हारे बारे में यह गंदा लफ्ज सुनने का मैं आदी नहीं हूँ। इसे दोहराना बंद करो। अगर आइन्दा किसी ने तुम्हें रखैल कहा तो मैं उसे जिन्दा नहीं छोडूंगा। तुम्हें अपनी जान प्यारी हो तो तुम भी मत कहना। कल मंगला ने मुझे इतनी तकलीफ पहुँचाई कि अपना दर्द दूर करने के लिए मैं पीने बैठ गया। फिर भी वो दूर नहीं हुई तब हमदर्दी के लिए तुम्हारे पास चला आया। मैं अच्छी तरह जानता हूँ कि मेरे यहां रात भर रहने का क्या मतलब लगाया जायेगा। लेकिन विश्वास रखो, तुम्हें मेरी वजह से समाज में नीचा नहीं देखना पड़ेगा। आई प्रामिस।

बबली : झूठे दिलासे मत दिलाओ मेरे को।

जे॰बी॰ : मैंने ये हाथ पकड़ा है तो ये जानते हुए पकड़ा है कि हाथ पकड़ने का क्या मतलब होता है। क्या तुम भी मंगला की तरह मुझे कमजोर और कायर समझती हो?

बबली : मंगला जी का हाथ पकड़ने के बाद मेरा हाथ पकड़ लेने में क्या बहादुरी है?

जे॰बी॰ : मंगला ने खुद मेरा हाथ पकड़ा था और अब खुद की झटक दिया है। मेरे लिए वो माँ-बाप की पसंद की हुई पड़ोस की लड़की से ज्यादा कभी कुछ नहीं रही। बॉय-बॉय बबली। चलता हूँ। कोई मुझसे पूछेगा कि रात भर कहां रहे तो झूठ नहीं बोलूंगा। और साथ ही मैं पूछने वालों को ये भी बताऊँगा कि मैं बबली के पास जाता हूँ और उससे मैं दफ्तर से बाहर की बातें भी करता हूँ तो इसलिए कि मेरा इंरादा अब उसे अपनी घरेलू जिन्दगी में मोस्ट प्राइवेट, मोस्ट इन्टीमेट सेक्रेटरी बना लेने का है। वो मेरा घर भी मेरे दफ्तर की तरह एफिशियेन्टली और प्लैजेन्टली चलाएगी।

गाल पर चपत जमाता है और उसके आंसू पोंछ लेता है : अब क्यों रो रही हो?

बबली : नाश्ता करके जाइए।

जे॰बी॰ बैठ जाता है : अजी लंच करके जाएंगे।

सुभद्रा का बैडरूम। आहत भाव लिये राजरानी तथा खिसियाई हालत में सुभद्रा बैठी है। श्यामलाल समझाने वाली मुद्रा में। राजरानी शिकायतें पेश करती है : हमारी मंगला तो पहले ही कह रही थी कि पिकनिक के लिए नहीं, फजीता करने के लिए ले जा रहा है। मैंने जभी तुम्हें टेलीफून पर कह दी थी कि प्रिंस को पिकनिक में साथ मत भेजो।

सुभद्रा : अजी मैंने भी जभी के जभी मने कर दी थी बहनजी, लेकिन जय जिद करने लगा। फिर भाईजी बोले कि मैं साथ में चला जाऊँगा फिकर मति करै।

राजरानी : लल्लाजी, आपके होते हुए ये सब कैसे हो गया?

श्यामलाल : अजी मेरी तो अब तक ये समझ में ना आ रहा कि हुआ क्या? आप लोग क्यूं बात का बतंगड़ चाहो हो।

राजरानी : लो, बोलो। वहां मेरी मंगला रोती-रोती हलकान हो रही है, यहां मैं इतनी देर की समझा रही हूँ सारी बात और आप कहो हो कुछ हुआ ही नहीं?

श्यामलाल : अजी मंगला की डायरी पढ़ ली जय ने तो ऐसी क्या आफत आ गई? अरे कल जिसे मेरा भर्तार होना है उससे अपनी कविता-कहानी क्या छिपानी?

राजरानी : कविता पढ़ने से कभी रोका हमने? ऐं? हम तो ये पूछते हैं कि क्यों तो जय उस मरे प्रिंस को हमारी बिटिया पर थोपे और फिर क्यों उसको ले के हमारी बिटिया पर लांछन लगाए?

श्यामलाल : अजी लांछन-वांछन किसी ने ना लगाए। नये जमाने के लड़के-लड़कियां हैं, हो गई थोड़ी कहा-सुनी। असल में जी ये सारा कसूर उस प्रिंस का ही है। वही इधर भी आग लगाता है, उधर भी।

राजरानी : लल्लाजी वही तो मैं पूछती हूँ कि जब ये प्रिंस इतना कमीना है तो आप उसे निकाल परे क्यों ना करते? वो तो नौकर है आप लोगों का।

वृषमान कमरे में आता है : प्रिंस को निकालने की क्या बात आ गई?

सुभद्रा : उसे निकालने की बात यूं आ गई कि सारा टंटा उसी नासपीटे के मारे हुआ।

वृषभान : उसके मारे कुछ नहीं हुआ। मैं अभी मंगला से बात करके आया हूँ।

सारा कसूर जय का है। उसे मंगला से माफी मांगनी चाहिए। बल्कि प्रिंस से भी।

श्यामलाल आँखें बंद करके और दोनों हाथ उठा के तंजिया दाद देता है: वाह जी वाह, बाप हो तो ऐसा।

सुभद्रा : आपको तो जय अपना बेटा नहीं दुश्मन लगे है जी। मंगला अभी बहू नहीं बनी लेकिन बेटे से ज्यादा उसी की सुनने लगे।

वृषभान : बेटा है कहां जो उसी सुनूं? पिकनिक के बाद से गायब है।

सुभद्रा : यहां आकर करे भी क्या, जहां उससे यही कही जाएगी कि जा अपनी होने वाली बहू से माफी मांग।

राजरानी : मंगला तो माफी मांगने को कुछ ना कह रही। क्यों भाई साहब, आपसे कुछ कही हो तो मैं उसे घर जाकर डांटूंगी।

वृषभान : वो बिचारी तो राब रोए चली जा रही थी। बल्कि आप जाइए और उसकी देखभाल कीजिए।

राजरानी : हम तो यही कहते हैं कि आप जय को समझा दो और ये शादी जल्दी-से-जल्दी करा दो।

वृषभान : जरूर। जय को आने दीजिए।

जे०बी० आ पहुँचता है : जय आ गया। शिकायत करने वाले सारी शिकायतें उससे करें। माँ-बाप से चुगली ना खाएं।

राजरानी : बेटे हम कोई चुगली खाने ना आए। हम तो यही कहने आए हैं कि शादी से पहले ही झगड़ा शुरू मत कर दो।

जे०बी० : आप बेफिकर रहिए मौसीजी। मैं ये सारा झगड़ा ही खत्म कर दूंगा। पापा, आप इन लोगों से कह दीजिए कि अगर मंगला को मुझसे शादी करने से कोई दिलचस्पी ना हो तो ना करे। मेरी ओर से कोई जबरदस्ती नहीं है।

वृषभान : पहले तुम ये बताओ सारी रात कहाँ रहे?

जे०बी० : एक दोस्त के यहाँ।

वृषभान : दोस्त ने नाम बताने को मना किया है?

जे०बी० हल्के सकपकाता है : मैं...बिरजू के यहां था।

सुभद्रा : बिरजू-इरजू तेरे जितने दोस्त हैं सबों को भाईजी ने फोन किया। तू वहाँ था नहीं जय।

जे०बी० : अम्मा मैं बिरजू के यहाँ ही था। मैंने उससे कह रखी थी कि किसी को बतइयो नहीं।

सुभद्रा : अम्मा को भी? जय तू ये क्या कर रहा है? तेरी वजह से मुझे क्या-क्या सुननी पड़ रही है रे?

जे॰बी॰ : अम्मा जो तू भी ये समझती है कि मैं झूठ बोल रहा हूँ तो फिर मुझे यहाँ किसी से बात ही नहीं करनी है।

वृषभान : मुझसे करनी होगी।

गुस्से में पांव पटकता जे॰बी॰ जाता है।

राजरानी : सुभद्रा बहन, मैं चलूं।

सुभद्रा : हाँ बहन जी आप जाओ। मंगला की सुध लो। **कहते-कहते सुभद्रा रो पड़ती है। आंचल से आँखें पोंछने लगती है। राजरानी उसे सांत्वना देती है :** ना बहनजी ना। कुछ ऊँचा-नीचा निकल गया हो मेरे मुँह से तो माफ करना। मैं तो आपसे अपनी बच्ची की खुशियां मांगने आई थी। ममता में कुछ तेज बोल बैठी। कहीं आप मन में यह मत रख लो कि माँ-बेटी दोनों ही झगड़ालू हैं।

सुभद्रा : अजी कैसी बातें करो हो आप। बच्चों के झगड़े में हमारा झगड़ा थोड़ियो हो सके। आप तो जाओ और मंगला को समझाओ। मैं जय को संभाल लूंगी।

राजरानी जाती है।

श्यामलाल : मैंने कही लल्ली, तू तो जय को सम्हाल लेगी लेकिन वो प्रिंस तो मंगला को भरता रहेगा और उधर बबली से जय का भी कूंडा करवाता रहेगा। मगर क्या करें जी अपने लालाजी को उस लाहौर वाले परिवार से अब तक इतना पिरेम है कि इस प्रिंस के खिलाफ कुछ सुनना ही ना चाहते।

सुभद्रा : मरने दो प्रिंस को। आप तो जय को समझाओ।

श्यामलाल : नहीं लल्ली, प्रिंस को भी समझना होगा। उसे समझाना होगा।

हवेलीराम के कमरे में हवेलीराम और लाजो के साथ सतबीर बैठा हुआ है।

लाजो : तू किस तरह की पिकनिक पर गया सत? जब से आया तब से गुमसुम ही बैठा हुआ है।

सतबीर : मैं जी? नहीं जी।

हवेलीराम : ये भी मेरी तरह से ज्यादा नहीं बोलता।

लाजो : आप तो दिन में एक बारी हँस लेते हो। इसके चेहरे से तो हँसी ही गायब हो गई है। हुआ क्या उस पिकनिक में? बताता क्यों नहीं?

श्यामलाल आता है। उसके आने से ये लोग हक्के-बक्के है। श्यामलाल चालू होता है : अजी ये वो ना बताएगा, मैं बताऊँगा। जरा पहले मैं आपके पांव की धूल रख लूं सिर पै लाला हवेलीराम।

हवेलीराम : आपकी तारीफ?

श्यामलाल : नाचीज को श्यामलाल कहते है। लाला वृषभान एण्ड सन में मुलाजिम हूँ अदना-सा।

लाजो : आप तो लाला वृषभान के मैनेजर हैं?

श्यामलाल : मैनेजर कहाँ जी। मैं साला हूँ। उनकी घरवाली मेरे को भाईजी-भाईजी कहती है।

हवेलीराम : आज कैसे तकलीफ की?

श्यामलाल : मैं आपके दर्शनों के लिए जमाने से तरस रहा था। लेकिन आपके बड़े साहबजादे तो मेरे इस गली तक से गुजरने पर खफा होते हैं।

हवेलीराम : भूषण उन लोगों से घर पर नहीं मिलना चाहता जिनका उसके दफ्तर से मतलब पड़ता हो। आपका तो उसके पास कोई केस फंसा हुआ है शायद।

श्यामलाल : अजी बड़ी कम्पनियों पर तो इस तरह के केस कइयों होते रहते हैं और उन्हें सल्टाने के लिए कइयों मुलाजिम रखे रहते हैं। मैं घर में आना चाहता हूँ तो इसलिए कि हमारे-आपके पुराने घरेलू ताल्लुकात हैं।

लाजो : जी किस तरह?

श्यामलाल : वो इस तरह जी कि मैं लाला वृषभान का नमक खाता हूँ और लाला वृषभान आपके खानदान के गुण गाते हैं। उन्होंने ही कही है हवेलीरामजी पर किताब छपवाओ। अफसोस कि आप लोगों की तरफ से कोई मदद ही ना मिल रही है।

हवेलीराम : मेरे बारे में किताब छापने में लालाजी जो पैसा लगाना चाहते हैं वो गीता छापकर बांटने में लगा दें।

श्यामलाल : कोई महान आदमी ही इतनी बड़ी बात कह सकता था। अब हम लोगों को समझ में आ गई है कि लालाजी को आपके खानदान से इतना लगाव क्यों था। इसी लगाव के बारे में दो-एक छोटी-मोटी बातें पूछनी थी।

हवेलीराम : जी इसके वास्ते मैं पहले ही मना कर चुका हूँ। आपने बेकार यहाँ आने का कष्ट किया।

श्यामलाल : चलो एक छोटी-सी बात ही बता दो मास्टर हवेलीराम जी। आपकी बहन वीरांवाली उत्तरकाशी में मरीं?

लाजो : जब मास्टरजी ने छपवानी ही नहीं किताब तब आप क्यों पूछते हो?

श्यामलाल : लालाजी को तो छपवानी है।

हवेलीराम : उनसे कह दीजिए गड़े मुर्दे उखाड़ने से कोई फायदा नहीं।

श्यामलाल : वही लालाजी की घरवाली का भी कहना है। मैं आज उनकी ओर से आपसे पूछने आया हूँ कि आप उनसे अपनी वीरांवाली का बदला अब क्यों ले रहे हो?

हवेलीराम : आप कहना क्या चाहते हैं?

श्यामलाल : ये अपने इस बेटे से पूछो जो आप ही की तरह भोला-भाला बना रहता है।

लाजो : मेरे बेटे ने क्या बिगाड़ा है आपकी मालकिन का?

श्यामलाल : ये तो उन जे॰बी॰ साहब की ही जिन्दगी तबाह करने में लगा हुआ है जिन्होंने इसे दिल्ली में नई जिन्दगी दी। इसने उनके पीछे बबली को लगा दिया है और खुद जे॰बी॰ साहब की मंगला पर हाथ डाल रहा है।

सतबीर आगबबूला होकर श्यामलाल पर टूटता है : आपने इस तरह ऊल-जलूल गंदी बातें बोलनी हैं तो मैंने आपकी जबान खींच लेनी है।

लाजो : ना पुत्तर ना।

श्यामलाल : चोरी और सीनाजोरी? कल पिकनिक में जो कुछ हुआ उसके बाद कोई शरीफ आदमी होता तो इस्तीफा दे कर चला जाता।

सतबीर : मैंने भी दे देना है इस्तीफा। लेकिन बकवास नहीं सुननी किसी की।

श्यामलाल : जे॰बी॰साहब ने इसे मंगला को बहलाते-फुसलाते पकड़ लिया। मंगला के घर से भी उन्हें इसके खिलाफ सबूत मिले।

हवेलीराम : ये...ये क्या कह रहे हैं पुत्तर?

सतबीर : आप सुन क्यों रहे हो पिताजी? श्यामलाल जी, आप फौरन इस घर से चले जाओ वरना मेरे हाथो आपकी बेइज्जती हो जानी है।

श्यामलाल : भैया तुम मेरी टोपी सरेआम उछालो, कोई बात नहीं। लेकिन भगवान के वास्ते मेरी बहन लल्ली और उसके बेटे जय पर रहम करो। अपनी बुआ वीरांवाली का बदला उनसे मति लो। नमस्ते जी।

श्यामलाल हाथ जोड़कर चला जाता है और सतबीर लाजो से मुखातिब होता है : वीरांवाली का बदला—ये क्या कह गये श्यामलालजी?

झुंझलाती हुई लाजो टॉपिक बदलना चाहती है : मैं क्या जानूं?

हवेलीराम : तुम्हारा पिकनिक में कोई झगड़ा हो गया पुत्तर?

सतबीर : ये श्यामलालजी ही इधर की उधर लगा के झगड़ा कराते हैं।

हवेलीराम : फिर भी कुछ तो बात रही होगी?

सतबीर : उस बात से मेरा कोई मतलब नहीं है पिताजी।

लाजो : तो इतना तेज होकर क्यों बोलता है?

सतबीर : तो आप मेरे से ही सफाई क्यों मांगते हो? क्या मैंने जे॰बी॰ साहब से कहा कि बबली जी को कमरा दे दो? क्या मैंने उनसे विनती की कि मेरे को मंगलाजी के साथ यहाँ-वहाँ भेजो? क्या मैंने उनसे कहा कि मंगलाजी से झगड़ा कर

लो? और झगड़ा करने के वास्ते पहले मेरे को बेइज्जत और बदनाम करो?

लाजो : जो तूने बबली से शादी कर लेनी थी तो ये नौबत नहीं आनी थी।

सतबीर : मेरे को नहीं करनी थी उससे शादी। कोई जबरदस्ती थी किसी की? या कि आप समझते हो...।

लाजो : क्या?

सतबीर : छोड़ो।

सतबीर : कि आपने मेरे को पाला इसका इतना अहसान मानूं कि आपकी कही कोई बात ना टालूं? प्राजी ने आपकी बात नहीं मानी, रोशन ने नहीं मानी, उनसे कुछ नहीं कहा। मेरे से कहते हो क्योंकि मैं आपका पुत्तर नहीं....। मैंने इस्तीफा दे देना है दफ्तर से भी, घर से भी।

हवेली तथा लाजो हक्का-बक्का हैं। लाजो बहुत थकी-सी सिर झुकाकर मुँह फेर लेती है : बस यही सुनना बाकी रह गया था शायद।

हवेलीराम सतबीर के रू-ब-रू खड़ा होता है : सत, तू दफ्तर से बेशक इस्तीफा दे दे पुत्तर, घर से इस्तीफा देने की बात मन से निकाल दे। चल यही सही कि तू हमारा पुत्तर नहीं, किसी की अमानत है। मगर पगले अमानत का तो और भी ज्यादा ख्याल रखा जाता है।

सतबीर इसके सीने से सिर टिका लेता है। रोते हुए कहता है : मैंने बस आपका पुत्तर होना है किसी की अमानत नहीं। बस आपका पुत्तर...बस आपका पुत्तर।

हवेलीराम उसके सिर पर हाथ फेरता है : इस अमानत में खय़ानत तो हम कब का कर चुके पुत्तर।

सुभद्रा के कमरे में सुभद्रा और श्यामालाल बैठे हैं।

श्यामलाल : वो मास्टर हवेलीराम का पुत्तर ही है झगड़े की जड़ में। चलो ये तो अच्छा हुआ वहां जाने से कि अगले से इस्तीफा लिखवा लिया। अब मैं एक चक्कर उत्तरकाशी का मार आऊँ, फिर सारी गुत्थी सुलझा दूंगा।

सुभद्रा : उत्तरकाशी में क्या है?

श्यामलाल : प्रज्ञापती बहन जी का आश्रम।

सुभद्रा : वहाँ जा के क्या होगा?

श्यामलाल : बस देखती जाओ।

वृषभान आ जाता है और व्यंग्य से कहता है : श्यामलालजी, दफ्तर का कामकाज आपके बस का ना हो तो आपको घर में कोई काम दिलवा दूँ?

श्यामलाल : मालिक देखो सच्ची बात, हम तो हैं ही आपके घर के आदमी।

मैंनेजर की गद्दी पर बैठने की तमीज सीख सके हैं तो आपकी बदौलत। लेकिन खुदा बड़ा बोल न बुलवाए लाला वृषभान से सीख-सीखकर आज इस श्यामलाल की वो पोजीशन है शहर दिल्ली में कि मैनेजरी के मामले में अगला किसी के आगे झुकता है तो बस लाला वृषमान के। तो जी फैक्टरी पहुँचते ही आपको फोन करता हूँ।

वृषभान : आपने दिल्ली में रहकर मैनेजरी नहीं, मुसाहिबत सीखी है श्यामलालजी। बताइए इस वक्त कैसे आना हुआ?

एक फाइल उठाकर देता है जिसमें सतबीर का इस्तीफा है : दफ्तर के ही काम से मालिक। प्रिंस ने इस्तीफा दे दिया है।

वृषभान फाइल खोलकर देखता है : एक लाइन का इस्तीफा? जिसमें कोई वजह नहीं दी गई है? ये आपने जबरदस्ती लिखवाया उससे?

श्यामलाल : वो खुद पटककर गया है मेरी मेज पर। पिकनिक वाले दिन मैंने तो ना लड़वाया था उसे जय से? जय ने कही कि फौरन मंजूर करवाओ, इसी मारे मैं लेकर चला आया।

वृषमान : मैं प्रिंस से बात करूंगा।

सुभद्रा : बात करने की क्या जरूरत है?

वृषभान : दफ्तर की बातों में बीच में मत बोला करो सुभद्रा। श्यामलालजी आप प्रिंस से कह दीजिए कि एज शिड्यूल्ड वो मिस्टर तुलझापुरकर से बात करने कलकत्ता जाए।

श्यामलाल : जी वहाँ तो जय भैया जा रहे हैं।

वृषभान : मुझसे बगैर पूछे?

श्यामलाल : मंजूरी लेने ही आया हूँ जी आपसे। फाइल में तो देखो मैंने क्या लिखा है कि प्रिंस ने इस्तीफा दे दिया है इस मारे अब जे.बी. साहब जाएंगे।

वृषभान : जाहिर है श्यामालाल को साथ लेकर?

श्यामलाल : नहीं जी, मैं तो टिहरी वाला काम देखने जा रहा हूँ। और वहीं से तीरथयात्रा पर भी निकल जाऊँगा।

वृषभान : आप बेशक अपने पाप धो आइए लेकिन जय से कहिए कि कलकत्ता प्रिंस ही जाएगा।

सुभद्रा : वाह जी वाह, आप तो अपने को हर किसी के सामने नीचा दिखाने पर तुले रहते हो। इस प्रिंस पर इतना मेहरबान होने की कोई खास वजह है क्या?

वृषमान खीझ उठता है और सुभद्रा को डपटता है : क्या खास वजह हो सकती है?

सुभद्रा रुंआसी हो उठती है : नहीं है तो ऐसा कहो। चीखो क्यों हो जी? अपनी भी तबीयत बिगाड़ लोगे, मेरी भी।

वृषभान : और श्यामलालजी, आप अब यहां क्यों खड़े हैं?

श्यामलाल : आपके आडरों के लिए खड़ा हूँ जी।

वृषभान फाइल पर लिखता है : इस्तीफा नामंजूर। और कलकत्ता...जय जाएगा।

अपनी केबिन में जे॰बी॰ सामने बैठी बबली को बता रहा है : ऑफ्कोर्स तुम कलकत्ता जाओगी। ऑफ्टर ऑल यू आर माई पी॰एस॰।

बबली : जी सुना, बाहर तो मिस केशोप्रसाद या मिस मारफ्तिया को साथ ले जाया जाता रहा है।

जे॰बी॰ : पापा के वक्त में, पापा के साथ। अब नई पीढ़ी का जमाना है।

बबली : आप मिस मारफ्तिया को ही ले जाओ।

जे॰बी॰ : नॉव लुक यंग लेडी, तुम्हें मेरे साथ कलकत्ता चलने में अब क्या परेशानी है?

बबली : जी जिस सर्कल में आपने मूव करना है, वहाँ मैं उसके लायक स्मार्ट नहीं ना हूँ।

जे॰बी॰ : वो हम तुम्हें बनवा देंगे। लेटेस्ट डिजाइनों वाले ड्रेसेज के एक से बढ़कर एक ड्रेसर्स शॉप्स, फैशन डिजायनर्स, हेयर ड्रेसर्स-कम-ब्यूटी सैलून आखिर शहरों में होते किसलिये हैं?

वृषभान सुभद्रा के कमरे में गुस्सा होकर चहलकदमी कर रहा है। सुभद्रा डरी-डरी-सी भीतर आती है। वृषभान पलटता है : सुभद्रा, तुम लाई नहीं उस बेवकूफ जय को?

सुभद्रा : अरे पहले बच्चे को कलकत्ता फोन करके डांट दिया। अब तो थूको ये गुस्सा।

वृषभान : मैं ही जाता हूँ उसके पास।

सुभद्रा : अजी आपको मेरी कसम। इस समय और डांट-डपट मत करो। जय खुद मरा बैठा है कि मेरी सेक्रेटरी का मेरे से पूछे बगैर तबादला कैसे कर दिया? बाप-बेटा लड़ पड़ोगे। बेकार ब्लड प्रेशर बढ़ जाएगा।

वृषभान : बहस मत करो, उसे लाओ यहाँ। क्या अपने बेटे को बुलाने के लिए मुझे पुलिस भेजनी होगी?

जे॰बी॰ आ जाता है : नहीं पापा। मैं खुद हाजिर हो गया हूँ। कम्पनी के मालिक की हैसियत से आपने मुझसे कहा कि कलकत्ता से जल्दी-से-जल्दी लौट आओ। मैं

लौट आया। आपने बताया कि मिस मारफ्तिया की जगह अपनी सेक्रेटरी को ले जाकर मैंने गलती की, मैंने सुन लिया। आपने मेरी सेक्रेटरी का ट्रांसफर कर दिया, मैंने कुछ नहीं कहा। अब कम्पनी के मालिक की हैसियत से क्या आप मेरी जान चाहते हैं?

वृषभान : मैं तुम्हारा पापा भी हूँ। उस हैसियत से भी बात करनी है तुमसे।

जे॰बी॰ : मुझे तो याद है कि आप मेरे पापा है। आप ही भूल गये हैं कि मैं आपका बेटा हूँ।

वृषमान आग-बबूला हो जाता है : इतना बड़ा स्कैण्डल करा दिया फिर भी बेहया जबान लड़ा रहा है?

जे॰बी॰ : जिस चीज को आपने 1917 में लाहौर में स्कैण्डल नहीं माना उसे अब 1949 में स्कैण्डल कहने लगे हैं। ये तो फिर भी मेरी सेक्रेटरी है। वो तो आपकी कुछ भी नहीं थी। और ना आपने उसे अपना कुछ बनाया।

वृषमान जे॰बी॰ को थप्पड़ मारता है। सुभद्रा आकर वृषभान का हाथ पकड़ लेती है। रुंआसी हो उठती है : जय के पापा, पहले आप मेरी एक बात सुनो, फिर जी भर के पीट लेना जय को। चाहो मुझे भी। देखो जी भले यों खरा है, खोटा है, हमारा तो बस एक ये जय ही है। इससे बिगाड़ करके अपना और मेरा बुढ़ापा तो खराब करो मति।

वृषभान : और इसे अपनी जिन्दगी तबाह करने दूँ? ये एक इसकी ही जिन्दगी का नहीं, बबली और मंगला की भी जिन्दगी का सवाल है। ये बबली को बरबाद करेगा और मंगला को दुखी रखेगा।

जे॰बी॰ : ओ हो तो आप इस माने में मुझे अपना असली वारिस समझते हैं। सुना आपने भी किसी वीरांवाली की जिन्दगी को बर्बाद किया और किसी सुभद्रा को दुखी रखा। यकीन मानिए पापा, इस मामले में भी आपको अपने बेटे से नाउम्मीदी ही हाथ लगने वाली है। समझने वाले कुछ भी समझते रहें, मैं न कायर हूँ न कमजोर। वो आपकी तरह दो लड़कियों को सालों तक लटकाए नहीं रखेगा।

वृषभान पहले जय को पकड़ कर झकझोरता है। सुभद्रा रोती-कलपती बीच-बचाव करती है : मैं हाथ जोड़ती हूँ, खत्म करो ये झगड़ा। जय, माफी मांग अपने पापा से।

वृषभान : जिन लोगों ने जय के भीतर मेरे खिलाफ इतना जहर भरा है उनसे कहो सुभद्रा कि उसे ये भी बता दें कि वीरांवाली से अपनी शादी मैंने नहीं लटकाए रखी, तुम्हारी बुआ ने लटकाए रखी जो मेरी ताई और इसकी दादी थी। ये भी कि मैं वीरांवाली से ही शादी करता मगर वो मर गई। मगर वो मर गई और उसके साथ मैं भी...।

श्यामलाल आता है। उसके कंधे पर झोला लटका रहा है : अरे यहाँ जम रखी दीखे फैमली कांफ्रेंस। लो जी आ गए श्यामलाल तीरथ करके, पुण्य कमा के। मैं बराबर वहाँ यही सोच रहा था कि लालाजी के लिए क्या ले जाएं? रुद्राक्ष की माला, गंगाजल की कलसी, इलायची दाने का प्रसाद। ये सब तो बेकार है उनके लिए। फिर मेरे ख्याल में आई कि प्रज्ञावती बहन जी की तस्वीर ले चलो। और आप ये देखो कि तस्वीर भी मेरे को तब की मिल गई जब वो साध्वी बनी-बनी थीं। वैसे तो भगवान की दया से इस उम्र में भी ज्यों-की-त्यों धरी हैं।

श्यामलाल झोले में से तस्वीर निकालता है और उसे पोंछता है। पोंछकर ठीक वृषभान के सामने रख देता है। ये तस्वीर वीरांवाली की जवानी की है। कपड़े वो साध्वी वाले पहने है। वृषभान को तस्वीर पहले धुंधली दिखती है, फिर फोकस में आती है। वो हक्का-बक्का तस्वीर देखता रह जाता है।

♦ ♦ ♦

वृषभान कहीं बाहर निकलने के लिये तैयार है। तभी ध्यान आता है कि हाथ घड़ी नहीं है। घड़ी उठाने के लिये वह मेज की ओर बढ़ता है और देखता है कि मेज पर वीरांवाली वाली तस्वीर रखी है, श्यामलाल जो उत्तरकाशी की तीर्थयात्रा से वापसी पर साथ लाया था और वृषभान को जैसे आह्लादपूर्वक बताया था कि साध्वी प्रज्ञावती बहन की यह तस्वीर प्रसादस्वरूप खासकर वह उसी के लिये लेता आया है। वृषभान गौर से तस्वीर को देखता है और देखता ही रह जाता है। तस्वीर तब की है वीरांवाली जब नयी-नयी साध्वी बनी थी और दुनिया की नजरों से अपनी पुरानी पहचान छिपाने के लिये अपना नाम प्रज्ञावती रख लिया था। वृषमान के मन-मस्तिस्क में पुरानी यादें उभरनी शुरू होती हैं। और जो कुछ हुआ तर्कों-कुतर्कों के बीच उसके लिये उसका अपना ही अन्तर्बोध जैसे धिक्कारने लगा गया। हो...प्रज्ञावती-वीरांवाली...वीरांवाली दूसरा नाम जिन्दगी था...मगर वीरांवाली मर चुकी थी... बेवकूफ उतनी जिन्दादिल लड़की कभी मर सकती थी भला? और सो भी भरी जवानी में?...हालातों ने उसका नाता मौत से जोड़ने की बेहूदगी की और वृषभान तूने चुपचाप सुन लिया? चुपचाप सुन लिया वृषभान? बीरांवाली ने तुमसे कहा था कि जब तक तुमसे मिलने की आस है, मैं मरूँगी नहीं। और वह मर गई? मिलने की उसकी आस मर गई होगी तभी तो...। दोनों हथेलियों के बीच चेहरा छिपाकर वृषभान गर्दन झुका लेता है और अपने-आप से जैसे बुदबुदाने लग जाता है...लेकिन जब खुद हवेलीराम ने ये लिखा कि वो मर गई है तो मैं कैसे नहीं मानता? वो तो सच बोलने के लिए मशहूर हैं।

तो तुम्हें ये सोचना चाहिये था कि उन्होंने क्यों झूठ बोला? तभी उनसे जाकर पूछना चाहिये था। कम-से-कम अब भी तो आकर पूछ। और वृषभान अपने पुराने ड्राइवर आशा राम को बुलवाकर उसके साथ मास्टर हवेलीराम से मिलने उसके बड़े बेटे कुलभूषण के सरकारी क्वार्टर पहुँचता है, जहाँ हवेलीराम रह रहा है। कुलभूषण वृषमान को नहीं पहचानता, न ही उसकी पत्नी सुलोचना। हवेलीराम की नजर पड़ती है कि पहचानते देर नहीं लगती। लपककर वह वृषभान के गले मिल जाता है—आइये जी, लाला वृषभान जी...लाजो हवेली के कमरे में है। हवेली वृषभान को लेकर जैसे उल्लसित होता पहुँचता है—वृषभान आये हैं लाजो जी। सुनकर लाजो खुश नहीं होती—''मगर यहां आके चंगा नहीं किया जी।'' हवेली-''मेहमान से बैठने का भी नहीं कहोगी लाजो जी? आप बैठिये वृषमान जी।''

'वीरांवाली' शब्द उचारते हुए वृषभान झिझकता है। आवाज थोड़ी भर्रा उठती है : ''मैं कुलभूषण के माँ-बाप से नहीं, वीरांवाली के भाई-भावज से मिलने आया हूँ।''

लाजो : जब वीरांवाली ही ना रही, तब उसे भाई-भावज से क्या काम?

वृषभान : क्या सचमुच नहीं रही?

लाजो : इस तरह का अजीब सवाल किस तरह कर रहे हो आप?

हवेलीराम : मैंने आपको लिख तो दिया था कि वीरांवाली ...नदी में बह गई।

वृषभान : क्या सचमुच?

लाजो : बन्दे क्या झूठझूठ भी मरते हैं?

वृषभान : कभी-कभी मरतों को बचा भी लिया जाता है।

लाजो : ऐसा कुछ होता तो सबसे पहले हमें ही पता चलना था और हमने फौरन आपको खबर कर देनी थी।

वृषभान : मास्टर हवेलीराम जी, आपने लिखा था कि वीरांवाली उत्तरकाशी के आस-पास कहीं डूबी।

हवेलीराम : जी मुंशीजी खबर तो यही लाये थे।

वृषभान : और आपको अपनी बहन की लाश कहीं नहीं मिली?

हवेलीराम : जी नहीं।

वृषभान : ये जो प्रज्ञावतीजी हैं इनका आश्रम भी उत्तरकाशी में है ना?

हवेलीराम : यही सुनने में आया है।

वृषभान : आप देखने नहीं गये आश्रम? आप उन्हें जानते तो हैं ना?

हवेलीराम : जी हाँ।

वृषभान : किस तरह?

हवेलीराम : जिस तरह...आप जानते हैं। सब जानते हैं।

वृषभान : मैं तो प्रज्ञावतीजी को नहीं जानता।

हवेलीराम : अच्छा, कभी मिलिएगा। बेघर बहनों के लिए बहुत अच्छा काम कर रही हैं।

लाजो : हमारी मुलाकात उनसे इसी सिलसिले में हुई।

वृषभान : वो तो होनी ही थी।

हवेलीराम : आपका मतलब?

वृषभान : मेरा मतलब है वो भी आपके इलाके की ही हैं।

हवेलीराम : हाँ।

वृषभान : आपकी बिरादरी की। आपके घर-परिवार की।

लाजो : सारे पंजाबी ही हमारे सगे नहीं ना होते, सुना। अब आप बंद करो ये जिरह। मास्टरजी को पुरानी बातें याद दिलाने को मना किया है डांक्टर ने।

वृषभान : मास्टर हवेलीराम जी सच-सच बताइए कि आपने मेरे साथ धोखा क्यों किया? आपको तो मैं सत्यवादी समझता था।

हवेलीराम : जब तक सच बात मुझे मालूम हुई बहुत देर हो चुकी थी। मैं दिल्ली आया। पता चला आपकी शादी हो गई है। बच्चा हो चुका है। इसलिए बगैर आपसे मिले लौट आया।

वृषभान : तो भी मुझे बता देते। मैं कुछ-न-कुछ करता।

हवेलीराम : इतिहास बदला नहीं जा सकता वृषभान जी।

वृषभान : लेकिन ये तो जाना जा सकता है कि इतिहास ने बेरहम मोड़ क्यों लिया? बताइए ना।

हवेलीराम : कुछ फायदा नहीं हुआ। एक माने में मैंने आपको सही लिखा था कि वीरांवाली सचमुच मर चुकी है हमारे लिये। और हमारे से भी ज्यादा आपके लिए।

वृषभान : आपको फिर भी मुझे बता देना चाहिए था। मैं कुछ-न-कुछ जरूर करता। इतनी बड़ी नाइन्साफी तो नहीं होती?

हवेलीराम : कहने से तो और भी बड़ी नाइन्साफी होती। मैंने आपको गलत नहीं लिखा वृषभानजी। एक माने में वीरांवाली सचमुच मर चुकी है हमारे लिए, और हमसे भी ज्यादा आपके लिए।

वृषभान : वीरांवाली मेरे लिए कभी नहीं मर सकती।

सुभद्रा अपने बेडरूम में अधलेटी है। श्यामलाल पास बैठा बता रहा है: अजी अब क्या शक रह गया उसके जिन्दा होने में?

सुभद्रा : आसाराम ने खुद सुनी कि क्या बात हुई?

श्यामलाल : बाहर से वो बेचारा ज्यादा क्या सुन सके था? लेकिन जो कुछ उसने देखा-सुना उससे मामला साफ हो गया। नहीं, तुम ही बताओ कि कुलभूषण की इतनी लताड़ सुनने पर भी लालाजी वहाँ से क्यों ना टले? और फिर हवेलीराम लालाजी से क्यों प्रेम से मिले? क्यों भीतर ले जाकर घण्टों बात करते रहे? और क्यों वहाँ से लौटते ही लाला जी ने देहरादून जाने की ठान ली?

सुभद्रा : भाई जी, आप ये कहना चाहो हो कि देहरादून के बहाने उत्तरकाशी जाएंगे?

श्यामलाल : हाँ लल्ली, हाँ। जाएंगे, जाते रहे हैं। अब आई ना तुम्हारी समझ में कि देहरादून वाली मौसीजी से लालाजी को क्यों इत्ता पिरेम उमड़ता रहे है? क्यूं उनके हर छोटे-बड़े काम के लिए दौड़े चले जाएं हैं? नाम लिया मौसीजी का, पहुँच गये मासूका जी के पास। वाह!

सुभद्रा : संन्यासिनी का भेस बना रखा है बेसरम ने।

श्यामलाल : अजी मेरा माथा तो पहले दिन ही ठनक गया था। प्रिंस के माँ-बाप की बिल्कुल सगी लगने वाली ये छमकछल्लो संन्यासिनी है कहां की? जभी मैंने एक छोटी ट्राई मारी और प्रज्ञावतीजी से लाला वृषभान के बारे में पूछ लिया। अगली का चेहरा जरा-सा रह गया।

सुभद्रा रुंआसी हो उठती है : चेहरा तो मेरा रह गया है भाई जी जरा-सा। मेरे लिए तो भाई जी वो मर के भी पूरी सौतन बनी हुई थी। ब्याहता जरूर हूँ मैं, बाकी और किसी गिनती में कभी रही इनके लिए? ये तो चौबीस घण्टे या बिजनेस के काम में खोये रहे या उसी की याद में। आपका सहारा न होता तो मेरे लिए तो एक-एक पल भारी हो जाता यहाँ।

श्यामलाल : मैं भी टिक गया हूँ लल्ली तो तुम्हारी वजह से। वरना तुम्हारी कसम, लालाजी रोजाना ऐसी खरी-खोटी सुनाते हैं, श्यामलाल वैसी किसियों से सुनने का आदी नहीं है।

वृषभान आता है : अरे सुभद्रा। अच्छा, तो आप भी यहीं हैं श्यामलालजी? क्या कर रहे हैं यहाँ?

श्यामलाल : मैंने सुनी जी के लल्ली की तबीयत खराब है तो हाल पूछने आ गया।

वृषभान : अगर पूछ चुके हों तो जाइए। एकाएक तुम्हारी तबीयत को यह क्या हो गया सुभद्रा?

सुभद्रा : आपकी बला से। आप खुद तो कभी हाल पूछते नहीं। कोई दूसरा आ जाए ये भी आपको गवारा ना होता।

वृषभान : तुम्हारी तबीयत खराब होने की खबर श्यामलाल को दफ्तर में बैठे मिल जाती है और मुझे घर पर भी नहीं, तो मैं क्या करूं?

सुभद्रा : मैंने फूलवती के हाथ सन्देसा भिजवाया था लेकिन आपने कहला दी कि हबीब भाई से जरूरी बात कर रहा हूँ।

वृषभान : हाँ, मुझे तुरन्त देहरादून जाना पड़ रहा है। एक केस चल गया है पुरानी प्रापर्टी का।

सुभद्रा : मुझे भी साथ ले चलो जी। मैं यहाँ ना रहने की अकेली।

वृषभान : तुम्हारी तबीयत खराब है, आराम करो।

सुभद्रा : मेरी तबीयत तो यहां अकेली पड़ी-पड़ी और खराब होगी। गाड़ी से जाना। मौसी के घर रहना। आराम ही मिलेगा मेरे को तो।

वृषभान : नहीं। मैं कोर्ट-कचहरी के मामलों में उलझा रहूँगा। तुम ऊब जाओगी।

सुभद्रा : उतने रिश्तेदारों के बीच मैं क्यों ऊबने लगी भला? और जो ऊब भी गई तो उत्तरकाशी चली जाऊंगी। भाई जी बता रहे हैं वहां प्रज्ञावती जी का आश्रम देखने के काबिल है। बल्कि आप भी चले चलना जी मेरे साथ में।

वृषभान : मैं डॉ॰ माथुर को बतला जाऊँगा। वो किसी लेडी डॉक्टर से तुम्हारा चैक-अप करा देगा। किसी चीज की जरूरत हो तो हबीब से कह देना या श्यामलाल से।

सुभद्रा : मुझे ना ले जाओगे?

वृषभान : बाद में कभी। पहले अपना चैक-अप करा लो।

श्यामलाल आपने केबिन में है। घंटी बजाने पर फोन उठाता है। उधर की आवाज सुनकर चेहरे पर मुस्कुराहट खेल जाती है : हैल्-लो। हाँ जी लल्ली हुकुम करो। इन्तजाम तो हो जाएगा, बस ये मति कहना कि भाईजी ने किया। बेफिकर रहो बिल्कुल।

दुबारा फोन मिलाता है। गीत की पंक्तियों में डायलाग मारता है : जो मैं ऐसा जानती, प्रीत किये दुख होय। नगर ढिंढोरा पीटती, प्रीत करे जनि कोय।

वीरांवाली आश्रम के कमरे में फर्श पर अपने सामने फाइलों के दो ढेर लगाए बैठी है। वह जिस फाइल को देख रही है उससे निगाह उठाती है और झटके के साथ आँखों के सामने अतीत का वह दृश्य उभर आता है जब एक अंधेरी रात को वह आत्महत्या की कोशिशों के कारण झाईं जी की पकड़ से छूटना चाहती है : ''मेरे को अपने गुनाह की सजा भुगतने दो भाईजी...''

वह इस याद को झटके से अलग कर फाइल को फिर से देखने लगती है।

एक फाइल निबटाकर दूसरी उठाती है, फिर ख्यालों में खो जाती है। इस बार उसे सतबीर को सौंपे जाने का दृश्य याद आता है, जब अपने बच्चे सतबीर को हवेलीराम के हवाले कर कुटिया की खिड़की से बच्चे को लेकर जाते हुए हवेली को देखती है। वीरांवाली का ख्याल तब भंग होता है जब आश्रम की एक सेविका अन्दर प्रवेश करती है : प्रज्ञावती बहनजी।

वीरांवाली चौंकती हुई आंसू पोंछती है।

आँसू पोछती हुई वीरांवली : क्या? हाँ कहो कलावती।

सेविका : जी फाइलें देख ली हों तो ले जाऊँ?

वीरांवाली : जो देख चुकी उन्हें ले जाओ। बाकी के लिए आधे घण्टे बाद आना।

सेविका : आप रो क्यों रही हैं?

वीरांवाली : रो कहां रही हूँ?

सेविका : तबीयत नासाज है क्या?

वीरांवाली : नहीं तो।

सेविका : आपको हमारी किसी बात का बुरा लग गया क्या?

वीरांवाली : किसने कह दिया तुमसे?

सेविका : तो आजकल कोई और परेशानी है आपको?

वीरांवाली : मेरे को क्या परेशानी होनी है?

सेविका : आप सत्संग तक में नहीं आतीं।

वीरांवाली : दफ्तर का काम इतना बढ़ गया है, क्या करूं?

सेविका : कुछ काम पहले की तरह दयावती बहनजी को दे दिया करो। ऐसा भी क्या कि आश्रम में आपको न भगवान के लिए फुर्सत है, न इन्सान के लिए।

वीरांवाली चौंकती है और सम्भलती है : इंसान के लिए?

सेविका : और नहीं तो क्या? आपके दर्शन ना देने से लोग बहुत परेशान हैं। दिल्ली से कोई आये हैं लाला वृषभान। वो बिचारे तो अभी रो पड़े। मैं उन्हें साथ ले आई। कह रहे हैं, आपको कुछ देना चाहते हैं। आप उनसे एक मिनट मिल लें।

वीरांवाली : जब दोबारा फाइलें लेने आओ तब साथ ले आना।

सेविका के जाते ही वीरांवाली खिड़की से निकल जाती है। लाजो बक्से में सामान रख रही है। कुटिया के उस कमरे में वीरांवाली भी है। वो बहुत बेचैन है और बार-बार बाहर की ओर देख रही है।

लाजो : मोटी ऊनी शाल भी ले ले। हरसिल में तो बहुत ढंड होगी।

वीरांवाली : अब रहने दे, बस चल। वरना वो यहां भी पहुँच जाएंगे। तूने आकर

सावधान कर दिया था इसलिए मैंने लोगों से मिलना-जुलना छोड़ रखा था। नहीं तो आज गजब हो जाता।

लाजो : आखिर कब तक भागती फिरेगी वीरांवाली?

बीरांवाली : जब तक टांगे जवाब नहीं ना दे दें।

लाजो : तेरे वीरजी का तो कहना है कि अब तेरे को वृषभान को सब कुछ बता देना चाहिए।

वीरांवाली : नहीं। उनसे मिली तो मेरी इतनी वर्षों की तपस्या जवाब दे जाएगी। और तपस्या तो नहीं ही कहेंगे। मगर कोर्ट-कचहरी के चक्करों के बहाने जरूर वृषभान का दिल्ली से उत्तरकाशी पहुँचना निरर्थक साबित हुआ।

आश्रम की एक सेविका द्वारा यह सूचित किये जाने पर कि दिल्ली से कोई लाला वृषभान मिलने आये हैं, वीरांवली ने जहाँ यह कहा था कि जब दोबारा फाइलें लेने आओ तब साथ लेते आना, वहीं सेविका वृषभान को जब साथ लेकर आई, आश्रम की अपनी आफिसियल कुटिया में वीरांवाली तो नहीं ही थी, उसके आवासीय कुटिया में भी बाहर से ताला लटका रहा था। सेविका ने वृषभान को बताया कि आवासीय इस कुटिया में ताला लगे होने का मतलब प्रज्ञावती जी उत्तरकाशी से कहीं बाहर के लिये विदा हो गईं। सुनकर वृषभान हताश हो जाता है और वापस पहाड़ी के उस मोड़ की तरफ का रुख करता है, जहाँ अपनी कार छोड़ आया था। कार का दरवाजा खोलता है तो देखता है कि अंदर सुभद्रा बैठी हुई है। वृषभान चौंकता हैं–''तुम...?'' और मुंह घुमा लेता है।

सुभद्रा : आप शांति की तलाश में यहाँ आ सको हो तो मैं आपकी तलाश में यहाँ ना आ सकूँ हूँ? और उसने आपको दर्शन ना दिये तो क्या इसका गुस्सा मेरे को दर्शन न देकर निकालोगे? सुनो जी। वो आपसे नहीं मिल रही है तो अक्लमंदी का काम कर रही है। मैं आपके हाथ जोड़ती हूँ, उससे मिलने की बेवकूफी मत करो। वो, आप, मैं सब तबाह हो जाएंगे। क्या हुआ जी ड्राइवर, जल्दी चलाओ गाड़ी।

वृषभान की तबीयत खराब होने लग जाती है।

◆ ◆ ◆

निवेदिता खुले केश और बगैर चश्मे के बाहर जाने को तैयार है। आईने में मेक-अप को आखिरी टच देती हुई गुनगुनाती है : झेड़ेरी रातें, तुम्हार साथे, दाखा होलो, बोन्धू आमार...।

आईने में सेनगुप्ता का अक्स उभरता है। वो गाना बंद कर देती है। पलटती है : मैं जरा माँ के पास जा रही हूँ।

सेनगुप्ता : आज तो उस तरफ जाने का दिन नहीं है।

निवेदिता : माँ ने आज ही बुलाया है। हफ्ते में एक बार तो उनसे मिलने जा ही सकती हूँ मैं।

सेनगुप्ता : अपनी माँ के बहाने उस चालबाज रोशनलाल से मिलने नहीं जा सकती, समझी?

निवेदिता : मैं तो माँ से ही मिलने जा रही हूँ।

सेनगुप्ता : और तेरी माँ ने उसे भी वहीं बुलाया होगा।

निवेदिता : ये तो मैं नहीं जानती।

सेनगुप्ता : मैं जानता हूँ।

निवेदिता : क्षमा करें, आप कुछ नहीं जानते। आप तो कहते थे कि मिस्टर रोशनलाल को पैसे से खरीदा जा सकता है। उन्होंने आपका चैक लौटा दिया।

सेनगुप्ता : चैक लौटाने में क्या चाल है ये मैंने उस दिन ही समझा दिया था।

निवेदिता : दो-चार लोगों से ही मेरा मिलना-जुलना है। वो सब आपको चालबाज नजर आते है। क्या करूँ? घर से बाहर ना निकला करूँ?

सेनगुप्ता : मैं तो खुद तुझसे बाहर जाने को कहा करता हूँ, क्लब में जाओ, सोसायटी में मूव करो। मनाही तो मैंने सिर्फ नीच रोशन से मिलने के लिए की है। तू समझती नहीं बेटी, उसके लिए पैसा ही सब कुछ है।

कुलभूषण के क्वार्टर में हवेलीराम का कमरा। रोशन अपनी अलग-अलग जेबों से पैसे निकाल रहा है और बटुए में डाल रहा है, जिसमें कुछ नोट पहले से पड़े हैं। कमरे में कुलभूषण, लाजो और लोचन भी बैठे हैं।

रोशन : (गाकर) हाय पैसा, हाय पैसा, हाय पैसा, हाय, हाय, हाय...।

लाजो : ये पैसे की भूख तेरे को कहीं का नहीं छोड़ने की रोशन।

रोशन : माताजी ये आपका रोशन दुनिया की और तमाम चीजों का भूखा है, बस एक पैसे का नहीं। मगर दिक्कत ये है जी कि दुनिया की और तमाम चीजें पैसे से ही मिलती हैं। (गाकर) हाय पैसा, हाय पैसा...।

कुलभूषण : माताजी जब ये बेहया बेसुरा यहाँ हुआ करे, मुझे मत बुलाया करो।

रोशन बाहर जाने के इरादे से अपना बैग उठाता है : आप यहाँ प्रेम के साथ बैठो प्राजी, क्योंकि लाला रोशनलाल तो चले सोशल वर्क से दिहाड़ी खड़ी करने।

सुलोचना : हेरा-फेरी का सोशल वर्क। दलाली की दिहाड़ी। हुंह...।

रोशन : परजाई जी, वो इस तरह है कि हमारे प्राजी ने तो आपके परम, क्या कहते हैं, पूजनीय डैडीजी से कुछ सीखा नहीं, लेकिन मैंने उनसे गण्डा बंधवाया। हेरा-फेरी में उन्हीं का शागिर्द हूँ।

सुलोचना : शटअप।

रोशन : शटअप होने के भी पैसे लेता हूँ जी। हाय पैसा, हाय पैसा...।

भूषण बाहर को जाने लगता है और उधर से आते हुए हवेलीराम से टकराता है।

हवेलीराम : भूषण। लाला हरसुखलाल आए हैं पुत्तर।

रोशन : कुंआ प्यासे के पास आया है।

कुलभूषण : यहाँ क्यों आए हैं?

अरुन्धति अपने मकान का दरवाजा खोले खड़ी है : आज कैसे आई?

निवेदिता : मुझे किसी से मिलने जाना है।

अरुन्धति : यहाँ पड़ोस में कहीं?

निवेदिता : नहीं, इम्पीरियल में।

अरुन्धति : इम्पीरियल में मिलना है और आ यहाँ गई? कैसी बहकी-बहकी बातें कर रही है? और बाहर क्यों खड़ी है? भीतर चल।

दोनों अन्दर आने लगती हैं। निवेदिता बताती है : असल में मुझे देर हो रही है। वो इंतजार कर रहे होंगे।

अरुन्धति : कौन?

निवेदिता : मिस्टर रोशनलाल।

अरुन्धति : ओह...!

निवेदिता : मैं बाबा से कह के आई हूँ कि माँ के पास जा रही हूँ। वो पूछें तो उनसे कहना कि मैं तुम्हारे पास ही हूँ।

अरुन्धति : आज तो कह दूंगी लेकिन ऐसे मामलों में झूठ बोलना तो ठीक नहीं बेटी। रोशन से मिलने निकलती है तो कह रोशन से मिलने जा रही हूँ।

निवेदिता : उनसे मिलने पर बाबा दुखी होते हैं।

अरुन्धति : और तू? तू रोशन से न मिलकर सुखी होती है क्या?

निवेदिता : ना।

अरुन्धति : फिर?

निवेदिता : कुछ समझ में नहीं आता माँ।

अरुन्धति : ऐसी क्या पहेली है जो समझ में नहीं आती?

निवेदिता : बाबा नहीं चाहते, फिर मैं क्यों मिलना चाहती हूँ मिस्टर रोशनलाल से?

अरुन्धति : क्योंकि तू तू है , बाबा नहीं। बाबा के प्रति तेरा कुछ कर्तव्य जरूर बनता है। लेकिन उससे बड़ा है अपने प्रति तेरा कर्तव्य।

टेलीफोन की घन्टी बजती है।

निवेदिता चौंककर अलग होती है। वो रो रही है। अरुन्धति टेलीफोन उठाती है : हैलो। ...मैं अरुन्धति बोलती हूँ। ...निवेदिता? हाँ वो यहीं है, मेरे पास। ...अभी रहेगी दो-ढाई घण्टे।

फोन रखकर निवेदिता के पास आती है और अंगुलियों से उसके आँसू पोंछती है। फिर हल्की-सी चपत लगाती है : तेरे बाबा थे। लेकिन जा।

कुलभूषण के क्वार्टर के सामने रोशनलाल हरसुख लाल के साथ एक पेड़ के नीचे खड़ा है। हरसुख लाल की आँखों में आँसू हैं। रोशनलाल अपना रुमाल निकालकर देता है : लो पकड़ो रुमाल और पोंछ डालो आँसू। इस तरह की सेवा प्राजी को नहीं, मेरे को बताया करो आप। रायसाहब मैंने करा देना है आपका काम, लाला धर्मचंद से कह के। रुपया तीन हजार लगना है फकत।

हरसुख लाल : काम बन जाए तो दे देने हैं पुत्तर।

रोशन : चंगाजी, मगर पुत्तर की लस्सी-लुस्सी वास्ते कुछ तो अडवॉस दे छोड़ो।

क्वार्टर की जाफरी से भूषण, लोचन देख रहे हैं। हवेलीराम और लाजो पीछे खड़े हैं। हरसुख लाल एक नोट जेब से निकालता है : इतने बहुत ना?

रोशन पहला जुमला गरमजोशी से और दूसरा धीमे से कहता है : हाँ जी, लस्सी वास्ते बहुत। लुस्सी वास्ते इक होर दे जाओ हरा पत्ता। तबीयत हरी कर दी आपने हरसुख लाल जी।

हरसुख लाल एक और नोट देता है। रोशन दोनों नोटों को आँखों और माथे से लगा के जेब में डालता है। लोचन कुलभूषण की ओर देखकर फुंफकारती है : हरसुख लाल जी मेरे पापा के खास फ्रैण्ड रहे हैं। अंकल कह के बुलाती हूँ उन्हें। मेरे को उनसे तुमने दो बातें नहीं करने दीं। उन्हें बेइज्जत करके निकाल दिया। और अब देखो तुम्हारे भाई ने क्या किया?

कुलभूषण हवेलीराम की ओर सिर घुमाता है : पिताजी आपने देखा ना?

हवेलीराम : यही देखना बाकी रह गया था पुत्तर।

सुलोचना : लोचन किसी पहचान वाले से चंगी तरह बातें कर ले तो सारे मिल

के गालियां निकालने लग पड़ते हैं। दूसरे रोजाना सैंकड़ों रुपये घूस खा ले, किसी को कोई फर्क नहीं ना पड़ता।

कुलभूषण : पिताजी, रोशन को रोकिए। इसने तो मेरे को बदनाम करा छोड़ना है। बस नेकनामी ही तो कमाई है मैंने।

रोशन आता है : और कुछ कमाने वास्ते दिल, दिमाग और जिगर तीन चीज चाहिए प्राजी। आपके पास तो इनमें से एक भी नहीं।

कुलभूषण : तेरे को शर्म नहीं आई घूस लेते?

सुलोचना : अपना पुराना रुमाल दो सौ रुपये में देकर?

रोशन : ये तो खाली पेशगी है।

सुलोचना : अब सुन लिया ना। तुम्हारे नाम पर ये लोग लाखों बना लेने हैं। मम्मीजी उस दिन झूठ नहीं कह रहे थे।

रोशन : प्राजी के नहीं, लाला धर्मचंद के नाम पर।

हवेलीराम : अब बस कर रोशन। तू चोर हो गया है इसका मतलब ये नहीं कि तुझे सबको चोर कहने का हक मिल गया है। लाला धर्मचंद जैसे पुराने समाज-सुधारक और गांधीवादी को बेईमान बताते हुए तुझे शर्म नहीं आती?

रोशन : जी मैं तो उन्हें जानदार आदमी बता रहा हूँ। आजादी के बाद पावर अपने को मिली है तो इसी वास्ते ना कि अपनों के काम बनवा दो। आखिर बिरादरी के लिए कोई फर्ज भी होता है इंसान का।

कुलभूषण : और नेशन के लिए नहीं?

रोशन : नेशन आप जैसे विलायती चलाते रहने हैं। बाकी हम जैसों ने तो बिरादरी में ही रहना हुआ ना।

लाजो : बिरादरी में ही रहना है तो बिरादरी को ताकत बनाओ, कमजोरी नहीं। कहो कि ये बिरादरी नेक काम करेगी, ईमान के रास्ते पर चलेगी, हर किसी को बराबरी का दर्जा देगी, किसी को भी...।

रोशन : समझ गया माताजी। वैसी ही बिरादरी लाला धर्मचंद जैसे लोगों के साथ मिल के आपने लाहौर में बनाई थी।

लाजो : तंज मत कर इस तरह। हम आज भी उसी बिरादरी के उसूलों पर कायम हैं।

सुलोचना : भूषण मैं तो अपने कमरे में जा रही हूँ। घूस का धंधा, उसूलों की बहस, ये ढोंग मुझसे तो बर्दाश्त होता नहीं।

रोशन : लो जी, मैं आप चला जाता हूँ।

कुलभूषण : पिताजी आप कुछ तो कहो इससे।

हवेलीराम : कुछ समझ में नहीं आता कि क्या कहूँ? किससे कहूँ? अब धर्मचंद... अधर्म के काम करने लगा है तो....।

कुलभूषण : कुलभूषण भी करने लगे अपने पिता मास्टर हवेलीराम से? उसने जो कुछ सीखा है उसे भूल जाए?

सुलोचना : ना जी ना, वो हरगिज ना भूले। उसके भाई भूल जाएं तो कुछ ना कहें।

रोशन : परजाईजी आपने मेरे खिलाफ जो कुछ कहना हो कह लो। सतबीर के खिलाफ आप कुछ नहीं कह सकते।

सुलोचना : सारे ही एक से हो तुम। सारों ने ही एक ही बात करनी है। किसी व्यापारी को घर बुलवा लेना। जब भूषण उसे धक्के मार के निकाल दे तब उसके पास जाना और कहना कि हमें दो पैसे, हम करा देने हैं।

लाजो : बीवीरानी जो मुँह में आया वही नहीं कहते जाना चाहिए। ये सही है कि आज रोशन ने हरसुख लाल से पैसे ले लिये लेकिन इससे पहले ऐसा कुछ नहीं हुआ और ना आगे कभी होगा।

सुलोचना : भूषण अब चलो ना यहाँ से। कहते हैं कभी नहीं हुआ। और अभी जब उस दिन तुमने लाला वृषभान को यहाँ आने पर लताड़ा तो उन्हें कौन अपने कमरे में ले गया?

यह सुनकर हवेलीराम और लाजो पर जैसे बिजली गिर जाती है। हवेलीराम की आँखों में आँसू छलछला उठते हैं। वह किंकर्तव्यविमूढ़ होकर इधर-उधर देखता है। कुछ दूर चलता है और फिर धप्प से बैठ जाता है।

लाजो : लाला वृषभान को तो कमरे में मास्टरजी लाए थे। भूषण पुत्तर, क्या अब तुम लोग इन्हें तक घूसखोर समझने लगे?

कुलभूषण : लोचन तुमने पिताजी को घूसखोर कहने की जुर्रत कैसे की?

सुलोचना : मैंने तुम्हारे पिताजी को घूसखोर कभी नहीं कहा। हाँ, तुम मेरे पिताजी को घूसखोर जरूर कहते थे। मेरे पिताजी तो जो थे, खुल्लम-खुल्ला करते थे।

हवेलीराम उठता है। अपनी छड़ी थामता है और बाहर जाने का मूड बनाता है।

लाजो : तो क्या मास्टरजी, कुछ चोरी-छुपे करते हैं? उन्हें बेईमान बताकर तसल्ली नहीं हुई जो अब ढ़ोंगी भी कह रही है बीवीरानी।

कुलभूषण : लोचन, पिताजी से माफी मांगो।

हवेलीराम : माफी तो मैं मांगता हूँ अपनी पीढ़ी की ओर से कि हमने जन्म दिया ऐसे वक्तों को, ऐसे लोगों को। मैं सैर के लिए जा रहा हूँ लाजोजी।

सुलोचना मुँह मटकाती है : मिडिल क्लास का मैलोड्रामा।

लाजो हवेलीराम को जाता हुआ देखती हुई चुपचाप आँसू बहाती है। उसके दोनों बेटे अगल-बगल खड़े हो जाते हैं।

कुलभूषण : माताजी। लोचन की ओर से मैं माफी मांगता हूँ।

लाजो कोई जवाब नहीं देती और चुन्नी से आँसू पोंछकर भीतर दालान की तरफ जाने लगती है। कुलभूषण उसके पीछे-पीछे जाता है। रोशन बाहर की ओर जाते हुए कहता है : माताजी, चटखनी लगा लो। मैं जरा लाला धर्मचंद तक हो आऊँ।

लाजो : मेरी बला से तू जहन्नुम जा पुत्तर।

रोशन : आप मेरे से क्यों नाराज हो रहे हो?

लाजो : मैं इससे नाराज हो रही हूँ—तेरे लालच से। इसकी वजह से बुढ़ापे में दस बातें सुननी पड़ रही हैं तेरे पिताजी को।

रोशन : लो जी, मैंने इन्हें अभी लौटा देना है हरसुख लाल जी को। माताजी मैंने उनसे मांगे नहीं थे। वो काम के लिए खुद दे गये थे। मैं अमीर जरूर बनना चाहता हूँ, लेकिन माताजी मेरे मन में लालच और बेईमानी जरा नहीं है। होती तो मैं मिस्टर सेनगुप्ता का बीस हजार का चैक लौटा देता?

निवेदिता-रोशन रेस्तरां के एक कोने में चाय पी रहे हैं और पेस्ट्री भी रखी है।

निवेदिता : चैक लौटाने में भी चाल हो सकती है—ऐसा कहते हैं बाबा।

रोशन : बीस हजार रुपया लौटा देने में क्या चाल हो सकती है?

निवेदिता : ये तो बाबा से ही पूछिए।

रोशन : मिस्टर सेनगुप्ता ने तो मेरे को पास भी नहीं फटकने देना है। आप ही बता दो।

निवेदिता : ना।

रोशन : बताओ ना प्लीज।

निवेदिता : अब इस बात को छोड़ दीजिए।

रोशन : आधे में कैसे छोड़ दूँ? बताओ ना निवेदिता जी। निवेदिता जी मैंने कभी आपसे कोई बात नहीं छिपाई। अब ये मेरी बदकिस्मती ही समझी जानी है कि आपको मेरे पर पूरा एतबार नहीं है। बताओ ना।

निवेदिता पहले सिर हिलाती है और फिर झेंप के झुका लेती है।

निवेदिता : बाबा कहते हैं कि....कि आपने चैक इसलिए लौटाया कि मैं खुश हो जाऊँ और ...।

रोशन : और?

निवेदिता : और आपसे...।

रोशन : मेरे से?

निवेदिता : माने आपको बाबा की सारी जायदाद मिल जाए।

रोशन : जायदाद मेरे को मिल जाए, जी किस तरह? मैं समझा नहीं।

निवेदिता : आप पेस्ट्री नहीं खा रहे हैं?

रोशन : आप मेरा मुँह किस खुशी में मीठा कराने लगे हो निवेदिता जी? मेरी नासमझी का इनाम तो नहीं दे रहे? मैं हूँ ही थोड़ा नासमझ और गैरदुनियादार। देखो ना खुद पेस्ट्री खा रहा हूँ, आपसे खाने को नहीं ना कह रहा। आप भी लो ना। बताओ ना जायदाद किस तरह मिलती हैं?

निवेदिता : (झेंपकर) मालूम नहीं।

रोशन : मिस्टर सेनगुप्ता ने कुछ तो बताया होना है आपको। जायदाद मेरे को...। अच्छा, अच्छा। लो ये तो हद हो गई। उन्होंने सोचा होना है कि आप खुश होकर कहीं मेरे से शादी...नहीं, इस तरह तो सोच ही नहीं सकते। वो क्या कोई भी नहीं सोच सकता।

निवेदिता : आप भी नहीं?

रोशन : मैं तो सपने तक में ऐसी जुर्रत नहीं कर सकता। कहाँ आप, कहाँ मैं।

निवेदिता : मैं तो एक मामूली लड़की हूँ मिस्टर रोशनलाल।

रोशन : मामूली? आप? निवेदिता जी, आप हर मामले में बहुत ज्ञानी हो। अज्ञानी हो तो बस एक अपने बारे में।

निवेदिता : आपसे बातों में जीतना तो बहुत मुश्किल।

रोशन : ये तो आप नाइंसाफी वाली बात कर रहे हो। सच तो ये है कि मैं आपके सामने हर तरह से हारा हुआ हूँ।

निवेदिता : आप मुझे खुश करने को कहते हैं ऐसा।

रोशन : जी आपको खुश करने से बड़ी मेरे वास्ते कोई खुशनसीबी नहीं हो सकती।

निवेदिता : मैं चाहती हूँ कि...।

रोशन : जी?

निवेदिता : मेरे खुश होने से बाबा नाखुश ना हों। आप मुझे मिलने के लिए यहाँ-वहाँ मत बुलाया कीजिए। बाबा से झूठ बोलते अच्छा नहीं लगता।

रोशन : जी मैं तो कभी ये चाह ही नहीं सकता कि मिस्टर सेनगुप्ता आपसे नाखुश हो जाएं। उनकी नाराजगी से आपका बुरा होना है और आपके बुरे को मैंने अपना भला कैसे मान सकना है?

निवेदिता : आप माँ के यहाँ आ जाया कीजिए मिलने।

रोशन : सेनगुप्ता साहब को उसमें परेशानी हो तो वहाँ भी नहीं आऊँगा।

निवेदिता : इसके बाद फिर नहीं मिलेंगे मुझसे?

रोशन : मैं आपसे जुदा हो ही नहीं सकता निवेदिता जी, फिर न मिलने का सवाल ही कहाँ पैदा होता है?

निवेदिता : पता नहीं बाबा क्यों आपको इतना गलत समझते हैं?

रोशन : बस आप कभी गलत मत समझना निवेदिता जी। मेरे वास्ते तो आपकी खुशियों से बढ़कर कोई चीज ही नहीं है। मैं तो इसी करके कहता हूँ कि अपने बाबा से मत लड़ो आप।

निवेदिता : मैं कहाँ लड़ती हूँ? वही ये सोचकर झगड़ा करते हैं कि आप मेरी जायदाद हड़पना चाहते हैं।

रोशन : आप सेनगुप्ता साहब से कह दो कि रोशनलाल के वास्ते इतना ही बहुत है कि उसकी जिन्दगी निवेदिता जी को खुश करने में कट जाए। रब ने चाहा तो जायदाद तो उसने आप बहुत ज्यादा खड़ी कर लेनी है।

निवेदिता : यही मैं भी बाबा से कहती हूँ कि आप लालची नहीं है।

रोशन : नहीं लालची तो हूँ। मगर सिर्फ एक चीज का।

निवेदिता : किसका?

रोशन मुस्कुराता है। निवेदिता झेंपते हुए मुस्कुराती है।

रोशन : टैगोर की हीरोइन का।

रोशन सीरियस हो जाता है : आपके माताजी आ रहे है।

निवेदिता पलटकर देखती है : क्या हुआ माँ?

अरुन्धति : तेरे बाबा ने गुमाश्ता भेज दिया है तुझे लेने। मैंने उससे कहा कि निवेदिता मेरे वास्ते साड़ी खरीदने गयी है। वो बोला ठीक है मैं उसके लिए प्रतीक्षा करूंगा। तू फौरन वापस चल। रास्ते में से साड़ी ले लेंगे।

रोशन : निडर हो के जाओ निवेदिता जी, रब सब चंगी करेगा।

अरुन्धति : निडर होगी, तब करेगा।

निवेदिता और अरुन्धति जाते हैं। रोशन वेटर को बिल के लिए इशारा करता है।

अरुन्धति के कमरे में एक बंगाली गुमाश्ता इंतजार कर रहा है। वो घड़ी देखता है। उठकर उबासी लेता है। तभी अरुन्धति और निवेदिता भीतर आते हैं। निवेदिता के हाथ में साड़ी है।

अरुन्धति : इसे अपनी कोई सहेली मिल गई साड़ी की दुकान में।

गुमाश्ता : चलो बेटी, बाबा बुला रहे हैं तुम्हें।

अरुन्धति : ऐसे कैसे चली जाएगी? बैठकर मुझसे थोड़ी बात भी तो करेगी।

गुमाश्ता : पांच मिनट में बात कर लो माँ। वहाँ सेनगुप्ता साहब बहुत नाराज हैं। आपके गये में कई बार फोन किया।

अरुन्धति : आपके सामने बात नहीं हो सकती। आप कृपा करके नीचे प्रतीक्षा करें।

गुमाश्ता : ठीक है। किन्तु मात्र पांच मिनट।

गुमाश्ता चला जाता है।

निवेदिता : माँ अब क्या करूँ?

अरुन्धति : जो मेरे मन में है, वही कर। इस रोशन से तू शादी करना चाहती है?

निवेदिता सिर झुका लेती है : नहीं जानती।

अरुन्धति ठोढ़ी उठाती है : नहीं जानती माने?

निवेदिता : माने शुरू में तो ऐसा सोचा नहीं था मैंने। बाबा जितना ही रोकते हैं, उतना ही लगता है कि शायद.... माने कहीं कुछ है ऐसा रोशनलाल में कि मैं उनसे शादी करना चाहूँ। माने...।

अरुन्धति : इन चीजों के माने दूसरों को समझाने तो बहुत मुश्किल निवेदिता। यदि स्वयं समझ गई है तो साफ-साफ कह दे बाबा से।

निवेदिता : कम-से-कम मिस्टर रोशनलाल को मेरी विरासत सो तो मोह नहीं है। वो तो आज भी कह रहे थे मुझे कि तुम्हारे बाबा की जायदाद नहीं चाहिए।

अरुन्धति : तो ठीक है, बाबा से कह दे।

निवेदिता : मगर बाबा को तो मिस्टर रोशनलाल पसंद नहीं।

अरुन्धति : तुझे तो है पसंद। और तेरी पसंद मुझे ठीक लगी। तेरी जैसी गंभीर लड़की के लिए तो वैसा हंसमुख लड़का ही चाहिए। तेरा पति भी सीरियस निकल गया तो बच्चे होने तक घर में सन्नाटा ही रहेगा।

निवेदिता हँसती है। गुमाश्ता आकर झांकता है : और विलम्ब मत करो निवेदिता।

अरुन्धति : ठीक है, जा। और सुन, जो भी करना उसकी पूरी जिम्मेदारी अपने ऊपर ले के करना । ये तो कुछ ठीक न होगा कि एक ओर तू सोचे मैंने बाबा के प्रति अपने कर्तव्य की पालन की और दूसरी तरफ सारी जिन्दगी यह रोना रोए कि बाबा की वजह से तेरा सुख छिन गया। मैं स्वयं कभी-कभी सोचती हूँ कि अगर

अपने विवाह के बारे में बाबा कि जिद के आगे न झुकती तो न मुझे यातना मिलती, न मिस्टर सेनगुप्ता को और न तुझे।

निवेदिता : मन में आशंका-सी उठती है कि बाबा की बात न मानकर मैं बहुत बड़ी गलती तो नहीं कर रही हूँ?

अरुन्धति : वो गलती तेरी अपनी होगी। क्या तू अपने को अपने जीवन में एक गलती करने का भी अधिकार नहीं देती?

सेनगुप्ता की स्टडी में सेनगुप्ता और निवेदिता। सेनगुप्ता अपने लिए ड्रिंक तैयार कर रहा है : नहीं, किसी को ये अधिकार नहीं होता कि अपनी जिन्दगी तबाह कर ले।

निवेदिता ग्लास उठाकर अलग रख देती है : आपको है? डॉक्टर राय के मना करने पर भी ड्रिंक नहीं छोड़ते।

सेनगुप्ता उठता है और ड्रिंक ले के सिप करने लगता है : मेरे बारे में चिन्तित होने का नाटक मत कर। ऐसी ही चिन्ता होती तो मेरे मना करने पर भी माँ से मिलने का बहाना करके उस कमीने से नहीं मिलने जाती।

निवेदिता : आइन्दा कोई बहाना करके नहीं जाऊँगी।

सेनगुप्ता : मगर जाओगी जरूर?

निवेदिता : हाँ।

सेनगुप्ता : तो जाओ। मेरी शक्ल क्यों देख रही हो? बोरिया-बिस्तर बांध के जाओ यहाँ से। रहो अपनी माँ के साथ, जो अपनी तरह तेरी जिन्दगी भी बर्बाद करना चाहती है। उससे कह दो तेरी शादी कर देगी उस कमीने से।

निवेदिता : पिताजी, मिस्टर रोशनलाल को कमीना मत कहिए।

सेनगुप्ता : आज तो मैं कह रहा हूँ, कल तू खुद कहेगी उसे कमीना। मैं अभी वकील साहब को बुला के अपना वसीयतनामा बदलता हूँ। उसमें लिख देता हूँ कि अगर तूने मिस्टर रोशनलाल से शादी की तो मेरी जायदाद तुझे मिलने के बजाय ट्रस्ट में चली जायगी।

सेनगुप्ता फोन उठाकर नम्बर घुमाता है।

निवेदिता : आपकी जायदाद का न मुझे कोई मोह है, न मिस्टर रोशनलाल को।

सेनगुप्ता : ये तो तुझे पता चल जाएगा। ...हां वकील साहब, मैं सपन सेनगुप्ता एक नया वसीयतनामा बनाना चाहता हूँ। आप आ जाइए।

लोचन जाफरी के दरवाजे पर खड़ी है। कुलभूषण आता है : गिव अस अ स्माइल। आज तो मैं वक्त से आ गया।

सुलोचना : बिल्कुल सही वक्त से। जाओ भीतर जाके देखो तुम्हारे माताजी-पिताजी अब किससे डील कर रहे है।

कुलभूषन : मतलब?

सुलोचना : किंग्सटन होटल वालों की बेटी आई बैठी है। अटैची भर के नोट लाई है।

कुलभूषण हवेलीराम के कमरे में घुसता है। वहाँ लाजो-हवेली के साथ निवेदिता एक अटैची लिये बैठी है।

कुलभूषण : हैलो मिस सेनगुप्ता। आप परसों मुझसे दफ्तर में मिल चुकी थीं फिर यहाँ आने की जहमत क्यों की?

लाजो : भूषण, घर आये मेहमान से इस तरह बोला जाता है पुत्तर?

कुलभूषण : बिन बुलाए मेहमान से तो इसी तरह बोला जाता है।

निवेदिता : मैं मिस्टर रोशनलाल से मिलने आई हूँ।

कुलभूषण : मिस्टर रोशनलाल का मेरे दफ्तर के कामों से कोई वास्ता नहीं है। वो मेरे दलाल नहीं हैं। इज दैट क्लियर? नॉव प्लीज गो।

हवेलीराम : बिना पूरी बात समझे इस तरह किसी गैर लड़की को अपमानित करना, ये ठीक नहीं। ये रोशन की और हमारी जान-पहचान की है। हमसे मिलने आई है।

कुलभूषण : आपके जान-पहचान की भी हों तो भी इन्हें उस समय तो यहाँ नहीं ही आना चाहिए जब इनके बिजनेस के काम मेरे दफ्तर में अटके हों। खासकर अटैची लेकर।

कुलभूषण के जाने के बाद निवेदिता अटैची उठाकर जाने लगती है : मैं अपनी माँ के यहाँ जा रही हूँ। आप मिस्टर रोशनलाल को वहीं भेज देना।

लाजो : माफ करना बेटी। कुलभूषण जरा तेज मिजाज का है।

निवेदिता क्वार्टर से बाहर निकलती है। उसे लोचन और कुलभूषण देख रहे हैं।

रोशन दूसरी तरफ से आता है : आप यहाँ किस तरह निवेदिता जी?

निवेदिता : अब आपकी तरह मैं भी शरणार्थी हो गई हूँ। घर छोड़ दिया है मैंने।

रोशन : ये आपने क्या गजब किया जी?

निवेदिता : बाबा ने मेरे सामने दो ही रास्ते छोड़े। या तो आपसे मिलना-जुलना छोड़ दूँ या घर छोड़ दूँ।

रोशन : आपने उनसे कह देना था कि रोशन को जायदाद से कोई दिलचस्पी नहीं है। तब शायद वो अपसे नाराज नहीं होते।

निवेदिता : मैंने कह दिया था।

रोशन : फिर भी कोई फर्क नहीं पड़ा उनके रवैये में?

निवेदिता : उन्होंने मुझे निकाल दिया अपने घर से, अपनी वसीयत में से।

रोशन : जी क्या मतलब?

निवेदिता : उन्होंने वकील को बुलाके लिखवा लिया कि अगर मैं आपसे शादी करूँगी तो बाबा की जायदाद मुझे नहीं मिलेगी।

रोशन : जी मैं नहीं चाहता कि मेरी खातिर इतनी बड़ी कुर्बानी देनी पड़ जाए। आप अभी वापस चली जाओ सेनगुप्ता साहब के पास।

निवेदिता : कुर्बानी मैं दे रही हूँ, घबरा आप क्यों रहे हैं?

रोशन : मैं बिल्कुल नहीं घबरा रहा जी।

निवेदिता : आप तो कहते थे कि पैसे की कोई अहमियत नहीं है आपके लिए।

रोशन : मैंने तो यही कहा था कि आपके पैसे की मेरे वास्ते कोई अहमियत नहीं है। आपके वास्ते तो होनी चाहिए। आप इस समय घर जाइए और मुझे जरा सोचने दीजिए।

निवेदिता : इसका मतलब बाबा सच कहते हैं कि आप... आप मुझे नहीं मेरी जायदाद को चाहते हैं?

वृषभान अपने बैडरूम में लेटा फल खा रहा है। सुभद्रा एक और फल काटने को उठती है कि वृषभान रोक देता है : नहीं, अब और मत काटो।

सुभद्रा छाछ का ग्लास उठाती है : तो ये छाछ पी लो।

वृषभान : मन नहीं है।

सुभद्रा : मन तो वहीं भटका पड़ा है प्रज्ञावती बहन जी के आश्रम में?

वृषभान : फिर वही बात ले बैठीं। डॉक्टर ने कहा है कि रिलैक्स करो। ये तरीका है तुम्हारा आराम देने का?

सुभद्रा : बोझ तो खुद लिये बैठे हैं दिमाग पर। इतना भी ना होता इनसे कि अपनी घरवाली को ही बता दें कि क्या परेशानी है। अरे अपनों को बताने से जी हल्का होता है।

सुभद्रा की आँखों में आंसू भर जाते हैं। आंचल से पोंछती है : अपना कभी माना ही ना मुझे। ना मुझे, ना मेरे जय को।

वृषभान : जय को मुझसे अब क्या परेशानी हो गई?

सुभद्रा : प्रिंस का इस्तीफा मंजूर करने की बजाय उसे तरक्की दे दी।

वृषभान : तरक्की कुछ नहीं दी, श्यामलाल के साथ बिठा दिया। और उस इस्तीफे का दफ्तर के काम से ताल्लुक नहीं था।

सुभद्रा : अजी घर की जिस बात से था उसमें भी तो प्रिंस का ही साथ दे रहे हो आप। मंगला जय से शादी के लिए ना-नुच कर रही है तो आप कह रहे हो कि ठीक कर रही है।

वृषभान : जो कुछ हुआ उसके बाद उसे गलत कैसे कह दूँ?

सुभद्रा : वो नासपीटा प्रिंस तो अपनी बुआ की वजह से मुझसे बदला लेना चाहे था, इस मारे उसने जय को तबाही के रास्ते पर डाला। मगर आपको अपने बेटे से क्या दुश्मनी है जो उसे बबली की झोली में डाल रहे हो?

वृषभान : जय बालिग है। जिससे मर्जी होगी शादी करेगा।

सुभद्रा : आपको तो यही अफसोस है कि ना कर सके आप अपनी मर्जी की शादी। जो वो लाहौर वाली सचमुच डूबी ना थी तो आप उसीसे कर लेते।

वृषभान : उस पुरानी बात को क्यों दोहरा रही हो?

सुभद्रा अब बाकायदा रोने लगती है : आप दोहरा रहे हो। वैसे ही तड़पा रहे हो जैसे शादी के बाद तड़पाते थे।

वृषभान : सुभद्रा, ये तुम्हें क्या हो गया है?

सुभद्रा : आपको हुआ है, मुझे नहीं। जो आप सोचो हो कि आप के साथ धोखा हुआ तो वो हमने नहीं किया, उन्हीं लाहौर वालों ने किया। उन्होंने कही कि डूब मरी। ये भी ना बताया कि डूब मरने वाला क्या काम किया?

वृषभान : अब बस भी करो।

श्यामलाल आता है : मैं आ सकता हूँ जी?

वृषभान : कहो।

श्यामलाल : हबीबउल्लाह साहब का फोन है। दफ्तर में आए बैठे हैं। उन्हें यहीं बुलवा लूँ?

वृषभान उठता है : नहीं, गाड़ी लगवाइए। मैं दफ्तर जाऊँगा।

सुभद्रा : हरगिज ना जाओगे। भाई जी, वकील साहब को यहीं बुलवा लो। डॉक्टर ने आराम करने की कही है और ये घड़ी-घड़ी उठकर चल देते हैं।

श्यामलाल जाने लगता है और वृषभान बिस्तर छोड़ के बाथरूम का रुख करता

है : कपड़े निकलवाओ सुभद्रा। बिजनेस की बातें बैडरूम में लेट के नहीं होतीं।

उसके जरा आगे जाने पर श्यामलाल सुभद्रा से धीमे से कहता है : प्राइवेट बातें, समझी लल्ली?

वृषभान का केबिन। वह हबीबउल्लाह से बातें कर रहा है : ये तुम्हारे जाती मामले हैं। मुझसे क्यों डिस्कस कर रहे हो?

वृषभान : और किसी से कर भी तो नहीं सकता।

हबीबउल्लाह : लेकिन वृषभान, इसे अब डिस्कस करने से क्या फायदा?

वृषभान : इधर मुझे पता चला है कि मेरी मंगेतर के डूब जाने की खबर झूठी थी। वो जिन्दा है। सन्यासिनी बन गई है। प्रज्ञावती बहन जी नाम से उत्तरकाशी में रह रही है।

हबीबउल्लाह : तुम्हें कैसे मालूम?

वृषभान : मैं इन प्रज्ञावती बहन जी की तस्वीर देख चुका हूँ। यहाँ और उत्तरकाशी में उनके बारे में पूछताछ कर चुका हूँ। और मेरे मन में जरा भी शक नहीं है कि वीरांवाली ही प्रज्ञावती है।

हबीबउल्लाह : है, तो क्या?

वृषभान : मैं उससे मिलना चाहता हूँ। मैं उत्तरकाशी गया लेकिन मुलाकात नहीं हुई। शायद वो जान-बूझकर सामने नहीं आई।

हबीबउल्लाह : उसने बहुत अक्लमंदी की।

वृषभान : प्लीज तुम उत्तरकाशी जाओ। किसी तरह मेरी मुलाकात करवाओ और अगर वो मुझसे न मिलना चाहे तो कम-से-कम उससे यही पूछ के आओ कि जो कुछ हुआ क्यों हुआ?

हबीबउल्लाह : फर्ज करो ये जानकारी तुम्हें मिल जाए तो क्या जो हो चुका है उसे बदल दोगे?

वृषभान : मैं बहुत गिल्टी फील कर रहा हूँ हबीब।

हबीबउल्लाह : भैये, ये अहसासे-जुर्म गड़े मुर्दे उखाड़ने से बढ़ेगा, घटेगा नहीं।

वृषभान : मैं चाहता हूँ उसे किसी तरह कम्पनसेट करूँ।

हबीबउल्लाह : एक चैक काट दो उनके आश्रम के नाम।

वृषभान : अनजाने सही कितना बड़ा दर्द दिया उसे। दया के नाम पर सिर्फ एक चैक?

हबीबउल्लाह : तो क्या बुढ़ापे में उससे शादी करके अपनी गिरस्ती का सुकून खत्म करने का इरादा है? देखो वृषभान, किसी और दवा की बात सोचने की बेवकूफी

तुम भले ही कर लो, वो सन्यासिनी नहीं कर सकती। लिहाजा चैक भेजो और इस बात को भूल जाओ। मैंने सोचा था कि तुमने ब्लैक मार्केट वाला केस डिस्कस करने बुलाया होगा।

वृषभान : मैं तो पहली बार सुन रहा हूँ कि ऐसा कोई केस है।

हबीबउल्लाह : एक अर्से बाद क्लब पहुँचा तो कुलभूषण नाम के टरें खां ने ये जानकारी दी। बोले आप लोगों की कम्पनी ब्लैक मार्केटिंग के केस में फंसी हुई है लिहाजा आप दफ्तर से बाहर मुझसे बात ना करें।

वृषभान बहुत परेशान होता है। फोन उठाकर नम्बर मिलाता है : मिस मार्फतिया? आस्क श्यामलाल टू सी मी।...सीट पर नहीं हैं? तो देखो, मैं अब घर ही जा रहा हूँ। उनसे कहना ब्लैक मार्केट वाला केस डिस्कस करने वहीं आ जाएं।

श्याललाल गलियारे में गुनगुनाता हुआ अपनी केबिन में घुसता है। वहाँ परेसनाथ फोन पर बोल रहा है : मैं खुद उन्हें ढूंढ रहा हूँ जी। लो आ गये। मिस मार्फतिया का फोन है जी। पहले भी कई बार याद कर चुकी हैं।

श्यामलाल : इस कुंवारी बुढ़िया के लिए याद करने को ये कुंवारा ही बचा है क्या?

मुस्कुराता है और रिसीवर हाथ में लेते हुए सीट पर बैठता है : हाँ मेमसाहब, हुक्म करो। ...अच्छा, अच्छा। ...ठीक है जी।

परेसनाथ : क्या हुआ श्यामलाल जी?

श्यामलाल : किसी ने लालाजी को ब्लैक मार्केटिंग वाले केस के बारे में बता दिया।

परेसनाथ : हबीबउल्लाह साहब ने बताया होगा। वही लगे थे खुसर-पुसर में। सुना पन्द्रह हाजर का चैंक कटवा गये प्रज्ञावती जी के नाम।

श्यामलाल : अब तो यही सब होना है। और लगे हाथ श्यामलाल और उसके साथियों का पत्ता कटना है।

परेसनाथ : अजी ऐसा कभी हम होने देंगे भला?

श्यामलाल : रामगोपाल जी से बात करके आए या यों ही डींगे मार रहे हो?

परेसनाथ : रामगोपाल जी से तो आप बात करो, बाकी यहाँ मैंने आपके कहे मुताबिक सबको फिट कर लिया है।

श्यामलाल : तो सब देंगे ना गवाही कि जिस दिन छापा पड़ा, माल श्यामलाल के नहीं, उस प्रिंस के बच्चे के हुक्म पर उठाया गया।

परेसनाथ : बिल्कुल जी। थोड़ा इनाम-इकराम का देखना होगा।

श्यामलाल : जो तू कहेगा वो कर देंगे परेसनाथ।

श्यामलाल फोन पर नम्बर मिलाता है : हाँ रामगोपाल जी, मैं श्यामलाल बोल रहा था। वो जो केस हुआ है ना हम पर, आप पर, उसमें से बच निकलने का एक रास्ता सूझा है। एक वो रोशनलाल-रोशनलाल करके है। ...ना, जिससे आपकी डीलिंग्स है। ...अजी हाँ, मुझे पता है कि केस चलाने वाला रोशनलाल का बड़ा भाई है और घरवालों की सुनता नहीं है। इसी का तरीका तो ढूंढा है मैंने। आप ये बयान दो कि माल आपने रोशनलाल की तरफ से उठवाया, और माल आपको रोशनलाल के भाई सतबीर की मार्फत मिला जो हमारे यहाँ काम करता है।...अजी करता है तभी तो कह रहा हूँ। हाँ, फंसेंगे तो। देर से समझे, दुरुस्त समझे।

परेसनाथ : और सब तो आप सम्हाल लोगे श्यामलाल जी मगर लाला जी का क्या करोगे? प्रिंस उनका लाडला है। उसके खिलाफ वो कुछ ना सुनने के।

श्यामलाल एक गहरी सांस भरता है : उसका भी करता हूँ इंतजाम। जरा टाइपिस्ट को भेज।

सतबीर अपनी केबिन में। बबली उसके साथ खड़ी है। सतबीर उसे समझा रहा होता है : बबलीजी, आपकी बहुत शिकायत आ रही है जी। जरा ध्यान से काम किया करो।

बबली : मेरा इस काम में मन नहीं लगता।

तभी फोन की घंटी बजती है। सतबीर उठाता है : हैलो, हाँ श्यामलालजी। ...ठीक है। जी मैं आ जाता हूँ।

श्यामलाल टाइप किए हुए कागज लिए बैठा है। सतबीर आता है : मैं आ सकता हूँ श्यामलाल जी?

श्यामलाल : तुम्हारे वास्ते मेरे दिल और मेरे दफ्तर दोनों के दरवाजे हमेशा खुले रहते हैं।

श्यामलाल दो टाइप किए हुए कागज उठाता है और पहले वाले कागज से दूसरे कागज के दस्तख्त करने की जगह पर ढके रखता है और दूसरी चिट्ठी के मसौदे को छिपाए हुए ही दोनों चिट्ठियों पर सतबीर से दस्तख्त करवा लेता है।

श्यामलाल : हम तो तुम्हारे हुक्म के पाबंद हैं। तुमने फाउंडेशन पर कवि-सम्मेलन और ड्रामा करवाने वाली बात कही थी तो उसकी दो चिट्ठियां बनवा दी भी। दोनों पर तुम्हारे दस्तख्त हो गये। बाकी मैं लालाजी से करवा लूंगा।

सतबीर : और कुछ जी?

श्यामलाल : वो लड़की बबली ठीक से काम कर रही है तुम्हारे यहाँ?

सतबीर : वो काम उनकी समझ में अभी आया नहीं है।

श्यामलाल : तुम लाला जी और जे॰बी॰ साहब से कहना कि मेरे यहाँ जगह है तो उसमें रख लूंगा।

सतबीर : चंगा जी।

जे.बी. की केबिन। श्यामलाल बैठा हुआ तथा जे॰बी॰ ख्यालों में खोया हुआ है : पन्द्रह हजार का चैक?

श्यामलाल : अभी तो पन्द्रह हजार ही दिया है, धीरे-धीरे सब कुछ दे डालेंगे इन लाहौरियों को। अब भी समझ में ना आ रही तुम्हें इनकी साजिश? देखो जी इस प्रिंस ने यहाँ आकर सबसे पहला काम क्या किया कि तुम्हारे-मेरे बीच गलतफहमी पैदा की क्योंकि सारी कम्पनी में तुम्हारा और तुम्हारी अम्मा के भरोसे का आदमी एक मैं ही हूँ। दूसरा काम उसने ये किया कि अपनी पड़ोसन बबली को लाकर तुम्हारी बगल मैं बिठाया। क्यों? इसलिए कि तुम मंगला की और अपनी माँ की निगाह में गिर जाओ। इसलिए भी कि तुम्हारे सारे भेद तुम्हारे दुश्मनों को मिलते रहें।

जे॰बी॰ : बबली ने मेरे भेद किसे दिए?

श्यामलाल : उनको ही जिन्होंने मंगला वाले मामले में तुम्हारी सारी बिरादरी में बेइज्जती करा दी है।

जे॰बी॰ : बेइज्जती कैसी? मैं खुद उससे शादी नहीं करना चाहता।

श्यामलाल : हाँ, तुम तो अपनी नादानी में बबली से करोगे ताकि अगर गलती से तुम्हारे पापा तुम्हारे लिए जो कुछ छोड़ दें वो भी अगलों के पास पहुँच जाए।

जे॰बी॰ : नहीं, बबली ऐसी नहीं है।

श्यामलाल : है प्यारे भाई, है। समझा करो। जब से तुम्हारे यहाँ से उसका तबादला हुआ है उसी के कमरे में पड़ी रहती है।

जे॰बी॰ : वो उसके डिपार्टमेंट में पोस्ट की गई है।

श्यामलाल : अजी क्या इसलिए पोस्ट की गई है कि...छोड़ो। क्यों मेरी जबान खराब कराते हो। पहले तुम ये सुनो कि प्रिंस और बबली की मेहरबानी से तुम ब्लैक मार्केटिंग वाले केस में फंसने वाले हो।

जे॰बी॰ : मुझसे उसका क्या मतलब?

श्यामलाल : है प्यारे भाई। वो तुम्हारी प्राइवेट सेक्रेटरी बबली कागजात पर दस्तखत कराती रही और तुम करते रहे। खुद ही नहीं करते रहे बल्कि लालाजी से भी करवा लाए। अब टॉप टु बॉटम सब फँसेंगे। मजा ये देखो कि खुद फँसवाने वाले ही लालाजी से चुगली कर आए हैं। उन्होंने बुलाया है मुझे।

जे॰बी॰ : हुआ क्या? जरा समझाइए तो।

श्यामलाल : हुआ ये कि इस प्रिंस का जो लफंगा भाई है रोशनलाल, वो ब्लैक

में माल खरीदने-बेचने का धंधा करता है। तो बबली उनसे उल्टे-सीधे दस्तखत कराती रही। प्रिंस यहाँ से माल उठवा के औरों की मार्फत रोशनलाल तक पहुँचाता रहा और इस तरह दोनों भाइयों ने मिल के तगड़ा पैसा पीटा। फिर हमारे खिलाफ सबूत जुटाकर अपने बड़े भाई कुलभूषण को दे दिए के जे॰बी॰ साहब, आपकी मंगला तो हमने छीन ही ली थी, अब आपकी टोपी भी उतार देते हैं।

जे॰बी॰ : मगर श्यामलालजी, आपने पहले नहीं बताया?

श्यामलाल : यहां कोई भी प्रिंस के खिलाफ एक लफ्ज सुनने को तैयार होता तो बताता।

जे॰बी॰ : मगर श्यामलाल जी, बबली तो...

श्यामलाल : सुनो भैया जे॰बी॰, अगरचे की रोटी और मगरचे की दाल खाने का इतना शौक पालोगे तो अगले तुम्हें छह महीने के बारते जेल की दाल-रोटी खाने भेज देंगे। अब भी चेतो । प्रिंस और बबली मिलकर तुम्हारी बदनामी और बर्बादी का सामान जुटा रहे हैं।

सतबीर अपनी केबिन में एक लेजर बुक देख रहा है। बबली पास खड़ी है। लेजर बुक पर नजर टिकाये सतबीर कहता है : ये तो आपने फिर गलत कर दिया बबली जी।

बबली : तो जाकर शिकायत कर दो श्यामलालजी से। स्टेनो को अकाउण्ट के काम में क्यों लगाया है?

सतबीर : बबलीजी, आप कहो तो मैं आपके तबादले की कोशिश करूँ।

बबली : जरूर करो जी। आपको मेरे यहाँ होने से तकलीफ ही तकलीफ है।

सतबीर : जी मेरे को तकलीफ क्यों होनी है?

बबली : क्योंकि आगे भी होती रही है।

सतबीर कुछ कहने को होता है, फिर लेजर में आवश्यक सुधार करके बबली की ओर बढ़ा देता है : ये मैंने ठीक कर दिया है। आइन्दा ध्यान से किया करो।

बबली : आप मेरा एक काम कर दोगे?

सतबीर : बताओ जी।

बबली : सहारनपुर से मौसी ने आपके माताजी के वास्ते लुकाट की टोकरी भिजवाई है। आप उन्हें दे दोगे?

सतबीर : आप अपने हाथों से दो ना जाकर।

बबली : मेरे को वक्त के नहीं ना मिलता। आप ही दे दो।

सतबीर : माताजी आपके बारे में पूछते रहते हैं। तबीयत भी इधर थोड़ी ढीली है उनकी। आप मिलने जाओगे तो खुश होंगे।

बबली : आप तो जानते ही हो कि मैं वहाँ क्यों नहीं आती।

सतबीर : जी आज शाम आप चली जाओ। मैं घर पर होऊंगा नहीं।

बबली : आपने कहीं कविताएं सुनाने जाने होना है?

जे॰बी॰ अपनी केबिन में कुर्सी पीछे को किए बैठा है। हथेली-हथेली में फंसी है, तर्जनी को तर्जनी पर मार रहा है। आँखे बंद हैं, फिर वो कुर्सी सीधी करता है। उस कागज को देखता है जिस पर श्यामलाल ने सतबीर से हस्ताक्षर कराए थे : इससे हम कहीं फंस ना जाएं श्यामलालजी।

श्यामलाल कागज उठाकर अपनी जेब में रख लेता है : अजी फंसे तो आप पहले ही पड़े हो। इससे तो बच निकलने की गुंजाइश बनेगी।

जे॰बी॰ : पापा मानेंगे ही नहीं। पहले भी कभी नहीं माने।

श्यामलाल फिर कागज निकालकर दिखता है : इसके बाद कैसे नहीं मानेंगे? हाँ ये ध्यान जरूर रखना है कि अगला लाला जी से मिलने ना पाए। ज्यादा ऊंच-नीच तो सोचो मत। जैसे इन्होंने फंसवाया, वैसे तुम भी इन्हें फंसवाओ।

सतबीर पहुँचता है। पहुँचने के बाद उसका ध्यान श्यामालाल की ओर जाता है : जे॰बी॰ साहब...।

जे॰बी॰ : श्यामलाल जी के सामने बात करते हुए शर्माते हो क्या? क्या कहना है?

सतबीर : जी वो बबली जी के बारे में कहना था। तबादले के बाद वो मेरे डिपार्टमेंट में भेज दी गई हैं। वहाँ उनका मन लगता नहीं है।

श्यामलाल : दफ्तर में काम करने आती है कि मन लगाने आती है?

सतबीर : असल में बबली जी मेरे साथ काम करना नहीं चाहते।

श्यामलाल : जे॰बी॰ साहब के साथ करना चाहते हैं। जाओ कहो लालाजी, से करो सिफारिश।

सतबीर : जी वो इस तरह है जी कि मेरे पास अकाउन्ट का काम है जो उन्हें आता नहीं है।

श्यामलाल : तो सिखाओ।

सतबीर : जी मेरे को बात तो पूरी करने दो।

श्यामलाल : आहो जी, करो जी।

सतबीर : जी मैं कह रहा था कि स्टेनो की एक जगह श्यामलाल जी के पर्सनल स्टाफ में खाली है। बबली को वहाँ रखा दो।

श्यामलाल : बहुत अच्छे। भैया तुमने और तुम्हारी बबली जी ने मिल-मिलाके हमारा काफी उल्लू खेंच लिया है। अब बख्शो।

सतबीर : जी मैं समझा नहीं।

जे०बी० : लेकिन हम समझ गये प्रिंस—आखिरकार...।

कुलभूषण अपने क्वार्टर की जाफरी में बैठा हुआ कुछ पढ़ रहा है। बबली हाथ में दो टोकरियां लेकर आती है : नमस्ते प्राजी।

कुलभूषण : नमस्ते जी। आज तो बड़े दिनों बाद दिखे। इस क्वार्टर में तो पहली बार आए हो शायद।

बबली : हाँ जी। दफ्तर में ही इतनी देरी हो जाती है कि फिर कहीं जाने की बात ही नहीं सोच पाती।

कुलभूषण : आप कहां काम करते हो?

बबली : लाला वृषभान एंड सन में।

सुनकर कुलभूषण को चेहरा अजीब-सा हो जाता है : ये साथ में टोकरे कैसे?

बबली : जी, लाजो मौसी वास्ते फल-मिठाई लाई हूँ।

कुलभूषण : अपने मालिकों के कहने पर?

बबली की कुछ समझ में नहीं आता : मालिकों के...?

कुलभूषण : किसने भेजा, श्यामलालजी ने?

बबली : मैं तो आप ही आई हूँ।

कुलभूषण : मुझे ये बिल्कुल पसन्द नहीं है कि वृषभान एंड सन का कोई बन्दा मेरे घर आये।

बबली : तब तो आपको सतबीर जी को भी घर में नहीं आने देना चाहिए।

कुलभूषण : सतबीर तो मेरा भाई है।

लाजो आ जाती है : तो बबली भी तेरी बहन है। मेरे को मौसी कहती है।

बबली : नमस्ते मौसीजी।

कुलभूषण : इन लोगों को ये पुराने रिश्ते तब से ही क्यों याद आने लग पड़े हैं जब से मैंने लाला वृषभान की कम्पनी पर रेड डलवाई है?

भूषण अब बबली से मुखातिब होता है : जहाँ तक मेरा ख्याल जाता है आप मेरे माताजी वास्ते पहले तो कभी नहीं लाए टोकरे-वोकरे...।

बबली : ये निहालदेई मौसी ने भिजवाए हैं, सहारनपुर से।

लाजो : भूषण पुत्तर, ये तो बहुत चंगी बात है कि तू उसूलों का पक्का है। लेकिन इस उसूल को क्यों भूल जाता है कि वाणी हमेशा मीठी बोलनी चाहिए? आ बबली, मैं सतबीर से शिकायत कर रही थी कि तू आती नहीं।

बबली : नहीं मौसीजी, अब मैं चलूंगी। बहुत दूर जाना है।

लाजो : अरे तो कोई नहीं। मैंने किसी को भेज देना है तेरे को घर छोड़ने वास्ते।

बबली : मैं किन्हीं की सवारी में आई हूँ। इस समय चलूंगी। फिर कभी आऊंगी।

क्वार्टर के सामने के पेड़ के नीचे खड़े जे॰बी॰ और श्यामलाल बबली को बाहर निकलता हुआ देखते हैं। बबली उन्हें नहीं देख पाती। जे॰बी॰ के मुँह से निकलता है : बबली तुम यहाँ?

श्यामलाल : अजी ये तो रोजाना दफ्तर से सीधी यहीं आती है। आज की रिपोर्ट देकर कल के लिए इन्स्ट्रक्शंस लेकर घर जाती है।

जे॰बी॰ : अच्छा, तो इसी मारे दफ्तर से मेरे साथ सीधे घर निकलने को मना करती है? साथ जाएंगे तो लोग बातें करेंगे।

श्यामलाल : वाह, जैसे पता ही ना हो कि रोज अपने घर में तुम्हारी खातिरदारी करती रहती है। चलो जरा कुलभूषण को एक खुराक दे दूँ, कुनैन मिक्चर की। बाहर ही खड़ा दिख रहा है।

कुलभूषण तथा लाजो सचमुच जाफरी के दरवाजे पर हैं। कुलभूषण लाजो से कह रहा होता है : पहले अपने यहाँ काम करने वाली को भिजवाया टोकरे लेकर, अब खुद पता नही क्या लेकर आ गये। इनके साथ ही आई होगी वो लड़की।

लाजो : भूषण पुत्तर तुझे ये हो क्या गया है?

कुलभूषण : माताजी गुस्ताखी माफ। मैं तो यही सवाल आप लोगों से करना चाहता हूँ।

श्यामलाल और जे॰बी॰ पहुँचते हैं। श्यामलाल जैसे अपना सर झुकाता है : नमस्ते कुलभूषण सर। आज आप मेरे को मत डांटना जी अंग्रेजी में। आज तो मैं सिर्फ जे॰बी॰ साहब को आपका घर दिखाने आया हूँ।

जे॰बी॰ : नमस्ते माताजी।

लाजो : जीता रह पुत्तर।

जे॰बी॰ : नमस्ते भूषण प्राजी।

कुलभूषण : आई बैग यौर पार्डन। मैं आपका प्राजी-व्राजी कुछ नहीं हूँ।

लाजो : पुत्तर ये तुझे हो क्या गया है?

कुलभूषण : गुस्ताखी माफ माताजी, मैं तो यही सवाल आप लोगों से करना चाहता हूँ। आप क्यों इन लोगों से मेल-जोल बढ़ाकर मेरे उसूलों पर लात मार रहे हो?

लाजो : तू जिन उसूलों की बात करता है वो हमने ही जन्मघुट्टी में घोलकर

पिलाए तुझे पुत्तर। तू और बीवीरानी आड़े-तिरछे ढंग से कहना क्या चाहते हो? क्या तुम समझते हो कि अब हम बुढ़ापे में घूस लेने लग पड़े हैं?

जे॰बी॰ : और माताजी प्राजी को ये भी बता दीजिए कि हम घूस देने नहीं, चेतावनी देने आए हैं। प्राजी आप ये केस विदड्रा कर लीजिए वरना हम साबित कर देंगे कि इसमें आपके दोनों भाइयों का हाथ है। सतबीर का, जो हमारे यहां काम करता है और रोशन का, जो ब्लैक का धंधा करता है।

सुनती हुई लाजो स्तब्ध रह जाती है।

♦ ♦ ♦

स्तब्ध चेहरा लिये वृषभान अपने बेडरूम में अधलेटा है। सुभद्रा उसकी सेवा-टहल कर रही है। जे॰बी॰ तथा हबीबुल्लाह भी मौजूद हैं। वृषमान के मुँह से निकलता है : नहीं, सतबीर ऐसा नहीं कर सकता।

हवीबउल्लाह : लेकिन उसने इस इकबालिया बयान पर तो साइन किए हैं।

वृषभान : मुझे यकीन नहीं होता।

सुभद्रा : अजी तो क्या सारे डिपार्टमेंट के लोगों ने बयान दिए हैं कि माल प्रिंस ने उठावाया? और लाला रामगोपाल ने खुद कही है कि प्रिंस के भाई रोशनलाल ने माल दिया। आपके लिए तो दुनिया झूठी है, बस एक प्रिंस ही सच्चा है।

हबीबउल्लाह : तहकीकात करके मैं भी इसी नतीजे पर पहुँचा हूँ कि ये सारा गोलमाल रोशनलाल ने कराया है। भाई की खातिर प्रिंस भी कर बैठा हेरा-फेरी।

वृषभान : आपने प्रिंस का बयान लिया?

हबीबुल्लाह वृषभान को अपने हाथ का कागज दिखाता है : ये हैं ना बयान। पहले तुम्हें शक था दस्तखत जाली है, वो भी मैंने मिलवा लिए। अब क्या कहना चाहते हो कि धोखे से दस्तख्त करवाए हैं?

जे॰बी॰ : धोखा हमारे साथ हुआ है पापा और ऐसा कि इस उम्र में आपको अपनी सारी साख गंवानी पड़ेगी। लोग कहेंगे ब्लैक मार्केटियर।

हबीबउल्लाह : मेरे ख्याल से इस बारे में ज्यादा सोचो मत वृषभान। प्रिंस के बयान का इस्तेमाल हम नहीं करेंगे तो तुम्हें बदनामी से बचाना नामुमकिन हो जाएगा।

वृषभान : मैं एक बार उस लड़के से बात करना चाहता हूँ।

श्यामलाल : अजी उसे बात करनी होती तो अब तक आ जाता। किसी ने रोका है?

वृषभान की हवेली के आगे दरबान सतबीर को रोके हुए है : हम क्या करें जी, लालाजी का आर्डर है। आपको भीतर नहीं आने देना है।

क्वार्टर में हवेलीराम का कमरा। सतबीर थका-हारा जैसा है। चिन्ता में डूबी लाजो किसी कमीज में बटन टांक रही है। सतबीर से पूछती है : लाला वृषभान मिले?

सतबीर : नहीं जी। कहते हैं वो मिलना नहीं चाहते। और उन्होंने चाहना भी क्यों है मिलना? आप, वो, सब करते है कालाबाजारी और मेरे से धोखे से करा लिये दस्तखत। कि मैं माल चोरी करके ब्लैक में बेचता रहा।

लाजो : लाला वृषभान इस तरह के आदमी नहीं हैं। तू ने उनसे एक बार मिल लेना है तो सब ठीक हो जाना है।

सतबीर : कोई मिलने दे माताजी तब ना। बार-बार आप धक्के खाने भेज रहे हो। मैं थक गया।

लाजो सोच में पड़ती है और उसकी अपनी ही आवाज जैसे कानों में प्रतिध्वनित होने लग जाती है : वीरांवाली तूने कहा था कि किसी दिन बिल्कुल ही जरूरी हो गया तो मैंने लाला वृषभान को आप बता देना है कि सतबीर तुम्हारा पुत्तर है। मेरे ख्याल में तो अब वह बता देना जरूरी हो गया लगता है।

लाजो अपनी अन्तर्ध्वनि से बाहर निकलती है और सतबीर को लाड़ लड़ाती है : इतनी फिकर मत कर पुत्तर, सब ठीक हो जाना है। तेरे पास एक लिफाफा हो तो दे।

♦ ♦ ♦

बबली अपने कमरे में है और जे॰बी॰ उसके साथ चाय पी रहा है।

बबली : देखो जे॰बी॰, मैंने पहले भी कई बारी तुमने कहा है कि श्यामलालजी की बातों में नहीं ना आया करो।

जे॰बी॰ : लोगों की बातों में आ जाना ही मेरी सबसे बड़ी कमजोरी है। तुम्हारी बातों में भी तो आ गया?

बबली : मैं आई तुम्हारी बातों में, तुम कहाँ आये?

जे॰बी॰ : तुम्हारी चाल में आया, तुम्हारे जाल में फंसा।

बबली : प्रिंस पर झूठा इल्जाम लगाने स तसल्ली नहीं ना हुई जो मेरे पर लगाने चले हो?

जे॰बी॰ : वो इल्जाम तो सही है।

बबली : नहीं जे॰बी॰। मेरे को ताज्जुब होता है कि तुम इस पर यकीन किस तरह कर रहे हो? प्रिंस तो तुम्हारा भरोसे का आदमी है।

जे॰बी॰ : अब तो मुझे अपने पर भी भरोसा नहीं रहा।

बबली : देखो जे॰बी॰ तुम्हें तो पता है कि प्रिंस मेरे को आप अच्छा नहीं ना लगता, लेकिन रोशन भले ही हेराफेरी कर ले, प्रिंस कभी नहीं कर सकता।

जे॰बी॰ : तुम कर सकती हो बबली?

बबली : मतलब?

जे॰बी॰ : मतलब तुम्हें भरोसे लायक मानना चाहिए कि नहीं?

बबली : इस तरह सब पर शक करने लगोगे तो अकेले पड़ जाओगे जे॰बी॰।

जे॰बी॰ : यही तुम लोग चाहते भी हो बबली।

बबली : ये क्या कह रहे हो?

जे॰बी॰ : तुम्हें पता है मैं क्या कह रहा हूँ।

बबली : पहेलियां मत बुझवाओ।

जे॰बी॰ : इस पहेली का हल तो तुम मुझसे बेहतर जानती होगी कि तुमने प्रिंस और उसके भाइयों को मेरे क्या-क्या भेद दिए। उनके कहने पर कब धोखे से किन कागजात पर दस्तख्त करवाए।

बबली : मैंने? तुम्हें तो पता है जे॰बी॰ कि मेरा तो उन लोगों से अब कोई मतलब भी नहीं रहा।

जे॰बी॰ : ज्यादा नहीं, बस इतना मतलब रहा कि रोजाना शाम को जाकर प्रिंस के बड़े भाई को मेरे खिलाफ रिपोर्ट दे आती रहीं।

बबली : रब की सौंगध, ये झूठ है।

जे॰बी॰ : मैंने खुद अपनी आँखों से तुम्हें मिस्टर कुलभूषण के क्वार्टर से बाहर निकलते देखा।

बबली : चार दिन पहले ना? वो तो इस तरह था कि सहारनपुर से मौसी ने प्रिंस की माताजी के लिए कुछ चीजें भिजवाई थीं।

जे॰बी॰ : बबली देखो, प्रिंस की तरफ से तुम काफी सफाई दे चुकी। अब अपनी तरफ से देने का सिलसिला मत शुरू करो।

जे॰बी॰ उठ खड़ा होता है : बॉय-बॉय। जब तक चला अच्छा ही चला ये सिलसिला। थैंक्यू फॉर एवरीथिंग।

बबली : ये क्यों नहीं कहते कि तुमने कभी चाहा ही नहीं ये सिलसिला चले। तुम्हें तो बस एक बहाने की तलाश रही।

जे॰बी॰ : हकीकत को बहाना कहती हो?

बबली : जे॰बी॰ मैंने तुमसे कभी कुछ नहीं मांगा। तुमने जो कुछ दिया आप ही दिया। जबरदस्ती दिया। और अब बेइज्जत करके छीनना चाह रहे हो सब कुछ?

जे॰बी॰ : मैं कुछ नहीं छीन रहा हूँ बबली। तुम्हारी नौकरी, तुम्हारा ये कमरा। सब बरकरार रहेगा। तुम्हारे लिए किसी चीज की कमी नहीं होगी। मेरी जिन्दगी में अलबत्ता जरूर एक कमी थी और रहेगी क्योंकि मैं समझता था उसे तुम पूरा करोगी।

बबली : जे॰बी॰ इस तरह मत जाओ। अब भी कहती हूँ कि ये सच नहीं है, गंदा मजाक है। मैं तो अपने छोटे-से दायरे में बैठी हुई थी। बाहर के खतरों से अच्छी तरह अपने को आगाह कर चुकी थी। तुम्हीं ने मेरी अंगुली पकड़ी। तुमने ही कहा चली आओ, चली आओ, कोई डर नहीं है। और अब इस तरह अंधेरे के कगार पर लाकर छोड़ देना चाहते हो?

जे॰बी॰ : इसी खूबसूरत जुमले पर तुम्हारे खूबसूरत धोखे का 'द एण्ड' मान लें तो कैसा रहे खूबसूरत लड़की?

अपना आखिरी वाक्य समाप्त करता जे॰बी॰ कमरे से निकल जाता है।

हवेलीराम का कमरा। लाजो, कुलभूषण और सतबीर बैठे हैं। सफाई देने वाले अंदाज में सतबीर बता रहा है : धोखा तो मेरे और रोशन के साथ हुआ है प्राजी।

कुलभूषण : क्या धोखा हुआ है? रोशन इस बात से इंकार कर सकता है कि वो कालाबाजारी करता है?

लाजो : वो धंधे व्यापार में है पुत्तर। उसमें पचास तरह के लोगों से पाला पड़ता है और पचास तरह के काम होते हैं।

कुलभूषण : तो फिर भुगते सजा। आप मेरे से क्यों कहते हो कि मामले में फिर से गौर करो।

लाजो : पुत्तर मैंने तो सिर्फ ये कहा कि श्यामलाल कोई अच्छा इंसान नहीं है। इसने आगे भी हमारे सतबीर को फंसाने की कोशिश की है।

कुलभूषण : माताजी तो मैंने तो नहीं ना कहा कि जाकर फंस।

बाहर निकलने को तैयार लोचन पहुँचती है और सीधा सतबीर को टोकती है : भूषण फॉर हैवन्स सेक तुम यहाँ फिर बैठ गये। चलना नहीं है? मम्मीजी और बच्चे बंगाली मार्केट में हमारी राह देख के हैरान हो रहे होंगे।

कुलभूषण : बस एक मिनट में चलता हूँ।

सुलोचना : मेरे को तो लगता है इन लोगों की गालियां खाए बगैर तुम्हारी रोटी हजम नही होती।

लाजो : हमारी तरफ पुत्तरों को गालियां निकालने का रिवाज नहीं ना है बीवीरानी,

और ना ही भाइयों को दुश्मन समझने का। मैंने तो भूषण को यही पूछने बुलाया था कि क्या तेरे को अपना भाई सतबीर हैवान और ये श्यामलाल फरिश्ता नजर आता है?

कुलभूषण : माताजी मेरे को तो वो दस्तख्त नजर आते हैं जो सतबीर ने इकबालिया बयान पर किए हैं।

सुलोचना : अदालत को बताना। अदालत कर देगी बरी।

लाजो : अदालत में पता नहीं क्या होगा पुत्तर। ये तेरे भाइयों का सवाल है।

सुलोचना : भाइयों का मामला है इसलिए दबा दे केस। हो जा बदनाम।

लाजो : ऐसा किसने कहा बीवीरानी? हम तो यही कहते हैं कि जल्दबाजी न कर। श्यामलाल हौरी की चाल में मत आ जा।

सुलोचना : चाल तो जरूर है मगर पता नहीं किसकी।

सतबीर : गुस्सा होकर आप क्या कहना चाहते हो परजाईजी?

सुलोचना : कहा तो हयादार बन्दों से जाता है।

सतबीर : हमें बेहया समझते हो आप?

सुलोचना : हमें बेवकूफ समझते हो तुम?

कुलभूषण : यू कीप आउट आफ दिस लोचन। वरना कल रात की तरह...

सुलोचना : जो मैंने बीच में नहीं पड़ना है तो इन लोगों ने तुम्हें बेवकूफ बना ले जाना है। अगर तुम्हे मामला रफा-दफा ही करना था तो उस दिन करना था जिस दिन मम्मीजी ने बताया कि श्यामलाल इतनी बड़ी रकम इसके लिए देने को तैयार है। तब तो तुमने डांट दिया। अब इनकी क्यों सुन रहे हो?

लाजो : हम और कुछ नहीं कह रहे हैं बीवीरानी। सिर्फ यही समझा रहे हैं कि श्यामलाल ने भूषण के घूस न लेने का बदला सतबीर से लिया है।

सुलोचना : ये तो रब ही जानता है कि क्या हुआ है। तुमने श्यामलाल का यहाँ आना बंद कर दिया, दूसरे आने लगे।

सतबीर : कौन आने लगे? क्या कहते जा रहे हो आप?

सुलोचना : बल्कि किसी के आने की जरूरत नहीं थी क्योंकि यहाँ के एक बंदे को तो उन्होंने अपने यहाँ नौकरी दे छोड़ी थी।

सतबीर : आप निरी बकवास कर रहे हो भरजाईजी।

लाजो : तू मत बोल सत। देखो बीवीरानी यहाँ कोई नहीं आया। सिर्फ एक दिन लाला वृषभान आए और वो भी किसी और वजह से।

सुलोचना : किस वजह से?

लाजो थोड़ी सकपकाती है : किसी पुरानी बात के बारे में पूछने आये थे। उनसे हमारे पुराने ताल्लुकात हैं।

सुलोचना : पुराने ताल्लुकात का पहले पता नहीं चला और जैसे ही पता चला तो सारों ने मिल के सलाह की। सोचा कुलभूषण इस तरह तो मामला रफा-दफा करेगा नहीं क्योंकि वो असूलों का पक्का है। आप तो उनके भाइयों को घसीट लो। फिर हम मनवा लेंगे।

सतबीर : आपने माताजी-पिताजी की शान के खिलाफ एक भी लफ्ज कहा तो मैंने आपकी जबान खींच लेनी है।

सुलोचना : तो उसकी भी सजा मिल जानी है। जैसे ब्लैक मार्केट पर मिली है।

लाजो : मेरा सत बेकसूर है और उसे दुनिया की कोई ताकत सजा नहीं दे सकती।

सुलोचना : सत और रोशन तो कसूर करके भी बेकसूर हैं। हाँ बेकसूर भूषण से उनका मामला दबवाकर हमें बेकसूर भूषण को जरूर कसूरवार बनवा देना है।

लाजो कुलभूषण तथा सतबीर दोनों ही को प्रैक्टिली बाँहों में भरती है: मैं सपने में भी अपने किसी पुत्तर का बुरा नहीं चाह सकती। और मैंने किसी को भी उनका बुरा नहीं करने देना है, सुना।

कुलभूषण लाजो की ओर देखता हुआ बोलता है और सुलोचना के साथ कमरे से निकल जाता है : मैं आपके जज्बात की केद्र करता हूँ माताजी मगर इस मारे मैं कानून की बेकद्री तो नहीं कर सकता।

भूषण सुलोचना के साथ कमरे से निकल जाता है।

मंगला के जलसाघर में राजरानी, हरिशरण बरफवाले और श्यामलाल बैठे प्रिंस की चर्चा कर रहे होते हैं।

श्यामलाल : तो अब आप समझे ना कितना शातिर है यह प्रिंस?

राजरानी : अजी मैं तो पहले दिन से ही समझ गई थी। बस मंगला रही नासमझ की नासमझ।

हरिशरण : वो तो उसके खिलाफ कुछ भी सुनने को तैयार ही ना होती।

श्यामलाल : देखो जी इस तरह प्रिंस की तरफदारी करके बिटिया ने जय के मन में बेकार का शक डाल दिया और वो कुछ उल्टा-सीधा कह बैठा। लेकिन इसका मतलब ये तो ना है कि उस नासपीटे प्रिंस की वजह से दो शरीफ खानदानों के बच्चे आपस में लड़ जाएं और सारी बिरादरी में बदनाम हो जाएं।

हरशरण : हमारी मंगला ने बदनाम वाली क्या बात की है?

श्यामलाल : किया तो जय ने भी कुछ ना है। किया-धरा तो बस प्रिंस का है। लेकिन आप सोचो कि अगर प्रिंस की वजह से मंगला ने मंगनी तोड़ी तो लोग बाग यही कहेंगे कि प्रिंस से उसका कोई फंसावड़ा है।

राजरानी : यही मैं भी कहती हूँ, लेकिन इस बाप-बेटी की अक्ल में तो कुछ आता ही ना है। बिरादरी वाले सामने तो शाबाशी दे रहे हैं, पीठ पीछे कर रहे हैं बदनाम।

हरशरण : देखो जी मैं लाला वृषभान जितना मॉडर्न तो ना हूँ। मगर मैं भी उनकी तरह यही सोचता हूँ कि ब्याह-शादी के मामले में जबरदस्ती नहीं की जानी चाहिए।

श्यामलाल : अजी हमारे लालाजी बिचारे तो इसी गम में बीमार पड़ गये हैं। वो तो अब यही चाहते हैं कि जल्दी से जल्दी जय और मंगला की शादी हो जाए।

हरशरण : भैया मैं तो मंगला को समझा-समझा के हार चुका।

श्यामलाल : अजी मैं समझा दूंगा उसे। आप बुलाओ जरा।

राजरानी : वो तो इस वक्त घर में ना है। किसी सभा में गई है।

श्यामलाल : अजी मुझे कौन जल्दी है। मैं इंतजार कर लूंगा।

कुलभूषण और सुलोचना क्वार्टर में आगे कहीं जाने को तैयार खड़े हैं। मंगला आती है : जी देखिए, ये मिस्टर कुलभूषण का क्वार्टर कौन-सा है?

कुलभूषण : यही है, और मैं कुलभूषण हूँ। आपकी तारीफ?

मंगला : मैं मंगला हूँ। हरशरणदास बरफवाले की बेटी।

सुलोचना और कुलभूषण रिएक्ट करते हैं। कुलभूषण नाराज जैसा हो उठता है : मेरे घर आने की किस तरह तकलीफ की?

मंगला : जी मेरे को सतबीर जी से मिलना था।

सुलोचना : जाहिर है, किसी को सतबीर जी से, किसी को रोशन जी से।

मंगला : जी?

लाजो बाहर निकलती है : कौन, मंगला बेटी? बाहर क्यों खड़ी है? भीतर आ ना।

सुलोचना मुँह मटकाती है : हँ...मंगला बेटी। जो इन्होंने इसी तरह शहर के रईसों से नाता जोड़ते जाना है तो जल्द ही आप बहुत रईस हो जाना है। कंगला तो हमें ही रह जाना है।

सतबीर सोया हुआ है। लाजो और मंगला आते हैं। लाजो सतबीर को उठाती है : सत। मंगला आई है।

सतबीर हड़बड़ाकर उठता है : अरे आओजी। नमस्ते जी।

मंगला : तबीयत खराब है क्या?

सतबीर : नहीं, ऐसे ही झपकी आ गई।

लाजो : सारी रात जागता रहा। बहुत परेशान है बेटी। इसे एक झूठे मामले में फंसा दिया है दफ्तर वालों ने।

मंगला : मैंने तो अभी सुना। पहले दफ्तर फोन किया तो मालूम हुआ सस्पेंड हो गये हैं। तब यहाँ आई।

सतबीर : आपने यहाँ नहीं आना चाहिए था मंगला जी। जे॰बी॰ साहब को खबर लगनी है तो उन्होंने मेरे से और भी ज्यादा खफा हो जाना है। अभी तो ब्लैक मार्केटिंग में ही फंसवाया है।

मंगला : तुम जे॰बी॰ से मिले?

सतबीर : इंकार कर दिया जी उन्होंने मिलने से। लालाजी से मिलना चाहा मगर किसी ने भीतर नहीं घुसने दिया।

लाजो : बेटी तेरा तो वहाँ आना-जाना है। तू ही कुछ कर।

सतबीर : नहीं जी, मंगला जी ने पैरवी की तो मामला और भी बिगड़ जाना है।

लाजो : मगर क्यूं भला?

मंगला : जरा सतबीर जी से सुन लूं कि क्या हुआ फिर जे॰बी॰ से बात करूंगी।

लाजो : धोखा हुआ बेटी, धोखा।

मंगला जे॰बी॰ की केबिन। में जे.बी. जैसे नाराज है : तो अब तुम मुझे धोखेबाज का खिताब देने आई हो?

मंगला : मैं सिर्फ ये कहने आई हूँ कि उस कागज पर प्रिंस से धोखे से दस्तख्त कराए गये।

जे॰बी॰ : प्रिंस कोई बच्चा है? अनपढ़ आदमी है? फिर?

मंगला : मैंने तुम्हें बताया ना, उससे किस तरह दस्तख्त कराए गए?

जे॰बी॰ : प्रिंस की उल्टी-सीधी सफाई पर यकीन कर सकती हो, मेरी बात पर नहीं? इसी को कहते हैं प्यार में अन्धा हो जाना।

मंगला : तुम नफरत में अंधे हो रहे हो जय। तुमने मान लिया है कि मैं प्रिंस को चाहती हूँ। और इसीलिए तुम उससे नफरत करने लगे हो।

जे॰बी॰ : मुझे बात पूरी करने दिया करो। मैं कह रहा था कि जितना तुम प्रिंस को चाहती हो उससे ज्यादा मैं चाहता हूँ।

मंगला : बिना बात सताना ही क्या तुम्हारे चाहने का सबूत होता है?

जे॰बी॰ : इसी कविता में तो मार खा गया मैं। और सुनाओ कैसी चल रही है गोष्ठियां प्रिस के साथ?

मंगला के भीतर से आग लग जाती है लेकिन जाहिरा तौर पर अपने पर काबू रखती है : जय, मैंने तुमने शादी के लिए मना किया तो तुम्हारी इसी बेरहमी की वजह से।

जे॰बी॰ : जब तुम्हें रहमदिल प्रिंस मिल गया तब मेरी बेरहमी का गम क्या?

मंगला : जय, मेरे फैसले का प्रिंस से कोई सम्बन्ध नहीं है। तुम उससे बदला मत लो।

जे॰बी॰ : सम्बन्ध तो अब तुम जोड़ोगी। मुझसे तोड़कर ही तो जोड़ सकती थी।

मंगला : तुम मुझे गलत समझते रहे जय। मैं प्रिंस से शादी नहीं करना चाहती। दरअसल मैं तो...। **मंगला की बात जे॰बी॰ बीच में काट देता है :** मुझे तुम्हारी लव लाइफ से कोई दिलचस्पी नहीं है।

मंगला : अगर मेरे और प्रिंस के कई शौक एक जैसे हैं इसका मतलब ये तो नहीं कि...।

जे॰बी॰ : देखो मंगला, मैंने तुमसे किसी बात की सफाई नहीं मांगी।

मंगला : मैं सिर्फ ये कहना चाहती हूँ कि तुम मुझे कसूरवार समझते हो तो सजा मुझे दो, प्रिंस को नहीं।

जे॰बी॰ : तुम भले ही कुछ भी मानती रहो मंगला, मगर न तो मैं बेरहम हूँ और न किसी को सजा देना चाहता हूँ। सच तो ये है कि मैं बहुत नादान हूँ। तुमने और प्रिंस ने मिलकर मुझे इस नादानी की सजा दी है। प्रिंस ने फर्म को बदनाम करवाया और तुमने मुझे।

मंगला : प्रिंस ने फर्म के लिए मेहनत की, मुनाफा कमाया इसीलिए तुम्हारे पापा ने उसे तरक्की दी। और बदनाम मैंने तुम्हें नहीं किया, तुमने मुझे किया। तुमने लोगों से मेरे ओर प्रिंस के बारे में कहा।

जे॰बी॰ : मैंने तब कहा जब तुमने मेरे और बबली के बारे में झूठा इल्जाम लगाया।

मंगला : क्या तुम्हें वो पसद नहीं है? क्या तुम उससे शादी नहीं करना चाहते?

जे॰बी॰ : नहीं।

मंगला : तो उससे भी धोखा करना चाहते हो?

जे॰बी॰ : धोखा मेरे साथ हुआ है। प्रिंस और बबली ने मिल के किया है। तुम अब भी समझने की कोशिश करो मंगला, ये लोग हमें बर्बाद करने पर तुले हुए है।

मंगला : बर्बाद तो तुम कर रहे हो उसे। प्लीज प्रिंस को इस तरह बिना बात बेइज्जत मत कराओ।

जे०बी० : तुम ये नहीं समझ सकोगी मंगला कि बदला मैं नहीं, प्रिंस वगैरह ले रहे है। श्यामलाल जी ये तुम्हें बेहतर समझाएंगे।

श्यामलाल मंगला के जलसाघर में बैठा हुआ राजरानी से बात कर रहा है।

राजरानी : कभी-कभी आप तो बड़े अजीब किस्म के मजाक कर जाओ लल्ला जी।

श्यामलाल : अब तो मेरे मजाक और भी अजीब हो जाएंगे।

राजरानी : क्यों जी?

श्यामलाल : यों जी कि अब तक तो खाली भाभी थी, अब समधन भी हो जाओगी।

हरशरण बरफवाले मंगला के साथ आता है : लो श्यामलालजी, सुनो। आप यहां मंगला के इंतजार में बैठे हो और ये आपके दफ्तर हुई आई।

श्यामलाल : अरे? वहाँ कैसे पहुँच गई?

मंगला : मुझे जय से कुछ बात करनी थी। जय ने कहा श्यामलालजी से कर लो।

श्यामलाल : बिल्कुल सही कहा। मैं खुद तुमसे बात करना चाह रहा था।

हरशरण राजरानी की ओर देखता है : जब तक ये बातें करें तब तक हम पंडितजी से मिल आएं।

इशारा समझ के राजरानी हरशरण के साथ चली जाती है।

श्यामलाल : तो क्या बात करने गई थीं बिटिया तुम जय से?

मंगला : मैं ये कहने गई थी कि शादी के लिए तो मैंने मना किया था, सजा प्रिंस को क्यों दिलवा रहे हो?

सुनकर श्यामलाल कुछ सोच में पड़ जाता है।

मंगला : क्या सोचने लगे श्यामलाल जी?

श्यामलाल : मैं ये सोचने लगा बिटिया कि ये अंदरूनी बात तुम्हें कैसे मालूम हो गई?

मंगला : ये सच है ना?

श्यामलाल : सोलह आने। और जब तुम्हें पता चल ही गई तब मुझे ये समझाने की कोई जरूरत नहीं रह गई है कि तुम जय से शादी कर लो उसी में सबका भला है।

मंगला : तो ये सही है कि जय ने प्रिंस को बदला लेने के लिए फंसवाया है?

श्यामलाल 'हाँ' नहीं कहता, लेकिन मुस्कुरा कर सिर हिलाता है।

मंगला : जय तो कह रहा था उल्टा प्रिंस उससे बदला ले रहा है। श्यामलालजी इस बारे में बताएंगे?

श्यामलाल : वो बात भी अपनी जगह सही है। असल में लालाजी की शादी पहले प्रिंस की बुआ से तय हुई थी तब से ही दोनों खानदानों में अदावत चली आ रही है।

मंगला : मैंने तो कभी नहीं सुना।

श्यामलाल : घर की बहू बनोगी तभी सुनोगी, पहले थोड़ी सुनोगी। देखो बिटिया समझदारी इसी में है कि जय से शादी कर लो। वरना इस पुराने झगड़े में जय और प्रिंस दोनों ही मारे जाएंगे।

मंगला : अगर मैं जय से शादी कर लूं तो क्या आप लोग सतबीर पर से झूठा केस वापस ले लोगे?

श्यामलाल : (हंसकर) बड़ी मुश्किल शर्त लगा रही है। जय आसानी से राजी ना होने का है। खैर उसे मनाना तो मेरे जिम्मे रहा। तुम पहले शादी के लिए हाँ तो करो, ताकि मैं उसे खुशखबरी सुनाऊँ।

मंगला : हाँ।

पुलिस हिरासत में सतबीर। नम आँखें लिये लाजो सामने खड़ी है : घबरा मत पुत्तर, रब सब चंगी करेगा।

सतबीर सीखचों में से हाथ निकालकर लाजो के आँसू पोंछता है : घबरा तो आप रहे हो माताजी।

लाजो : मैं तो बिल्कुल नहीं घबरा रही। अब तो तेरे पिताजी ने लाला वृषभान के नाम चिट्ठी में सारी बातें लिख दी हैं।

सतबीर : वो चिट्ठी उन्होंने लालाजी तक पहुँचने ही नहीं देनी।

लाजो : फोन पर भी बात नहीं करने देते। लेकिन कोई नहीं। रोशन तेरे वास्ते चंगा वकील ढूंढ रहा है। और प्रज्ञावती जी को चिट्ठी डाली थी वो भी आ जाने हैं।

सतबीर : उनके आने से क्या होना है?

लाजो गाल थपथपाकर सतबीर को आश्वासन देती है : कोई अच्छी सलाह मिल जानी है।

फिर अपने-आप को जैसे आश्वस्त करती है : ऐसा किस तरह हो सकता है कि लाला वृषभान बड़े बेटे की बर्बादी करें और उधर छोटे बेटे की शादी करें?

मगर पूरी धूम-धाम के साथ वृषभान के बेटे जे॰बी॰ की शादी हरशरणदास

बरफवाले की बेटी मंगला के साथ होती है। शादीवाली शाम मंगला के घर-बाहर जहाँ कीमती एवं रंगबिरंगे लिबासों, गहनों से सजी-सजायी औरतों-लड़कियों की उल्लसित भीड़-भाड़ है, वरमाला तथा आरती-वंदन की तैयारियां चल रही है, उसी भीड़-भाड़ में अपना गेरुआ लिवास धारण किये साध्वी, यानी वीरांवाली, अचानक प्रकट होती है और उसी तरह अचानक लाला वृषभान की नजर उस पर पड़ती है। भीड़-भाड़ के बीच जैसे ठगा-सा वह खड़ा रह जाता है। अगले दिन साध्वी, यानी वीरांवाली, वृषभान को फोन करती है और अपना परिचय प्रज्ञावती के रूप में देती है। वृषभान उससे मिलने को जैसे उतावला हो उठता है। चौथे दिन दोपहर मिलने का समय तथा मिलने का स्थान कुतुबमीनार के पास तय होता है। बीच के दो दिनों के दौरान दो बातें होती है। पहली यह कि लाजो वीरांवली को पुलिस हाजत लिवा जाकर सतबीर से मिलवाती है, मगर सतबीर को बताती नहीं कि वही उसकी जन्मदायिनी माँ है। सतबीर को वीरांवली आशीर्वाद तथा जेल के साथ-साथ वृषभान एंड सन की तरफ से दायर मुकदमे से मुक्त कराने का आश्वासन देती है। सतबीर द्वारा यह पूछे जाने पर कि आप मेरी खातिर इतनी कोशिश क्यों करने चले हो, वीरांवाली जवाब देती है कि मैं चाहती हूँ कि तू अपने माँ-पिता के साथ रहे और उनका नाम रोशन करे। उन दो दिनों के बीच दो और बातें होती है। पहली तो ये कि वृषभान की पत्नी सुभद्रा ने घर में मौजूद फोन की एक्सटेंशन लाइन से वीरांवली-वृषभान की आपसी पूरी बातचीत, मिलने का दिन, समय तथा स्थान के विषय में सुन ली थी तथा चौकन्नी हो उठी थी। दूसरी बात यह हुई कि जे॰बी॰ को जानकारी हो चली थी कि मंगला ने उसके साथ इस शर्त पर अपनी शादी की मंजूरी दी, शादी करने को सहमत हुई, कि सतबीर के खिलाफ कम्पनी अपना झूठा मुकदमा वापस ले लेगा और जेल की चक्की पीसने से सतबीर मुक्त हो जायेगा।

शादी के अगले ही दिन जे॰बी॰ तथा मंगला के बीच तना-तनी हो जाती है। यानी, दोनों के रिश्ते में आई कड़वाहट-सी घुलती नजर आने लगती है। अब हम देखते हैं कि जे॰बी॰-मंगला की शादी के चौथे दिन की दोपहरी कुतुबमीनार के पास प्रज्ञावती से मिलने जहाँ वृषभान पहुँचता है, छिपकर दोनों को रंगे हाथ पकड़ने के लिये सुभद्रा तथा श्यामलाल पहुँचते है। यानी लुकाछिपी का खेल। वृषभान को इस लुका-छिपी की कोई जानकारी नहीं है। कुतुबमीनार के पास पहले पहुँच चुका वृषभान इधर-उधर नजरें दौड़ाता हुआ जब पीछे की तरफ मुड़ता है, उसकी नजर वीरांवाली के जोगिया वस्त्रों पर पड़ती है। घोर आश्चर्य के उसका मुँह खुला-का-खुला रह जाता है। वीरांवली अपनी नजर झुका लेती है। वृषभान वीरांवली की ओर बढ़ता है। उसकी निगाहें सवालिया हैं। साश्चर्य पूछता है—"तुम यहाँ कब से खड़ी

हो?'' वीरावंली—''जबसे तुम छोड़ के गये।'' वृषभान—''मैं तो कहीं गया नहीं था वीरांवली।'' वीरांवली—''तुम मुड़ गये, इस करके मैं तुम्हारी पीठ की ओट में हो गई।''

वृषभान : मुझे पुकार लिया होता। मैं लौट आता।

वीरांवाली : जब तक पुकारने का होश आया तब तक तुम बहुत दूर पहुँच चुके थे। वहाँ से लौट नहीं सकते थे।

वृषभान : तुम्हारी पुकार सुनकर मैं कहीं से भी लौट आता वीरांवाली, कहीं से भी।

वीरांवाली : वीरांवाली जिन्दा रहती तो तुम्हारे दावे का इम्तिहान लेती। लेकिन वो तो मर गई।

वृषभान : तो जिन्दा है और मेरे सामने खड़ी है।

वीरांवाली : नहीं, ये प्रज्ञावती है।

वृषभान : मेरे लिए वीरांवाली जब मर के भी नहीं मरी तब महज भेष बदल लेने से कैसे मर सकती है? मैं किसी प्रज्ञावती को नहीं जानता। सिर्फ वीरांवाली को जानता हूँ। और तुम चाहे जो कह लो, मैं उसे जिन्दा रखूंगा और उसे उसका हक दूंगा।

वीरांवाली : मेरे को वीरांवाली का हक मांगना होता तो मैंने बरसों पहले तुम्हारे पास पहुँच जाना था। मैं आज भी आई हूँ तो किसी और का हक मांगने।

वृषभान : किसका?

श्यामलाल इधर को आ रहा है।

वृषभान : बताओ ना।

वीरांवाली : सारी बात इधर ही करनी है?

वृषभान : नहीं, चलो। गाड़ी है कहीं और चलते हैं।

दोनों गाड़ी की ओर बढ़ते हैं और श्यामलाल देखता रह जाता है। वृषभान और वीरांवाली किसी बंगले या कमरे की ओर बढ़ रहे है।

वृषभान : ये फार्म हाउस है। यहाँ आराम से बात हो सकेगी। पहले ये बताओ क्या खाओगी?

वीरांवाली : कुछ नहीं। मैं जल्दी-से-जल्दी अपनी बात सुना के जाना चाहती हूँ।

वृषभान : जल्दी तो आज मुझे भी थोड़ी है क्योंकि बहू को मन्दिर ले जाना है। तुम रहो यहाँ आराम से। कल सुबह बातचीत आगे जारी रखेंगे।

वीरांवाली : मैं जो यहाँ कहने आई हूँ उसे सुन लो, उसके बाद मैं यहाँ नहीं रह सकती।

दोनों बैठते

वृषभान : शुरू से बाताना होगा और सब कुछ बताना होगा।

वीरांवाली थोड़ी सोच में पड़ती है।

वीरांवाली : जब दिल्ली से सगुन लौटा दिया गया तब मैं...।

वृषभान : सगुन मैंने नहीं लौटाया वीरांवाली। मैं तो बेहोश था। जैसे ही मुझे इस बात का पता चला तो मैंने लाहौर चिट्‌ठी भेजी, लेकिन वहाँ से जवाब आया कि तुम मर चुकी हो।

वीरांवाली : कोशिश तो की दो बार, लेकिन मरी नहीं।

वृषभान : तुम्हारी जैसी बहादुर लड़की को ये सब क्या सूझा? तुम भागी क्यों लाहौर से? तुम्हें तो मुझ पर इतना भरोसा था। बरसों तुमने मेरी राह देखी फिर पन्द्रह बीस दिनों में ऐसा क्या हो गया? तुम लाहौर में ही रहतीं तो मौसी जी तुम्हारी गोद भरने पहुँच जातीं।

वीरांवाली : गोद तो...गोद तो....तुमने ही...

वीरांवाली कहते-कहते अटक जाती है। वृषभान उसकी ओर एक्सपैक्टैंन्टली देखता है : मैंने...?

वीरांवाली : जब तुमने सगुन लौटाया मैं तुम्हारे बच्चे की माँ बनने वाली थी।

वृषभान पर जैसे गाज गिर जाती है : वो बच्चा...?

वीरांवाली : जिन्दा है अभागा। जैसे उसकी माँ जिन्दा है।

वृषभान : कहाँ है? क्या करता है?

वीरांवाली : हिरासत में था। अभी उसकी जमानत कराई है।

वृषभान : किस जुर्म में?

वीरांवाली : ईमानदारी के।

वृषभान : तुम मुझे फौरन उससे मिलवाओ। मैं अच्छे-से-अच्छा वकील करके उसे बरी करवाऊंगा।

वीरांवाली : वकील करने की जरूरत नहीं है। लाला वृषभान एण्ड सन माल चोरी करके ब्लैंक मार्केटिंग करने का झूठा इल्जाम वापस ले तो वो वैसे ही बरी हो जाएगा।

वृषभान : सतबीर...?

वीरांवाली जवाब में सिर्फ 'हाँ' में सिर हिलाती है। वृषभान उठ खड़ा होता है और पूछता है : अपने बारे में यह सारा कुछ उसे पता है?

वीरांवाली : नहीं। मुश्किल से साल भर का था जब मैंने वीरजी को दे दिया पालने वास्ते। वो वीरजी और भरजाईजी को ही अपने माँ-बाप समझता है।

वृषभान वीरांवाली के करीब आता है : मैं सतबीर को वो सब दिलाऊँगा वीरांवाली जो तेरे बेटे और वारिस को मिलना चाहिए।

वीरांवाली : मैं तुम्हारी जायदाद में उसका हिस्सा मांगने वास्ते नहीं ना आई हूँ। सिर्फ इस ब्लैक मार्केटिंग वाले मामले में इंसाफ चाहती हूँ।

वृषभान : मैं अभी जाकर अपने वकील से बात करता हूँ। फिर आज जरा बेटे-बहू के मन्दिर जाने की रस्म है। शाम तक लौट आऊँगा। ये मकान मेरा है तुम यहीं आराम करो।

वीरांवाली : नहीं, अब मेरा यहाँ कोई काम नहीं है।

वृषभान : तो कल कहाँ मिलोगी?

वीरांवाली : कहीं नहीं।

वृषभान : तो फिर किस दिन मिलोगी?

वीरांवाली : कभी नहीं।

वृषभान : तुम इस तरह मेरी जिन्दगी से फिर नहीं जा सकती वीरांवाली।

वीरांवाली : तुम्हारी जिन्दगी में मेरे वास्ते अब कोई जगह नहीं है, न होनी चाहिए।

वृषभान : जगह थी और हमेशा रहेगी। कहाँ जा रही हो? मेरे साथ नहीं चलोगी गाड़ी में?

वीरांवाली : मेरी सवारी अलग है, मेरा रास्ता अलग है, मैं संन्यासिनी हूँ।

वृषभान : वीरांवाली, तुम्हें मुझसे मिलना होगा।

वीरांवाली : इतना बेसब्र होना ठीक नहीं। अगला जन्म भी तो होता होगा।

वीरांवाली पहली बार हल्का मुस्कुराती है : फिर गिरेगी गेंद...फिर उठाएगा राधाजी का पिताजी...।

वृषभान उसकी ओर लपकने को होता है, मगर लपक नहीं पाता। जाती हुई वीरांवाली की पीठ देखता रह जाता है।

♦ ♦ ♦

मंगला अपने बेडरूम में बैठी रो रही है। श्यामलाल और सुभद्रा पहुँचते हैं। मंगला उठ जाती है लेकिन सुभद्रा से निगाह नहीं मिलाती। सुभद्रा उसके माथे पर हाथ रखती है और देखती है कि मंगला की आँखे छलकी हुई हैं।

सुभद्रा : ये क्या बहू, मंदिर जाने की बाबत सोई कैसे पड़ी है? मैं तो डर रही थी कि अब तक जय और तुम कहीं निकल ही ना गये हो। क्यों, क्या हुआ? तबीयत ठीक ना है?

मंगला : नहीं जी।

सुभद्रा : तो रो क्यों रही है? किसी ने कुछ कह दी क्या तुझसे?

मंगला अंगुलियों से अपनी आँखों की कोर पोंछती है मगर कोई जवाब नहीं देती।

श्यामलाल : इससे कुछ कहने की जुर्रत कोई कर सके है भला? अम्मा-बाऊजी की याद आ रही होगी इसे।

सुभद्रा : बगल की बगल में तेरी शादी हुई है, तब तेरे ये हाल हैं। चल, जल्दी तैयार हो मंदिर जाने के लिए।

मंगला : मंदिर जाने की मनै कर गये हैं जी।

सुभद्रा : कौन?

मंगला : ये!

श्यामलाल : जय?

मंगला सिर हिलाकर हामी भरती है।

सुभद्रा : पागल है। भाई जी जरा बुलाओ तो उसे।

मंगला : वो घर पर नहीं है।

श्यामलाल : कहाँ गया?

मंगला : पता नहीं। बोले अम्मा से कह देना देरी से लौटूंगा।

सुभद्रा : कोई झगड़ा हो गया तुम्हारा? किस बात पर हुआ?

मंगला कोई जवाब नहीं देती और रोने लगती है। सुभद्रा उसके सिर पर दुबारा हाथ फेरती हुई श्यामलाल से मुखातिब होती है : भाई जी फोन करके पता करो कि कहाँ गया।

वृषभान मंगला के बैडरूम में प्रवेश करता है : यहीं हो तुम लोग अभी? मुझे तो डर लग रहा था कि शायद मैं वक्त से लौट ना सकूं। लेकिन लौट आया।

सुभद्रा : वहाँ तो वक्त से पहुँच गये थे ना, अपने पुराने दोस्त के पास?

वृषभान : हाँ।

सुभद्रा : बड़ी जल्दी फुर्सत मिल गई?

वृषभान : मतलब?

सुभद्रा : हमें तो कोई सहेली मिल जाती है तो पुरानी बातें याद करने में घंटों बीत जाते हैं। आपका कहीं ऐसा तो ना है कि उस पुराने दोस्त से मुलाकात होती रही पहले भी?

वृषभान : अब देर-दार क्या है? चलो मंदिर।

सुभद्रा : जय ना है जी घर में।

वृषभान : कहाँ चला गया?

सुभद्रा : कुछ बताया ना बहू को।

वृषभान : अजीब गैर-जिम्मेदार लड़का है? देवता पूजने के दिन बिना कुछ बताए चला गया?

सुभद्रा : अपने बाप से ही सीखी है ये गैर-जिम्मेदारी। आप भी तो आज के ही दिन चले गये बगैर कुछ बताए।

वृषभान : मैं तो बता के गया कि पुराने दोस्त से मिलने जा रहा हूँ।

सुभद्रा : ये तो ना बताया कि वह पुराना दोस्त कौन है और उससे कहाँ मिलने जा रहे हो?

वृषभान : जब तुम उसे जानती ही नहीं तब बता के क्या फायदा होता?

सुभद्रा : ये तसल्ली होती कि आप मुझे सब कुछ बता देते हो।

वृषभान निगाहें नीची कर लेता है : जय को ढुंढवा लो।

सुभद्रा : भाई जी ढूंढ रहे हैं क्योंकि आप ये ना बताओगे कि किसके पास गए थे?

वृषभान : एक सोहराब जी करके है, पारसी। मेरे साथ विलायत में पढ़ता था, उसी से मिलने गया था।

सुभद्रा : कहाँ?

वृषभान : महरौली। वहाँ वो पटौदी वालों के साथ सैर पर आया था।

श्यामलाल वापस आता है : अजी पटौदी वाले तो टोक गये बतावै।

वृषभान : आपसे जय के बारे में मालूम करने को कहा गया था या पटौदी वालों के?

श्यामलाल : जय भैया के बारे में ही पूछताछ कर रहा था जी। फोन घुमाते-घुमाते उंगलियाँ थक गईं। हर अड्डे से यही खबर मिलती है कि आए थे मगर चले गये।

जे॰बी॰ दरवाजा खटखटा रहा है। मिसेज कुमार नामक अधेड़ मॉडर्न औरत दरवाजा खेलती है। जे॰बी॰ की चाल-ढाल से और बातचीत से ऐसा लगता है कि वो पीया हुआ है।

मिसेज कुमार : जे॰बी॰ साहब आप? आज बहुत दिनों में दिखाई दिए?

जे॰बी॰ : मेरी... शादी थी मिसेज कुमार।

मिसेज कुमार : मुझे पता है। मैं रिसैप्शन में आई थी।

जे॰बी॰ : हाँ, मैं तो भूल ही गया था। थैंक्यू फॉर द गिफ्ट।

मिसेज कुमार दरवाजा करीब-करीब रोके खड़ी है। जे०बी० उसकी बगल से भीतर जाने लगता है : एक्सक्यूज मी।

मिसेज कुमार : कहाँ जा रहे हैं? वो तो चली गई।

जे०बी० : चली गई?

मिसेज कुमार : आपको तो पता होगा कि उसने आपके यहाँ से इस्तीफा दे दिया है और शहर छोड़ के चली गई।

जे०बी० : बबली शहर छोड़ के चली गई?

मिसेज कुमार : वो तो दुनिया ही छोड़ के जाने तो तैयार थी। आपकी शादी के दिन मैं घर जल्दी ना लौटा जाती तो शायद वो खुदकुशी कर लेती। मैंने उसे समझा बुझाकर रोका।

जे०बी० : खुदकुशी? क्यों?

मिसेज कुमार : उसने सारी बात आपको लिखकर भेज दी थी। चिट्ठी मिली होगी आपको।

जे०बी० : नहीं तो।

मिसेज कुमार : उस बेचारी का शक सही निकला। जिन लोगों ने आपको उसके खिलाफ भड़काया उन्होंने उसकी चिट्ठी भी आपके पास नहीं पहुँचने दी। आइए वो चिट्ठी की एक नकल मेरे पास भी रख गई है।

जे०बी० : थैंक्यू।

चिट्ठी खोलकर पढ़ने लगता है।

मिसेज कुमार : उस बिचारी ने आपके लिए कभी नहीं कहा कि मुझसे शादी करो। वो तो कभी ख्वाब में भी नहीं सोच सकती थी कि आप उसे इस लायक मानेंगे, लेकिन आपने उसके मन में उम्मीद जगाई। बहुत आगे बढ़ जाने के बाद आपने उससे शादी नहीं की ये आपकी मजबूरी हो सकती थी, लेकिन आपने तो उसके प्यार को खूबसूरत फरेब कहा। खाली जलाया ही नहीं, जले पर नमक भी छिड़का।

जे०बी० चिट्ठी पढ़ना बंद कर देता है : वो गई कहाँ?

मिसेज कुमार : पता नहीं।

जे०बी० मिसेज कुमार को झकझोरता है : आपको बताना होगा मिसेज कुमार। वो कसम दिला गई हो तो भी बताना होगा।

मिसेज कुमार : सच, वो मुझे कुछ नहीं बता गई। सिर्फ ये कह गई कि वापस कभी नहीं आऊँगी।

जे०बी० चिट्ठी लेकर बैठता है और सोच में डूब जाता है।

सोच में डूबे हुए हवेलीराम के अलावा कमरे में रोशन तथा सतबीर भी हैं।

हवेलीराम : कुछ...समझ में नहीं आता...। लाला धर्मचंद ने भी टके-सा जवाब दे दिया।

रोशन : जब आप रुपया-टका घूस में देने वास्ते ले ही नहीं गये तो अगले ने टका-सा जवाब देना ही था। नाम है लाला धर्मचंद मगर उस जैसा अधर्मी नरक में भी सर्चलाइट लेके ढूंढने पर नहीं मिलना।

हवेलीराम : मेरी पहचान के जितने भी लोग बड़ी-बड़ी जगहों पर हैं सबसे मिल लिया, लेकिन कहीं सुनवाई नहीं होती।

रोशन : ये सुनवाई का नहीं, सौदों का दौर है पिताजी। आप भी किसी बड़ी जगह पर होते, कुछ देने की हैसियत रखते तो लेन-देन की बात हो जाती। चलो आप पैसे वाले नहीं थे तो कोई नहीं, वोट दिलाने वाले ही बन जाते। रैफ्यूजियों की लीडरी ही सम्हाल ली होती। अगले कहते कि ये वोट दिला सकता है, चलो हम भी कुछ दें।

सतबीर : तू चुप कर ओए। तेरी वजह से ही ये दिन देखने को मिला। ना तू हेरा-फेरी के धंधों में होता और ना इस तरह का इल्जाम लग पाता।

रोशन : प्राजी हैं हेराफेरी के धंधों में। तू है? फिर तुम किस तरह आ गये लपेट में?

सतबीर : तेरी वजह से आए।

रोशन : मेरी वजह तो तुम्हें बरी होना है। माताजी-पिताजी काफी खा चुके दर-दर की ठोकरें। अब मेरे को सम्हालने दो मोर्चा। मैंने ईंट-से-ईंट बजा देनी है।

वीरांवाली को साथ लिये लाजो कमरे में आती है : मास्टरजी देखो, कौन आया है मेरे साथ।

हवेलीराम : अरे...।

लाजो : सतबीर पुत्तर, ये प्रज्ञावती जी हैं।

हवेलीराम प्रसन्न होता है और लगता है कि कुछ कहना चाहता है कि तभी उसे कुछ ख्याल आता है। सतबीर तथा रोशन नमस्ते करता है।

रोशन : माताजी आप लोग इनके साथ रब का नाम लो, मैं जरा निकलूं काम पर।

हवेलीराम : जाना कहाँ है? ऐसा क्या काम आ गया है?

रोशन : लाला वृषभान की खाट खड़ी करनी है।

हवेलीराम : इस तरह नहीं बोलते किसी के बारे में।

रोशन : पिताजी गुस्ताखी माफ। मैं तो जिस तरह करता हूँ उस तरह बोलता

हूँ और जिस तरह बोलता हूँ, उस तरह करता हूँ। बुढ़ापे में गत खराब ना करा दी इस लाले की तो मेरा नाम रोशन नहीं।

रोशन जाने लगता है। लाजो उसे रोकती है : तू कहीं नहीं जाएगा। बैठ। जो जी में आए बकता चला जाता है।

रोशन : आप क्या चाहते हो माताजी कि जो हमें झूठे इल्जाम में सजा दिलवाने जा रहा है, मैं यहाँ बैठ के उसकी तारीफ में कसीदे लिखूं?

लाजो : अब लाला वृषभान को सारी बात पता चल गई है पुत्तर। उन्होंने सतबीर के खिलाफ इल्जाम वापस ले लेना है।

रोशन : और अपने साले श्यामलाल और बेटे जय भूषण को जेल भिजवा देना है। आप तो पता नहीं किस तरह की बातें करते हो माताजी?

वीरांवाली : ये ठीक कह रही है पुत्तर। मैं आप लाला वृषभान से बात करके आई हूँ।

रोशन : गुस्ताखी माफ जी, आप संन्यासिनी हो। आपके समझ में नहीं आनी ये बातें।

वीरांवाली : संन्यासिनी जरूर हूँ पुत्तर मगर पैदा तुम्हारी दुनिया में हुई हूँ। उसकी रीत अनजानी नहीं मेरे वास्ते।

वीरांवली सतबीर से मुखातिब होती है : सत पुत्तर, किसी तरह की फिकर करने की जरूरत नहीं ना है अब। लाला वृषभान ने तेरे साथ पूरा इंसाफ करना है।

वृषभान अपनी स्टडी से फोन कर रहा है : हबीब सुनो, मैं चाहता हूँ कि प्रिंस पर हम लोगों ने जो चोरी का इल्जाम लगाया है वो वापस ले लिया जाय।

हबीबउल्लाह : अमां तुम होश में तो हो? इल्जाम अब वापस लेने से तो दोहरी मार पड़ेगी हम पर। ब्लैक मार्केटिंग वाले केस में तो फसेंगे ही, प्रिंस हम पर इज्जत का मामला अलग दायर कर देगा।

वृषभान : मैं सब समझता हूँ। लेकिन कोई रास्ता निकालना होगा दोस्त। मैं जबान दे चुका हूँ प्रिंस की माँ को। नहीं लाजवन्ती जी को नहीं। वो प्रिंस की माँ नहीं हैं।

जे॰बी॰ आता है मगर बात सुनकर ठिठक जाता है। हबीब तथा वृषभान की फोन पर पूरी बात सुनता है।

हबीबउल्लाह : समझने की कोशिश करो प्यारे भाई। इस मामले में तुम्हारा बेटा इन्वाल्वड है। प्रिंस को बचाने की कोशिश में क्या उसे फंसा दोगे?

वृषभान : मेरा बेटा इन्वाल्वड है यही तो परेशानी है। मतलब, मैं फोन पर नहीं

समझा सकता। तुम फौरन यहाँ आ जाओ। और सुनो, मेरी पुरानी वसीयत भी ले आना। मैं उसे बदलना चाहता हूँ। ...ठीक है मैं इंतजार करूँगा। इस समय तो वैसे भी मंदिर जाना है।

फोन रखने के बाद वृषभान को जे॰बी॰ की मौजूदगी का अहसास होता है। जे॰बी॰ के मुँह से शराब का भभका निकलता है। वृषभान नाक-भौं सिकोड़ता है।

जे॰बी॰ : पापा अम्मा कह रही हैं कि....।

वृषभान : बेटे आज के दिन बहू के साथ मंदिर जाने की बजाय किसी छिनाल के साथ मयखाने में चला गया? और अब मिली है घर लौटने की फुर्सत तुम्हें?

जे॰बी॰ : ये मेरा घर कहाँ है? प्रिंस का है।

वृषभान : क्या मतलब?

जे॰बी॰ : मतलब तो आप लोग बेहतर जानते होंगे। तभी आपने मंगला को ये कहकर मुझसे शादी करने के लिए राजी किया कि आप प्रिंस के खिलाफ इल्जाम वापस ले लेंगे और ब्लैक मार्केटिंग केस में अपने बेटे जय को फंसा देंगे।

वृषभान : ये तुमसे किसने कह दिया?

जे॰बी॰ : खुद आपकी बहुरानी ने।

वृषभान : बहू से मेरी इस बारे में कोई बात नहीं हुई।

जे॰बी॰ : तो आप अभी फोन पर हबीब चाचा से यों ही कह रहे थे कि प्रिंस के खिलाफ इल्जाम वापस ले लें।

वृषभान : उस बात का मंगला से कोई मतलब नहीं है।

जे॰बी॰ की आवाज ऊँची होने लगती है : तो किससे मतलब है पापा।

वृषभान : सिर्फ मुझसे, और किसी से नहीं।

जे॰बी॰ : क्या मतलब है?

वृषभान : तुम कौन होते हो ये सब पूछने वाले?

पूरी ताकत के साथ जे॰बी॰ चीख उठता है : आपका बेटा होता हूँ पापा, बेटा।

वृषभान : बेटे हो तो इस बेशर्मी के लिए माफी मांगो कि पीकर पापा के सामने आये हो और उनसे चीखकर बोल रहे हो।

जे॰बी॰ : सॉरी पापा। खाली माफी से काम चल जाएगा कि अब आपका शुक्रिया अदा करूँ कि आप प्रिंस को छुड़वाकर मुझे जेल जाने का सुनहरा मौका दिलवा रहे हैं?

वृषभान बुरी तरह गुस्सा हो उठता है : विल यू प्लीज शट अप।

जे॰बी॰ : आप मेरा मुँह बंद कर सकते हैं पापा, दुनिया का नहीं। वो तो आपसे पूछेगी ही कि प्रिंस को आप अपने बेटे से भी ज्यादा प्यार क्यों करते है?

वृषभान : दुनिया पूछेगी तो उसे जवाब दूंगा।

सुभद्रा आ जाती है : क्यूं जी, किस बात का क्या जवाब दोगे दुनिया को?

वृषभान : मंदिर चलो वरना कपाट बंद हो जाएंगे।

सुभद्रा : हम तो खड़े हैं नीचे इंतजार में। जय को भेजा तुम्हें बुलाने। बाप-बेटा पता नहीं किस बहस में उलझ गये।

जे॰बी॰ : पापा मुझे मंदिर नहीं, जेल भेजना चाहते हैं।

सुभद्रा : पागलों जैसी बातें मत कर।

जे॰बी॰ : पापा से पूछो तो। मंगला ने मुझसे शादी इस शर्त पर की है कि प्रिंस के खिलाफ इल्जाम वापस लिया जाएगा और जय को जेल भिजवाया जाएगा।

सुभद्रा : क्यूं जी, ये जय क्या कह रहा है?

वृषभान : वही जाने। अब मंदिर चलो।

जे॰बी॰ : पापा ने मेरे सामने फोन पर हबीब चाचा से बात की। उन्हें बुलवाया है।

सुभद्रा : क्यूं जी, बात क्या है?

वृषभान : वक्त आने पर सब बता दूंगा।

जे॰बी॰ : अम्मा, जब तेरा वक्त आयेगा तब बताएंगे पापा। जाती-जाती ये भी सुनती जा। सुभद्रा आँचल को आँख पर लगाती है : मेरा वक्त शादी होने से पहले ही क्यों ना आ गया?

वृषभान सुभद्रा के कंधे पर हाथ रखता है : मंदिर चलो सुभद्रा। बहू-बेटे से देवता पुजवाओ।

सुभद्रा : मैं क्या पुजवाऊँगी देवता। मेरे तो देवता मुझसे रूठे हुए हैं। मेरे लिए तो ये है कि सुभद्रा इस घर में रह ले लेकिन घर में हो क्या रहा है इस बारे में कुछ मत पूछ।

वृषभान : मैं तुमसे न कुछ छिपाता हूँ, न छिपाऊँगा। मैंने हबीब को बुलाया है उससे सारे कानूनी पहलू समझ लूं, फिर तुमसे बात करूँगा।

सुभद्रा : हबीब भाई को पहले बताओगे। वो ज्यादा सगे लगे हैं?

जे॰बी॰ : हबीब चाचा को तो बता चुके हैं अम्मा कि प्रिंस की जगह जे॰बी॰ को सजा करवानी है और वसीयत दुबारा बनवानी है।

इस सूचना के मिलने से एक क्षण को खामोशी छा जाती है। सुभद्रा अपलक वृषभान को देखती है, वो पहले नजर मिलाता है लेकिन फिर झुका लेता है। सुभद्रा उसके करीब आती है : वसीयत? अच्छा, तो नौबत यहाँ तक पहुँच गई? शुरू में तो ये था कि बीच-बीच में जाकर मिली आए, नोटों की गड्डी थमाई आए, इधर

जब से तबीयत खराब रहने लगी दान खाते से चैक भेजने लगे। अब उसने कही होगी कि आगे का भी इंतजाम कर जाओ। तभी इन्होंने वकील बुलवाया है वसीयत बदलने। क्यूं जी, मैं गलत कह रही हूँ?

वृषभान : जब तुम दूसरों के समझाने से पहले ही सब कुछ समझे बैठी हो तब मुझसे पूछने की क्या जरूरत? **सुभद्रा को गुस्सा आता है :** मैं किसी के समझाने में ना हूँ जी, आप हो! आप ही पहुँचे उससे सारी बात समझने को मैहरौली। संन्यासिनी बनी हुई है बेशर्म और एक शादीशुदा आदमी के पीछे पड़ी हुई है।

जे॰बी॰ : कौन अम्मा?

सुभद्रा : प्रज्ञावती। वो असली में मेरे प्रिंस की बुआ वीरांवाली है, जिससे कभी तेरे पापा का रिश्ता हुआ था।

वृषभान : अच्छा तो इसकी खबर लग गई तुम्हें?

सुभद्रा : अजी बेशर्मी कभी छुपती है दुनिया से?

वृषभान : मैंने ना कोई बेशर्मी की है और ना मैं कुछ छिपाना चाहता हूँ दुनिया से।

सुभद्रा : आपको तो जी अपनी ब्याहता से छिपाना है और किसी से नहीं। मिलने जाते हो उसकी सौत से और कहते हो एक पुराने साथी से मिलने जा रहा हूँ। वकील को वसीयत बदलने के लिए बुलाते हो और ये नहीं बताते कि बात क्या है।

वृषभान : मैंने कहा ना, बता दूंगा।

सुभद्रा : नहीं बताओगे। कभी बता भी ना सको हो। किस मुँह से कहोगे कि सुभद्रा तेरी सौत ने कही है कि ब्याहता के बेटे को जेल भिजवा दो और मेरे भतीजे को कानून के शिकंजे से छुड़वा लो। इतनी नाइंसाफी वाली बात कोई कह सके है भला अपने मुँह से?

वृषभान : नाइंसाफी मुझसे हो गई थी अनजाने में। अब मैं इंसाफ करना चाहता हूँ।

जे॰बी॰ : अपने ही बेटे को जेल भिजवाने से बड़ा इंसाफ और क्या हो सकता है? जहांगीर के बाद आपको ही याद किया जाएगा।

वृषभान : मेरे तो दोनों ही...बेटे हैं।

जे॰बी॰ हक्का-बक्का रहा जाता है और सुभद्रा पर जैसे बिजली गिर जाती है : कौन? प्रिंस और जय?

वृषभान हामी में सिर हिलाता है।

सुभद्रा : प्रिंस तुम्हारा और वीरांवाली का बेटा है? इसका मतलब आपने दो

गिरस्तियां बसाईं? शुरू दिन से मेरे साथ धोखा किया? देहरादून जाने के बहाने उत्तरकाशी में उस छिनाल से मिलते रहे?

वृषभान : मैं तो छब्बीस साल बाद उससे मिला हूँ। तुम्हारी कसम सुभद्रा, मुझे नहीं मालूम था कि वो जिन्दा है।

सुभद्रा : मेरी झूठी कसम खाके मुझे मारना चाहो हो ताकि खुल्लम-खुल्ला रह सको उसके साथ?

वृषभान : तुम चाहे जो सोचती रहो, सच ये है सुभद्रा कि इन छब्बीस बर्षों में मेरा वीरांवाली से कोई नाता नहीं रहा।

सुभद्रा : तो फिर उसकी पाप की औलाद को अपना कैसे मान रहे हो? अगर आपके साथ घूमी-फिरी तो औरों के साथ भी घूमी-फिरी होगी। इतने बरस बाद आकर किसी की औलाद आपकी बताकर उसने जायजाद में हिस्सा मांगा और आपने कह दी कि हाँ जी दूंगा?

वृषभान : वीरांवाली ने कुछ नहीं मांगा। मैंने कहा कि दूंगा।

जे॰बी॰ : मेरा हक मारकर प्रिंस को देंगे पापा?

वृषभान बहुत टेंस हो उठता है : नहीं बेटे, नहीं। मैं प्रिंस को प्रिंस का हक दूंगा, तुम्हें तुम्हारा।

जे॰बी॰ : कैसे देंगे पापा? मुझे जेल भिजवाकर? मेरी विरासत आधी करके?

सुभद्रा : देखती हूँ कौन तेरी विरासत में हाथ लगाता है। वकील कोई एक वो हबीब भाई ही ना है। हम भी लेंगे कानूनी सलाह। जब दुनिया में थू-थू तो यूं भी होनी ही है, तब जय अपने पापा से मुकदमेबाजी से क्यों परहेज करेगा? जय कहेगा अदालत में खड़ा होकर के देखो यह है मेरे पापा, इन्होंने अपनी रखैल को मेरी अम्मा से ऊँचा दर्जा दिया और रखैल की औलाद के आगे मुझे कुछ ना गिना।

सुभद्रा और कुछ बोलने ही जा रही होती है कि वृषभान गिर जाता है। सुभद्रा, जे॰बी॰ घबड़ा उठते हैं : पापा को ये क्या हो गया?

सुभद्रा : डॉक्टर को बुला।

वीरांवाली और सतबीर बस स्टैंड पर खड़े हैं : आप फिर कब आओगे प्रज्ञावती जी?

वीरांवाली : तेरी शादी पे पुत्तर।

सतबीर : अब तो जी बर्बादी ही होती नजर आती है।

वीरांवाली : इस तरह मत सोच पुत्तर। लाला वृषभान ने तेरे को ...उन्होंने तेरा ख्याल रखना है।

सतबीर : रख लिये।

वीरांवाली : रखने हैं पुत्तर, उन्होंने वादा किया है मेरे से। इस वादे को जरूर निभाना है उन्होंने।

सतबीर : जी ये लाला वृषभान आपके खास ही भगत हैं क्या?

वीरांवाली : इस तरह ही समझ लो।

सतबीर : या कुछ और?

वीरांवाली : नहीं तो।

सतबीर : आप दरअसल कौन हो प्रज्ञावती जी?

वीरांवाली : मैं तो आप इस बात को भूल गई हूँ।

सतबीर : मैं कुछ कोशिश करूं याद दिलाने की?

वीरांवाली चौंककर सतबीर की ओर देखती है। निगाह मिलती है : ना पुत्तर। तू तो बस अब ये याद रख कि लाला वृषभान तेरे दुश्मन नहीं है। उन्होंने तेरा भला करना है। तू भी उनकी सेवा कर।

वृषभान बैडरूम में पड़ा हुआ है। एक नर्स सेवा में लगी हुई है। वृषभान के एक शरीर के हिस्से को लकवा मार गया है। वो मुँह के एक कोने से बोलता है जो कुछ साफ नहीं सुनाई देता। श्यामलाल और सुभद्रा वहीं खड़े हैं।

वृषभान : (लकवे की बोली) ह...बी...ब

सुभद्रा : क्या कही जी?

नर्स एक कागज पैंसिल लेकर वृषभान को देती है। उल्टे हाथ से बहुत मुश्किल से 'हबीब' लिखता है। नर्स कागज श्यामलाल को देती है। श्यामलाल कागज पढ़कर वृषभान से कहता है, ठीक है जी बुला देंगे।

सुभद्रा : क्या कह रहे हैं?

श्यामलाल इशारे से कहता है कि बाहर आओ। ये दोनों निकल जाते हैं। श्यामलाल कानाफूसी करता है : हबीबउल्लाह के लिए पूछ रहे हैं।

सुभद्रा : मैं तो कहूँ वकील से मिलना चाहें तो मिलने ही दो।

जे०बी० आता है : हबीब चाचा फिर आ गये हैं।

सुभद्रा : जा बुला ला।

श्यामलाल : अजी कैसे बुला ला। देखो लल्ली, ये हैं जमीन-जायदाद के सवाल। इनके बारे में भावुक होकर नहीं सोचा जाता। अरे अभी तो लाला वृषभान इस हालत में हैं भी नहीं कि उन्हें कोई कुछ समझा सके। नासमझी में सब कुछ उस जोगन की औलाद को दे बैठे तो जय का क्या होगा? तुम जाओ भीतर। मैं हबीब भाई को समझाता हूँ।

हबीब स्टडी में बैठा है : कैसी है तबीयत लालाजी की?

श्यामलाल : तबीयत तो वैसी ही है।

हबीबउल्लाह : डॉक्टर कह रहा था कि लिखकर बात कर सकते हैं। दरअसल उन्होंने प्रिंस के खिलाफ इल्जाम वापस लेने को कहा था।

श्यामलाल : आपके सुनने में कोई गलती हुई होगी। प्रिंस को बचाने के लिए वो खुद जेल में जाएंगे?

हबीबउल्लाह : हाँ, ये तो मैंने भी उनसे कहा। मगर वो माने नहीं। कुछ वसीयत बदलने के बारे में भी कह रहे थे।

श्यामलाल : वसीयत बदलने की कोई वजह हो तभी तो कहेंगे?

हबीबउल्लाह : ठीक है, तो मैं फिलहाल कोई कार्यवाही नहीं करता।

रोशन, सतबीर, लाजो और हवेलीराम खड़े है। एक पुलिस वाला सतबीर की ओर हथकड़ी डालने बढ़ रहा है।

रोशन : और वो जो प्रज्ञावतीजी आए थे और कहते थे कि लाला वृषभान ने सतबीर के साथ पूरा इन्साफ करना है। कर दिया?

सतबीर : मेरे से तो वो कहते थे कि लाला वृषभान ने तेरा हर तरह से भला करना है, और तूने भी उनकी सेवा करते रहना है।

लाजो : लाला वृषभान ने तेरे साथ क्या इंसाफ करना था जब आप उन्हीं के साथ नहीं किया।

सतबीर : किनके?

लाजो : किसी के भी।

रोशन : उन्होंने तेरे साथ इन्साफ नहीं किया चलो कोई नहीं। छह महीने कटते क्या देरी लगती है? तू छूट के आ, फिर लाला वृषभान की सेवा करना। मेरे साथ मिल के।

पुलिसवाला सतबीर को हथकड़ी डालता है। हवेलीराम और लाजो के चेहरे से बेचारगी टपक रही होती है।

♦ ♦ ♦

लोचन आइने के सामने तैयार हो रही है। कुलभूषण टाई की नॉट ठीक करता हुआ आता है और सुलोचना को तैयार होता देख उसे सुखद आश्चर्य होता है : वण्डरफुल! सो यू हैव डिसाइडेड टू गो फॉर द पार्टी।

सुलोचना कोई जवाब नहीं देती। कुलभूषण अपने कोट को ब्रश करते हुए कहता है : अफसरों की बीबियों में शारदा से ही तुम सबसे क्लोज हो। उसकी पार्टी में तुम मेरे साथ नहीं पहुँचती तो लोग हैरान होते।

सुलोचना लिपस्टिक लगा के देखती है : मेरा लोगों की हैरानी कम करने का कोई इरादा नहीं है। मैं शारदा की पार्टी में नहीं जा रही हूँ।

कुलभूषण : तो फिर ये तैयारियाँ कहाँ के लिए हैं?

सुलोचना : तुमसे मतलब? मेरी तरफ से सॉरी कह देना शारदा से।

कुलभूषण : मैंने कह देना है कि तबीयत ठीक नहीं है।

सुलोचना : तबीयत नहीं, हालत। माली हालत! ये शारदा डैडी जी के अण्डर काम करने वाले एक सब-ओवरसीयर की बेटी है। उसकी पार्टी में राय साहब मेवालाल की बेटी और उसके हजबैण्ड के सीनियर की बीबी सुलोचना फटेहाल जाए? इम्पॉसिबल। भूषण तुम्हारी समझ में ये कब आयेगा कि मेरे पास अब पार्टी-पुर्टी में जाने वास्ते एक भी डीसेंट ड्रेस नहीं है। और ये जौन-सी ड्रेसेज हैं, सारियाँ डैडी जी-मम्मी जी की बनवाई हुई हैं, तुम्हारी नहीं।

कुलभूषण कोई जवाब नहीं देता। सिर्फ उसका चेहरा रिएक्ट करता है। वो चिढ़ रहा है और चिढ़ पर काबू लगाए है : तो तुम नहीं आ रही हो पार्टी में? **ड्रेस उठा के दिखाता है :** वॉट रांग विद दिस ड्रेस? इसे पहन के तुम और कहीं जा सकती हो तो पार्टी में क्यूं नहीं जा सकती?

सुलोचना : मैं भीख मांगने जा रही हूँ और भीख मांगने वास्ते ये ड्रेस चंगी है।

कुलभूषण : भीख मांगने वास्ते? किधर? भीख मांगने की नौबत किस तरह आ गई?

सुलोचना : इस तरह आ गई कि दिखावा तो करना है अफसरी का और आलम है कंगाली का। जिस तरह शारदा का हजबैण्ड कमा रहा है उस तरह तुम क्यों नहीं कमा सकते भूषण?

कुलभूषण : इस बहस से मैं पहले ही काफी बेमजा हो चुका।

सुलोचना : मजा तो मेरे को मिलना है ना इससे। सारी जनानियाँ पार्टी में नाचनी-गानी हैं, खानी-पीनी हैं और मैंने डिकी के आगे बैठके हाथ फैलाना है। उस डिकी के जिसको रेडियो में नौकरी मेरे डैडी ने दिलवाई।

कुलूभूषण : डिकी के पास जाने की तुम्हें क्या जरूरत पड़ गई?

सुलोचना : जरूरत हाल तक पता नहीं चली तुम्हें? तुम्हें कैसे पता चलनी है? दो स्लाइसें ले जाते हो उसे साहब का लंच कहते हो? अपने इकलौते सूट को छाड़-पोंछ के रोज क्लब पहुँच जाते हो और वहाँ बगैर धेला खर्च किये वापस आ जाते हो।

तुम्हारे बच्चों की आया का काम तुम्हारे सासूजी को करना पड़ता है और तुम्हें कोई फर्क नहीं पड़ता है। एक कमाने वाला और इतने सारे खाने वाले यहाँ बैठा रखे हैं और वो भी इस तरह के रोजाना किसी-न-किसी को पकड़ के लाते हैं कि आओजी आओ लंगर खुला हुआ है। इन सारे क्वार्टरों में बस एक हम हैं जिनके पास सर्वेण्ट नहीं ना है। ना सर्वेण्ट है ना कुक है।

कुलभूषण : डिकी से ये कहने वास्ते जा रही हो कि हमारे यहाँ खाना बना दिया कर?

सुलोचना : आई रिफ्यूज टू बी अम्यूज्ड। डिकी ने मेरे को इंगलिश अनाउंसर बनवा देना है।

कुलभूषण : उस कमीने ने तुम्हें उल्लू बना छोड़ना है, बस।

सुलोचना : उल्लू तो तुमने बना छोड़ा भूषण। बीवी-बच्चों को पालने की हैसियत नहीं ना थी, मगर शादी कर ली। तीन-तीन बच्चों के बाप बन गये।

कुलभूषण : तुम तो इस तरह बात कर रही हो जैसे मैंने तुम्हें और बच्चों को भूखों मार दिया हो।

सुलोचना : हाल तक तो वो नौबत नहीं ना आई है, मगर आ जानी है जल्दी। ना आवे इसी खातिर डिकी के पास जा रही हूँ।

कुलभूषण : लोचन, तुम उस शोहदे डिकी के पास नहीं जाओगी।

सुलोचना : जो मेरी मदद करना चाहे वो शोहदा। शहजादा तो बस एक है भूषण। जिन्हें तुम शोहदे कहते हो उन्होंने मेरे को कहीं पहुँचा देना था। आज मैं टॉप मोस्ट हीरोइन होती। तुम्हें और तुम्हारे बच्चों को उसी ठाठ से रखती जिस ठाठ से मेरे डैडी जी ने मेरी मम्मी जी और मेरे को रखा।

कुलभूषण सुलोचना की बांह पकड़ता है : डिकी के पास मत जाओ लोचन प्लीज...।

बहुत शेखी से अपनी बांह छुड़ाती है : जैलस...? ये तो मेरी हालत कर छोड़ी है फिर भी डरते हो किसी ने मेरे को भगा ले जाना है? गलत नहीं डरते।

कुलभूषण : तुम मेरे साथ शारदा की पार्टी में चलोगी, डिकी के पास नहीं जाओगी। तुम्हारे बिना मेरा वहाँ मन नहीं लगना।

सुलोचना : बस बातों में ही सिर चढ़ाते हो। मेरे वास्ते कुछ करते नहीं।

कुलभूषण : अब मैंने बहुत कुछ कर छोड़ना है। क्लेम पास होने चला है हमारा। फिर किसी तरह की कमी नहीं रहनी।

सुलोचना : सच?

कुलभूषण 'हाँ' में सिर हिलाता है : मैं जरा पिताजी को गवाहियों वास्ते याद दिला दूँ।

सुलोचना : उन लोगों से मत कहो। वो तुम्हारा भला नहीं चाहते।

कुलभूषण : क्लेम पिताजी का है। और गवाह भी उनकी पहचान के होने हुए।

सुलोचना कमरे से निकलने लगती है : ठीक है तुम कहो डार्लिंग। मैं तब कोई सवारी रख छोड़नी है।

हवेलीराम के कमरे के दरवाजे पर खड़ा हुआ रोशन कुलभूषण को देखता है। कुलभूषण रोशन से बगैर कुछ कहे बाहर निकलने की जगह मांगता है और वह गाते-गाते देता है : रुक न सको तो जाओ।

भूषण बगल के कमरे में आता है जहाँ लाजो और हवेलीराम बैठे हैं।

कुलभूषण : पिताजी हम क्लब जा रहे हैं। वहाँ पार्टी है।

रोशन : भाई को भेजा जेल, आप जा रहे हैं क्लब, ये बात चंगी है?

कुलभूषण : माताजी आप...।

कुलभूषण रोशन की ओर देखता है मगर कहता कुछ नहीं। फिर वो लाजो से मुखातिब होता है। कुलभूषण की बात रोशन बीच में काट देता है: आप घर की चौकीदारी करो। और जब मेरे सासूजी मेरे बच्चों को स्कूल के फंक्शन से ले के लौटें तो थोड़ी उनकी सेवा-टहल भी कर देना। कर देनी है जी, आप बेफिकर हो के क्लब जाओ और भरजाईजी का नचवाया विलायती नाच नाचो।

हवेलीराम : रोशन पुत्तर, तेरी बदतमीजी हद से ज्यादा बढ़ती जा रही है। प्राजी से दुश्मन की तरह बात करनी हुआ करे तो मेरे सामने मत किया कर।

रोशन : दुश्मनों वाली बात तो प्राजी ने आपके सतबीर को जेल भिजवाकर...।

कुलभूषण : उसे जेल तूने भिजवाया, मैंने नहीं। तेरी वजह से तो मेरे कैरियर तक पर आंच आ जानी थी।

रोशन : जिन्होंने आंच पहुँचाई उन लाला वृषभान का तो आप कुछ बिगाड़ नहीं सके। अपने छोटे भाई को बना दिया बलि का बकरा।

कुलभूषण : यू रैकेड फैलो...।

रोशन : मैं अंग्रेजी में कमजोर हूँ जी। हिन्दुस्तानी में समझाओ।

कुलभूषण : मैंने किसी को जेल नहीं भिजवाया। लेकिन अगर तू हेरा-फेरी का धंधा करता रहा तो जरूर जायेगा।

लाजो : जेल जाएं तुम्हारे दुश्मन। क्या हो गया तुम भाइयों को? किस तरह की बातें करते हो?

कुलभूषण की आवाज में गुस्से भरी चुनौती है : ये आप मेरे से पूछ रहे हो माताजी?

लाजो सिर झुका लेती है : सिर्फ तेरे से नहीं।

हवेलीराम : सच तो ये है कि अब हम तुमसे नहीं पुत्तर, खुद अपने आप से पूछने लगे हैं इस तरह के सवाल। कुछ हमारी ही गलती रही होगी।

रोशन : प्राजी की गलती को आप इस तरह अपनी गलती नहीं बना सकते पिताजी।

कुलभूषण : पिताजी अब ये बात बर्दाश्त से बाहर हो चुकी है। इस मामले में मेरी कोई गलती नहीं है, मगर ये लोग बराबर आप से कहते जा रहे हैं कि गलती प्राजी की है और आप मान ले रहे हैं।

हवेलीराम : हम तो पुत्तर कुछ नहीं मान रहे हैं, सिवाय अपनी हार के।

लाजो : हारने हैं हमारे दुश्मन।

कुलभूषण : दुश्मनों को कोसो माताजी, मेरे को नहीं।

लाजो : माता कभी कोसती है पुत्तर? क्या यही कहने आया था कि मैं तेरे को कोसती हूँ? कि और कोई खास बात थी?

कुलभूषण कहने को होता है फिर सांस खींचता है और हवेलीराम से मुखातिब होता है : पिताजी, क्लेम की सुनवाई हफ्ते-दस दिन में हो जानी है। आप दो पक्के गवाह जुटा छोड़ो।

हवेलीराम : ठीक है। एक तो अपने मुंशीजी ही हो जाएंगे, एक और कोई ढूंढ लेते है।

सुलोचना बाहर से झांकती है : भूषण मैंने सवारी रोक ली है।

कुलभूषण : तो पिताजी मैं चलूं?

रोशन : (गाकर) रुक ना सको तो जाओ, तुम जाओ। जाओ प्राजी भरजाई जी के पीछे-पीछे जाओ।

कुलभूषण : हाल तक तो ये नौबत नहीं ना आई है कि तेरे जैसों से इजाजत ले के जाना पड़े। आज की तारीख तक तो नहीं है, कल की किसको खबर?

सुलोचना : चलो ना भूषण। तुम्हें बेइज्जत होने में क्या मजा आता है जो बार-बार यहाँ पहुँच जाते हो?

वो लोग चले जाते हैं। उनके जाने के बाद रोशन कहता है : सवाल ये पैदा होता है माताजी कि हम लोगों को बेइज्जत होने में क्या मजा आता है जो हम लोग प्राजी के साथ रहते हैं? मैं तो कहता हूँ अलग हो जाओ।

लाजो : जब हम तेरे कहे पर चलने लगें तब कहना।

हवेलीराम उठता है : मैं तो जाकर मुंशीजी को देखूं। पार्क में बैठे अखबार पढ़ रहे होंगे।

एक आदमी पेड़ के नीचे अखबार से मुँह ढंके सोया हुआ है। हवेलीराम कुछ खोजता हुआ उधर आता है और सोये हुए आदमी को ध्यान से देखता है। फिर वह उसके मुँह पर रखा हुआ अखबार जरा-सा सरकाता है : मुंशीजी...।

मुंशी जी मुँह पर से अखबार हटाते हैं और हड़बड़ाकर उठते हैं : हू कौन है वाई? क्या है? इनगेजमेंट कुड़माई मैरिज ब्याह है... अरे छोटे लाट तू...?

हवेलीराम : मैं लाजोजी से कह रहा था कि मुंशीजी इस समय जरूर अपने बेटे के घर के सामने वाले पार्क में लेटे अखबार पढ़ रहे होंगे। फर्क इतना ही रहा कि आप अखबार से मुँह ढ़क के सोते मिले।

मुंशी : पढ़ते-पढ़ते झपकी आ गई।

हवेलीराम अखबार उठाकर देखता है : अखबार में कहीं लोरी तो नहीं छपी मुंशीजी?

मुंशी : दिल्ली का अखबार है छोटे लाट। इसमें मन नहीं लगता। और लहौर वाला यहाँ मिलता नहीं है।

हवेलीराम : लाहौर वाला तो यहां कुछ नहीं मिलता मुंशी जी।

मुंशी : बस क्लेम मिलता है छोटे लाट। वहाँ छूटे घरों-दुकानों का, दस रुपये स्क्वायर फुट के हिसाब से। उनके भीतर जो कुछ था, उनसे जो जज्बात जुड़े थे, उनका नहीं। बन्दे कहते हैं रायसाहब, मुवेबल माल को तो साथ ले आना था।

हवेलीराम : हम तो, मुंशीजी, अपने माल को क्या अपनी जान को भी मूवेबल नही समझते थे।

मुंशी : और सुना छोटे लाट, इस वक्त किस तरह? ये तो तेरी सैर का टाइम नहीं है।

हवेलीराम : अपने क्लेम के सिलसिले में ही बात करने आया। आपकी गवाही करानी है।

मुंशी : छोटे लाट की विटनेस के लिए तो मुंशीजी हमेशा फिटनेस में रहते हैं। कब है सुनवाई?

हवेलीराम : आठ-दस रोज में हो जायेगी। आप अभी है ना यहाँ पर?

मुंशी : छोटे लाट के काम की खातिर तो मुंशी खजानचंद आठ-दस महीने रुक जाते हैं। बिच्छोवाली के मकान के बारे में भरा होना है फारम दरखास्त मुआवजा?

हवेलीराम : एक तो उसी के बारे में है। बच्चों की जिद पर मैंने दूसरा भी भर दिया है।

मुंशी : लाला गेंदामल की जायदाद के बारे में?

हवेलीराम : जी। मैंने कहा लभायाराम तो आया नहीं। उसकी अमानत समझ के ले के रख लूँ।

मुंशी : छोटे लाट, लाला गेंदामल की जायदाद पर तेरा भी उतना ही हक है जितना लभायाराम का।

हवेलीराम : नहीं, बाऊजी ने वारिसों में से मेरा नाम हटा दिया था।

मुंशी : तेरे बड़े पुत्तर भूषण को तो वारिस बना गये थे लालाजी। वो तो बाद में बड़े लाट ने हेरा-फेरी की।

हवेलीराम : उस सबको छोड़िए मुंशीजी। ये बताइए दूसरी गवाही किसकी कराएं?

मुंशीजी : गवाह तो कोई ऐसा होना चाहिए जो वाकफ हो, मगर रिश्तेदार नहीं ना हो। मेरे ख्याल तो आप मेहरचन्द जी की करवा लो गवाही। गुड में भी दी बैस्ट रहने हैं।

हवेलीराम : मेहरचन्द जी कौन-से? मोहल्ला सरीन वाले?

मुंशी : हाँ, वो भी भटकते-भटकते दिल्ली पहुँच गये हैं। मैंने कल उनको पकड़ के ले आना है तेरे पास।

हवेलीराम : आप दोनों रोटी उधर ही खाइए।

मुंशी : रोटी-शोटी, केक-कूक।

लाजो, मुंशीजी और उनकी उम्र के एक आदमी मेहरचंद को खाना खिला रही है। हवेलीराम और रोशन भी खिदमत में हाजिर है : मुंशीजी एक रोटी और आए?

मुंशी : छोटी लाटनी, रोटी का कोटा फुल हो गया। केक-शेक किधर है?

लाजो : गाजर का हलवा है। अभी लाई।

मेहरचन्द : केक तो आपको उस पुत्तर ने खिला देगा जो होटलो में नाचता-गाता है।

मुंशी : क्या जमाना है जी, मुंशी का बेटा होटल में नाचने लगा।

हवेलीराम : आपका पुत्तर आपको तो नाच नहीं नचवा रहा है?

इस टिप्पणी पर हवेलीराम और रोशन की निगाहों मिलती है। लाजो कढ़ाई से निकालकर हलवा प्लेटों में रखती है। सुलोचना झांकती है : गाजर का हलवा खिलाते हैं सड़क से अजनबियों को बुला-बुला के।

लाजो : वो अजनबी नहीं है बीवीरानी। एक मुंशीजी है, दूसरे लाला मेहरचंद सरीन मोहल्ले वाले।

सुलोचना : मेरे वास्ते तो अजनबी ही हैं। मैं कभी नहीं रही गली-मोहल्लों में और जो आपने रोजाना लंगर ही खोलना हो तो अपने बड़े पुत्तर को भी हेरा-फेरी करना सिखाओ।

लाजो : मेरा कोई पुत्तर हेरा-फेरी नहीं ना करता, सुना बीवीरानी? मुंशीजी और मेहरचंद को हमने बुलाया है तो इसी करके कि भूषण ने कहा था कि क्लेम की सुनवाई वास्ते दो पक्के गवाह जुटा देना।

मुंशी : लो जी गजरैला आ गया।

मेहरचंद : मेरे को तो थोड़ी मूंगरे और बड़ी की सब्जी और दो। सारी चीजें भरजाईजी ने मेरी खास पंसद की बनाई है।

मुंशी : आप से गवाही जो करवानी है।

मेहरचंद : गवाही तो मैंने वैसे भी देनी ही है शाह जी। समधी का रिश्ता है।

मुंशी : ये रिश्ता किधर से निकाल लाए? क्लेम ऑफिसर ने गवाही रिजेक्ट कर देनी है।

मेहरचंद : वो जी इस तरह मुंशी खजानचंद कि मास्टर हवेलीराम की भतीजी, अपने लाला रलियाराम की बेटी पाशो, वो मेरे ननिहाल वालों के टब्बर में ब्याही थी।

लाजो : पाशो वगैरह की कोई खबरा मेहरचंदजी?

मेहरचंद : नहीं जी। बताओ रब भी कैसी करता है। लाला रलियाराम का कोई नाम लेवा तक नहीं बचा।

हवेलीराम : हम तो हैं मेहरचंद जी।

मुंशी : वैसे तो सतबीर कहता था कि लुधियाना कैंप के रजिस्टर में लभायाराम का नाम दर्ज था।

रोशन : उसमें तो ये भी लिखा था कि इधर से दिल्ली चला गया। आया होता तो क्लेम नहीं भरता?

मेहरचंद : मैंने कहा मास्टर हवेलीराम, गवाही तो मेरे को आपकी ओर से देनी ही देनी है, लेकिन इसमें कोई मुसीबत में घिरने वाली बात तो नहीं?

हवेलीराम : जी मुझे खुद बहुत हिचकिचाहट थी, लेकिन बच्चों ने वकील से पूछ कर फारम भराया है।

मेहरचंद : मेरे वास्ते तो सबसे बड़े वकील आप हो। जिस तरह आप ने बताना है उस तरह मैंने क्लेम ऑफिसर को बता देना है।

एक छोटे-से कमरे में बी०कपूर क्लेम ऑफिसर की तख्ती दीवार के साथ लम्बी मेज पर रखी है। मेज के सामने अदालतों जैसे सीखचे हैं। पीछे क्लेम ऑफिसर बैठा है।

बगल में दाईं तरफ फाइलों का ढेर लेकर क्लर्क बैठा है। क्लेम ऑफिसर एक गवाह से जानकारी ले रहा है : जनकनगर में ये मकान किसने बनाया और कब?

गवाह : चाह नू वाला में ये मकान मलिक उत्तमचंद ने उन्नीस सौ-चाली में बनवाया।

ऑफिसर : जमीन कितने में खरीदी थी?

रोशन छोटे-से दरवाजे से भीड़ के पीछे से उचककर देख रहा है।

गवाह : नौ सौ पैंठ रुपये में।

ऑफिसर : मकान कितना माला रहा?

गवाह : छह माला।

रोशन गुनगुनाता है। तदबीर से बिगड़ी हुई तकदीर बना ले, तकदीर बना ले... (अपने से) आज नहीं बनती जी तकदीर। (गाकर) आपने पे भरोसा है तो एक दांव लगा ले...।

रोशन अब दरवाजे के आगे लगी भीड़ को और उस लम्बी कतार को देखता है जिसमें औरतों की तादाद मर्दों से ज्यादा है। कतार में लाजी भी है। रोशन उसके पास जाता है : माताजी दांव लगाते-लगाते आपके पांव दुख गये होने हैं। अब आप जाओ, पिताजी हौरी के साथ धूप सेंको। मैं लग जाता हूँ लाइन में।

कतार से थोड़े परे बहुत-से लोग बैठे हैं। कुछ दीवार की टेक लेकर और कुछ यहाँ-वहाँ पड़े हुए पत्थरों पर। हवेलीराम, मुंशीजी और मेहरंचद पत्थरों पर बैठे हैं। मेहरचंद हवेलीराम के फार्म देख रहा है। फार्म के साथ मकानों और दुकानों के नक्शे लगे हैं जो मामूली कागज पर पैंसिल और स्केल से बनाये गये हैं।

मेहरचंद : तिन दुकान और तिन मकान—तगड़ा क्लेम मिलना है मास्टर हवेलीराम को। जिन्दगी भर कुछ कमाया नहीं। अब सही।

मुंशी : अपने ही बाप-भाई का कमाया हुआ। और अगलों ने ऐसा कौन-सा खजाना लुटा देना है? रुपया साढ़े छह सौ फी माला जमीन के दे देने हैं। निचली मंजिल के दस रुपया सक्वायर फुट और ऊपरली मंजिल का आठ रुपया सक्वायार फुट। और रब तुम्हारा भला करे, दो-तीन सौ रुपया बिजली-पानी का। बस!

लाजो आ जाती है। हवेलीराम उससे पूछता है : अब कौन-सा नम्बर है?

लाजो : पांचवां। हवेलीराम घड़ी देखता है।

रोशन लाइन में खड़ा हुआ है। उसक नम्बर तीसरा है। वह गुनगुनाता है : दांव लगा ले, लगा ले दांव लगा ले...।

कतार में उसके पीछे खड़ा कोई आदमी उसकी पीठ थपथपाता है : दांव बेशक लगा पुत्तर, मगर इतना बेसुरा नहीं।

रोशन : जो मैं सुर में लगा सकता होता शाह जी, तो यहाँ होता?

भीतर क्लेम ऑफिसर घड़ी देख रहा है : दूसरा गवाह पेश करो।

अब क्लेम ऑफिसर क्लर्क से मुखातिब होता है : दफ्तर बंद होने का टाइम आ गया। बाकियों को कल का टाइम दो।

रोशन और कतार का आदमी : बेड़ा गरक।

कतार का आदमी : चलो कोई नहीं। कल जल्दी निपट जाने हैं।

सतबीर हवेलीराम के कमरे में मुँह लटकाए बैठा है। लोगों के आने की आहट सुनकर वह चौकन्ना होता है। बाहर से कुलभूषण की आवाज आती है : सत रिहा हो गया माताजी। मैं इसी करके क्लेम दफ्तर नहीं आ सका।

लाजो दौड़ती हुई कमरे में आती है : सच?

सतबीर को गले लगाती है। पीछे से भूषण, रोशन, मुंशीजी, मेहरचंद और हवेलीराम आते है : इसके तो दो हफ्ते बाद आने की बात थी।

कुलभूषण : गुड कंडक्ट के बिनाह पर जल्दी रिलीज कर दिया गया।

सतबीर : कैदी बनाने के बाद माना कि बंदा चंगा है।

लाजो : कैसी शक्ल निकल आई जेल में रह के?

मुंशी : तेरा बाप तो जेल से हमेशा तगड़ा होकर निकलता था।

लाजो : इन्हें किसी ने झूठे केस में फँसा के सजा नहीं कराई।

रोशन : भले ही धोखा इनके प्राजी ने भी किया।

कुलभूषण : इस वक्त बाहर वाले लोग हैं। वरना बताता कि धोखा किसने दिया, किस तरह दिया।

लाजो : बाहर वालों को ये बताने में तो शर्म तुमसे किसी को नहीं आती कि भाई-भाई आपस में लड़ पड़े हो?

सतबीर : मेरे को आती है माताजी। मैं जानता हूँ कि मैं दुनिया में किसी को मुंह दिखाने काबिल नहीं रह गया। आपको भी। मैं तो वहीं से कहीं चला जाता मगर प्राजी जिद करके ले आए।

रोशन : जिद करके जेल भेजा, जिद करके घर लाए।

हवेलीराम : तू चुप कर रोशन। सत पुत्तर, मैं तेरे मन की हालत समझ सकता हूँ। कुछ दिन के लिए बाहर घूमने जाना चाहता हो तो घूम आ।

लाजो : प्रज्ञावतीजी ने मेरे को लिखा था कि सतबीर को उत्तरकाशी भेज देना। तू वहां चला जा।

सतबीर : कोई और झूठा दिलासा पाने वास्ते?

मुंशी : तू तो मुंशी खजानचंद वल्द दीवानचंद के साथ चल। मेरे दस बच्चे दस दिशाओं में फैले हैं। मेरे साथ तेरा आल इंडिया का टूर हो जाना है।

रोशन : सत, कहीं जाने की जरूरत नहीं है, सुना? तेरे को यहीं रहना है मेरे साथ। जिन्होंने तेरे से धोखा किया, उनसे हमें मिल के बदला लेना है।

सतबीर : मेरे साथ तो रोशन, जन्म से ही धोखा होता आया। किस-किस से बदला लूं? जिन्होंने पैदा किया उन्होंने पाला नहीं, जिन्होंने पाला उन्होंने कभी बताया नहीं। मेरे तो, अपनों ने ही धोखा किया है रोशन। अपनों से बदला नहीं लिया जाता।

हवेलीराम : अपनों को धोखेबाज भी नहीं माना जाता पुत्तर।

रोशन : शायरों वाली बातें करना छोड़ सत। मेरे को अच्छी तरह मालूम है कि तेरे साथ धोखा लाला वृषभान ने किया है। मेरे को तेरे को मिलकर उससे बदला लेना है।

हवेलीराम : लाला वृषभान को तो लकवा मार गया है। उनसे क्या बदला लोगे?

रोशन : लकवा मार गया है? चलो जी, रब ने अपना काम थोड़ा हल्का कर दिया। अब कुछ इस तरह करना है कि उसके बिजनेस को लकवा मार जाए।

मुंशी : दूसरों का बुरा सोचना कोई चंगी बात नहीं है रोशन।

लाजो : सोचना ही है तो ऐसा सोच कि हम मिल के कोई अच्छा बिजनेस कर लेने हैं।

मुंशी : इतना बड़ा क्लेम है। तुम लोगों को घट से भी घट एक दुकान और दो मकान मिल जाने हैं। एक मकान बेच देना और उसके पैसे से बिजनेस शुरू कर देना।

रोशन : हाल तक तो मिला नहीं और मिलना है तो भरजाईजी की तिजोरी में जाना है।

मुंशी : किसी की तिजोरी में जाना है। छोटे लाट ने तुम तीनों को दे देना है कि मैंने तो की नहीं, तुम तीनों करो बिजनेस।

रोशन : आप तीनों भाइयों की बात कह रहे हो मुंशी जी? लेकिन प्राजी के लिए तो हम दोनों दुश्मन से भी बत्तर है। इन्होंने नहीं देना है हमारा साथ।

कुलभूषण : मैं किसी को दुश्मन नहीं मानता। तुम मेरे को दुश्मन मानना छोड़ो।

लाजो : भाई हो, भाइयों की तरह रहो।

कुलभूषण : जरूर रहने हैं माताजी। और जो ये रोशन हेरा-फेरी से बाज आये तो मिलकर बिजनेस भी करने हैं।

मुंशी : कर न पुत्तर, और हवेलीराम एण्ड सन्स को दिल्ली में उसी बलन्दी पर पहुँचाना जिस पर लहौरे में गेंदामल-रलियाराम की होती थी।

क्लेम ऑफिसर वी०कपूर अपनी नेमप्लेट के पीछे बैठा है। दाई तरफ क्लर्क है। सामने हवेलीराम गवाही दे रहा है। मुंशीजी, मेहरचंद, भूषण, रोशन, लाजो, सतबीर पीछे दिखाई दे रहे हैं।

हवेलीराम : हाँ जी, भाई आत्मानंद का मकान था। उन्होंने अपनी भांजी और मेरी पत्नी लाजवन्ती को सन् 1928 में दे दिया था।

क्लेम ऑफिसर : वो हैं कहाँ?

हवेलीराम : जी उनका सन् 45 में मॉरीशस में देहान्त हो गया।

क्लेम ऑफिसर इस फार्म को अलग रखता है और बाकी दो फार्म उठाता है : ये दो और दरखास्त मुआवजा आपने किस तरह दिए हैं?

हवेलीराम : ये मेरी बाऊजी लाला गेंदामल और प्राजी लाला रलियाराम की जायदाद के बारे में है।

क्लर्क एक चिट ऑफिसर को देता है।

क्लेम ऑफिसर : ये क्लेम आपने किस तरह भर दिया?

हवेलीराम : जी, उनके वारिसों में मैं ही बचा हूँ।

क्लेम ऑफिसर : लभायाराम को आप उनका वारिस नहीं समझते?

हवेलीराम : लभायाराम की अमानत समझ के ही मांग रहा हूँ। वो लापता हैं।

क्लेम ऑफिसर : इस तरह दूसरों का हक मारते हुए आपको शर्म आनी चाहिए मास्टर हवेलीराम।

कुलभूषण : जरूर! एक मिनट मिस्टर कपूर।

हवेलीराम : अगर लभायाराम ने भी दरखास्त दी है तो क्लेम उसे दीजिए। मैं गवाही दूंगा।

सुलोचना कुलभूषण के कमरे में मुंह फुलाए बैठी है। मोहिनी बाहर से आती है : मैंने मुंशीजी को समझा के भेज दिया है। बच्चे भी उनके साथ चल दिए। मैंने कहा मुंशीजी, हमारे भूषण का हक किस तरह मारा गया था ये तो आपको पता ही है। अब भूषण के बच्चों का हक नहीं ना मारने दो। कहने लग पड़े कि आप बेफिकर रहो, मैंने कुछ न कुछ करा देना है।

सुलोचना : किसी ने कुछ नहीं कराना है मम्मीजी। मैं तो इसी करके कहती

थी कि मेरे से इन लोगों के नाज-नखरे नहीं ना उठवाओ। इनकी तो कितनी ही खुशामद कर लो, करना इन्होंने बुरा ही है। सोचने की बात है, जिनसे आप अपना भला नहीं हो सका उन्होंने हमारा क्या भला करना है?

मोहिनी : इतना बेसब्र होना ठीक नहीं। भूषण तेरे ससुर जी को समझा रहा है। इस वक्त के कानूनी पहलू वो किसी तरह नजरअन्दाज कर ही नहीं सकते।

कुलभूषण और लाजो के साथ अपने कमरे में हवेलीराम बैठा समझा रहा है : कानून भी पुत्तर दो तरह का है। एक वो जो वकीलों की किताबों में लिखा है और दूसरा वो जो इंसान की अन्तरात्मा में दर्ज है। तू पहली तरह के कानून की बात कर रहा है। मैं दूसरे की।

कुलभूषण : पिताजी माफी चाहता हूँ। किताबी कानून की बात तो आप कर रहे हो। जब तायाजी ने दादाजी की जायदाद में से मेरा हक मारा तब उन्होंने किताबी कानून का सहारा लिया। आपके भोलेपन का फायदा उठा के बेईमानी और धोखाधड़ी की। अन्तरात्मा का कानून कभी भी बेईमानी के हक में हो ही नहीं सकता था। फिर आपने किस तरह तायाजी को बक्श दिया?

हवेलीराम : हमने कानूनी लड़ाई लड़ी और उसमें हार गये।

कुलभूषण : तो मैं भी कानूनी लड़ाई लड़ने की इजाजत चाह रहा हूँ।

हवेलीराम : नहीं पुत्तर, तू बेईमानी के जवाब में बेईमानी करने की इजाजत चाह रहा है। बाऊजी की जायदाद पर मेरा या तेरा किसी भी किस्म का हक नहीं रहा गया था। तू उसका कानूनी हकदार बनना चाह रहा है।

कुलभूषण : पिताजी ये किस तरह की अन्तरात्मा है जो हर तरफ और हर तरह से आपको हार मानने के लिए मजबूर करती है?

हवेलीराम : जिसे तुम मेरी हार समझते हो उसे मैं अपनी जीत कहता हूँ।

कुलभूषण : हार को जीत और भुखमरी को भोजन समझते-समझते अपनी सारी जिन्दगी तबाह कर ली। अब भी चेतो।

हवेलीराम : आखिरी वक्त क्या खाक दुनियादार बनूं? तुम लोगों के जिद करने पर दुनियादार बन के देख तो लिया। क्या मिला मुझे? क्लेम दफ्तर में बेईमान होने का सर्टिफिकेट।

कुलभूषण : हम उसी चीज को तो कंटेस्ट करना चाह रहे हैं। हमने गवाह पेश करने हैं कि हमारा गवाह सही है। लभायाराम के साथ-साथ हमारा भी हक बनता है।

हवेलीराम : तुम्हारे गवाह कुछ कहते रहें। मेरी आत्मा गवाही नहीं देती।

कुलभूषण : पिताजी मैंने अफसरान से सारी बात कर ली है।

हवेलीराम : मेरे से बगैर पूछे की है पुत्तर?

लाजो : मास्टरजी होश करो। कानूनी मसले हैं। सारी ऊंच-नीच समझ के ही कदम उठाना चाहिए। आपने तो क्लेम ऑफिसर के सामने ये मानना ही नहीं चाहिए था कि सिर्फ लभायाराम का हक बनता है।

कुलभूषण : पिताजी अगर आपने ऑफिसर के सामने जाके ये नहीं कहा कि लभायाराम के साथ-साथ हमारा भी हक बनता है, तो आप पर धोखाधड़ी का इल्जाम लग जाना है।

हवेलीराम : लभायाराम को उसका हक मिल जाएगा तो किस बिनाह पर धोखाधड़ी की वह शिकायत करेगा?

कुलभूषण : उसने जरूर करनी है। क्योंकि उसके खून में धोखाधड़ी भरी है। उसने किसी ने नहीं कहना है कि मास्टर हवेलीराम पुश्तैनी जायदाद का क्लेम मेरी अमानत समझ के ले रहे थे। उसने तो यही कहना है कि बेईमानी कर रहे थे और जब मैंने कानूनी कार्रवाई की धमकी दी तब डर गये।

लाजो : मास्टरजी मुंशीजी भी यही कह रहे थे कि थोड़ा दबाव लभाया पर रखा जाना चाहिए। असली और अच्छा समझौता तो तभी होना है।

हवेलीराम : मैं तो सिर्फ इतनी बात जानता हूँ लाजोजी कि तुम्हारे साथ गिरस्ती बसाने की खातिर जिस जायदाद का मैंने तब लालच नहीं किया, उसका अब भी नहीं करूंगा।

लाजो : बात उस जायदाद की हो रही है जो लालाजी अपने सबसे बड़े पोते कुलभूषण के नाम कर गये थे।

हवेलीराम : वो जायदाद भी मेरी भूल से प्राजी की हो गई थी। उस पर भी लभायाराम का ही हक बनता है।

कुलभूषण : पिताजी गुस्ताखी माफ। सारी जिंदगी आपकी एक ही जिद रही है कि मैं तो अपने पांव कुल्हाड़ी मारूंगा।

सुलोचना बाहर से झांकती है और इशारे से कुलभूषण को बुलाती है। कुलभूषण बाहर जाता है।

सुलोचना : तुम क्या कम जिद्दी हो जो अपने पिताजी की असलियत समझने से इंकार करते हो? मानते ही नहीं हो कि वो तुम्हारा भला नहीं चाहते?

कुलभूषण : असल में पिताजी का क्या है कि एकदम संत-महात्मा बरगे इंसान हैं।

सुलोचना : संत-महात्मा ये बने ही इस करके हैं कि तुम्हारे-मेरे जैसे अच्छे इंसान

भी दुनिया को हैवान नजर आने लग पड़ें। पता नहीं इनका जैसा ठण्डा, रूखा और बेमुरौव्वत इंसान शायरी किस तरह करता था।

ये लोग अपने कमरे में पहुँचते हैं, जहां मोहिनी बैठी है।

मोहिनी : शायरी में भी तेरे ससुरजी ने निकम्मी बनाने वाली नसीहतें दी होनी हैं?

मुंशीजी एक दरवाजा खटखटा रहे हैं। लभायाराम दरवाजा खोलता है : मुंशी खजानचंद।

मुंशी : वल्द दीवानचंद।

कमरे में एक खूबसूरत गोरी और भूरे बालों वाली लड़की कांची भी बैठी हुई है। वह मुंशीजी की ओर दौड़ती है : कैश है रोकड़ा : गिन्ना काउन्ट है।

कांची और मुंशी दोनों एक-दूसरे का हाथ पकड़के मिल के कहते हैं : रकम अमाउन्ट खाता अकाउन्ट है।

कांची की पीठ थपथपाने के बाद मुंशी जी लभायाराम से मुखातिब होते हैं : ये हुई ना बात। जो कहे कांची सो होए सांची। और सुना भाई, लभ-लभ लभया ते लभायाराम लभया कब आया? किधर से आया? किस तरह आया? हमने तो तेरे को एक-एक कैंप में ढूंढ मारा लेकिन कहीं मिला ही नहीं। लुधियाना कैंप के रजिस्टर में तेरा नाम जरूर पढ़ा था।

लभ्याराम : मुंशीजी मैं उधर से दिल्ली आ गया था।

मुंशी : तब का यहीं बैठा है? कभी अपने वालो को ढूंढने की कोशिश नहीं तो की?

लभायाराम : जी वो इस तरह हुआ कि मैं तभी वापस लहौर चला गया।

मुंशी : ए शाबाशे वन्स मोर, लहौर।

लभायाराम : वो जो बाऊजी का वाकिफ होता था ना दिल्ली का व्यापारी सुलेमान, वो यहां से छोड़ के लहौर जा रहा था। मैं भी साथ निकल लिया। कि अपना उधर कुछ बचा हो तो उसके हाथ बेच दूं।

मुंशी : अरे जब वहां बेच आया तो यहां क्लेम किस तरह किया?

लभायाराम : बेचने को वहां बचा ही क्या था? अपने मकानों में तो दूसरे लोग घुस ही गये हैं। दो दुकानें तो जल ही गईं। एक पुरानी वाली बची उसे अपना रखा हुआ चौकीदार छोड़ने को तैयार नहीं था।

मुंशी : कौन, अपना नूरया?

लभायाराम : हाँ जी।

मुंशीजी : तो लभायाराम को कुछ लभया नहीं लहौर जाकर?

लभायाराम : बस उस सोने को छोड़कर जो तंदूर के नीचे दबा था।

मुंशीजी इस खबर को पाके खुश होते हैं और लभायाराम की पीठ ठोकते हैं : शाबाश मुंडया। और लाला रलियाराम का कुछ पता चला?

लभायाराम : पूछताछ बहुत की मगर मालूम कुछ नहीं पड़ा। ये कन्नी जरूर मिल गई। सौतेली माँ के सताने पर ये हमें ढूंढती लहौर आई थी, दंगों में फंस गई।

कन्नी : जब मेरे को कैनाल रोड वाले कमान में कोई नहीं ना मिला तो मैं बुरका डाल के नूरिए के घर में छिप गई।

मुंशी : बहुत सयानी है कन्नी। अक्ल में अपने नाना बरगी, शक्ल में अपनी नानी बरगी, बातें करने में अपनी माँ पाशो बरगी और मेहमाननवाजी में आपने पयो बरगी।

कन्नी : तो क्या बना दूं आपके वास्ते मुंशीजी?

मुंशी : इस समय तेरी लाजो नानी के यहां से टंकी फुल करके आया हूँ। बल्कि मैं तो तुम्हें उधर उन लोगों के पास ले जाने वास्ते आया था।

लभायाराम : वहां जाकर हमने क्या करना हुआ?

कन्नी : अपने लोगों से मिलना हुआ और क्या?

लभायाराम : अपने लोग? हुंह! चाचाजी के बारे में तो सपने में भी ये नहीं सोचा जा सकता था कि वो झूठा क्लेम भर देंगे। जो चाचाजी बिल्कुल भोले और दूध के धुले समझे जाते थे, उन्होंने तक क्लेम के मामले में चार सौ बीसी कर छोड़ी।

मुंशी : मैं उसी बारे में बात करने आया हूँ पुत्तर।

लभायाराम : मुंशीजी, आप हमारे बुजुर्ग हो। हमारे खानदान के बहुत पहले से चले आ रहे मुंशी हो। इस करके मैं आपकी बहुत इज्ज़त करता हूँ। यहां आए हो तो बैठो, लस्सी-लुस्सी पीओ और असीसां देकर जाओ। बाकी जो आप चाचाजी हौरी के गवाह और खैरखवाह बनके आए हो तो मैं माफी चाहता हूँ कि मेरे पास क्लेम के बारे में आपसे बात करने की फुर्सत नहीं ना है।

मुंशी : फुर्सत तो निकालनी ही पड़नी है पुत्तर, क्योंकि जो तूने फुर्सत नहीं निकालनी तो तेरे को गवाह नहीं मिलने और गवाह नहीं मिलने तो क्लेम नहीं मिलना।

लभायाराम : आप मेरे को धमकी दे रहे हो मुंशीजी?

मुंशी : मैं तेरे को ऊंच नीच समझा रहा हूँ पुत्तर।

कांची : मगर हमने तो सुना कि मास्टर नानाजी ने क्लेम आफिसर से कह दिया कि मामाजी की ओर से वो गवाही दे देंगे।

मुंशी : उनके ऐसा कहने के बाद भी इसने उन्हें धोखेबाज ही कहना हुआ

तो उन्हें धोखेबाजी करने से क्यों परहेज होने लग पड़ा? और मैं हो गया, लाला मेहरचंद हो गये, इसी तरह साझी जान-पहचान वाले और लोग हो गये, उन्होंने भी इस धोखेबाजी में मास्टर हवेलीराम हौरी का साथ देना ही है।

कांची : वाह जी वाह, ये क्या बात हुई?

मुंशी : बात इस तरह हुई कि एक बारी पहले धोखा हवेलीराम हौरी के साथ हो चुका है। लभाया पुत्तर देख, तेरे को तो सारी बात मालूम है। रुपये में चुआनी का हिस्सा लाला गेंदामल जी आप भूषण के नाम कर गये थे। बड़े लाट रलियाराम ने इस हिस्से पर हेरा-फेरी से कब्जा किया। उसकी नीयत तो आखिर तक वापस करने की थी लेकिन छौले लाट के आगे झुकना मंजूर नहीं किया।

लभायाराम : नहीं झुके तो मैं क्या करूं?

मुंशी : अपने बाऊजी की और उससे भी ज्यादा अपने नानाजी की खाइश पूरी कर कि सब लोग फिर इकट्ठे हो जाएं। तू कुलभूषण का हिस्सा देने वास्ते राजी हो जा।

लभयाराम : और न होऊं तो?

मुंशी : तो तेरे को कुछ नहीं मिलना। एक तो हमने तेरी ओर से गवाही नहीं देनी, दूसरे कुलभूषण बड़ा अफसर है और अफसरों ने अफसरों की तरफदारी करनी ही करनी है।

लभायाराम : वल्ले-वल्ले। ये दुनियादारी हमारे संत बरगे चाचाजी मास्टर हवेलीराम को किसने सिखा दी? आपने मुंशीजी?

मुंशी : दुनिया ने पुत्तर।

लभयाराम : जो चीज चाचाजी हौरी मेरे बाऊजी से नहीं ना ले सके वो इस तरह घेर-घारकर मेरे से ले लें ये तो नाइंसाफी वाली बात हुई।

मुंशी : गलत पुत्तर, रौंग है। उन लोगों के केस में दम है, स्ट्रौंग है। तब आपसी तनातनी में जो नाइंसाफी हो गई थी उसे अब दूर करना है तेरे को।

लभायाराम : बाऊजी कहते थे हवा उल्टी बहे तो झुकना ही बेहतर। तो चलो अभी समझौता ही सही। आज उनका पलड़ा भारी, कल मेरा होना है।

मुंशी : ना पुत्तर, ना। पलड़े बराबर रखने हैं। अब तो हिल-मिल के रहना है।

अपने कमरे में हवेलीराम कुलभूषण से बात कर रहा है। लाजो सुन रही है।

हवेलीराम : मुझे तो एक बात समझ में नहीं आई कि जब इसमें झगड़े वाली कोई बात ही नहीं थी तो मुंशीजी को समझौता कराने क्यों भेजा है?

कुलभूषण : जी मैंने नहीं भेजा है। मेरे सासूजी ने भेजा है।

लाजो : मास्टरजी आपने ही तो मुंशीजी को लभाया के पास भेजा।

हवेलीराम : मैंने समझौता कराने के लिए नहीं कहा। मैंने कहा उसे लिवा लाओ। वो यहीं रहेगा हमारे साथ।

लाजो : अगर मुंशीजी कोई समझौता भी करा देने हैं तो आपको क्या परेशानी है?

हवेजीराम : लभाया राजी-खुशी कुछ देता हो तो ठीक है, लेकिन जोर-जबरदस्ती करके हमें कुछ नहीं लेना।

कुलभूषण : राजी-खुशी तो कोई कुछ नहीं देता।

उदास सतबीर और चहकता हुआ रोशन आता है : सिवाये बिलों के। लो जी प्राजी, बाजार से मैं जिधर गुजरा आपके नाम का बिल मिला।

लाजो : भूषण पुत्तर, तुम लोग सयाने हो चले हो इस करके मेरा रोकने-टोकने का कोई हक नहीं बनता। फिर भी कहे बिना रहा नहीं जाता कि तुम लोग बहुत उधार करते हो।

कुलभूषण : माताजी आप तो जानते ही हो मैं कोई फिजूलखर्ची करता ही नहीं।

रोशन : पर हाय, मैंने फिजूलखर्ची के साथ ब्याह किया है।

कुलभूषण : तेरे ये सस्ते मजाक मेरे को बिल्कुल पसन्द नहीं है रोशन।

रोशन : मजाक तो मेरे पास मंहगे वाले भी हैं प्राजीं। मैं खिदमत में इस करके पेश नहीं ना कर रहा कि भरजाईजी का खर्च उठाते-उठाते आपका गल्ला तो आगे ही खाली हुआ पड़ा है।

कुलभूषण : आपने सुना पिताजी? उम्र में छोटा होते हुए भी ये रोशन मेरे साथ जिस तरह पेश आता है उससे तो यही लगता है कि इस क्वार्टर में ये मेरी मेहरबानी से नहीं ना रह रहा, मैं इसकी मेहरबानी से रह रहा हूँ।

रोशन : विलायात जाते-जाते, आई॰सी॰एस॰ होते-होते रह गये प्राजी। रोशन को क्वार्टर से निकालने की धमकी तो नहीं ना दो। रोशन तो है सड़क छाप आदमी। फुटपाथ पर सो लेना है।

कुलभूषण : माताजी मैंने इसे निकालने की धमकी दी? किसी ने सुना?

रोशन : खुली धमकी देने के लिए जिगरा चाहिए प्राजी और छिपी धमकी सुनने के लिए तेज कान।

हवेलीराम उठ के चल पड़ता है : लाजो जी मैं जरा बाहर टहल आऊं।

लाजो : सैर तो आप कर चुके मास्टरजी।

हवेलीराम : प्यार के बंधन से जुड़े लोगों की एक-दूसरे के लिए ऐसी बेरहमी बर्दाश्त करने के वास्ते जो बेशर्मी चाहिए वो मुझमें नहीं है लाजोजी।

लभायाराम और कांची के साथ मुंशी कुलभूषण के क्वार्टर की ओर बढ़ रहा है : लो जी, आ चला है कुलभूषण साहब का बंगला। हमारा पुत्तर लाटसाहब के दफ्तर में लगा हुआ है। अंग्रेजों के जमाने में इसी तरह कहा करते थे लोग। चाहे चपरासी ही हो, कहते थे लाटसाहब के साथ लगा हुआ है।

मुंशीजी पुकारते हुए जाफरी के भीतर घुसते हैं : छोटे लाट...।

एक कमरे से लाजो और रोशन तथा दूसरे से मोहिनी बाहर निकलती है : आओजी मुंशीजी, आओ। और सुनाओ। वो काम बना?

मुंशी : सूरज चमका शाइनिंग सन, वर्क तुम्हारा हो गया डन। और भूषण किधर? घर पे कि लाटसाहब के दफ्तर पे?

लाजो : मुंशीजी हिन्दुस्तान आजाद हो चला है। लाटसाहब लौट गए विलायत।

मुंशी : दफ्तर तो छोड़ गए।

मुंशीजी बाहर झांकते हैं : अरे आ भई लभाया।

लाजो : बाहर क्यों खड़ा है पुत्तर?

मोहिनी : अरे लभाया, तू बाहर किस तरह खड़ा है? ये तो तेरा अपना घर है।

लभायाराम : पैरीपोना मौसीजी।

मोहिनी : तेरे झाईजी शानो मेरे खास सहेली थे। और मेरी लोचन के डैडीजी तो लेन-देन का कोई भी काम तेरे बाऊजी से सलाह लिए बगैर नहीं करते थे।

लाजो कांची को गले लगा लेती है : वाह, लभाया के साथ कांची भी आई है। ये तुझे कहां मिली?

लभाया लाजो के पांव छूता है : पैरीपोना चाचीजी। ये मेरे को लहौर में मिल गई। मैं हिन्दुस्तान आके वापस लहौर चला गया था।

रोशन : कोई माल-टाल लेने वास्ते गया होना है। मिला?

मोहिनी : कुछ लोगों को तो माल के अलावा कुछ सूझता ही नहीं।

रोशन : सभी लोगों को जी। इस तरह के माया-मोह से उठे हुए सिर्फ दो बन्दे हैं। एक आप निक्का की नानीजी और एक मैं।

मोहिनी : लभाया पुत्तर, चल भीतर बैठ हमारे कमरे में। लोचन ने तेरे वास्ते बड़ी सारियां चीजें बना के रख छोड़ी हैं।

सुलोचना बाहर निकलती है : हैलो लभाया।

लभायाराम : हैलोजी भरजाईजी।

सुलोचना लभाया की बांह पकड़कर भीतर जे जाती है। मोहिनी कांची के कंधे पर हाथ रखकर ले जाती है।

मोहिनी : आओ मुंशीजी।

मुंशी : छोटा लाट है?

लाजो : मास्टरजी तो बाहर गये हुए हैं।

रोशन : हैलोजी भरजाईजी, चलो जी। माताजी पुश्तैनी जायदाद की चौथाईजी अब तो सारी निक्के की नानीजी ने पाईजी।

लाजो : उन्होंने भी निक्के को देनी है।

कुलभूषण का कमरा। सुलोचना और मोहिनी मुंशी, कांची और लभायाराम को चाय-पानी पिला रहे हैं।

सुलोचना : सम केरेट हलवा फॉर यू लभाया?

लभायाराम : अनफ जी। और नहीं जी।

थोड़ा हलवा और परोसती है : मुंशी जी, हलवा थोड़ा और चले।

मुंशी : दौड़े जी। इतना धीमे-धीमे क्यों चल रहा है?

कुलभूषण आ जाता है। सवालिया निगाह से सुलोचना की ओर देखता है। उसके चहकने से आश्वस्त होता है।

सुलोचना : देयर कम्स भूषण। लभाया बेचारा कितनी देर की तुम्हारी वेट कर रहा है।

कुलभूषण हाथ बढ़ाता है : और सुना भई लभाया। चंगी तरह?

लभायाराम : हाँ जी। आपकी मेहरबानी जी।

मोहिनी : मुंशीजी ने सारी गलतफहमी दूर करा दी। मैं तो आप कहती थी कि भूषण की एक बारी अपने सगे भाई से गलतफहमी हो सकती है लेकिन लभाया से तो कभी नहीं।

कुलभूषण : वण्डरफुल। दिस काल्स फॉर ए रीयर सैलिब्रेशन। आज शाम मेरे साथ क्लब चल लभाये।

हवेलीराम कमरे में आता है और ठिठकता है : यहां कोई विलायती दावत तो नहीं हो रही जो मेरे आने से रंग में भंग हो?

मोहिनी : भाइयों के बीच समझौता हुआ है इस करके मुंह मीठा करा रहे हैं।

हवेलीराम : झगड़ा ही कहां था जो समझौते की जरूरत पड़ी?

मुंशी : सवा सोलह आने सही बात कही छोटे लाट ने। लो इसी बात पर खा हलवा।

हवेलीराम : मुंशीजी आप तो जानते ही हैं कि मैं तो खाने के समय ही खाता हूँ। दिनभर मुंह नहीं चलाता।

कांची : नानाजी जरा-सा तो हलवा खाओ। हमारे आने की खुशी में अपना नियम तोड़ नहीं सकते?

हवेलीराम : मैं न खुशी में नियम तोड़ता हूँ और ना गम में। तो लभाया, ये मुंशीजी किस समझौते की बात कर रहे हैं?

लभायाराम : अब आप उससे पीछे हटना चाहते हो चाचाजी? वहां क्लेम आफिसर के सामने मेरे हक में बात कह के पीछे हट गये, वही काफी नहीं था?

हवेलीराम : मैं समझा नहीं।

मुंशी : अब इसमें समझने वास्ते कुछ रहा ही नहीं।

लभायाराम : नहीं चाचाजी, आप समझ लो। समझौता इस तरह हुआ है कि आप लोग मेरी ओर से गवाही दिलवाओगे। इसकी एवज में मैं आपके खिलाफ धोखाधड़ी की कार्रवाई नहीं करूंगा। आप लाला गेंदामल की जायदाद में कुलभूषण की चार आना पत्ती मांगोगे और मैं आफिसर के सामने कहूंगा कि आपका दावा जायज है।

हवेलीराम : ये सब क्या है मुंशीजी? मैंने तो आपसे कह दिया था कि मैं लभाया की ओर से बिना किसी शर्त गवाही दूंगा।

मुंशी : छोटे लाट, ये बिजनेस के मामले हैं। तू हमेशा इनसे दूर रहा है। अब भी रह।

हवेलीराम : लभाया पुत्तर मैं तेरी ओर से गवाही दूंगा। तू क्लेम में से अपनी खुशी से अपने भाइयों को कुछ देना चाहे तो तेरा बड़प्पन होगा।

लभायाराम : चाचाजी आप गवाहियों का तो इंतजामत कराओ। फिर आप देखो कि मेरा हार्ट कितना लार्ज हैगा।

कुलभूषण : जो बाद में दे सकते हो वो अभी दे सकते हो। मुंशीजी से जो समझौता किया है उस पर कायम रहो।

लभायाराम : प्राजी, गुस्ताखी माफ। मेरी चाचाजी के साथ बात हो रही है। तो चाचाजी ठीक है। जिस तरह आप कह रहे हो उस तरह ही करने हैं। बाऊजी तो अब रहे नहीं, मैं लहौर गया। एक-एक जगह उनको ढूंढा, कहीं कोई निशान नहीं। अब तो आप ही मेरे बुजुर्ग हो। तीन आपके अपने, चौथा मेरे को अपना छोड़ो। और चाचाजी मैं सोचता इस बीच मेरे को और रोशन को मिल के धंधा करना चाहिए। मेरे पास थोड़ा पैसा है और उसके सुना रसूख अच्छे हैं।

क्वार्टर के बाहर रोशन और लभायाराम कंधे में हाथ डाले घूम रहे हैं: तो तूने क्या कहा लभाये?

लभायाराम : मैंने कहा...।

लभायाराम कहा के बाद वाली सारी बात रोशन के कान में बोलता है और बात पूरी करते ही हंसता है। रोशन की पीठ पर धौल जमाता है। रोशन उसकी पीठ पर और भी जोर का धौल जमाता है।

रोशन : लभाये तेरी-मेरी खूब निभनी और तेरी-मेरी जोड़ी खूब ही जमनी। पूछ क्यों? पूछ?

लभायाराम : किस तरह जी?

रोशन : इस तरह जी कि तू तो है सांप नाथ। और जी मैं हूँ नागनाथ।

दोनों ठहाका मारते है। जाफरी में से सुलोचना उन्हें देखती है और पांव पटकती हुई अपने कमरे में चली जाती है, जहां कुलभूषण लेटा हुआ है। उसके हाथ में अंग्रेजी की 'वार एंड पीस' किताब है। लोचन उससे उसे छीन लेती है : वार एण्ड पीस। किताबी दुनिया में रहते हो चौबीसों घण्टे। असलियात का कुछ पता नहीं। इस खानदान की 'वार' में भी तुम हारे हो भूषण और 'पीस' में भी।

कुलभूषण : अब क्या हो गया लोचन?

सुलोचना : जो हो रहा है उसे तुम अनदेखा करना चाहते हो। मुंशीजी ने जो समझौता कराया था उसके हिसाब से तुम्हें चौथा हिस्सा मिलता। अब वो चौथा हिस्सा तीनों भाइयों का होने वाला है। और वो रोशन लभाया के साथ मिलकर रात-दिन यही सांठ-गांठ कर रहा है कि किसी तरह कुलभूषण का हिस्सा पूरी तरह मार जाए।

कुलभूषण : पिताजी ऐसा नहीं होने दे रहे हैं।

सुलोचना : अव्वल तो लभाया आप ही इतना सयाना है कि उसने ठेंगा दिखा देना है। और थोड़ा-बहुत कुछ दे भी देना है तो तुम्हारे पिताजी ने रोशन की चाल में उसी तरह आ जाना है जिस तरह लभाया की चाल में आए।

कुलभूषण : तो मैं क्या करूं? मैं तो रब से ये नहीं कह सकता कि मेरे को दूसरे पिताजी दे दे।

सुलोचना : दूसरी बीवी तो मांग सकते हो? वही मांग लो। ऐसी जो तुम्हारे पिताजी की बेवकूफियों को बड़प्पन की निशानियां माना करे और कहे : ओ वॉट ए ग्रेट मैन।

कुलभूषण : मैं कभी कभी उन पर झुंझला उठता हूँ मगर पिताजी आदमी सचमुच महान हैं।

सुलोचना : ये कभी सोचा है कि उनकी महानता कितने मंहगी पड़ी है तुमको? ये कभी सोचा कि अपने लोगों को तकलीफ में रख के अपने बड़प्पन का रूआब

गांठने वाला कितना खुदगर्ज इंसान होता है? कभी तुमने सोचा कि तुम एक खुदगर्ज बाप के खुदगर्ज बेटे हो? उन्होंने अपनी ग्रेटनेस पर खानदान कुर्बान कर दिया और अब तुम करने चले हो? मगर मैंने नहीं होने देना, सुना?

कुलभूषण : लोचन तुम मेरे से चाहती क्या हो?

सुलोचना : मैं चाहती हूँ कि तुम जिन्दगी भर महान बाप के महान बेटे मत बने रहो। मैं हाड़-मांस की औरत हूँ। मेरा हाथ पकड़ा है तो तुम भी हाड़-मांस के इंसान बनो। मेरी खातिर। अपने बच्चों की खातिर। क्या सोच रहे हो भूषण? तुम मास्टर हवेलीराम के प्यारे बच्चे ही बने रहना चाहते हो?

कुलभूषण : मैं तुम्हारे से जितना प्यार करता हूँ उतना किसी से नहीं।

सुलोचना : करते हो तो मेरे और अपने बच्चों की परवरिश के वास्ते पुश्तैनी जायदाद में अपना चौथाई हिस्सा अभी रख लो। जो वो नहीं देने हैं तो उन्हें यहां से दफा करो। ये क्या मजाक है कि लोग हमारे ही घर में रह के, हमारा ही खा के, हमारे ही खिलाफ साजिश करते रहें?

क्वार्टर के बाहर एक रेड़े में रोशन और लभायाराम सामान रखवा रहे हैं

रोशन : (गाकर) हवा में उड़ता जाए मोरा लाल दुपट्टा मलमल का हो जी...हो जी।

सुलोचना जाफरी के दरवाजे पर आकर खड़ी होती है।

रोशन : इन द विंड फ्लांइग माई रैड दुपट्टा ऑफ मसलीन, येस सर, येस सर। भरजाईजी हम यहां से जा तो रहे हैं लेकिन आपको हमारी रौनकें याद आती रहनी हैं और हमें आपकी रंजिशें।

भीतर की ओर जाकर पुकारता है : माताजी और कुछ रखाना है?

♦ ♦ ♦

बल्लू अपनी छोटी-सी चाट की दुकान में बैठा ग्राहकों को आकर्षित करने के लिए कलछी से भट्ठी पर रखा तवा बजा रहा है। कांची आती है। पहले बल्लू को, फिर बोर्ड को, देखती है। बोर्ड पर लिखा है 'कट्टो चाट भंडार'। प्रॉपराइटर बल्लू।

कांची : कट्टो चाट भंडार : प्रॉपराइटर बल्लू। आप कौन हो...बल्लू?

बल्लू : हाँ।

कांची : तो आपने दुकान का नाम 'बल्लू चाट भंडार' रखना था ना।

बल्लू : कट्टो, मेरी माताजी का नाम था। चाट बनाने में बेजोड़ मानी जाती थीं वो।

कांची : आपने बाऊजी के नाम पर नहीं रखा दुकान का नाम?

बल्लू : मैं उनका नाम भी नहीं लेना चाहता। अभी माताजी की चिता की आग ठण्डी भी नहीं हुई थी कि बाबूजी ने दूसरी शादी कर ली।

कांची : मेरे बाऊजी ने तो मेरे माताजी के रहते जो कर ली।

हमदर्दी में बल्लू सिर झुकाता, हिलाता और उदास होता है।

कांची : मैं यहां चाट मोल लेने आई हूँ। उदासी नहीं, सुना।

बल्लू : पापड़ी खाओगी या दही-बड़े?

कांची : मिक्स कर दो।

बल्लू : अटपटी बनाऊं कि चटपटी कि खटपटी? अटपटी, यानी कम मसाले की। चटपटी यानी बराबर के मसाले और खटपटी माने तेज मसाले की।

सवाल सुनकर कांची भौंचक्की होती है और अंगुली से कनपटी ठोककर अंगुली को चक्र की तरह घूमाती है कि पगला तो नहीं गये हो?

कांची : खटपटी।

बल्लू : (बुदबुदाकर) वो तो शक्ल से ही पता चल गया था।

कांची : क्या कहा?

बल्लू : कुछ नहीं जी।

कांची : कहीं चाट भी आप अपने बरगी घबराई-घबराई तो नहीं बनाते?

बल्लू : सहर में नई आई दीखो आप।

कांची : हां। दो हफ्ते पहले ही मेरे मामाजी मेरे को लहौर से बचा के यहां लाए।

तस्वीर की ओर इशारा करता है।

बल्लू : अच्छा रिसी-फिसी हो आप जभी मेरी चाट के बारे में आपको पता नहीं है। ये देखो, मेरी चाट तो लाट मिंट बेटन की लेटी और बेटी दोनों जनी बहुत सौख से खा गईं।

कांची : इंगलिश बोलना तक तो आता नहीं और ताब इतनी अकड़ से कर रहे हो मानो इस दुकान में सारी मेमां ही आकर चाट खाती हों।

बल्लू चाट का पत्तल आगे बढ़ाता है : अजी हमारे लिए तो चाट के सौखीन सभी मर्द लाट हैं और सभी औरतें लेटीज हैं।

'लेटीज' सुनकर कांची चाट खाते-खाते हंसती है।

लभायाराम का कमरा। हवेलीराम बैठा गीता पढ़ रहा है। लाजो परेशान हाल बाहर झांक रही है : जाने कहां रह गई। दाल लेने में कोई इत्ती देरी लगती है?

हवेलीराम : आ जाएगी, क्यों नाहक पेरशान होती हो। कांची, अपनी माँ पाशो की तरह बातूनी है। कोई पहचान वाला मिल गया होगा उससे गप्पें लड़ाने लग गई होगी।

लाजो : पहचान वाला हो, अजनबी हो, कांची तो सबसे घुल-मिलकर बातें करती है।

सतबीर, लभाया और रोशन आते है। रोशन गाने की पंक्तियाँ गा रहा है – हुए हम जिनके लिए बर्बाद, वो हमको चाहें करें ना याद, उनकी याद में हम गाए जाएंगे, गाए जाएंगे। डडर, डर, डर, डर। डा॰ डा॰।

लाजो : फिर गया होना है सनिमा। तू आप तो बिगड़ा हुआ था ही रोशन, अब इन छोटे भाइयों को भी बिगाड़ने लग पड़ा है।

रोशन : माताजी ये जो लभाया है ना, ये तो रेडीमेड बिगड़ा हआ है।

लभायाराम : जो रोशन प्राजी ने मेरे को और बिगाड़ने की कोशिश की तो मैंने कहीं उल्टे सुधर जाना है। मगर चाची, रोशन प्राजी ने सतबीर को जरूर बिगाड़ देना है।

रोशन : अच्छा बनने से इसकी जिन्दगी बिगड़ी। अब ये थोड़ा बिगड़ जाए तो जिन्दगी बन जाए।

लाजो : उल्टी-उल्टी बातें करता है।

लभायाराम : क्यों न हों उल्टी बातें? जमाने की गड्डी रिवर्स गियर पर चल रही है अब तो।

रोशन : आहो जी फुल स्पीड में। सबसे पीछे वाला लीड में। हम तो सतबीर को फिल्म दिखाने ले गये कि शायद उसी से इसके चेहरे पर रौनक आए लेकिन इसने तो और भी रोनी सूरत बना ली।

लभायाराम : मैंने इसी करके अरज किया था कि प्राजी ट्रेजिडी के इस गुलाम को ये फिल्म मत दिखाओ क्योंकि इसका हीरो तो आप ट्रेजिडी बादशाह है।

सतबीर अब तक बराबर चुप रहा है। उसके भीतर ज्वालामुखी धधक रहा है। अब वो फूट पड़ा है। रोशन को 'शट-अप' कहकर इतनी जोर से डांटता है कि जैसे सन्नाटा छा जाता है। हवेलीराम गीता हाथ में लिए उठकर सतबीर की ओर बढ़ता है : सत, पुत्तर, तू मेरे साथ बरामदे में चल। पढ़ने में अब थोड़ी तकलीफ होने लगी है मुझे। डॉक्टर कहता था मोतियाबिंद की शुरूआत हो चली है। तू पढ़कर सुना दे गीता।

सतबीर : (झुंझलाकर) मैंने पढ़ना कुछ भी नहीं पिताजी। माफी चाहता हूँ।

रोशन : अब तू पिताजी से भी नाराज होने लग पड़ा?

सतबीर : (धीमे) मैं तो अब भगवान तक से नाराज हूँ।

लाजो : अपने माताजी से भी नाराज है पुत्तर?

सतबीर : कौन-से माताजी से?

लाजो : मेरे से?

सतबीर : (तेज) आपसे भी।

लाजो : पुत्तर हमारे बुजुर्गों ने कहा है कि बेटा कितना भी खराब होए माँ उससे नाराज नहीं ना होती। तब तो माँ के खराब होने पर बेटे ने भी उससे नाराज नहीं ना होना चाहिए सत।

सतबीर : (धीमे) आपसे नाराज नहीं हूँ।

लाजो : मास्टरजी देखा आपने? मैं भूल ही जाती हूँ कि सत मेरा सबसे कद्दावर, सबसे ऊंचा पुत्तर है। **सतबीर से कहती है :** जा, अपनी बहन कांची को ढूंढ ला। दाल लेने वास्ते गई थी, पता नहीं कहां रह गई।

सतबीर को कांची एक चाट दुकान पर नजर आ जाती है। धीरे से वह उसके कान उमेठता कहता है : वहाँ माताजी तेरा इन्तजार कर रहे हैं और यहाँ खड़ी तू चाट खा रही है?

कांची : चाट तो चंगी थी।

बल्लू : (मुस्कुराकर) वो तो जी आपके पत्तल चाटने से ही पता चल गया।

कांची : चाट तो होती है चाटने के वास्ते। आप दिल्ली वाले छूरी-कांटे से खाते होने हो शायद।

बल्लू : चाटते तो हम भी है मगर सिर्फ चाट को।

कांची : गोल-गप्पे किस तरह दिए?

बल्लू : गोल-गप्पे कहां दिए! दूं क्या?

कांची : किस तरह देने हो?

बल्लू : तरह-तरह से दिए जाते हैं जो पूछती हो?

कांची : पा क्या लगाया?

बल्लू : पा?

कांची गांठ में से इकन्नी खोलकर दिखाती है : इसके कितने?

बल्लू : एक आने के क्या? एक आने के छह। दूं? नाम क्या है जी आपका?

कांची : कांची।

बल्लू : कांची? ये भी कोई नाम हुआ भला?

कांची : कनक से कन्नी! अब आई समझ में बल्लू जी? हुंह...बल्लू भी कोई नाम हुआ भला?

बल्लू सोच में पड़ता है। फिर मुस्काराकर कहता है : बालम से बल्लू।

कांची : बलम से तो बलमा होना है।

बल्लू : मेरी माँ अनपढ़ गंवार थी। आप पढ़ी-लिखी हो। आप सही कर देना जी।

कांची गोल-गप्पे खा चुकी है। अब दोने बढ़ाकर गोल-गप्पे का पानी मांगती है : थोड़ा पानी दो।

पानी देता है जिसे वह एक सांस में गटक जाती है : थोड़ा होर।

पानी देता है वह एक सांस में गटक जाती है : थोड़ा होर।

बल्लू : अब और मत मांगना।

कांची : पानी देते भी नानी मरती है। लहौर में तो भरते ही जाते थे।

बल्लू : अच्छा-अच्छा लहौर वाले पानी भरते होंगे आपके सामने।

कांची : पानी तो दिल्ली वालों ने भी भरते ही रहना है।

कांची फिर दोना बढ़ाती है। बल्लू थोड़ा पानी और दे देता है।

बल्लू : अजी एक आने में सारा खोमचा क्यों ना ले लो आप।

कांची : सिर्फ खोमचा? इकन्नी में तो मैं साथ में खोमचे वाला भी खरीद लूं

सुनकर बल्लू झेंपता हुआ हंसता है। उधर से सतबीर आ जाता है : कांची वहां माताजी तेरा इंतजार कर रहे हैं और यहां खड़ी तू चाट खा रही है?

लभायाराम के कमरे में वह खुद, हवेली, लाजो, कांची, रोशन तथा सतबीर मौजूद हैं। हवेली से लाजो कांची की प्यार भरी शिकायत करती है : आप इससे कुछ कहते क्यों नहीं मास्टरजी? ये कांची तो हरदम...।

कांची : चाट से ही चटखारा आता है जिन्दगी में।

रोशन : बिल्कुल सच कहा। मैं तो यही बात सतबीर को समझाता-समझाता थक गया।

हवेलीराम : चाट पुत्तर चटखारे भर के लिए ही ठीक रहती है। उसे खुराक नहीं बनाया जाता। सभी लोग तुम्हारी तरह चटखारे को ही जिन्दगी मानने लगेंगे तो समाज की सेहत बिगड़ जाएगी।

कांची : चाचाजी गुस्ताखी माफ, आप लोग तो सोचते हो रूखा-सूखा खाने से ही सेहत सुधरती है।

लभायाराम : बल्कि बरत करने से।

रोशन : सिम्पल लिविंग, हाइ थिंकिंग। सोचने की बात है, हाई लिविंग के बगैर हाई थिंकिंग हो किस तरह सकती है?

हवेलीराम : चटपटी और चिकनी-चुपड़ी से परहेज करने को मैं नहीं कहता।

जिन्दगी का हर रस लेना चाहिए, लेकिन वाजिब मिकदार में। न ज्यादा, न कम।

लाजो : आपने यहां तो कहा है कि किसी भी चीज को हद से ज्यादा ना करो। अति सर्वत्र वर्जयेत।

रोशन सतबीर के कंधे पर हाथ रखता है : लेकिन माताजी आप लोगों का ये सबसे ज्यादा कद्दावर और सबसे ज्यादा ऊंचा पुत्तर सतबीर तो हद से ज्यादा ही करता है। बताओ, लाला वृषभान की खाट खड़ी करने में हमारी मदद ही नहीं कर रहा।

सतबीर : माताजी आप रोशन से कह दो कि अगर इसने ये टॉपिक फिर छेड़ा तो मैंने घर छोड़ देना है।

लाजो सतबीर का चेहरा अपने सिने से लगा लेती है : रोशन हमने उस दिन कह दिया था पुत्तर कि लाला वृषभान की बात अब इस घर में बिल्कुल नहीं होनी।

रोशन : अबे शुतुरमुर्ग, माताजी की गोद में सिर छिपाने से लालाजी गायब थोड़े हो जाने हैं? तू मेरी सलाह मान और उस वकील से मिल। उसने तेरी ओर से लाले पर मुकदमा करके कुछ-न-कुछ वसूल कर ही लेना है।

सतबीर : मेरे को कुछ नहीं लेना लाला वृषभान से। सुना कुछ?

रोशन : बदला भी नहीं लेना सत?

सतबीर : बदला। बदला जरूर लेना चाहता हूँ, लेकिन किस तरह लूं?

हवेलीराम : बदले की बात नहीं सोचनी चाहिए। नफरत से कोई मसला हल नहीं होता पुत्तर।

रोशन : आपने तो पिताजी यही कहना हुआ कि जिसने तेरे को जेल भिजवाया उससे मोहब्बत कर तभी सब ठीक होना है।

कन्नी : नहीं छोटे मामा, उनसे खामियाजा वसूल करो।

सतबीर : मेरे को नहीं लेना उनका पैसा।

लभायाराम : जो अपना कमाना हो तो मेरे और रोशन के साथ काम कर। या उसके लिए भी मना करता है?

रोशन : हम काहिल और बेईमान बन्दों को तेरे जैसे मेहनती और ईमानदार बन्दे की सख्त जरूरत है।

सतबीर : सड़ांध आने लग पड़ी है मेरे को तेरे मसखरेपन की।

रोशन : तू तो अब ऐसा कर सतबीर कि राख मल के प्रज्ञावती बहन जी के आश्रम में चला जा।

सतबीर : उनका नाम मत ले मेरे सामने।

लाजो : रोशन अब बंद भी कर। तंग कर देता है बिचारे को।

सतबीर : बिचारा-बिचारा मत कहा करो मेरे को।

कन्नी : जब तक आपने गरीब और शरीफ रहना है छोटे मामा, लोगों ने आपको बेचारा ही कहते रहना है। मेरे झाईजी भी आपके बरगे भोले-भाले और गैर-दुनियादार थे। लोगों ने बहुत बेवकूफ बनाया उनको।

लाजो : पाशो बेचारी। सौत ने बहुत दुख दिया उसको।

कन्नी : बेचारी और बेचारा ये दो लफ्ज सुन के ही मेरे को तो आग लग जाती है। आप बेचारे मत बनो छोटे मामाजी।

सतबीर : तो फिर क्या करूं?

कांची : कुछ बन के दिखाओ। कुछ करके दिखाओ।

हवेलीराम : कन्नी ठीक कहती है पुत्तर। हर इंसान को वो बनना चाहिए जिसके वो काबिल हो। वो करना चाहिए जिसे करने की इच्छा हो।

कांची : आप तो ना कुछ बने और ना आपने कुछ किया। लोग कहते हैं आप मिनिस्टर बन सकते थे।

हवेलीराम : मैं मास्टर हवेलीराम ही बनना चाहता था लेकिन सत पुत्तर, तेरे मन में पैसा कमाने की इच्छा हो तो जरूर कमा।

लाजो : बिजनेस में लग जाना है तो तेरा मन भी बहला रहना है।

हवेलीराम : ईमानदारी से भी पैसा कमाया जा सकता है।

रोशन : हमें बेईमानी वाला तो कोई काम ही नहीं देना है इसे पिताजी।

सतबीर : तब ठीक है।

रोशन : तो सांपनाथ।

लभायाराम : हां जी नागनाथ जी। हुक्म करो।

रोशन : इस भोले बादशाह को लेकर क्लब चला जा। समझा देना कि दलपत से क्या कहना है। मैं जरा जाकर खूबचन्दजी को टटोलूं कि तीरथरामजी वाला काम करने वास्ते कितनी दिक्षा लेने हैं।

लाजो : खूबचन्दजी इन्कालाबी घूस खाने लग पड़े?

रोशन : जब उनका रूहानी हाजमा दुरुस्त है तब घूस से परहेज क्यों करें?

हवेलीराम : ठीक ही कहा है, पावर टैण्डूस टू करप्ट, एब्सोल्यूट पावर करप्ट्स एब्सोल्यूटली।

क्लब के बार का बड़ा आइना। लभायाराम उसके सामने खड़े होकर अपने कपड़े ठीक कर रहा है। सतबीर उसके पीछे खड़ा है।

लभायाराम : तो तू समझ गया ना भले बादशाह कि क्या करना है?

सतबीर : मेरा बबली से कोई वास्ता ही नहीं रहा।

लभायाराम : तेरे से वास्ता रखने को कौन कह रहा है? तेरे को तो बस एक चिट्ठी लिख के दे देनी है।

सतबीर : रोशन आप क्यों नहीं लिख देता?

लभायाराम कागज-कलम निकाल के देता है : तेरी चिट्ठी का ज्यादा असर होना है। तेरे वास्ते तो उसकी निहालदेई मौसी ने अब भी रिश्ता भेजा है। चल, लिख फटा-फट।

सतबीर : मेरे को ये ठीक नहीं लगता।

लभायाराम : तूने जे॰बी॰ हौरी से बदला लेना है कि नहीं? बबली को लेकर दलपत और जे॰बी॰ साहब में फिर झगड़ा हो गया। रोशन ने दलपत सिंह जी से वादा किया है कि सत ने आपको बबली जी से मिलवा देना है। अब लिख भी चिट्ठी।

सतबीर : नहीं, मैं इस तरह के काम नहीं करता।

लभायाराम : अरे दलपत बबली को नौकरी देना चाहता है। तुझे क्या तकलीफ है? तेरे को चिट्ठी लिखने में क्या तकलीफ है? क्या तू चाहता है कि वो सहारनपुर में बेकार बैठी रहे।

सतबीर कुछ सोचता है फिर चिट्ठी लिखने लगता है।

दलपत कुछ पढ़ रहा है। पढ़के कागज को मोड़ता है और जेब में रखता है : वाह प्रिंस, इससे तो काम बन जाता दीखे।

लभायाराम : मैंने उस दिन अर्ज किया था ना कि प्रिंस आपका दोस्त है, जे॰बी॰ का नहीं।

दलपत : अगर प्रिंस ने बबली को सचमुच मेरी भी प्राइवेट सेक्रेटरी बनवा दिया तो मान जाएंगे कि दोस्त है। पहले जे॰बी॰ के साथ उसकी खिदमत में लगवाया, अब हमारे साथ है तो...।

सतबीर दलपत का गुलोबंद पकड़ लेता है : इस तरह की बकवास की तो मैंने दांत तोड़ देने हैं आपके।

दलपत : क्यों? फिर सजा पाने का इरादा है?

लभायाराम : ये क्या पागलपन है सत? छोड़ उन्हें। दलपतसिंह जी, रोशन ने आपसे उस दिन भी अर्ज किया था कि आपको प्रिंस ने नहीं, जे॰बी॰ ने मारा था। लाला वृषभान एण्ड सन की ठेकेदारी बचाने की खातिर इल्जाम प्रिंस ने अपने सिर पर ले लिया।

दलपत : तो जो इस बार उन लोगों की ठेकेदारी खत्म करवाने के लिए प्रिंस

को यह वादा करना होगा कि जरूरत पड़ने पर बबली को राजी करने के वास्ते ये खुद सहारनपुर आ जाएगा।

लभायाराम : प्रिंस की ओर से मैं खुद वादा करता हूँ।

दलपत : इसी बात पर हाथ मिलाओ प्रिंस।

सतबीर हाथ नहीं बढ़ाता लेकिन लभाया उसका हाथ बढ़ा देता है। हैंड शेक हो जाता है। इस बातचीत को कुछ दूर की एक टेबल पर अकेली बैठी राजराजेशवरी ध्यान से सुन रही है।

लभायाराम : तो चंगा दलपतसिंह जी। मैंने खैरातीमल जी से आपके सहारनपुर और मसूरी जाने का इंतजाम करवा देना है।

ये लोग उठ जाते हैं। दलपत बॉय-बॉय करता है : बाय लभाया, बाय प्रिंस।

जैसे ही सतबीर राजराजेश्वरी की मेज के पास से गुजरता है, वह अपना पर्स गिरा देती है।

सतबीर उठा के देता है : एक्सक्यूज मी, आपका पर्स।

राजराजेश्वरी : थैंक्यू प्रिंस।

सतबीर : आप मेरे को जानती हैं?

राजराजेश्वरी : जानती तो नहीं, मगर जानना चाह सकती हूँ।

सतबीर : मैं सतबीर हूँ?

राजराजेश्वरी : प्रिंस सतबीर सिंह ऑफ...?

सतबीर : नथिंग।

राजराजेश्वरी : हाऊ चार्मिंगली मोडेस्ट।

लभायाराम : और आपकी तारीफ?

राजराजेश्वरी : मैं प्रिंसेज राजराजेश्वरी हूँ। लेकिन प्रिंस सतबीर की तरह मुझे भी अपनी तारीफ में कुछ भी कहते हुए संकोच हो रहा है।

सतबीर : अच्छा राजकुमारी जी, नमस्ते।

राजराजेश्वरी : इतनी जल्दी क्या है प्रिंस? मेरे साथ एक प्याला चाय पीकर कार्ड रूम में चलिए।

लभायाराम : जरूर जी।

सतबीर : मैं तो ताश खेलना जानता ही वहीं।

राजराजेश्वरी : किस्मत तो जगाना जानते होंगे? आई एम श्यौर, यू लकी फॉर मी।

लभायाराम : सैंट परसैंट जी।

लभायाराम वाले कमरे में रोशन तथा कन्नी बैठे है। रोशन कनस्तर बजा के गा रहा है : वो दुनिया के रखवाले, सुन दर्द भरे मेरे नाले।

कन्नी : रब इस करके नहीं सुनता कि आप बिल्कुल बेसुरे हो। इतना खराब क्यों गाते हो?

रोशन बहुत 'मोडेस्टली' कहता है : क्योंकि मैं इससे ज्यादा खराब गा ही नहीं सकता कन्नी। **गाता है :** सुन दर्द भरे मेरे नाले...।

लभायाराम और सतबीर आते हैं। लभाया कनस्तर यह कहता हुआ छीन लेता है कि अब दर्द भरे नाले बंद करो और खुशियाँ मनाओ। नाचता-गाता है : लारे लप्पा लारे लप्पा, लाई रख दो। आड़ी टप्पा, आड़ी टप्पा लाई ओ हो...।

रोशन : सांपनाथ बगैर बीन के नाच रहा है। क्या बात है?

लभाया रोशन के 'झप्पी' डाल लेता है : वो इस तरह है नागनाथ कि अपना सत तो बड़ा लकी साबित हुआ। पहले दलपत वास्ते, फिर प्रिंसेस के वास्ते।

कन्नी : प्रिंसेस कौन-सी?

लभाया राजराजेश्वरी का कार्ड निकालकर रोशन को देता है : राजकुमारी राजराजेशवरी को देखो।

कन्नी : हाय, सचमुच की राजकुमारी।

रोशन : कन्नी ये हायतौबा बंद कर। और सांपनाथ तू अब बहुत नाच लिया, जरा शांति के साथ समझा कि ये राजकुमारी कौन है? कहां की है?

लभायाराम : बड़ी सौलिड आसामी है। ढाई सौ रुपये चाल वाला फलास खेल रही है।

रोशन : बस ढाई सौ? खैर बहुत गरीब तो नहीं कही जाएगी।

कन्नी : दिखती कैसी है?

लभायाराम : बहुत सोणी। अपने सतबीर को सचमुच का प्रिंस समझ बैठी और फिदा हो बैठी।

कन्नी : बधाइयां होंवे। प्रिंसेस ने आपको अब सचमुच प्रिंस बना देना है।

किन्नी सतबीर से हैंडशेक करना चाहती है। सतबीर उसका हाथ झटक देता है : मेरे को इस तरह की वाहियात बातें पसंद नहीं हैं।

रोशन : वाहियात बातें तो रोशन को पसंद हैं। वही चलाने है इस प्रिंसेस के साथ चक्कर। सत प्रिंस है तो हम प्रिंस हुए।

लभायाराम : नागनाथ वाहियात बातें तो मेरे को तेरे से भी ज्यादा पसन्द हैं।

रोशन : बड़ी सीनियोरिटी का सवाल है सांप नाथ। और वैसे भी तुम लोग अच्छी तरह समझ लो कि कोई करोड़पति कन्या होए, कोई प्रिंसेस होए, तो जब तक लाला रोशनलाल रिजैक्ट ना कर दे तब तक उनकी ओर निगाह ना उठाओ। अच्छा तो चलता हूँ। लौट के मिलता हूँ।

राजराजेश्वरी रेस्तरां में बैठी हुई है। रोशन राजकुमारों वाली पोशाक में, यानी चूड़ीदार अचकन और साफे में, आता है। राजराजेश्वरी से मुखातिब होता है। राजराजेश्वरी उठती है : प्रिंस रिपुदमन सिंह, आई बिलीव। हाऊ डू यू डू?

रोशन : हाऊ डू यू डू?

राजराजेश्वरी : बैठिए।

दोनों बैठते हैं।

रोशन : आपको ज्यादा इंतजार तो नहीं करना पड़ा?

राजराजेश्वरी अपनी घड़ी देखती है : सवा चार मिनट। आप थोड़ी देर और करते तो मैं चली जाती। आइन्दा के लिए याद रखें, मैं पांच मिनट से ज्यादा इंतजार करने की आदी नहीं हूँ।

रोशन : हाँ जानी हैं।

रोशन अंगुली के इशारे से वेटर को बुलाता है।

वेटर : सर।

रोशन : मैडम के लिए कोना कॉफी और मेरे लिए दार्जिलिंग टी और हाँ, थोड़ी पैस्ट्रीज।

वेटर चला जाता है।

राजराजेश्वरी : आपको कैसे पता चला कि मुझे कोना कॉफी पसन्द है?

रोशन : अगर मुझे कहीं कोई दिलचस्प चेहरा नजर आता है तो मैं सबसे पहले ये जानने की कोशिश करता हूँ कि इस दिलचस्प चेहरे के पीछे का इंसान दिलचस्प है कि नहीं। आपका चेहरा दिलचस्प मालूम हुआ इसलिए आपके बारे में सारी जानकारी हासिल की और तब आपको फोन किया।

राजराजेश्वरी : यू मीन टु से, आपको बताया गया कि राजराजेश्वरी बहुत दिलचस्प है?

रोशन : टु बी प्रिसाइज, बहुत दिलचस्प पहेली है।

राजराजेश्वरी : और उसका हल ढूंढने निकले हैं?

रोशन : इरादा तो है।

राजराजेश्वरी : आई विश यू ऑल द बैस्ट प्रिंस रिपुदमन सिंह जी।

रोश : बाय द वे, दोस्त मेरे को रिपुदमन नहीं, रोशन कहते हैं।

राजराजेश्वरी : मगर क्यों?

रोशन : कभी मैं शायरी किया करता था और रोशन मेरा तखल्लुस हुआ करता था।

वेटर काफी-चाय ले आता है।

राजराजेश्वरी : वॉट वॉट दैट? तख... समथिंग?

रोशन : तखल्लुस। स्यूडोनिम।

राजराजेश्वरी : अ पोयट?

रोशन : कहने भर को।

सुगर-पॉट में चम्मच डालता रोशन : आपके वास्ते चीनी कितनी?

राजराजेश्वरी : मेरा उसूल है—चीनी फीकी, बातें मीठी।

रोशन : स्वीट नथिंग्स राजराजेश्वरी?

राजराजेश्वरी : दोस्त मुझे राज कहते है।

रोशन कोना कॉफी उसकी ओर बढ़ाता है : तो आप कॉफी पीओ राज और बताओ कि मोहब्बत की मीठी-मीठी बातें कितनी करें?

राजराजेश्वरी : नाव यू आर बीइंग अ नॉटी बॉय रोशन।

रोशन : शरारत से आपको परहेज तो नहीं?

राजराजेश्वरी : ओ वैल, इट डिपेन्ड्स।

रोशन : इस पर कि शरारत कौन कर रहा है?

राजराजेवरी : कौन कर रहा है से भी ज्यादा अहमियत मैं इस बात को देती हूँ कि कैसी कर रहा है?

रोशन : मैं अच्छी नहीं कर रहा हूँ?

राजराजेश्वरी : इतना मायूस होने की जरूरत नहीं है रोशन। मेरी सोहबत में रहते-रहते सीख जाओगे।

बात पूरी करके प्लेजेण्टली हंसती है। रोशन भी हंसता है : उम्मीद बंधाने के लिए शुक्रिया।

गत्ते पर स्याही से लिखा हुआ है 'एस० नाथ, एन. नाथ एण्ड कम्पनी'। इस गत्ते के नीचे सिर से सिर भिड़ाए रोशन और लभाया बैठे हुए हैं और एक-एक लैजर बुक को चंग की तरह उठाकर बजाते हुए गा रहे हैं : दुख भरे दिन बीते रे भैया, अब सुख आयो रे, रंग जीवन में नया छायो रे...। **कन्नी खड़ी देख रही है सतबीर बैठा है। कन्नी भी नाच-गाने में शामिल हो जाती है।**

लभायाराम : (*पतली आवाज में*) बीते रे भैया, बीते रे भैया...। (*मोटी आवाज में*) बीते रे भैया, बीते रे भैया...।

कन्नी सतबीर के पास जाती है : रंग जीवन में नया छायो रे...। तुम भी आओ ना सत मामाजी। सांपनाथ-नागनाथ कम्पनी की कामयाबी का सेहरा तो आपके सिर ही सजना है।

रोशन आकर सतबीर को खींचता है : अरे आज तो थोड़ा हंस ले-गा ले भोले बादशाह! आज तो तूने वृषभान एण्ड सन को धूल चटवाई है।

लभायाराम : और जब कपड़े की सप्लाई का ठेका तीरथरामजी को मिला तब मच्छर जे॰बी॰ की सूरत देखते बनती थी।

सतबीर बहुत अनमने ढंग से उठता है, मगर नाचने में शामिल नहीं होता। कन्नी उसका हाथ पकड़कर चिरौरी करती है : थोड़ा नाचो ना मामाजी।

सतबीर तैयार हो जाता है। लाजो बाहर से आती है और नाच देखकर मुस्कुराती है। कन्नी लाजो से आग्रह करती है : मामे मेरे नाच रहे हैं, देखो नानीजी।

रोशन : जो थोड़ा-सा आप भी नाचो तो ये भरेंगे पानी जी।

लाजो : वाह आज तो बड़े दिनों बाद सत के मुंह पर रौनक देखी।

रोशन : लाला वृषभान और उसकी औलाद के मुंह से रौनक जितनी छिनती जानी है, सत के मुंह पे उतनी ही आती जानी है।

लाजो : इस तरह नहीं बोला जाता पुत्तर।

सतबीर नाचना बंद करता है लेकिन बाकी लोग नाचते-गाते रहते हैं। लाजो का ध्यान गत्ते की ओर जाता है : और ये क्या? क्या तुम सचमुच अपनी फर्म का नाम सांपनाथ-नागनाथ एण्ड कम्पनी रखने लग पड़े हो?

लभायाराम : नाम चाहे हम गऊ-बकरी एण्ड कम्पनी रख लें चाची, लेकिन काम सांपनाथ और नागनाथ वाले ही करने हैं। बाद में मैं और रोशन फैसला कर लेने हैं कि सांपनाथ कौन और नागनाथ कौन।

लाजो : सांप बनने की सोचते हो? हैवान बनने की सोचते हो? इंसान बनने की नहीं?

रोशन : माताजी सयाना वही है जो ये मानकर चलता है कि इस धरती पर हैवान ही हैवान बसते हैं। आप और पिताजी बरगे जो लोग ये मान के चलते हैं कि दुनिया में इंसान बसते हैं तो वो रोज ही रोते नजर आते हैं कि हाय, फिर हैवान से पाला पड़ गया।

लभायाराम : चाची बात ये है (*गाकर*) दुनिया में सब डँसने वाले, कोई सांपनाथ...

रोशन-लभाया दोनों : कोई नागनाथ अ-आं आ अ-ऊं-ऊं।

लभाया-रोशन फिर ठुमकते हैं। लाजो कुल मिला के थोड़ी खफा होती हुई सतबीर से मुखातिब होती है : सत, आज ये नाच हो किस खुशी में रहा है पुत्तर?

सतबीर के बदले जवाब रोशन देता है : मेरे से पूछो माताजी। लाला वृषभान के मरने की खुशी में।

सुनकर लाजो स्तब्ध रह जाती है : ला...ला वृष...भान मर गये?

रोशन : तकरीबन एक पांव तो पहले ही कब्र में लटका था, दूसरा यही सुनके लटक जाना है कि हमने इस बार उन्हें कपड़े की सप्लाई का कोटा नहीं ना मिलने दिया।

लाजो : किसी का बुरा हुआ ये कोई नाचने वाली बात है?

रोशन : किसी का बुरा होने पर ही किसी का भला होता है माताजी।

लाजो : सबके भले की बात सोचा कर पुत्तर।

रोशन : माताजी सबके भले की बात हिमालय की गुफा में बैठकर ही सोची जा सकती हैं। मगर क्या है, वहां सर्दी बहुत है। **रोशन फिर नाचने लगता है :** अरे लाले वृषभान, तेरा होता जाए नुकसान...

लभायाराम : तेरी जल्दी छूटे जान।

लाजो : चुप करो। किसी के बारे में इस तरह बात करते शर्म नहीं आती?

सतबीर : माताजी आप तो इस तरह बातें करते हो जैसे लाला वृषभान ने कोई गलत काम किया ही ना हो। जैसे वो मेरा दुश्मन ना हो।

लाजो : वो तेरा दुश्मन नहीं पुत्तर।

सतबीर : फिर क्या है?

लाजो : वो तो...।

सतबीर : वो तो?

लाजो निगाह नीची कर लेती है : एक दुखी और बीमार इंसान है।

वृषभान अपने बिस्तर पर पड़ा तड़प-कलप रहा है। उसके शरीर का बायां हिस्सा ही हिलता है। वो बायें हाथ को मेज तक ले जाने की कोशिश कर रहा है जिस पर बहुत-सी चीजों के अलावा जे०बी०, सुभद्रा, हबीब, श्यामलाल वगैरह की छोटी-छोटी फ्रेम की तस्वीरें रखी हैं। पास में एक नर्स ऊंघ रही है। वृषभान के हाथ मारने से कोई चीज 'छन्न से' गिर पड़ती है। नर्स जगती है। (उबासी भरकर) : क्या चाहिए? पानी?

वृषभान : अ-अ-अ-आ।

नर्स : किसी को बुलाना है?

वृषभान : अ-अ-अ-आ।

नर्स तस्वीरों की ओर इशारा करती है। वृषभान तस्वीरों की ओर देखता है और फिर कांपता हुआ बायां हाथ एक तस्वीर की ओर उठाता है। स्पष्ट नहीं हो पाता किस तस्वीर की तरफ इशारा कर रहा है। वृषभान के सिर हिलाने पर नर्स पूछती है : मेमसाहब को बुलाना है?

वृषभान सिर से इशारा करता है कि 'हां'

नर्स : (पुकारकर) मिसेज वृषभान।

आचंल से आंसू पोंछती हुई सुभद्रा भीतर आती है और नर्स से कहती है : चादर तो ठीक कर दिया करो बीच-बीच में।

सुभद्रा तश्तरी से ढका जूस का ग्लास उठाती है : अब पी लो जूस। **वृषभान दुबारा 'ना' में सिर हिलाता है। अपने सिराहने के पास की जगह की ओर इशारा करता है। सुभद्रा पूछती है :** बैठ जाऊं पास में?

वृषभान सिर हिलाता है कि 'हां'। सुभद्रा पास में बैठ जाती है। वृषभान अपना कांपता हाथ उसकी ओर बढ़ाता है। सुभद्रा कुछ समझ नहीं पाती। वृषभान का कांपता हाथ उसके चेहरे से कुछ ही दूर मंडराता रहता है। सुभद्रा थोड़ा-सा झुकती है। वृषभान टटोलता है। सुभद्रा उसके हाथ को अपने हाथ में लेती है। नर्स, जो दरवाजे के पास ही है, बाहर चली जाती है।

सुभद्रा : क्या कह रहे हो?

वृषभान : अ-अ-अ-आ।

सुभद्रा : अखबार?

वृषभान : अ-अ-अ-आ

सुभद्रा अखबार बगल की एक टेबल से उठा के देती है और स्लेट-पैंसिल उठाती है। स्लेट अपने हाथ में रखती है। पैंसिल वृषभान को पकड़ाती है। वृषभान स्लेट पर उल्टे हाथ से लिखता है 'माफ'।

सुभद्रा : मेरे को माफी दे रहे हो?

वृषभान नहीं में सिर हिलाता है। 'मा!' शब्द को छूता है और फिर अपने को। सुभद्रा पूछती है : आपको माफी चाहिए? क्यों शर्मिन्दा करो हो।

वृषभान अब 'वीर' लिखता है।

सुभ्रदा : वीरांवाली? मेरी ही किस्मत खोटी थी। आपका कुछ कसूर ना है जी।

वृषभान आंख मूंदकर कुछ सोचता है। उसकी आंखों की कोर से आंसू ढरक जाते हैं। सुभद्रा अपने आंचल से पोछती है : जूस ले लो जरा-सा।

वृषभान कुछ नहीं कहता। वो चम्मच से जूस पिलाती है। तभी जे०बी० आकर सिरहाने खड़ा हो जाता है। उसके हाथ में कुछ कागजात हैं।

वृषभान : अ-आ-आं-आं।

सुभद्रा : अब ये क्या पचड़ा ले आया जय?

जे०बी० : कल की रिपोर्ट है।

सुभद्रा : बीमार आदमी को क्यों परेशान करते हो रिपोर्ट सुना के?

जे॰बी॰ : पापा का ही आर्डर है कि रोज सुना जाया करो।

सुभद्रा : जो खास बातें हों वो बता दे। पूरी रामायण बांचने मत बैठ जइयो।

जे॰बी॰, जो फाइल खोल रहा था, रुक जाता है।

जे॰बी॰ : शुगर मिल में रियेलाइजेशन तो इम्प्रूव हुआ है लेकिन पूरी कैपेसिटी का प्रॉडक्शन अभी नहीं हो पाया है। केमिकल्सों की मार्केटिंग वाला बॉटलनैक बना हुआ हैं। टैक्सटाइल में थोड़ी लेबर प्रॉब्लम है। और जब बुरी खबरें सुना ही रहा हूँ तो ये भी बता दूं कि इस मिल में एक रैफ्यूजी बिजनैसमैन हैं तीरथराम। दलपत ने अपने फादर से कहके उन्हें दिलवा दिया।

वृषभान अपना कांपता हुआ बायां हाथ उठाकर अपने माथे पर मारता है और छलछलाई बेबस आंखों से जे॰बी॰ को देखता है। फिर अपने दांये हाथ को झटके देना शुरू करता है : अ-अ-अ-आ...।

जे॰बी॰ : क्या पापा?

सुभद्रा : कुछ करने को कह रहे हैं।

जे॰बी॰ : अब क्या करूं? जो होना था वो तो हो गया।

सुभद्रा : अरे आइंदा के लिए तो कुछ कर।

जे॰बी॰ : श्यामलाल जी से मिलूं?

वृषभान 'ना' में सिर हिलाता है और मुंह से 'ह....' की आवाज निकालने की कोशिश करता है : ह...ह...।

जे॰बी॰ : हबीब चाचा से?

'हां...' में सिर हिलाता देख सुभद्रा वृषभान को बताती है : मगर हबीब भाई तो कहीं बाहर गये बतावें। जय श्यामलाल जी और शिवलाल जी से मिल लेगा।

श्यामलाल अपने जलसाघर में है और हारमोनियम पर लहरा बजा रहा है। फूलवती थोड़ी दूर पर बैठी सुन रही है। श्यामलाल अब ठुमरी छेड़ता है और पूरे हाव-भाव के साथ उसे गाता है। गाना खत्म होता है तो फूलवती पूछती है : सामलालजी, मेरी तो ये समझ में ना आई आज तलक कि आप जैसा रंगीला आदमी कुंवारा कैसे रह गया?

श्यामलाल : (*उसी धुन पर गाता हुआ*) रंगीले हैं जभी रह गये कंवारे।...बिचारे हमारे सामलाल प्यारे...।

फूलवती खिलखिला के हँसती हुई श्यामलाल के करीब आ जाती है: रंगीले लोगों को तो फौरी मिल जावे हैं सामलालाजी।

श्यामलाल : जिस पर किसी एक का रंग गहरा पड़ा जाय है फूलवती, उसे फिर

कोई दूसरी माफिक आती ही नहीं। मेरी शादी की बात कई बारी चली, एक-से-एक रिश्ता आया, मगर मैंने मना कर दी।

फूलवती : आप पर किसका रंग चढ़ गया इत्ता गहरा? हमारी बीबीजी से तो आपकी पिहचान बचपन से ही है बतावैं।

श्यामलाल : तेरे से किसने कह दी?

फूलवती : एक दिन बीबीजी बता रहे थे कि आप पेड़ पर चढ़के उनके लिए इमलियां तोड़ा करो थे।

श्यामलाल : खट्टी चीजों की बड़ी शौकीन थी लल्ली।

फूलवती : अजी खटमिट्ठी चीजों की रही होंगी सौखीन। अधकच्ची-अधपक्की। आप भी तो इसी तरह की खाओ हो।

श्यामलाल जवाब के बदले ठुमरी गाना शुरू कर देता है। फूलवती पूछती है : आपकी बगल वाली हवेली में रहा करे थीं ना बीबीजी?

श्यामलाल : लल्ली के नाना हौरी हमारे पड़ौसी थे। साल में दो बार ये ननिहाल आया करे थीं।

फूलवती : इमली ही तोड़ के देते रहे? कभी तारे तोड़ के देने की बात ना कही? क्यूं सामलालजी?

श्यामलाल अपने ही रौ में मस्त है। फूलवती का कहा जैसे सुना ही नहीं: भला था कितना अपना बचपन। भला था कितना...। दिन भर तो पेड़ों के तले फैलाती थीं तुम आंचल, और मैं डालों पर से तोड़ा...।

पंक्ति का शेष हिस्सा 'करता था फल' बोलता नहीं, सिर्फ गुनगुनाता है। अचानक सामने से आते जे॰बी॰ पर नजर पड़ती है : अरे आओ जे॰बी॰। फुर्सत मिल गई जनाने से?

जे॰बी॰ : जनाने में बैठने का मर्ज आपको है, मुझे नहीं। (*फूलवती से पूछता है*) तू क्या कर रही है यहां?

फूलवती : बीबीजी ने कही थी कि सामलालजी को थोड़ा हलवा दे अइयो।

जे॰बी॰ : हलवा देने की कही थी या गाना सुनने की?

फूलवती सिर झुकाए चली जाती है तो श्यामलाल पूछता है : कहो जे॰बी॰, क्या लोगे? बीयर?

जे॰बी॰ : कुछ नहीं।

श्यामलाल : ऐसे कैसे हो सकता है। तुम्हारे बहाने हम भी गला तर कर लेंगे।

जे॰बी॰ : अभी मूड नहीं है।

श्यामलाल : थोड़ी देर में ही सही। क्या सुनोगे?

जे॰बी॰ : मैं इस वक्त सुनने नहीं, खरी-खरी सुनाने आया हूँ।

श्यामलाल : सुनाओ प्यारे भाई। खरी-खरी सुनने के ही पैसे लेते हैं हम तो।

जे॰बी॰ : ये कपड़े की सप्लाई का कॉन्ट्रेक्ट हमारे हाथ से कैसे निकल गया? पापा सुन के बहुत दुखी हुए।

श्यामलाल : पापा को ये बताकर थोड़ा और दुखी कर दिया होता कि मैं इस बार फिर दलपत से झगड़ा करि आया था।

जे॰बी॰ : दलपत से मेरे झगड़ने का इससे कोई वास्ता नहीं है।

श्यामलाल : अजी है सरकार, है। मैंने सब पता कर लिया है। तुमने दलपत से इसी मारे झगड़ा किया ना कि वो बबली के बारे में पूछ रहा था? बोलो हां।

जे॰बी॰ : हां।

श्यामलाल : और अगलों ने दलपत को बबली के साथ मसूरी भिजवा दिया? दलपत ने तुमसे कहा कि मैं बबली को लेकर मसूरी गया तो तुम फिर उससे उलझ पड़े। अरे वो बबली को जहन्नुम में ले जाये, तुम्हें क्या परेशानी है? सब कुछ जानते हुए भी बबली को रो रहे हो? बबली जैसी तो सैकड़ों मिल सकें तुम्हें।

जे॰बी॰ : श्यामलालजी, पता नहीं आपने क्या कर दिया? घर की सारी खुशियां खत्म हो गईं।

श्यामलाल : अजी हां जे॰बी॰ साहब। आपके घर की खुशियों की खातिर मैंने अपनी हर खुशी कुर्बान की है। आई समझ में?

जे॰बी॰ : आपने मेरी गलत शादी करा दी।

श्यामलाल : अम्मा-पापा की मर्जी की शादी गलत होती है कहीं?

जे॰बी॰ : आपने पता नहीं कहां के गड़े मुर्दे उखाड़े कि अम्मा दिन भर रोती रहती हैं।

श्यामलाल : सुनो जे॰बी॰, श्यामलाल के लिये इस दुनिया में तुम्हारी अम्मा से बढ़कर कोई है ही नहीं। मैं ये कभी भूल ही नहीं सकता कि तुम्हारी अम्मा के नाना ने ही मुझ गरीब अनाथ को पाल-पोस कर किसी लायक बनाया। मैंने जो कुछ किया, तुम्हारी अम्मा की भलाई की खातिर किया।

जे॰बी॰ : पता नहीं क्या हो रहा है?

श्यामलाल : हो ये रहा है कि जब विरासत में हिस्सेदार बनने की उनकी चाल नाकामयाब हो गई तब उन्होंने तुम्हारी बिजनेस चौपट करने की ठानी। बिजनेस में तुम्हारे राइवलों का काम बनवाने के लिए उन्हें घटिया से घटिया बात से भी परहेज ना रहा। बबली को उन्होंने ही भिजवाया खिदमत में और अब एक और लड़की को लिए घूम रहे हैं।

जे॰बी॰ : कौन?

श्यामलाल : तुम्हारे प्रिंस, और कौन? वो ही लगे हैं तुम्हारी जड़ काटने को।

जे॰बी॰ : क्या करूं कुछ समझ में नहीं आता।

श्यामलाल : और जो भी करो, इस तरह मुंह लटका के देवदास तो बनो मति। मर्द बनो मर्द। घर पर ध्यान दो, कारोबार पर ध्यान दो और अगर वो लोग घटियापन पर उतर आएं तो तुम उनके भी बाप बनो।

मंगला आलमारी में चाबी लगाकर गुच्छा फेंकती है। आलमारी के आइने में अपनी थकी-हारी सूरत देखती है। पीछे से जे॰बी॰ का अक्स उभरता है। वह पीछे पलटती है : खाने में आज क्या बनवा दूं?

जे॰बी॰ : आज बाहर डिनर है।

मंगला : मुझे भी चलना है?

जे॰बी॰ : नहीं।

मंगला : रोज बाहर खाने चले जाते हो। मैं घर में यहाँ अकेली रह जाती हूँ।

जे॰बी॰ : तुम भी चली जाया करो पास-पड़ोस में।

मंगला : मुझे साथ नहीं ले जा सकते?

जे॰बी॰ : मैं जहां जाता हूँ वहां जाना तुम्हें कभी भी अच्छा नहीं लगा, तो अब कैसे लगेगा?

मंगला : कम-से-कम वहां जाने से तुम्हारी बदनामी तो सुनने को नहीं मिलेगी? जो कुछ भी हो रहा होगा मैं अपनी आंखों से देख सकूंगी।

जे॰बी॰ : वॉट द हैल आर यू..?

मंगला : ये मत समझो कि अंग्रेजी बोल लेने से तुम सही और मैं गलत हो जाऊंगी।

जे॰बी॰ : तुम कहना क्या चाहती हो?

मंगला : कहना तो बहुत कुछ चाहती हूँ मगर मेरे कहने से कुछ फर्क नहीं पड़ता।

जे॰बी॰ : तो मत कहो। चुप रहो और मेरा हल्का सूट निकालो।

मंगला : नौकरानी की हैसियत से अपना काम शुरू करने से पहले एक बात तुम्हारी पत्नी की हैसियत से कह सकती हूँ?

जे॰बी॰ : कहो। जो बात कहनी है चटपट करो। डायलॉग पर डायलॉग मत बोलती जाओ।

मंगला कुछ नहीं कहती। कपड़े निकालने के लिए फिर से अलमारी खोल रही होती है। जे॰बी॰ उसके पास आता है : अब कहती क्यों नहीं हो?

मंगला : तुम्हारी बहुत बदनामी हो रही है जय।

जे॰बी॰ : तुम्हारे लिए तो मैं हमेशा ही बदनाम इंसान रहा हूँ।

मंगला : जय तुम अपने पुरखों के बिजनेस को बदनाम करा रहे हो। बिरादरी के लोगों में मेरा उठना-बैठना मुश्किल हो गया है। बड़ी थू-थू हो रही है। लोग कहते हैं कि वृषभान एण्ड सन पर ऐसी क्या कंगाली छा रही है जो पैसा कमाने के लिए इतने घटिया और नाजायज तरीके अपना रहे हैं?

जे॰बी॰ : तुम पैसे गिनकर तिजोरी में रखती रहो। पैसा किस तरह कमाया जाता है ये मुझे मत सिखाओ। और बाय द वे हमारी बिजनेस के घटिया और नाजायज तरीकों की शिकायत कौन कर रहा है?—प्रिंस।

मंगला : मुझ पर तो कभी यकीन नहीं ही रहा था। अब अपने पहरेदारों पर भी यकीन नहीं रहा जय?

एस. नाथ एन. नाथ एण्ड कम्पनी की तख्ती। इसके नीचे बैठे हुए कन्नी, रोशन और लभाया रमी खेल रहे है। रोशन एक ताश उठाता है और उसे देखकर कहता है : लो जी, आ गया।

जितना ताश को देख रहा है उतना ही सामने से भीतर आते हुए सतबीर को देखकर : इधर किंग ऑफ कामेडी और उधर हमारा किंग ऑफ ट्रेजडी सतबीर कुमार।

लभायाराम : अब तो ये भी किंग ऑफ कॉमेडी बनने लगा है। तो आज कैसा रहा सत?

सतबीर : वाह-वाह रहा।

रोशन उठ के जाता है और हाथ बढ़ाता है : मलिक साहब की डील करा दी?

सतबीर : वो तो बहुत छोटी-सी चीज थी।

लभायाराम : बड़ी चीज कौन-सी हो गई?

सतबीर : चोपड़े वाली।

रोशन : मेरी कसम?

सतबीर : तेरी कसम।

लभायाराम : मैंने क्या कहा था? अगले वृषभान हौरी अगर घटियापन पर उतरे हैं तो क्या है, हमारे जितने घटिया थोड़ी हो सकते हैं?

कन्नी : छोटे मामे का मुंह तो मीठा कराओ।

लभायाराम : पास में कोई हलवाई नहीं है।

कन्नी : बल्ली के यहां चाट खिला लाऊं?

लभायाराम : तेरे मुंह पर बल्लू बहुत चढ़ गया है।

सतबीर : मिठाई तो मैं खिलाऊंगा आज सबको। आज मेहरचंदजी के बंगले पर श्यामलालजी चूहे का-सा मुंह बनाये दिखाई दिए और निकल गये मुझे देख के।

रोशन : अब हमारा भोला बादशाह भी मजा लेने लगा इस दुनिया का।

सतबीर : एक नशा-सा आने लगा है मेरे को लाला वृषभान एण्ड सन को नीचा दिखाने में।

बाहर से लाजो पहुँचती है : खुद ऊँचा उठ पुत्तर, दूसरों को नीचा मत दिखा।

सतबीर : मेरे को कोई तमन्ना नहीं है ऊंचा उठने की। लेकिन लाला वृषभान को नीचा जरूर दिखाना है।

वृषभान का उदास चेहरा। वह लेटा हुआ है, और रो-चीख रहा है। सिरहाने जे॰बी॰ खड़ा है। उसके हाथ में कागजात हैं। पढ़ना खत्म करके कागज फाइल में रखकर बंद करता है और वृषभान की आंखों में आंसू छलछला आते हैं। वह कातर होकर सुभद्रा की ओर देखता है। जय के जाने के बाद सुभद्रा खुद कातर हो उठती है। मुँह से निकलता है : सब उस नासपीटे प्रिंस के मारे हो रहा है बतावें।

जे॰बी॰ : (*पढ़ते हुए*) एण्ड द सेल्स हैव गौन डाउन बाई थर्टी परसेन्ट।

सुभद्रा : क्यों रोजाना ये ले आता है सुनाने? जा अब।

वृषभान अपने अच्छे हाथ से सुभद्रा को इशारा करते है : आ...आ...आ...।

सुभद्रा उसके पास आ जाती है : किसे बुलाने की कह रहे हो? **और पैंसिल देती है। वृषभान उस पर ''प्र'' लिखता है। वृषभान ''प्र'' पर ''ि'' की मात्रा लगता है। सुभद्रा पूछती है :** प्रिंस को? उसे यहां बुला के क्या होगा?

तभी मंगला आती है। वो वृषभान के पांव छूती है। वृषभान आशीर्वाद देने के लिए कांपता हुआ हाथ उठाता है। मंगला अपने साथ दूध का ग्लास लाई है : आप तो खाना खाने आईं नहीं। दूध तो पी लीजिए।

सुभद्रा दूध का गिलास लेती है : किसे खाने का होश है मंगला? जय के पापा बीमारी से पहले ही परेशान थे, अब वो नास-पीटा प्रिंस इसकी कम्पनी का ऐसा घाटा करा रहा है कि ये सुनके तिलमिला जाय हैं। तूने भी सुनी उस प्रिंस ने क्या की?

मंगला : किसने नहीं सुनी? सारी बिरादरी में इसकी चर्चा है कि प्रिंस और जय एक टुच्ची होड़ में जुटे हैं। हम लोग उनका जितना ही टुच्चापन करके भी मुंह की खा रहे हैं।

दुखी चेहरा लिये वृषभान फिर से बुलाने का इशारा करता हैं : अ-आ-आ...

मंगला सुभद्रा से पूछती है : क्या कह रहे हैं अम्मा?

सुभद्रा : प्रिंस को बुलाने की कह रहे हैं। उसे बुलाके क्या होगा?

मंगला : अम्मा अगर समझौता कराया जा सके तो बहुत अच्छा। इस तरह तो बदनामी और परेशानी दोनों ही हो रही है।

सुभद्रा : चलो एक बार बुलाई देखें।

सतबीर को साग्रह वृषभान के पास बुलाया जाता है। वह आता जरूर है, मगर उसके अंदर की आग बुझी नहीं है। उसे लगता है, आग शायद कभी बुझेगी भी नहीं। उस पर चोरी के झूठे इल्जाम लगाकर जिस लाला वृषभान ने जेल भिजवाया, स्वाभाविक तो यह था कि उसकी पत्नी सुभद्रा द्वारा साग्रह बुलवाए जाने पर वह नहीं आता, मगर आया कुछ सोचकर ही कि उसी वृषभान के सामने अपना गुस्सा निकालकर मन को शायद कुछ शांति मिले।

लक़वा का मरीज बनकर बुरी तरह लाचार बने वृषभान को देखकर सतबीर के मन में कहीं से भी करुणा का भाव नहीं जगा। तब भी नहीं जब बेहद कातर तथा निरीह भाव से वृषभान एकटक उसको देख रहा होता है, जैसे अपने लिए सुख-शांति तलाशने में लगा हुआ हो। कांपती उंगलियों के इशारे से या शब्दों में लगभग पूरी तरह अस्पष्ट उच्चारणों से वृषभान जो कुछ व्यक्त कर पाता है, सतबीर को टुकड़ों में सुभद्रा बताती चलती है। सुभद्रा एक बार बताती है कि वृषभान तुम्हें अपना बेटा कह रहे हैं। फिर बताती है कि कह रहे हैं जय को अपना छोटा भाई मानो। और दूसरे क्रम में सुभद्रा के मुंह से निकल जाता है कि वृषभान चाहते हैं कि पैसा ले लो और वृषभान एंड सन तथा जे०बी० से अपना झगड़ा खत्म करो। सुभद्रा के मुँह से ऐसा सुनना था कि सतबीर के अंदर का ज्वालामुखी फूटता है और मारे गुस्सा के जैसे वह पागल होने लगता है : जबरदस्ती बेटा बनाए जा रहे हो तो सुन लो लाला वृषभान, मैंने आप इतना पैसा कमा छोड़ना है कि आपके वास्ते चन्दन की चिता सजाया सकूं। **सतबीर के मुँह से ऐसी बात सुनकर वृषभान जहाँ अवाक हो उठता है, गुस्से में तमतमाया जे०बी० सतबीर पर टूट पड़ता है।**

♦ ♦ ♦

वृषभान का कमरा। जे०बी० को सुभद्रा पकड़े हुए है। श्यामलाल पास में खड़ा है। आपे से बाहर जे०बी० पूरी ताकत से चीख रहा है : बास्टर्ड! ब्लडी स्वाइन! मुझे छोड़ अम्मा। मैं उस पाजी प्रिंस की जान ले लूंगा। पापा को इंसल्ट कर गया? मेरा इंसल्ट कर गया?

सुभद्रा : जय, इस तरह तो तू अम्मा-पापा की जान ले लेगा बेटे। देख ना रहा पापा को कितनी तकलीफ पहुँच रही है?

श्यामलाल : जे॰बी॰ अब बस भी करो भैया! बिजनेस की लड़ाई में हाथापाई का कोई काम ना है। प्रिंस से बाद में हम अपने ढंग से सलट लेंगे।

वृषभान तड़प-कलप रहा होता है : अ-आ-आ-आ...।

सुभद्रा : क्या कह रहे हो?

श्यामलाल : लालाजी की बात मैं समझ लूंगा लल्ली, तुम तो जय को बाहर ले जाकर समझाओ।

सुभद्रा जे॰बी॰ को ले जाती है और श्यामलाल वृषभान की ओर बढ़ता है : हां जी हुक्म करो लालाजी!

वृषभान हबीबउल्लाह की तस्वीर की ओर इशारा करता है और उसकी आंखों में आंसू आए हुए हैं। श्यामलाल उसे बच्चे की तरह पुचकारता है और रुमाल से उसके आंसू पोंछता हुआ सान्त्वना के शब्द कहता है : हबीबउल्लाह साहब को बुलाने को कह रहे हो? जी छोटा मत करो लालाजी। मैंने उनकी ड्योढ़ी पर आदमी बैठा रखा है कि वह ज्यों ही पहुंचे, लाला के पास ले के आ।

गुनगुनाता है

लाला जी आप हुक्म करो तो ठुमरी-उमरी सुनाऊं? जी बहल जाएगा।

वृषभान गर्दन हिलाता है कि 'नहीं'।

रोशन सांपनाथ-नागनाथ एण्ड कम्पनी की तख्ती के नीचे बैठा गा रहा है : सैंया के पैंया पड़ जाऊंगी, रो के कहूंगी—अंखिया मिला के, जिया भरमा के चले नहीं जाना। ओ-ओ-ओ- चले नहीं जाना। जाने का नाम ना लो सैंयाजी दिल...

कुछ पढ़ने में लीन हवेलीराम निगाह उठाता है। रोशन की नजर उससे मिलती है तो वह अपना कान पकड़ता है और जीभ काटता है : सारी पिताजी।

हवेलीराम : सॉरी नहीं। गाओ। गाना सुनना मुझे बुरा नहीं लगता। मगर कोई ढंग का गाना तो हो।

रोशन : वो क्लासिकल स्यापा डालना तो मेरे को आता ही नहीं पिताजी।

रोशन क्लासिकल गीत गाने की कोशिश करता है। हवेलीराम समझाने की कोशिश करता है : फिल्मों में भी कई अच्छे गीत और भजन होते हैं पुत्तर।

रोशन : तो ये सुनो आप। (*गाकर*) मन तड़पत हरि दरसन को आज...।

हवेलीराम : मालकौंस का मलीदा मत बना पुत्तर। बहुत बेसुरा गा रहा है तू।

रोशन : बेसुरा ही गाया होना है, तभी हरि की जगह सतबीर के दर्शन हुए।

हवेलीराम बहुत उत्सुकता से सतबीर को आता देखता है : सत पुत्तर, तून तो बड़ी देर कर दी लौटने में। तेरे माताजी लभाया को लेकर लाला वृषभान के घर गये हैं।

सतबीर : जी उधर तो मैं पांच मिनट भी नहीं ठहरा।

हवेलीराम : फिर कहां था?

सतबीर : ऐसे ही भटक रहा था।

हवेलीराम : क्यों?

सतबीर अन्दर-ही-अन्दर झुंझला उठता है : ताकि मेरे भीतर धधकता ज्वालामुखी थोड़ा शांत हो।

हवेलीराम आगे बढ़ता है और सतबीर के कन्धे पर हाथ रखता है : लगता है, शांत हुआ नहीं। कुछ ऐसा-वैसा कह दिया लालजी ने?

रोशन : कोई गाली-शाली दे दी?

सतबीर : हां गाली दी। मुझे बेटा कहा।

हवेलीराम : बेटा कहना गाली देना तो नहीं होता सत्यवीर।

सतबीर : पिताजी मेरे को पता है कि मैं आपका बेटा नहीं। लेकिन इसका मतलब यह तो नहीं कि मैं अपने को उस कमीने की औलाद मान लूं?

सुनने के साथ हवेलीराम भीतर तक हिल जाता है। कुछ कहना चाहता है मगर कुछ न कहकर मुंह मोड़कर चला जाता है। रोशन सतबीर के पास आता है : कमीना करोड़ों में खेल रहा है तो उसकी औलाद बनने में कोई हर्ज नहीं ना है। तू तो ये बता कि खाली बेटा बना रहा था कि...।

सतबीर : हां। पैसों की ताकत से मेरे को जेल भिजवाकर बेइज्जत किया, अब पैसों की ताकत से मेरा बाप बनकर मेरे से इज्जत पाना चाह रहा था कमीना।

हवेलीराम : कमीना मत कह उन्हें पुत्तर।

सतबीर : तो क्या मसीहा कहूं?

रोशन : पहले ये बता कि तेरे से इज्जत पाने की वो क्या कीमत लगा रहे थे तब मैं बताऊंगा कि कमीना कह कि मसीहा।

सतबीर : मैंने ये पूछने की कोई जरूरत नहीं समझी।

रोशन : ये तो दी मोस्ट इम्पोर्टेण्ट पॉइन्ट था सत।

हवेलीराम : क्या लाला वृषभान बातचीत कर पा रहे हैं?

सतबीर : नहीं जी। लिखकर देते हैं एकाध अक्षर। बाकी लोग अन्दाजा लगा कर पूछ लेते हैं उनसे कि लिखे का क्या मतलब है?

रोशन : तू अब इस तरह कर सत कि लाले से जाके कह कि इन्होंने मेरे को

मतलब वाली बात तो समझाई नहीं, आप पहले ये बताओ कि बेटा बनाने के पैसे कितने दोगे?

सतबीर : मैंने इस बारे में तेरी सलाह मांगी है? नहीं ना? फिर?

रोशन : बुजुर्गों को बिना मांगे सलाह देने की आदत-सी हो जाती है। तो बात ये है सत कि लाला वृषभान हैं हिन्दुस्तानी। और हिन्दुस्तानियों में तो कहावत है कि बाप बड़ा ना भैया, सबसे बड़ा रुपैया, तो रुपैया अगर खुद बाप बनने को कह रहा हो तो बेटा बनने में ही समझदारी है।

सतबीर : मेरे को नहीं चाहिए उसके पैसे। मैंने कह दिया कि अगर आप मेरे को अपना बेटा समझते हो तो मैंने इतने पैसे कमा के दिख देने हैं कि आपके वास्ते चन्दन की चिता सजा सकूं।

हवेलीराम को एक साथ तकलीफ और ताज्जुब होता है : सत...बीर!

सतबीर हवेलीराम को देखता है और निगाह झुका लेता है। हवेलीराम उसके पास आता है और कंधे पर हाथ रखता है : एक बूढ़े और बीमार इंसान ने तुझे बेटा कह के पुकारा। तू उसकी इज्जत नहीं कर सका, कोई बात नहीं। लेकिन क्या ये जरूरी था कि उस पर बेरहमी भी कर?

वृषभान बिस्तर पर लेटा कराह रहा है। श्यामलाल पास में बैठा है। जे॰बी॰ कमरे में घुसना चाह रहा है और सुभद्रा उसे रोकने की कोशिश कर रही है। वृषभान जे॰बी॰ की ओर देखता है। वृषभान सिर हिलाता है कि 'हा'।

जे॰बी॰ : बीमार हैं इसका मतलब ये तो नहीं कि अपनी ही बेइज्जती और अपना नुकसान करा लें? पापा, पापा क्या ये सच है कि प्रिंस को आपने यहां बुलाया? मंगला के कहने पर?

सुभद्रा : देख जय, मैंने ये नहीं कही थी कि मंगला के कहने पर बुलाया। मैंने ये कही थी कि मंगला की भी यही राय थी कि समझौता कराया जाए।

जे॰बी॰ : मेरी राय पूछने की किसी ने जरूरत नहीं समझी? न तूने, न पापा ने, न मंगला ने?

श्यामलाल : भैया जे॰बी॰ जो होना था हो गया। अब क्यूं खामखाह अपना और अपनों का खून जला रहे हो?

जे॰बी॰ : मंगला गई ना उस प्रिंस को बुलाने? कि ये भी गलत?

सुभद्रा : इससे मैंने कब इंकार किया जय? अब छोड़ इस बात को।

जे॰बी॰ : कैसे छोड़ दूं? तुझे मंगला और प्रिंस की सारी कहानी पता है फिर भी तूने उसे वहां जाने दिया?

सुभद्रा : कोई कहानी नहीं है और तेरे को ऐसी खरी-खोटी बातें ही सुनानी है अम्मा-पापा को तो वहीं चल मेरे कमरे में। यहां चीख-चिल्ला कर पापा को तकलीफ मत पहुंचा।

सुभद्रा आंचल से आंसू पोंछने लगती है। श्यामलाल उठता है और स्थिति को नियंत्रण में लेने वाले अंदाज में पेश आता है : लल्ली तुम यहां बैठो, लालाजी के पास। और जे॰बी॰ भैया तुम मेरे साथ चलो।

जे॰बी॰ : मुझे छोड़िए श्यामलाल जी। इसका आपसे कोई मतलब नहीं।

श्यामलाल : जब मैंने इस घर का नमक खाया है तब इस घर की कौन ऐसी बात हो सकती है जिसका मेरे से मतलब न हो? जिसकी मैं फिकर ना करूं?

जे॰बी॰ : नो प्लीज...।

श्यामलाल : तुम अपना सारा गुस्सा मुझ पर अंग्रेजी में ही निकाल लेना। यहां से चलो।

श्यामलाल जलसाघर में बीयर उड़ेल रहा है। एक ग्लास जे॰बी॰ को देता है, दूसरा अपने लिए रखता है : देखो भैया, सच्ची इस मामले में गलती तुम्हारी है।

जे॰बी॰ : कैसे?

श्यामलाल ग्लास में अंगुली डालकर दो छींटें मारता है : तुम्हारी सेहत अफजाई कर लूं फिर बताता हूँ। **ग्लास से एक घूंट भरता है :** वो ऐसे प्यारे भाई कि तुम्हें ब्याहता को सही रखने का तरीका ही नहीं आता। तुम करते हो बेकार की बहसबाजी। गलत काम करे, एक फटकार सुनाओ और बस।

जे॰बी॰ : मैंने मंगला को डांटा तो।

श्यामलाल : अजी इस तरह फटकारने से क्या फायदा कि अगली तुम्हें फटकार सुना दे और उसके बाद तुम अम्मा पर बरसने लगे? सुनो प्यारे भाई, इस सबकी वजह से ही अम्मा दुखी हो गई है। वो सोचती है कि मेरा कैसा नादान बेटा है कि ब्याहता को ब्याहता की तरह रख ही नहीं पाता। ना उसे सही फटकार सुना पाता है, ना उसे ठीक से प्यार दे पाता है।

जे॰बी॰ : प्यार? न मुझे मंगला से प्यार है न मंगला को मुझसे। आपने क्यों ये गलत शादी करा दी श्यामलालजी?

श्यामलाल : बिल्कुल सही शादी कराई। देखो जे॰बी॰, ब्याहता से प्यार करने का मतलब ये नहीं होता कि ठुमक-ठुमककर आंखें टमका-टमकाकर पूछते रहो ब्याहता से। प्यार करने का मतलब होता है घर और बिरादरी में उसे इज्जत की जगह देना। तुम तो हद करते हो कि मंगला के साथ कहीं आते-जाते नहीं। अरे कभी रिश्तेदारी

में उसे साथ ले के जाया करो। कभी रिश्तेदारों को अपने यहां बुलाया करो।

जे०बी० : मुझे इस सबसे दिलचस्पी नहीं है।

श्यामलाल : तो रहो प्यारे भाई। इन्हीं विलायती तेवरों से तुम्हारे पापा ने तुम्हारी अम्मा की जिन्दगी हलकान कर दी थी। देखो ज्यादा नहीं, महीने में दो-एक बार बहू को लेकर कहीं हो आया करो। और हफ्ते के सात दिनों में से दो-तीन रोज तो डिनर उसके साथ ही किया करो।

जे०बी० : प्रिंस के पास मंगला के जाने से मेरे डिनर में आने या न आने का क्या ताल्लुक?

श्यामलाल : अरे जब तुम उससे कुछ मतलब ही नहीं रखोगे तो वो मनमानी करेगी ही। इतनी देर से मैं कह क्या रहा हूँ? उसे कस के रखो। तुम्हारे पापा बीमार पड़े है, अम्मा उनकी सेवा में लगी है, मैं कारोबार के पचड़ों में फंसा हूँ। तुम कम-से-कम अपनी घर-गिरस्ती तो काबू में रखो।

जे०बी० : मंगला के साथ बैठते ही मेरा झगड़ा हो जाता है।

श्यामलाल : मोहब्बत करने को तो कोई ना कह रहा प्यारे भाई। झगड़ा ही कर मगर उसके साथ तो रह थोड़ा-बहुत। खाली मोहब्बत का मूड ना बनता हो तो शाम को आ जाना। कहीं महफिल जमाएंगे।

जे०बी० : आज शाम तो शायद नहीं।

श्यामलाल : कल सही, परसों सही, सारी जिन्दगी पड़ी है।

मंगला अपने कमरे में बिस्तर पर लेटी हुई लैंप की रोशनी में कुछ पढ़ रही है। जे०बी० आता है : अच्छा तो यहां बैठी हो, कोपभवन में? खाने के लिए क्यों नहीं आई? मुझे पता है कि तुम्हें दुनिया के तमाम पोएट अपने पति से ज्यादा पसन्द हैं। लेकिन इसका मतलब ये तो नहीं कि तुम पति के सवाल का जवाब ही ना दो। खाने के लिए क्यों नहीं आई?

मंगला : तुमने तो खा लिया ना?

जे०बी० : जाहिर है। क्या तुम ये समझे हुए हो कि तुम्हारे न आने से मैं भूखा रह जाऊंगा?

मंगला : तुम मेरे लिए कोई अजनबी नहीं हो जय जो तुमसे ये उम्मीद रखती।

जे०बी० : तुम क्या चाहती हो मैं भी इसी तरह टेढ़ा-मेढ़ा बोलूं? सुबह की लड़ाई से जी नहीं भरा?

मंगला : सुबह लड़ाई तुमने की, मैंने नहीं।

जे०बी० : तुम सिवाय लड़ाई के कुछ करना तो चाहती हो नहीं। तुम तो इस

बारे में लड़ाई करना चाहती हो कि लड़ाई किसने की थी। कभी एतराज होता है कि घर खाना खाने नहीं आता। आज आ गया तो साथ खाना गवारा नहीं होता।

मंगला : मुझे तेज बुखार है इस वजह से नहीं आई।

जे॰बी॰ माथा छू के देखता है : ओह! तो यही कहलवा दिया होता।

मंगला : कहलवा देती तो क्या तुम दौड़े चले आते?

जे॰बी॰ : स्टाप दिस नानसेन्स। क्या तुमने मुझसे सीधी तरह बात न करने की कसम खा रखी है? क्या मुझे जानवर समझ रखा है कि बीमारी की बात सुनकर भी नहीं आता?

मंगला : पिछली बारी जब श्यामलाल जी के जलसाघर में बीमारी की खबर कराई थी तो कहला दी थी कि बहू बीमार है तो यहां क्यों आया? डाक्टरनी के पास जा।

जे॰बी॰ : नॉव वॉट एम आई सपोज टू बी से सॉरी? या कि कान पकड़ के उठक-बैठक भी करूं?

मंगला : सुबह तुमने अपनी बातों से मुझे बेहद तकलीफ पहुंचाई, तब तो मैंने माफी मांगने को नहीं कहा? इस बुखार के लिए तुमसे माफी क्यों मंगवाऊं?

जे॰बी॰ : हां, बुखार तुम्हें। मेरा थोड़ी? एक पोएट प्रिंस को पढ़ा है...।

मंगला बुखार और गुस्से दोनों से कांप रही है : जय, अगर तुमने फिर वही टॉपिक छेड़ा तो मैं यहां से चली जाऊँगी।

जे॰बी॰ : टॉपिक तुमने छेड़ा है मंगला। तुम्हें खास मजा आता है प्रिंस का जिक्र छेड़ने में। बेशर्मी की भी कोई हद होती है।

मंगला ओढ़ना फेंककर उठ खड़ी होती है : बेशर्म तुम हो जय। बेशर्म और बेरहम। मैं इसी समय अपने अम्मा-बाऊजी के पास चली जाती हूँ और फिर मैं नहीं आऊंगी।

जे॰बी॰ उसे हाथ पकड़कर बिठाता है : तुम कहीं नहीं जाओगी। आइन्दा इस घर से बाहर तुम मेरे या अम्मा के साथ ही कदम रख सकोगी।

मंगला : जब मैं ने घर को छोड़कर जाने का ही फैसला कर लिया है तब तुम्हारी पाबन्दियों का क्या मतलब रहा है?

जे॰बी॰ : तुम इस घर की बहू हो। तुम इस घर को छोड़ कहीं नहीं जा सकोगी।

मंगला : इस घर की बहू होने का मतलब इस घर की कैदी होना है। मैं सास और पति को छोड़ और किसी के साथ इस घर के बाहर कदम नहीं रख सकती, जबकि मेरी सास ने भी ससुर की बीमारी के कारण बाहर जाना छोड़ दिया है और मेरे पति मुझे अपने साथ बाहर ले जाना नहीं चाहते।

जे॰बी॰ : तुम्हारा पति तुम्हें वो इज्जत और प्यार देगा जो इस घर की बहू को मिलना चाहिए। मैं आज इसलिए जल्दी घर आया था कि मैंने पैसला किया है कि हफ्ते में कम-से-कम तीन बार तुम्हारे साथ डिनर किया करूंगा, और छुट्टी के दिन तुम्हें बाहर घुमाने ले जाया करूंगा। मैं समझौते के मूड में आया था लेकिन तुमने तो खुद ये सम्बन्ध तोड़ने का फैसला कर रखा है।

मंगला : जय मुझे समझ नहीं आता कि तुम्हारी बात पर रोऊं कि हँसू। अपनी पढ़ी-लिखी पत्नी को काबू में रखने का तरीका तुम श्यामलालजी से सीखकर आते हो। उन श्यामलालजी से जिनकी सारी जिन्दगी गंवार औरतों के बीच गुजरी है।

जे॰बी॰ : तुमसे किसने कहा कि मैं तुम्हारे बारे में श्यामलालजी से सलाह लेता हूँ?

मंगला : कौन-सी बात ऐसी है जिसमें तुम उनसे सलाह नहीं लेते? पता नहीं तुम लोगों का उनसे ऐसी क्या दुश्मनी है कि हर सलाह तुम्हें तबाह करने वाली देते हैं। लेकिन उनकी सलाह पर मैं तुम्हें अपनी जिन्दगी तबाह नहीं करने दूंगी। मैं यहां रहूंगी तो तुम्हारी पत्नी बनकर, सिर्फ इस घर की बहू बनकर नहीं। मैं हफ्ते में सातों दिन तुम्हारा प्यार पाने की हकदार रहूंगी। दो दिन नहीं।

जे॰बी॰ : तुम वही करोगी जो मैं कह रहा हूँ।

मंगला : मैं जा रही हूँ। तुम कोई और ढूंढ लेना जो चाबी के गुच्छे की दुल्हन बनकर जी सकती हो।

चाबी का गुच्छा फेंक देती है और जाने लगती है। जे॰बी॰ उसका हाथ पकड़ लेता है : तुम कहीं नहीं जाओगी मंगला। और तुम्हें ये भी बताना होगा कि तुमसे किसने कहा कि मैं तुम्हारे बारे में श्यामलालजी से सलाह लेता हूँ।

मंगला : उन्हीं जाहिल औरतों में से एक ने जिनके साथ वो दिन-रात मगन रहते हैं।

श्यामलाल की रसोई। श्यामलाल हलवा बना रहा है। फूलवती बगल में खड़ी है : आप तो औरतों वाले सारे काम अच्छे कर लो हो सामलालजी।

श्यामलाल : अजी सामलालजी तो मर्दों वाले काम भी बहुत अच्छे कर ले हैं। जभी दुनिया कहती है कि अपने ढंग का अलग ही इंसान है।

फूलवती : सामलाल जी को बनाने के बाद भगवान ने वो सांचा ही तोड़ दिया दीखै।

श्यामलाल थोड़ा-सा हलवा एक तश्तरी में निकाल के फूलवती को देता है : चख के बता कैसा बना है?

फूलवती चखती है : ऐसा बना है कि अंगुलियां चाटते रह जाओ।

श्यामलाल : तेरे से बढ़िया बनाया है ना? तुम औरतों का क्या है कि घी डालने में बड़ी कंजूसी करो हो। और धीमी आंच में भूनती ना हो।

फूलवती : अजी आप तो आंच भौत ज्यादा धीमी रखो हो सामलालजी।

फूलवती की शोखी पर निहाल होकर श्यामलाल उस पर झुकता है।

जे॰बी॰ बाहर से आता है और श्यामलाल के खाली और खुले हुए जलसाघर में कदम रखता है : घर खुला हुआ है, खुद कहां नदारद हैं?

और तभी फूलवती की खिलखिलाती आवाज सुनते ही आगे बढ़ जाता है।

श्यामलाल : जमीन तुझे जरूर दिलवाएंगे। जरा सारा कारोबार मेरे काबू में आने दे।

फूलवती : वो तो आ ही गया समझो। लालाजी ने तो खाट पकड़ ली है और जय भैया तो शुरू से ही आपके इशारों पर नाचते हैं। सामलालजी आपको ये माननी पड़ेगी कि प्रिग्यावतीजी का भंडाफोड़ आप मेरी मदद से ही कर पाएं। मंगला बीबी की जासूसी भी मैंने ही की। आपको तो इतना भर के लिए ही जमीन दिला देनी चाहिए थी।

श्यामलाल : चल दिलवा देंगे। तू भी क्या याद रखेगी।

एक चम्मच से हलवा श्यामालाल के मुंह में डालती है : लो सामलालाजी, इसी बात पर मुंह मिट्ठा कर लो।

जे॰बी॰ ये सब देखकर डिस्गस्ट होता है और चला जाता है। कोई चीज उससे टकरा कर गिर जाती है। श्यामलाल चौंकता हैं : कौन ?

फूलवती : कोई चूहा रहा होगा।

श्यामलाल : बिल्ली को देखकर भाग गया।

मंगला दरवाजे की ओर पीठ किए मुंह ढककर लेटी है। लैंप जल रहा है। जे॰बी॰ आता है। मंगला का माथा छूता है और टेलीफोन से डॉ॰ भरूचा का नंबर डायल करता है : डॉ॰ भरूचा? जे॰बी॰। डाक्टर आपको इस वक्त परेशान करने के लिए माफी चाहता हूँ, लेकिन मेरी वाइफ को काफी तेज बुखार है। आप आ सकेंगी?

मंगला : इस समय क्यों बुला रहे हो? सुबह तक नहीं उतरा तब देखेंगे। ओ॰के॰ देन। आई वुड गिव हर सम एस्प्रीन एण्ड कॉल यू टूमॉरो। गुड नाइट डॉक्टर।

मंगला : थैंक्स। मैं एस्प्रीन खा चुकी हूँ।

जे॰बी॰ निराश होता है : माथा दुख रहा है?

मंगला : थोड़ा।

जे०बी० : बाम मल दूं?

मंगला : ना। और सुनो जय, जो तुम नहीं हो वो बनने की कोशिश मत करो। एक दिन के लिए अच्छे बनकर फिर उसी रूप में सामने आओगे तो मुझे बहुत बुरा लगेगा।

जे०बी० कुछ तीखा जवाब देने को होता है लेकिन अपने पर काबू पाता है। गहरी सांस छोड़ता कहता है : मंगला इस तरह मुझे प्रोवोक मत करो, प्लीज। झमेले में पड़ गया हूँ मैं। मुझे तुम्हारी कांची नहीं, मदद चाहिए।

मंगला : मुझे मदद लायक कब से समझने लग गये?

जे०बी० कोई जवाब नहीं देता। पास आकर बैठ जाता है और मंगला के प्रॉटेस्ट करने पर भी उसका माथा दबाने लगता है : आई एम सॉरी मंगला।

मंगला : किस बात की?

जे०बी० : हर बात के लिए। मैं अम्मा से कह आया हूँ कि फूलवती को निकाल दे। मुझे आज पता चला कि श्यामलाल जी फूलवती से किस तरह की बातें करते हैं।

मंगला : तो अब भी सम्हल जाओ, कोई देर नहीं हुई है। मुझे नहीं पता कि प्रज्ञावतीजी वाला क्या मामला था। मैं नहीं जानती थी कि हबीब चाचा को तुम पापा से मिलने नहीं देते थे। प्रिंस से तुम्हें क्यों दुश्मनी है, इस बारे में भी मैं अंधेरे में हूँ। लेकिन इतना जरूर जानती हूँ कि श्यामलालजी जो कुछ कर रहे है वो तुम लोगों की भलाई के लिए नहीं है।

जे०बी० : प्रज्ञावतीजी और प्रिंस वाला मामला समझने की जिद न करो तो अच्छा है।

मंगला : समझने की जिद तो कर सकती हूँ कि व्यापार की दुनिया में तुम प्रिंस वगैरह के साथ बहुत ही घटिया और घिनौनी होड़ में क्यों लगे हो?

जे०बी० : क्योंकि प्रिंस ऐसी ही होड़ करना चाहता है। अम्मा कह रही थीं कि पापा ने प्रिंस को समझौते के लिए बुलाया था मगर वो पापा को क्या कह के गया मुझे नहीं पता।

मंगला : प्रिंस बहुत गलत काम कर रहा है, इसका मतलब ये नहीं कि जवाब में तुम भी गलत काम करो। और मुझे तो ये समझ में नहीं आता कि तुम श्यामलालजी के कहने पर ही छोटे-मोटे धन्धों में क्यों पड़े हो? अपने पापा की तरह तुम नई इण्डस्ट्रीज क्यों नही खोलते? उद्योग-धन्धों को बढ़ावा मिल रहा है। तुम भी मौके पर आगे बढ़ो। टुटपुँजिया कामों में लगोगे तो टुटपुँजियों से ही होड़ होगी।

जे॰बी॰ : शिवलाल जी भी कह रहे थे, हमें सीमेंट का कारखाना खोलना चाहिए या फिर वैजिटेबल घी की फैक्टरी डालनी चाहिए। मैं कल पापा से इस बारे में बात करूंगा। तुमने खाया तो कुछ नहीं मंगला? दूध पी लिया था?

मंगला : दूध नहीं पीया।

जे॰बी॰ उठ जाता है : मैं अम्मा से कहता हूँ कि तुम्हारे लिए हार्लिक्स बनवा दें।

मंगला पीछे से उठ के आती है : अम्मा को क्यों तकलीफ दे हो? मेरा खुद मन करेगा तो कुछ बनवा लूंगी। वैसे अपने लिए मैं कोको बनवा रही हूँ। तुम भी पीओगे?

जे॰बी॰ का पांव फर्श पर पड़े हुए चाबी के गुच्छे से टकराता है। वो उसे उठाकर देखता है और मंगला को देने को होता है मगर फिर मेज पर रख देता है। मंगला उसे उठाती है, अपनी कमर में खोंसती है और जय का जवाब सुनकर मुस्कराती है : मिल के बनाएंगे, मिल के पीएंगे।

♦ ♦ ♦

हारमोनियम बजाता श्यामलाल जयजयवन्ती गा रहा है : पैंया पड़ूंगी पलंगा ना चढ़ूंगी, सैंया के ओरे-धोरे नाहीं रहूंगी मैं तो...। पैंया...।

फूलवती मुस्कुराती हुई आती है। श्यामलाल पूछता है : काम-काज से अब मिली छुट्टी तुम्हें फूलवती जब जै-जै वन्ती गाने की टैम हो गया?

फूलवती : अब तो पूरी छुट्टी मिल गई सामलालजी।

श्यामलाल : तो बैठ फुर्सत से और सुन। (गाकर) सैंया के ओरे-धोरे, सैंया के ओर-धोरे, नाहीं रहूंगी मैं तो। पैंया पड़ूंगी, पलंगा न चढ़ूंगी।

फूलवती : मेरी नौकरी चली गई और आपको गाने की सूझ रही है सामलालजी।

श्यामलाल : नौकरी तेरी कैसे जा सके है? अब तो मेरा राज है। मेरे राज में तेरे को कोई निकाल सके है भला नौकरी से?

आंचल से आंखें पोछती फूलवती : देख लिया आपका राज। आज बीबीजी ने बुलाया और हिसाब कर दिया।

श्यामलाल : क्यों भला?

फूलवती : कुछ ना बताया। मैं कितना ही रोई-गिड़गिड़ाई मगर कुछ ना बोलीं।

श्यामलाल : अरे तूने ही किसी बात से नाराज किया होगा।

फूलवती : आपकी कसम सामलालजी जो मैंने कुछ किया हो।

श्यामलाल : तब कोई गलतफहमी हो गई दीखै। तू फिकर मत कर। मैं कल ठीक करा दूंगा।

सुभद्रा के कमरे में जय, सुभद्रा और मंगला बैठे ताश खेल रहे हैं।

सुभद्रा : लो, भाई साहब आ गए। अब चौकड़ी जम सकेगी।

श्यामलाल : चौकड़ी जरूर जमेगी लल्ली। मैं और लल्ली एक तरफ, जय और मंगला एक तरफ?

श्यामलाल ताश खेलने बैठ जाता है और पत्तों को फेंटने लगता है : तो गुलाम पीस करूं?...अरे हां लल्ली, वो फूलवती मेरे पास आई रोती-रोती कि बीबीजी ने मुझे निकाल दिया। अब मेरा गुजारा कैसे चलेगा? मुझे बड़ा तरस आया। मैंने कही कि तू आ जइयो काम पर। बीबीजी से माफी मैं दिलवा दूंगा।

जे॰बी॰ : आप कौन होते हैं उसे फिर बहाल करने वाले?

श्यामलाल भौंचक्का होकर कभी जे॰बी॰, कभी सुभद्रा को देखता है : मैं ...कौन... होता हूँ?

सुभद्रा : उस मरी को जय के कहने पर निकाला मैंने। माफी मांगनी हो तो इससे मांगे।

श्यामलाल : जे॰बी॰ का फूलवती से क्या मतलब जो ये खुश या नाराज होता?... ये तो...।

जे॰बी॰ : क्या मुझे आपको सफाई देने की जरूरत है?

श्यामलाल : अरे लो। मैं तो यह कह रहा हूँ कि बहू को किया होगा फूलवती ने खफा। उसकी शिकायत पर जय ने एक्शन लिया होगा। क्यों मंगला?

जे॰बी॰ : आप कौन होते हैं जवाब तलब करने वाले?

श्यामलाल : जवाब तलब कौन कर रहा है प्यारे भाई? सिर्फ इतना जानना चाह रहा हूँ कि घर की पुरानी नौकरानी को निकाला क्यों?

जे॰बी॰ : मैं उसकी सूरत नहीं देखना चाहता।

श्यामलाल : गुस्ताखी माफ। नौकरानियों की सूरत ना देखी जाती, उनका तो काम...।

जे॰बी॰ : सूरत तो आप देखते हैं नौकरानियों की।

श्यामलाल आहत और अपमानित होकर हमदर्दी के लिए सुभद्रा की तरफ देखता है। सुभद्रा जे॰बी॰ के कंधे पर हाथ रखती है : जय बेटे, तुझे क्या हो गया है? भाईसाहब से इस तरह क्यों बोल रहा है?

जे॰बी॰ : इनसे ही पूछ लो। इन्हें सब पता है।

श्यामलाल : मुझे क्या पता है? वाह भई, वजह बताओगे नहीं, नाराजी दिखाते जाओगे? वैसे तो तुम लोगों की मर्जी, लेकिन घर के पुराने नौकरों-नौकरानियों को इस तरह निकाला नहीं जाता। तमाम भेद की बातें उन्हें मालूम होती हैं।

जे॰बी॰ : खासकर जब आप जैसे लोग उन्हें अंदरूनी भेद बताने पर आमदा रहते हैं।

श्यामलाल गुस्से से कांपने लगता है : किस कमीने ने कह दिया कि मैं इस घर के अन्दरूनी भेद बाहर वालों को बताता हूँ? मैं उसकी जबान खींचकर बाहर निकाल लूंगा।

जे॰बी॰ जीभ दिखाता है : खींचिए जबान!

श्यामलाल सकपकाता है : मैं सुनी-सुनाई पर यकीन नहीं करता। कोइयो कुछ कहता रहो, कुछ समझता रहो, मैं तो इतना जानता हूँ कि इस घर का नमक खाया है तो इस घर के बुरे-भले का ख्याल भी हर हाल में रखना है। ठीक है लल्ली, जय और मंगला को फूलवती पसन्द ना हो तो उसे यहां से हटा दो। मैं अपने यहां रख लूंगा।

जय : सो तो आप रखे ही हुए हैं।

श्यामलाल : लल्ली, कहीं इसे आज किसी ने भांग-वांग तो ना पिला दी?

मंगला : नशा तो जय आपकी सोहबत में करता है। आपको ज्यादा पता होगा।

श्यामलाल : मेरे को तो जी इतना पता है कि अगर आप लोग इतनी ज्यादा इज्ज़त बख्शने लगे तो मेरा यहां रहना मुश्किल हो जाएगा।

जे॰बी॰ : किसी ने हाथ जोड़ कह कहा है कि आप यहां रहें?

श्यामलाल : मैं लल्ली के कहने पर यहां आया हूँ, और उसी के कहने पर जाऊंगा भी।

सुभद्रा : जय इस तरह जलील मत कर भाईसाहब को। और भाईसाहब आप भी इस समय इससे मत बोलो। ये गुस्से में है।

श्यामलाल : नहीं बोलूंगा। मैं तो हुक्म का गुलाम हूँ।

क्लब में रोशन बैठा हुआ है और उसके सामने एक ड्रिंक है। वो सिप लेता है और बीच-बीच में इधर-उधर देखता है। ऐसा लगता है कि उसे किसी का इंतजार है।

सतबीर आता है : तू यहा क्लब में क्यों आ गया? घर में नहीं कर सकता था इंतजार? इस तरह फिजूलखर्ची करने की क्या जरूरत थी?

रोशन : जो बन्दे फिजूलखर्ची करते हैं, बन्दापरवर उन्हें खर्च के लिए फिजूल पैसे दिलाते हैं। सोचने की बात है कि जो ज्यादा खर्चेगा ही नहीं तो कमाएगा क्यों? वेटर...।

वेटर आता है : सर?

रोशन : हमारे लिए तो...।

वेटर : वही?

रोशन : बिल्कुल सही! और साहब के वास्ते मिल्क शेक।

सतबीर : पानी।

रोशन : शुद्ध जल, गंगा का।

वेटर : जी वो तो नहीं होगा।

रोशन : तो क्या होगा? मीठे कुंए का? बरसात का? डिस्टिल्ड वाटर? घड़े का? नलके का तो होगा? चलो वही ले आओ। और सुनो, मैनेजर साहब को बोलो कि शौकीन मैम्बरान के लिए बेहतर ब्रान्डों का पानी भी रखा करें।

सतबीर : तू मेरे सामने इस तरह के वाहियात जोक मत किया कर रोशन।

रोशन : अब क्या जोक किया?

सतबीर : तेरा गरीब होते हुए भी ये रईसाना तेवर अपनाना जोक नहीं तो क्या है?

रोशन : ये तो बहुत सीरियस बात है। इस दुनिया में बन्दा अपना जो भाव लगाता है, दुनिया उसी का आधा-पौना देती है। फर्ज करो मैं सड़क के किनारे बैठ के रब के नाम पर इकन्नी मांगूं तो दुनिया ने दो पैसे देने हैं। और जो यहां क्लब में बैठ के बीस-पच्चीस रुपया खर्च करके रईसी के नाम पर एक हजार उधार मांगू तो मेरे को साढ़े सात सौ मिल जाने हैं। और सुना बिरादर, खैरातीमल जी के यहां से क्या खबर लाया?

सतबीर : खबर ये है कि लाला वृषभान हौरी तो मैदान छोड़कर भाग गये।

रोशन : वल्ले! वल्ले! गो, वैंट, गॉन। मगर क्यूं भला?

सतबीर : उनका एक आदमी बता रहा था कि सप्लाई के धंधे से हाथ पूरी तरह खींच लेने हैं। आगे से नई इण्डस्ट्रियां लगाने पर ही सारा ध्यान लगाने हैं। और जो वो नई इण्डस्ट्रियां लगाने लग पड़े तो हमने उन्हें वहां भी नहीं छोड़ना। खत्म करके रख देना है लाला वृषभान को।

वेटर पानी और ड्रिंक का ग्लास रख आता है। रोशन पानी वाले ग्लास के साथ ड्रिंक का अपना ग्लास टकराता है और खुद जहाँ ड्रिंक का एक सिप लेता है, सतबीर एक सांस में पानी का पूरा ग्लास गटक जाता है।

रोशन : पानी एक सांस में मत पी जाया कर। तेरे को तो पानी से भी नशा चढ़ जाता है! कहता है कि लाला वृषभान को खत्म कर दूंगा। अरे वो अरबपति और हम हजार में एक रुपया कमीशन खाने वाले बन्दे।

सतबीर : ये बदले का नशा है। मैं इसमें कुछ भी सोच सकता हूँ, कुछ भी कर सकता हूँ।

रोशन : तू इस तरह कर बिरादर...।

उधर से रोशन की पूर्व-परिचित मॉड-अंग्रेजीदां राजराजेश्वरी आ जाती है : ओ हैलो-रिपुदमन!

रोशन : दोस्तों के लिए रोशन।

हाथ बढ़ाता है। हाथ मिलाती है।

राजराजेश्वरी : दोस्ताना हाथ बढ़ाने के लिए शुक्रिया। बैठ सकती हूँ?

रोशन : जरूर। इनको तुम नहीं जानती होगी। मिस्टर प्रिंस।

राजराजेश्वरी ध्यान से देखती है : अरे, द लकी प्रिंस। लकी एण्ड चार्मिंग।

सतबीर : मैं प्रिंस नहीं हूँ देवीजी।

रोशन : ये भी देवीजी नहीं ना हैं।

राजराजेश्वरी : मगर रोशन तो आपको प्रिंस पुकारते हैं।

रोशन : मेरे को रोशन पुकारते हैं, मैं प्रिंस हूँ। इसे प्रिंस पुकारते हैं, ये प्रिंस नहीं है। और आप ये भी देखो कि इसे प्रिंस कहते ही इस करके हैं कि ये मेरे साथ रहता है। नहीं तो ये बिचारा तो एक रैफ्यूजी लड़का है। मैं पुराना किला कैंप में जब कम्बल बांटने गया था, वहां मिल गया था। बहुत ही नेक और ईमानदार लड़का है। अब तूने अपनी ड्रिंक तो ले ली तो जाकर देख आ कि मेरी रोल्स रायस डिक्लेयर हो गई कि नहीं।

सतबीर उठ जाता है। रोशन उसे सौ रुपये का एक नोट निकाल के देता है : ये माताजी को दे देना। कहना कि वृषभान एंड सन को मैदान से भगाने वास्ते मैंने जो बढ़िया काम किया उससे खुश होकर रोशन साहब ने दिया। जाओ।

श्यामलाल अपने दफ्तर में टेलीफोन उठाता है। वह एक फाइल देखता है और गुस्सा होता है : हां जी, कौन? अच्छा शिवलाल जी, आप ख़ुद ही बोल रहे हो? ये डिफेंस सप्लाई के टेण्डर ना भिजवाने की आपने मनै की?...जे॰बी॰ साहब से पूछूं? क्यूं? जे॰बी॰ साहब से पूछ लूंगा जी, आप तो इस तरह कह रहे हो कि जे॰बी॰साहब तक मेरी पहुंच ना हो।

फोन डिस्कनैक्ट करता है और जे॰बी॰ का फोन मिलाता है : जे॰बी॰ साहब से कहना के श्यामलालजी दो मिनट के लिए आना चाहे हैं।

जे॰बी॰ अपने कमरे में बहुत गौर से कोई फाइल पढ़ रहा है। श्यामलाल हाथ में कुछ

कागजात लेकर आता है। सलीके से गला खंखारता है। जे॰बी॰ कागजात से निगाह उठाता है : ओ श्यामलालजी! बैठिए। मैंने सुना आप कुछ अर्जेण्टली डिस्कस करना चाहते है? क्या वो डिस्टलरी की प्रौजेक्ट रिपोर्ट...?

श्यामलाल : अजी उससे पहले तो मैं ये डिस्कस करना चाहूं हूँ कि इस कारोबार में श्यामलाल की क्या हैसियत है?

जे॰बी॰ : एक मैनेजर की।

श्यामलाल : अगर मैं मैनेजर हूँ तो मेरे आर्डर के बावजूद सप्लाई के टैण्डर इस बार फिर क्यों नहीं भरे गये? जैसा मैनेजर मैं हूँ, वैसे ही मैनेजर शिवलालजी हैं। फिर उन्हों को ये औथोरिटी किसने दे दी कि मेरे महकमे के कामों में टांग अड़ाएं?

जे॰बी॰ : मैंने।

श्यामलाल : पूछ सकता हूँ कि क्यूं?

जे॰बी॰ : क्योंकि वो आपके सीनियर हैं।

श्यामलाल : वाह! जिन लालाजी के शिवलाल अपने खास आदमी हैं उन्होंने तक ने कभी ये ना कहा कि श्यामलाल तुम शिवलाल से जूनियर हो। जे॰बी॰, तुम पर बुड्डा क्या जादू कर रहा है? तुम होश में तो हो? बेकार की नई स्कीमों में अपने को उलझा रहे हो और सप्लाई का जो जमा-जमाया धंधा है उससे हाथ खींच रहे हो।

जे॰बी॰ : हम सिर्फ उन जगहों से हाथ खींच रहे हैं जिनमें बहुत ज्यादा करप्शन है। घटिया माहौल में हम बिजनेस नहीं करेंगे।

श्यामलाल : तो वो सारे सौदे उनको सौंप दोगे जिनकी तुम्हारा दुश्मन प्रिंस दलाली करता घूम रहा है? जे॰बी॰, प्यारे भाई, शिवलाल की चाल में मत आओ। वो तो शुरू से ही इस कम्पनी को हथियाने के चक्कर में रहा है। तुम्हारी अम्मा ने मुझे यहां बुलाया ही इसलिए कि मैं तुम्हारे भले-बुरे का ध्यान रख सकूं।

जे॰बी॰ : मैं बालिग हूँ और अपने भले-बुरे का ध्यान खुद रख सकता हूँ। मेरा और कम्पनी का वक्त जाया मत कीजिए।

श्यामलाल : जे॰बी॰ तुम्हें मेरी उम्र का कोई लिहाज नहीं रह गया हो और अगर तुम ने मुझे घर का आदमी मानना छोड़ दिया है तो मुझे बातों से क्या, लातों से भी मारो तो मैं कुछ ना कहूंगा। क्यों? इसलिए कि तुम मालिक हो, मैं मुलाजिम हूँ। लेकिन प्यारे भाई, लात मारते हुए ये तो बताओ ना कि किस मारे मार रहे हो?

जे॰बी॰ : मेरे पास आपकी नाटक-नौटंकी के लिए फुर्सत नहीं है।

श्यामलाल : क्यों भई, मेरी भी हालत फूलवती वाली बनाओगे कि बगैर कोई वजह बताए अगली का हिसाब कर दिया?

जे॰बी॰ : अभी तो आपका हिसाब नहीं किया।

श्यामलाल : विनाश काले विपरीत बुद्धि।

सुभद्रा अपने कमरे में देवी-देवताओं की तस्वीरों के आगे हाथ जोड़े बैठी हुई है। श्यामलाल आता है। सुभद्रा को ध्यान में मग्न देखकर खड़ा होता है। सुभद्रा आंखें खोलती है : आओ भाईसाहब, प्रसाद लो।

श्यामलाल : अजी कहां के भाईसाहब। और सेठ-साहूकारों के यहां तो झाड़ू-बुहारू करने वाले तक को इससे ज्यादा इज़्ज़त मिले है।

सुभद्रा : क्या हुआ? फिर कुछ कह दी जय ने?

श्यामलाल : रोज ही कहता है। और उस शिवलाल के कहने पर, जो मैनेजर से मालिक बनना चाहता है। जिससे जय को बचाने के लिए तुम मुझे यहां लाई थी।

सुभद्रा : आज मैं समझाऊंगी जय को।

श्यामलाल : अब ना रहा तुम्हारे बस का उसे समझाना। अब तो उसे समझाने वाली कोई और ही है।

सुभद्रा : मंगला के लिए कह रहे हो?

श्यामलाल : मैं नहीं कह रहा जी, दुनिया कह रही है।

सुभद्रा : क्या?

श्यामलाल : छोड़ो। दुनिया कुछियो कहती रहे, मैं थोड़ी कह सकूं हूँ। वैसे जय जो कुछ कर रहा है उससे उन व्यापारियों का फायदा हो रहा है, जिनका दलाल वो प्रिंस है।

सुभद्रा सोच में पड़ती है : जय जो भी कर रहा है अपने पापा से पूछ कर कर रहा है और उसके पापा तो खुद, लगता है, प्रिंस के लिये मेहरबान बनने लगे हुए हैं।

श्यामलाल : जरूर हो रहे होंगे। लालाजी के लिए तो वीरांवाली के बेटे की किस्मत चमकना ख़ुशी की बात है। साथ में अगर सुभद्रा के बेटे का भट्टा बैठ रहा हो तो सोने में सुहागा।

सुभद्रा : ऐसा ना कहो।

श्यामलाल : ना कहने से असलियत बदल जाती हो तो हरगिज नहीं कहूंगा लल्ली। मैं तो ये भी नहीं कहूंगा कि शिवलाल आजकल दिन में दो बार तुम्हारी बहू के दरबार में हाजरी लगाने आता है। वो मंगला को पट्टी पढ़ाता है, मंगला जय को।

सुभद्रा : शिवलालजी यहां आते है? मुझसे तो किसी ने नहीं कहा।

श्यामलाल : फूलवती यहां होती तो बताती। और कौन बताएगा?

सुभदा : तुम्हें किसने बताई?

श्यामलाल : नाम बता दिया तो किसी और गरीब की नौकरी चली जाएगी। तुम्हें लालाजी की बीमारी के मारे कुछ देखने-समझने की फुर्सत ही ना है लल्ली। और कभी फुर्सत मिले भी है तो ममता में अंधी हो जाओ हो।

सुभद्रा : आप कहना क्या चाहो हो भाईसाहब?

श्यामलाल : मैं ये कहना चाहू हूँ लल्ली कि जय और मंगला अभी मेरी ही बेइज़्ज़ती कर रहे हैं। कुछ दिनों में तुम्हारी भी करने लगेंगे।

मंगला अपने कमरे में सजती-संवरती गुनगुना रही है। पीछे से अपनी पीठ के पीछे कोई चीज छिपाए हुए जे॰बी॰ आता है : बाअदब बामुलाहिजा होशियार! जे॰बी॰ साहब की सवारी आ रही है।

मंगला : पहले जे॰बी॰ साहब आते ही नहीं थे। अब हमेशा ही सिर पर सवार रहने लगे हैं। दफ्तर में कोई काम नहीं है क्या?

जे॰बी॰ : दफ्तर दस से पाँच तक होता है।

मंगला : आजकल ओवरटाइम बंद?

जे॰बी॰ : ओवरटाइम एक ही जगह हो सकता है। या घर में या दफ्तर में। वाई द वे, मैं तुम्हारे लिए गिफ्ट लाया हूँ।

मंगला : मैंने भी मंगाया है। लेकिन ताज्जुब है तुम्हें याद रहा।

जे॰बी॰ : क्या याद रहा?

मंगला : कि आज हमारी सगाई को पूरे छह साल हो रहे हैं।

जे॰बी॰ : अच्छा! इसकी मुझे बिल्कुल याद नहीं थी। तो चलो आज कहीं बाहर डिनर लेते हैं।

मंगला : नहीं, आज हम इस कमरे से बाहर नहीं जाएंगे। मैंने तुम्हारी पसंद का खाना घर में ही बनाकर रखा है। चलो लाओ। अपना गिफ्ट दो।

जे॰बी॰ : पहले तुम।

मंगला : पहले तुम।

पीठ के पीछे से गुड़िया सामने लाकर देता है : ये लो! भगवान करे तुम गुड्डी की अम्मा कहलाओ। और तुम्हारा गिफ्ट?

मंगला चाबी के गुच्छे से आलमारी खोलती है और कपड़े का बना हुआ बहुत ही खूबसूरत बच्चा-सा गुड्डा जे॰बी॰ को देती है : भगवान करे तुम गुड्डू के बाऊजी कहलाओ।

जे॰बी॰ मुस्कराता हुआ गुड्डा-गुड्डी आस-पास रख देता है : लो मेरी भी रही, तुम्हारी भी। भगवान करे हम जुड़वां गुड्डा-गुड्डी के अम्मा-बाऊजी कहलाएं।

मंगला : इकट्ठे लेने में सस्ते पड़ते होंगे?

जे॰बी॰ : पक्की बिजनेस वाली होती जा रही है।

मंगला : जय, तुमने शिवलालजी से स्पीनिंग मिल के बारे में बात की?

सुभद्रा कमरे आती है : जय...!

जे॰बी॰ : हां अम्मा।

सुभद्रा : बेटे आज तूने फिर श्यामलाल भाईसाहब से झगड़ा किया बतावें।

जे॰बी॰ : वो खुद ही बता रहे होंगे। मेरे घर पहुंचने से पहले ही शिकायत कर गये। वाह!

सुभद्रा : जय, में ना जानती कि तू किस वजह से भाईसाहब से नाराज है। लेकिन नाराजी का मतलब ये तो ना है कि तू यही भूल जाए कि मैंने उन्हें तेरे नफे-नुकसान का ध्यान रखने की खातिर यहां बुलाया था। शिवलालजी तो तेरे को गुमराह की करेंगे बेटा।

मंगला : शिवलालजी की तो सारी दुनिया तारीफ करती है अम्मा। बहुत ही ईमानदार और समझदार आदमी है।

सुभद्रा : सारी दुनिया से मुझे क्या लेना? मैं भी कुछ अक्ल रखती हूँ गांठ की। और बहू, मैंने सुनी कि शिवलालजी तुझे उल्टी-सीधी समझाने दिन में दो बार यहां आने लगे हैं?

मंगला : ये झूठ है अम्मा। फोन पर जरूर उनसे एकाध बार बात हुई बिजनेस के बारे में।

जे॰बी॰ : मैं खुद बैठा हुआ हूँ अम्मा। आइन्दा मेरे बिजनेस के मामले में श्यामलालजी से बात करने की कोई जरूरत नहीं है। मैं उनको भी समझा के आता हूँ।

श्यामलाल का जलसाघर। फूलवती दराती से कोई सब्जी काट रही है। श्यामलाल गा रहा है और गाते हुए फूलवती को टोकता है : अरी फूलवती, तेरे को तो सब्जी काटने का भी सही ढंग ना आवे।

फूलवती : सभी चीजों के सही ढंग आपसे ही सीखेगी फूलवती।

जे॰बी॰ आता है : श्यामलालजी, आज आप दफ्तर से उठ के घर गये अम्मा के पास?

श्यामलाल : घर जाने की भी रोक है?

जे॰बी॰ : झूठी शिकायतें करने पर रोक है। आप अगर हमारी कम्पनी में काम करना चाहते हैं तो आइन्दा दफ्तर के टाइम पर घर जाना और अम्मा से झूठी शिकायतें लगाना बंद करिये।

श्यामलाल : तुम्हारी अम्मा ने मुझे रखवाया ही इसलिए है कि मैं उसे बिजनेस के बारे में बताता रहूं।

जे॰बी॰ : आइन्दा बताएंगे तो नौकरी से जाएंगे।

श्यामलाल : नौकरी की तो धौंस दो मत। मैं इस्तीफा जेब में लिये घूमता हूँ।

जे॰बी॰ : उसे जेब से निकाल के मेरी मेज पर रख दीजिए।

सुभद्रा एक तश्तरी में फल लेकर वृषभान के कमरे की ओर बढ़ रही है। श्यामलाल आता है : लल्ली।

सुभद्रा : भाईसाहब आप बैठो। मैं जरा इन्हें फल खिला के आऊं।

श्यामलाल : तुम इत्मीनान से खिलाओ फल, बस ये मेरा कागज रख लो।

सुभद्रा : क्या है?

श्यामलाल : मेरा इस्तीफा है।

सुभद्रा : कैसी बातें करो हो भाईसाहब। घर के लोग कभी इस्तीफा दे हैं? मैंने तो उस दिन भी आपसे कही थी कि थोड़े दिन जय से उलझो मत। उसे किसी ने भड़का रखा है।

श्यामलाल : जिन्होंने भड़का रखा है उन्होंने क्या कुछ नहीं बिगाड़ रहा है? मेरी रोजाना बेइज्जती हो रही है। जय मुझसे इस्तीफा देने की कह गया था। तुम्हारे पास लाके इसलिए दे रहा हूँ कि तुम्हीं मुझे यहां लाई थीं।

सुभद्रा रुआंसी हो जाती है : भाईसाहब, आप तो देख ही रहे हो कि मैं कितनी मुसीबतों में घिरी हुई हूँ। आप भी इसी तरह रूठ के चले जाओगे तो बड़ी मुसीबत होगी। जय से झगड़ो मत, उससे समझौता करो। आपको उसको मिल के ही सब देखना-सम्हालना है।

श्यामलाल : ठीक है। मगर ये इस्तीफा अपने पास रखो। तुम्हारे कहने पर थोड़ा और बर्दाशत कर लेता हूँ। लेकिन अगर बर्दाश्त के बाहर हो गई बात तो सीधा ही चला आऊंगा।

सुभद्रा : आप जाकर काम करो, मैं जय को समझाऊंगी।

फूलवती और श्यामलाल जलसाघर में हैं। श्यामलाल गा रहा है : मैंने लाखों के बोल सहे, सांवरिया तेरे लिए...।

फूलवती : आप तो गाना गाते जाओ हो श्यामलाल जी, ये ना बताओ हो कि किसकी वजह से इत्ती बेइज्जती सह रहे हो? इस्तीफा देने निकल पड़े रौब से, फिर दुम हिलाते हुए काम करने लगे।

श्यामलाल : वही तुम्हें बता नहीं सकता फूलवती।

फूलवती : जो मुझसे भी छुपाओगे तो मैं बीबीजी के पास जाकर आपका सारा भांडा फोड़ दूंगी।

श्यामलाल : बीबीजी की वजह से ही तो सब कुछ सह रहा हूँ। गोद की बच्ची थी तब से मेरी देखी हुई है। इनकी माँ मेरे को बहुत पसन्द करे थीं। बस इनकी बुआ, जो लाला वृषभान की ताई लगे थीं, मेरे सख्त खिलाफ थीं। उन्होंने ही लल्ली का रिश्ता लाला वृषभान से कराया। जब शुरू में लाला वृषभान ने शादी के लिए मनै कर दी तो लोगों ने कही कि जरूर लल्ली में कोई नुक्स है। इसकी शादी करना मुश्किल हो गया। तब लल्ली की अम्मा और नानाजी ने कहा कि लड़का तो घर में ही बैठा है।

फूलवती : मतलब आप?

श्यामलाल : मगर अभागे श्यामलाल के भाग में ये कहां था। लाला वृषभान फिर लल्ली से शादी के लिए राजी हो गए।

फूलवती : आपके साथ तो बुरी बीती।

श्यामलाल : एक लल्ली को छोड़ मैं और किसी के साथ अच्छी नहीं बीतने दूंगा।

श्यामलाल के चेहरे पर दृढ़ संकल्प का भाव आात है। वो गाता नहीं, हारमोनियम पर सिर्फ लहरा बजाता है।

राजराजेश्वरी के साथ रोशन क्लब में बैठा हुआ है : घणि खम्मा कुंवरी सा।

राजराजेश्वरी : वॉट वाज दैट?

रोशन : मैं आपकी जबान में माफी मांग रहा हूँ।

राजराजेश्वरी : ओह, आप मारवाड़ी बोल रहे हैं? आजकल मैं ज्यादातर विदेश में ही रही हूँ, वरनाक्यूलर मुझे आती नहीं है। और आप मुझसे माफी क्यों मांग रहे हैं? मैं आपसे छोटी हूँ।

रोशन : मुझे पता है, उम्र में ७८ साल और प्रीवी पर्स के मामले में साठ लाख रुपया।

राजराजेश्वरी : मेरे बारे में इतना कुछ जान गये? मैं तो आपके बारे में कुछ नहीं जानती।

रोशन : मेरे बारे में इतना ही जानना काफी होगा कि मैं कोई भी चीज आधे-अधूरे ढंग से नहीं करता।

राजराजेश्वरी : ये धमकी है कि वादा?

रोशन : आगे पर्दे पर देखेंगे।

श्यामलाल आता है : अब अगर बेपर्दा बातचीत चलने वाली है तो हम भी बैठ जाएंगे लाला रोशनलाल।

रोशन : श्यामलालजी, आप यहां दुश्मनों के बीच बैठेंगे?

श्यामलाल हाथ बढ़ाता है : जब दोस्त दुश्मन हो जाएं, तो दुश्मनों को ही दोस्त बनाना पड़ता है।

रोशन उस हाथ को ताज्जुब से देखता है, फिर गर्मजोशी से मिलाता है।

♦ ♦ ♦

लभायाराम के कमरे में बहुत ही नक्शेबाज किस्म का काम्बीनेशन पहने रोशन आइने में अपनी टाई ठीक कर रहा है और बालों को ब्रश करते हुए गुनगुनाता है : आ जा...अब तो आ जा...।

कन्नी आती है : हमारा रोशन मामा किसे पुकार रहा है?

रोशन : मामे ने तो मामी को ही पुकारना हुआ कन्नी।

कन्नी : पता है, लोग क्या कहते हैं? कि रोशन मामा तो नित नई शादी रचाता रहता है।

रोशन : हां कन्नी, ख्यालों में तेरे रोशन मामे ने कई बार एक से एक बढ़िया शादी की। लेकिन अफसोस, हर बार विधवा हो गया।

कन्नी खिलखिती है : मर्द विधवा नहीं होते।

रोशन : क्यों, जनानियां नहीं मरतीं क्या?

कन्नी को फिर हंसी आ जाती है और उसका ध्यान रोशन के काम्बीनेशन की ओर जाता है : ये नवा है?

रोशन : आहो।

कन्नी : आप तो रोज नवी-नवी ड्रेसें सिलवाने लगे हो?

रोशन : सिलवाने मेरे चाहने वाले लगे है। मैं तो सिर्फ पहनता हूँ।

कन्नी : चाहने वाले कि वाली?

रोशन : चाहने वाली सिलवाकर मुझे देने लगे इस कोशिश में ही तो रोज

मांग-मांग के बढ़िया कपड़े पहन रहा हूँ।

कन्नी : चाहने वाली कौन-सी? वो राजकुमारी?

रोशन : हर हाईनेस राजराजेश्वरी।

कन्नी : इतनी मोटी है क्या?

रोशन : मोटी नहीं है, अकड़ के चलती है।

कन्नी : हाय, मेरे को बड़ा शौक चढ़ रहा है राजकुमारी जी को देखने का। मेरे को भी ले चलो ना।

रोशन : तूने वहां क्या करना है?

कन्नी : इस तरह अकड़ के आए आफत की नानी, मैंने एक पिन चुभानी आवाज आनी—फिस्स।

रोशन उसका गाल थपथपाता है : पिन तूने उसके नहीं, मामे के चुभा देनी है।

कन्नी : किस तरह?

रोशन : मामे को मामा कहकर। मामा तो वहां प्रिंस रिपुदमन सिंह बना बैठा है।

कन्नी : छोटा मामा कह रहा था कि आप तो लड़की की खातिर कुछ भी बन सकते हो।

रोशन : आ हो जी।

कन्नी : बन्दर भी?

रोशन : आहो जी। बशर्ते बंदरी मालदार हो।

कन्नी : एक सुना, बंगालन थी। वह तो मालदार थी!

रोशन : उसका बाप थोड़ा गोलमाल कर गया ऐन वक्त पर।

कन्नी : क्या गोलमाल कर गया?

रोशन : माल गोल कर गया।

कन्नी : माल वापस कर दे तो?

रोशन : तो बंगालन वापस तेरी मामी की पोस्ट की कैंडिडेट हो जानी है।

कन्नी : और हाय, राजकुमारी बेचारी?

रोशन : वो भी कैंडिडेट रहनी है। फिर इन्टरव्यू ले के देखने हैं कि माल किसके पास ज्यादा है।

कन्नी : बंगालन के पास कितना माल है ये तो आपको अच्छी तरह मालूम होना है। आप तो उसके यहां ही काम करते थे।

रोशन : पैसा उसके पास नहीं, उसके बाप के पास है। और अगर उसने मेरे से शादी कर लेनी है तो बाप ने उसे पैसा नहीं देना है।

कन्नी : मैंने सुना उस बिचारी ने आपके मारे घर छोड़ दिया।

रोशन : वो बिचारी ना बनती और मेरे मारे घर ना छोड़ती तो मैंने उसके मारे घर छोड़ देना था अब तक। लेकिन वो बाप की बेटी की जगह माँ की बेटी बनी बैठी है। माँ से मेरे को क्या मिलना है, सिवाय संगीत के? वो तो अपने पास पहले ही बहुत है। (गाकर) आ जा...अब तो आ जा...।

कन्नी : आप उसे यहां बुलाने लगे हो कि उसके पास जा रहे हो?

रोशन : याद दिलाने वास्ते शुक्रिया। अच्छा चलता हूँ, लौट के मिलता हूँ।

मार्च करता गाता हुआ निकलता है : वतन की राह पर वतन के नौजवां शहीद हो...।

कन्नी : मेरे ख्याल तो, जो आपकी निवेदिता की माँ से संगीत मिल जाए दहेज में तो बुरा नहीं है।

अरुन्धति अपने कमरे में गा रही है। सामने के दरवाजे से निवेदिता आती है। वह दफ्तर से काम करके लौटी है। आते ही अपना सामान पटकती है और धप्प से बैठ जाती है। अरुन्धति पूछती है : थक गई?

निवेदिता : हां माँ। काम तो मैं बाबा के होटल में भी करती थी लेकिन यहां कुछ ज्यादा ही बोझ मालूम होता है।

अरुन्धति : वहां तू मालकिन थी और यहां एक मामूली-सी मैनेजर है। और फिर ये भी तो है ना कि मेरे साथ रहने में तुझे वो सुख-सुविधा कहां मिलती है जो बाबा के घर में? चाय बना दूं तेरे लिए?

निवेदिता : ना माँ। मैं बना लेती हूँ। और सुख-सुविधा की किसी रकम तकलीफ मुझे यहां नहीं है।

निवेदिता किचेन में जाती है। उसके पीछे-पीछे अरुन्धति पहुँचती है : तेरे बाबा का फिर फोन आया था।

निवेदिता : क्या बोले?

अरुन्धति : बोले, कैसी माँ हो? बेटी की भली तरह देखभाल भी नहीं करती? आज ऑफिस में उसे चक्कर आ गया।

निवेदिता : हर बात बता देते हैं उनके जासूस।

अरुन्धति : मुझे तो कोई नहीं बताता। तू भी नहीं।

निवेदिता : कुछ हो तो बताऊं। एक पल को सिर चकरा गया था, बस।

अरुन्धति : रात-रात भर जागी रहेगी तो और क्या होगा? आज चलना मेरे साथ डॉक्टर मोशाय के पास।

निवेदिता : माँ, उन्होंने कहा था कोई रोग नहीं है।

अरुन्धति : वो तो बोले दुख का रोग है।

निवेदिता : दुख भी नहीं है माँ। सच।

अरुन्धति : होना तो नहीं चाहिए, मगर है। भूल जा उस रोशनलाल को। सिर्फ तेरे पैसे के लिए पीछे पड़ा था।

निवेदिता : ऐसा होता तो...वो चेक नहीं लौटाते। हो सकता है मेरे भले के लिए ही उन्होंने...।

अरुन्धति : अरे, इसी को कहते हैं प्रेम में अंधा होना।

निवेदिता : तुम भी बाबा की तरह ताने मार रही हो माँ। हो सकता है मिस्टर रोशनलाल सचमुच लोभी हो। उसका मुझे उतना दुख नहीं जितना इस बात का कि बाबा ने सारा जोर उन्हें लोभी साबित करने पर लगाया। मुझे दुख है कि उन्हें मेरे दुख से बहुत सुख मिला है। अपार संतोष हुआ मानो।

अरुन्धति : मैं ताना नहीं दे रही, सिर्फ इतना कहना चाहती हूँ कि अपनी दुनिया की धुरी किसी और को मत बना। चाहे वो बाबा हों, चाहे रोशनलाल।

निवेदिता : समझ में नहीं आता क्या करूं?

अरुन्धति : अपनी मंजिल की ओर अपने पांव बढ़ा नहीं तो इसी तरह सारा जीवन लोग तुझे घसीटते रहेंगे, कभी इधर, कभी उधर।

फोन की घण्टी बजती है। अरुन्धति उठाती है : हैलो...। हां वो आ गई है। देती हूँ। (निवेदिता से) तेरे बाबा।

निवेदिता सुनकर हाथ से इशारा करती है कि नहीं। अरुन्धति उसे पकड़कर ले आती है : बात करने में क्यों डरती है?

निवेदिता फोन का रिसीवर थामती है : हैलो... मैं बिल्कुल ठीक हूँ बाबा। आपको किसी ने गलत बता दिया।...नहीं, मुझे यहां किसी तरह का कष्ट नहीं है।...वो तो नहीं हो सकेगा।...ना ना, वो भी नहीं।

कुछ देर तक सुनती रहती है फिर फोन काट देती है।

अरुन्धति : क्या। हुआ?

निवेदिता : कहते हैं वापस मेरे पास रहने आ जा। वो भी नहीं तो इस समय मिलने आ जा।

अरुन्धति : मिलने तो चली जा। जब तू उनके साथ रहती थी वो तुझे भेजते थे ना मेरे पास। ये अजीब लगता है कि मेरे साथ रहते हुए तू वहां न जाए।

निवेदिता : जाकर ताने ही सुनने को मिलेंगे।

सपन सेनगुप्ता अपनी स्टडी में बैठा हुआ है। निवेदिता आती है। पांव छूती है मगर कुछ कहती नहीं।

सेनगुप्ता : अरे निवेदिता, अकेली ही आई? मैं भी बार-बार भूल जाता हूँ कि वो रोशनलाल तो तुझे छोड़ गया। तूने मुझे अकेला किया, उसने तुझे।

निवेदिता : बार-बार यही सब कहने को बुलाते हो बाबा?

सेनगुप्ता : तेरे मुंह से बाबा सुनने को बुलाता हूँ।

निवेदिता : मगर बाबा मैं जब भी आती हूँ आप...।

सेनगुप्ता निवेदिता को बहुत प्यार से अपने पास बैठाता है : बोल, क्या शिकायत है तुझे?

निवेदिता : कुछ नहीं। बस रोशनलाल के बारे में बात ना किया करें।

सेनगुप्ता : मैं तो बस तेरी बात करना चाहता हूँ निवेदिता और यही पूछता हूँ कि जब वो धन का लोभी तुझे छोड़ के चला गया तब तू मेरे पास वापस क्यों नहीं लौट रही है? क्यों सजा दे रही है अपने को? अपने बाबा को?

निवेदिता : आप फिर वही बात करने लगे बाबा।

सेनगुप्ता : नहीं, तू चाहती क्या है? अपनी विरासत? वकील मुशाय को बुलाऊं? सब कुछ अभी कर दूं तेरे नाम, तब वापस आयेगी?

निवेदिता : मुझे कुछ नहीं चाहिए। मैं अपने पांवों खड़ी होऊँगी।

सेनगुप्ता : अपनी कुल्टा माँ की तरह? वहां तुम माँ-बेटी इस आशा में बैठे रहोगे कि बुड्ढा बीमार है, शराबी है, जल्दी ही मर जाएगा। भावुक है इसलिए सब कुछ बेटी के नाम छोड़ जाएगा।

निवेदिता : बाबा इस तरह की बातें करके अपने को नीचा मत गिराइए।

सेनगुप्ता : तेरे लिए तो मैं इस पतित रोशनलाल से भी जास्ती पतित हूँ। सुन निवेदिता, तू अगर सोचती है कि बाबा के मरने के बाद तुझे जब जायदाद मिलेगी तब उस लंपट से तू शादी कर सकेगी तो ये भूल जा। तेरे नाम मैं कानी कौड़ी नही छोडूंगा।

सेनगुप्ता निवेदिता को, जो जाना चाह रही है, बहुत सख्ती और रुखाई से पकड़ लेता है। निवेदिता उठ खड़ी होती है : प्रणाम बाबा। इसी सबकी वजह से मैं यहां नहीं आती।

सेनगुप्ता : तू इसलिए नहीं आती निवेदिता कि तुझे मजा मिलता है मुझे सजा देने में। तेरा बाप तड़प रहा है मगर उस कमीने को कुछ नहीं हुआ है जिसने तुझको मेरे से दूर कर दिया, और तुझे भी दूध की मक्खी की तरह फेंक दिया। वो गुलछर्रे उड़ाता है क्लबों-होटलों में।

क्लब में रोशन और राजराजेश्वरी बैठे है। रोशन टेबल ठोक के हंस रहा है और राजराजेश्वरी बहुत फीके ढंग से मुस्कुरा रही है।

रोशन : क्या हुआ, ये जोक कुछ जमा नहीं?

राजराजेश्वरी : असल आज मैं कुछ ऑफ मूड में हूँ।

रोशन : हां, मैंने भी गौर किया। बात क्या है?

राजराजेश्वरी : अगले महीने मेरे फ्रांस जाने का प्रोग्राम कैंसिल हो गया।

रोशन : क्यूं?

राजराजेश्वरी : जिन अंकल के साथ मैं जाने वाली थी वो गुजर गए।

रोशन : हम तो नहीं मरे। हमारे साथ चली चलना।

राजराजेश्वरी : आप कब जा रहे हैं?

रोशन : एक दिलचस्प पहेली हल कर लूं तो चलूं।

राजराजेश्वरी : पहेली हर करने में बहुत ज्यादा वक्त तो नहीं लगाएंगे?

रोशन : जैसे ही पहेली ने आजिज होकर कहना है हल करो ना भाई, हमने हल कर देनी है पहेली।

राजराजेश्वरी : भाई कहने पर!

रोशन : जब अगली ने भाई पुकारना है तभी तो हमने बताना है कि हमें भाई नहीं ना बनना।

राजराजेश्वरी : तो क्या बनना है?

रोशन : बन्ना।

राजराजेश्वरी : बनना?

रोशन : (गाकर) बन्ना क्या मांगे, क्या मांगे, क्या मांगे री...?

राजराजेश्वरी हंसती है : इसीलिए मैं आपको ढूंढ रही थी। मुझे मालूम था आपसे मिल के उबासी दूर हो जाएगी। तो फ्रांस में कहां चलेंगे? पैरिस?

रोशन : मैं तो रिवैरा में रहना पसन्द करता हूँ।

राजराजेश्वरी : लवली। मैं तो पिछले साल मोनाको भी गई थी।

रोशन : मैं तो आप वहां था। मेरी यॉट वहां लंगर डाले पड़ी रही थी। मैंने यॉट पर जो दावत दी उसमें तो सारे ही टॉप लोग आए। आप कहां रह गईं?

सुनकर राजेश्वरी हंसने लगती है : अच्छा, तो वो पार्टी आपने दी थी जिसमें काउन्ट बानहौफ...नंगे नाच गये?

रोशन : हां।

राजराजेश्वरी : मैं उस समय लंदन गई हुई थी। आप लंदन नहीं आए?

रोशन : लंदन मुझे बहुत डल लगता है।

राजराजेश्वरी : आई टोटली एग्री। हर हाईनैस ने बहुत जोर देकर बुलाया था इसलिए चली गई। मगर चार दिन वहां रहकर फौरन वीएना चली गई।

रोशन : वीएना तो मैं भी गया। मोनाको से। पता नहीं कैसे आपको मिस कर गया?

राजराजेश्वरी : आइन्दा भी करेंगे?

रोशन : क्या?

राजराजेश्वरी : मिस?

रोशन : आइन्दा कुछ ऐसा करूंगा जिससे मिस करने की नौबत ही ना आए।

पीछे से कन्नी आती है और इशारे करती है कि क्या यही राजकुमारी है? रोशन गर्दन हिला के 'हां' कहता है और इशारा करता है 'जा'। राजराजेवरी पहले रोशन को देखती है फिर गर्दन घुमाकर कन्नी को : एक और दिलचस्प चेहरा, एक और दिलचस्प पहेली?

रोशन : वो जो प्रिंस-प्रिंस करके है ना, ये उसकी कजन है। इसको आटोग्राफ जमा करने का शौक है। आपके आटोग्राफ लेने वास्ते कह रही है।

राजराजेश्वरी : इसे कैसे मालूम कि मैं भी कोई हस्ती हूँ?

रोशन : इसे ये तो मालूम है कि मैं हस्तियों के साथ ही बैठता हूँ। आटोग्राफ दीजिए।

राजराजेश्वरी : मेरे पास कागज नहीं है।

रोशन : किसी नोट पर ही कर दीजिए।

राजराजेश्वरी : मेरे पास कोई छोटा नोट नहीं है।

राजराजेश्वरी अपना बटुआ देखती है। रोशन एक का नोट निकाल के देता है : इस पर कर दो।

राजराजेश्वरी : नाम क्या है लड़की का?

रोशन : कनक।

दस्तख्त करके राजेश्वरी नोट वापस करती है। रोशन उठ के जाता है और कन्नी को नोट देता है : इसको ले जा और चाट खा।

कन्नी : मेरे को मिलना है।

रोशन : मगर मेरे को मिलाना नहीं है। तेरे मुंह से कुछ गलत-सलत निकल गया तो बना बनाया काम बिगड़ जाना है। काम बिगड़ जाना है तो फिर तेरे को मामी के महलों में रहने का मौका नहीं मिलना है।

कन्नी : मैं उन्हें थैंक्यू तो बोल दूं।

रोशन : अंग्रेजी में बोलना, पंजाबी में नहीं।

राजराजेश्वरी मुस्कुरा रही है। रोशन के साथ कन्नी उसकी ओर बढ़ रही है।

कन्नी : थैंक्यू जी, मैडम जी!

राजराजेश्वरी : वैरी चार्मिंग गर्ल।

कन्नी : राजकुमारी जी, मैंने तो आपका फोटोग्राफ भी लेना है।

राजराजेश्वरी : फोटोग्राफ तो इस समय नहीं है।

कन्नी : आप भिजवा देना मामा...।

बोलते हुए कन्नी मुंह पर हाथ रख लेती है।

राजराजेश्वरी : मामा?

रोशन : इसके माताजी आ गये बाहर। जा, जल्दी भाग। डांटें तो मेरा नाम ले लेना कि मैं ले आया था।

कन्नी : आप फोटोग्राफ घर भेज देना इनके साथ। टा-टा।

कन्नी वापस होती है। राजेश्वरी रोशन से पूछती है : ये आपके साथ रहती है?

रोशन : सर्वेण्ट क्वार्टर में।

राजराजेश्वरी : एक छोटी-सी शिकायत है आपसे। आपने अपनी कोठी कभी नहीं दिखाई।

रोशन : असल में वो उसमें मरम्मत का काम चल रहा है और कुल चार कमरों में हम सब ठुँसे पड़े हैं। और बदतर ये कि मेरी नाभा वाली बहन अपने बच्चों को लेकर आ गई है। वो इतने शरारती है कि तोबा। मैं तो कई-कई दिन आजकल घर ही नहीं जाता। और आपने भी तो अपने यहां कभी इनवाइट नहीं किया?

राजराजेश्वरी : असल में क्या है कि हिज हाईनेस को, आई मीन मेरे फादर को, दिल्ली बिल्कुल रास नहीं आती है। उन्होंने अपने यहां की सारी प्रापर्टी छोटे चाचाजी को दे दी थी। वो यहां करते भी क्या? वो हम सब को लेकर यूरोप में रहते थे। अब मैं ढूंढ रही हूँ दिल्ली में कोई मकान अपने लिए।

रोशन : फिलहाल कहीं तो रहती होंगी?

राजराजेश्वरी : हर हाइनेस की एक फ्रेण्ड के साथ। लेकिन वो जगह ऐसी नहीं है कि आपके जैसे शाही मेहमानों को जहाँ दावत दे सकूं।

गली-कूचों का एक छोटा-सा मकान, जिसके फाटक पर लिखा है 'धनवती सदन'। एक औरत ऊंघ रही है। राजराजेशवरी दबे पांव आती है और औरत से बचते-बचाते दरवाजे पर लगी सांकल खोलने की कोशिश करती है। थोड़ी आवाज होती है लेकिन औरत नहीं जगती। राजराजेश्वरी दरवाजा खोल के भीतर घुसती है तब औरत (धन्ना)

आंखें मूंदे हुए ही उसको पकड़ती है : शाम को किराया देने को कहा था। अभी तेरी शाम नही हुई रज्जो?

राजराजेश्वरी : मौ...सी! हाय आपने तो मेरे को डरा दिया। आप यहां ठंड में क्यों बैठी हैं धन्नो मौसी? भीतर बैठ जाती ना। आपका ही घर है।

धन्नो : मगर तूने समझ रखा है अपने बाप का। आज-कल आज-कल करते-करते छह महीने हो गये। तू मेरी सहेली कट्टो की बेटी है इसका मतलब ये तो नहीं कि मुफ्त में रहे? मुफ्त में खाए? और उल्टे मुझसे ही उधार लेती रहे?

राजराजेश्वरी : मैं सब कुछ सूद समेत चुका दूंगी धन्नो मौसी। और ये मत भूल कि मेरी शादी हो जाएगी तो तू भी मेरे साथ महलों में रहेगी। आज ही मैंने प्रिंस रिपुदमन को तेरे बारे में बताया तो वो कहने लगे कि कोई बात नहीं, मौसी को भी अपने साथ ले आना। खास महल में हम रह लेंगे, छोटा महल उनको दे देंगे।

धन्नो : कान खोल के सुन ले रज्जो जो तूने कल तक...।

राजराजेश्वरी : मौसी पहले कान तो खोलने दे मुझे। हां, अब कह क्या कह रही थी?

धन्नो : अपने उस मंगेतर राजकुमार से छह महीने का किराया मांग के नहीं दिया तो मैं तुझे कल निकाल दूंगी।

राजराजेश्वरी हँसने लगती है तो धन्नो को ताज्जुब होता है : अब हंस क्यों रही है बेशर्म?

राजराजेश्वरी लाड़ लड़ाती है : इसलिए हंस रही हूँ धन्नो मौसी कि जैसे मैं किराया देने के मामले में आजकल-आजकल कर रही हूँ वैसे ही तू मुझे निकालने के बारे में आजकल-आजकल कर रही है।

धन्नो इस पर पहले नहीं मुस्कुराती मगर धीरे-धीरे उसके चेहरे पर भी मुस्कान आ जाती है : जो तू मेरी सहेली की बेटी नहीं होती, तो मैं तेरी जान ले लेती!

राजराजेश्वरी के कान खींचती है। राजराजेश्वरी गर्दन हिलाती है कि 'हां'।

राजराजेश्वरी : हां धन्नो मौसी, तेरे लिए भी कुछ ले आई छिपाकर।

अपना पर्स खोलती है। पर्स में से नमकीन काजू निकालकर देती है। धन्नो खाती है। खाते-खाते बताती है : काजू में किराया नहीं लेगी मौसी, कलदार चाहिए, कलदार!

राजराजेश्वरी : कलदार-कल!

रोशन क्लब के भीतर अकड़कर चल रहा है। उसकी निगाह राजराजेश्वरी पर है जो उसके इंतजार में बैठी हुई है। सामने से ड्रिंक का ग्लास थामे आते हुए सेनगुप्ता को

वह नहीं देख पाता। दोनों टकराते हैं। सेनगुप्ता की ड्रिंक छलक जाती है। रोशन रूमाल निकालकर पोंछता है : अप्स! आयम सॉरी।

सेनगुप्ता : ब्लडी स्वाइन।

रोशन : फाइन!

सेनगुप्ता : बास्टर्ड!

रोशन 'कर्टसी' में झुकता है : ऑनर्ड! इज्ज़त-अफजाई वास्ते शुक्रिया।

राजराजेश्वरी घबराई-सी लग रही है और पूछती है : आप कहां थे इतने दिन?

रोशन : इंग्लैंड से कुछ मेहमान आ गये थे। मैं उन्हें भरतपुर-जयपुर घुमा लाया।

राजराजेश्वरी : मुझे भी ले जाते ना।

सेनगुप्ता इन दोनों की ओर देख रहा है और इन्हीं दोनों की तरफ आ रहा है।

रोशन : आपको तो पैरिस ले जाने हैं। बल्कि हॉलीवुड चले चलते हैं इस बारी।

राजराजेश्वरी : ये मिस्टर सेनगुप्ता आपको जानते हैं क्या?

रोशन : होटल खोलना चाहते थे मेरे महल में। इस सिलसिले में मिले थे एक बारी। आदमी बहुत घटिया है।

सेनगुप्ता बिल्कुल पास तक आ जाता है और राजेश्वरी को सम्बोधित करता है : ए लड़की!

कि तभी सेनगुप्ता के पीछे से एक वेटर आता है और उसे बताता है कि आपका फोन लग गया सर। सुनते ही सेनगुप्ता वेटर के साथ वापसी के लिये लपकता है।

राजराजेश्वरी : थैंक गॉड।

रोशन : आप भी इन्हें जानती हैं?

राजराजेश्वरी : हमारा भी महल खरीदने आया था। और बातें इस तरह करने लगा जैसे मुझे खरीदने आया हो।

निवेदिता अरुन्धति के कमरे में फोन लिये खड़ी सेनगुप्ता से बात कर रही है। रुंआसी-सी निवेदिता सेनगुप्ता से पूछती है : बाबा आप मुझे क्यों बार-बार परेशान करते हैं?

सेनगुप्ता : बेटी मैं मर रहा हूँ। आज डाक्टर मोशाय बोले, शेष हो जाएगा सब शीघ्र ही। मरते हुए बाबा की बात भी नहीं सुनेगी निवेदिता?

निवेदिता : बाबा, क्लब में आकर मैं क्या करूंगी? मिस्टर रोशनलाल किसी के साथ क्लब में बैठे हैं, तो बैठे रहें।

सेनगुप्ता : मैं उसे देखने के लिए नहीं बुला रहा हूँ। मैं इसलिए बुला रहा हूँ कि मुझसे चला तक नहीं जा रहा। क्लब में जब भी नशा ज्यादा हो जाता था मैं

इंतजार करता था कि तू आएगी और मुझे ले जाएगी। आज भी कर रहा हूँ। मर रहा हूँ और तेरा इंतजार कर रहा हूँ।

सुनकर निवेदिता के चेहरे पर उदासी उभरती है, वैसी ही उदासी इधर राजराजेश्वरी के चेहरे पर उभरती है : नहीं ऐसी कोई खास परेशानी तो नहीं है। असल में मेरे अंकल के गुजर जाने से सब कुछ अपसैट हो गया है। हर हाईनेस पैसा उन्हीं के मार्फत भिजवाती थीं।

रोशन : आपने उनको चिट्ठी डाल दी है तो उन्होंने कोई न कोई अरेंजमेन्ट कर ही देना है।

रोशन निवेदिता को आता देखता है और नमस्कार में हाथ उठाता है। राजराजेश्वरी निवेदिता को देखते ही घबराती है। गर्दन सीधी कर लेती है और पर्स खोल के कुछ देखने का बहाना करती है।

रोशन : नमस्कार निवेदिता जी।

निवेदिता : नमस्कार।

रोशन : बैठो। मैं आपका तआरुफ इनसे कराऊं। आप हैं...।

निवेदिता बैठती बात काट के कहती है : इनका परिचय देने का आवश्यकता नहीं है। मैं जानती हूँ कि ये प्रिंसेस भुवनेश्वनरी की....

वेटर बदहवास दौड़ा आता है : मिस सेनगुप्ता आपके बाबा की तबीयत बहुत खराब है।

सेनगुप्ता की तबीयत खराब होने का सुनना था कि घबराई हुई निवेदिता उसके साथ लपकती है।

रोशन : ये प्रिंसेस भुवनेश्वरी क्या कह रही थीं?

राजराजेश्वरी : वो मेरी कजन हैं और निवेदिता की फ्रेण्ड। तो रोशन, हजार दो हजार आपकी जेब में ही पड़े होंगे। इतने ही दे दीजिए।

रोशन जेबों में हाथ डालता है : इतनी जल्दी क्या है? मैंने तुम्हारे लिए पूरे दस हजार रुपये का इंतजाम कर देना है।

राजराजेश्वरी : इस समय बेहद जरूरत आ पड़ी है। जुए का उधार मैं रखना नहीं चाहती। गन्दे-से लोग हैं।

रोशन : कौन है, मेरे को नाम बताओ।

राजराजेश्वरी : छोड़ो। वैसे तो उसी फ्रेण्ड से मुझे लेने हैं साढ़े तीन हजार।

रोशन : वण्डरफुल। फ्रेण्ड का नाम बताओ। मैंने वसूल कर लेने हैं।

राजराजेश्वरी : छोड़ो!

रोशन : क्यों छोड़ो? मेरे ही काम आ जाने है?

राजराजेश्वरी : मैं मुसीबत में हूँ और आपको मजाक सूझ रहा है।

रोशन जेब में से दो सौ रुपये निकालता है : आप ये रख लो। जेब में मैं ज्यादा रख के चलता नहीं हूँ, क्योंकि जेबकतरों से मुझे डर लगता है।

राजराजेश्वरी : बस...? इससे ज्यादा तो मेरे पर्स में पड़े होंगे।

रोशन : मिला-मिलू के काम चला लेना।

राजराजेश्वरी : इससे क्या काम चलेगा?

रोशन : अच्छा जिनके साथ रहती थी, मेरी ओर से उनकी दावत कर देना।

राजराजेश्वरी : दैट्स ए वण्डरफुल आइडिया।

निवेदिता रो रही है। सेनगुप्ता अस्पताल के बेड पर पड़ा हुआ जैसे कराह रहा है : मेरा अब बच पाना मुश्किल है बेटी। मैंने वकील मोशाय को सारे कागजात दस्तखत करके दे दिए हैं। अब तुझे ही सम्हालना है सब कुछ।

निवेदिता : आप ही सम्हालेंगे बाबा। आप ठीक हो जाएंगे।

सेनगुप्ता : शादी जरूर कर लेना। शुभेन्दु अच्छा लड़का है। नहीं तो और किसी से। तेरी पीशीमां के पास कई रिश्ते...।

निवेदिता : मुझे शादी नहीं करनी बाबा।

सेनगुप्ता : अगर उस बदमाश रोशन से ही करनी हो तो उसी से कर लेना।

जुमला बहुत मुश्किल से पूरा कर पाता है कि सेनगुप्ता का चेहरा विकृत होने लगता है। निवेदिता घबड़ा उठती है : नर्स-नर्स...।

सांपनाथ-नागनाथ की तख्ती के नीचे बैठा रोशन गा रहा है : जिन्दगी उसी की है...।

जिस तरह निवेदिता 'नर्स-नर्स' कह के दौड़ी थी उसी तरह हाथ में अखबार लिये कन्नी 'रोशन मामा-रोशन मामा' कहती दौड़ी पहुंचती है : रोशन मामा, आपकी बंगालन का फोटो छपा है अखबार में। उसका बाप मर गया और वो होटल की मालकिन हो गई। अब तो आप मेरे को वहीं लंच-डिनर कराना।

रोशन अखबार देखने लग जाता है और देखते हुए कहता है : इधर होटल है, उधर महल है। तेरा मामा कहां जाए? मगर महल का रुतबा होटल से बहुत बड़ा होता है।

♦ ♦ ♦

लभायाराम के कमरे में सुबह-सुबह हवेलीराम लिख रहा है और कुछ बुनने में लीन लाजो के मुंह से निकलता है : निक्के को टोपी बहुत पसन्द आई।

हवेलीराम निगाह उठाकर देखता है : मुझसे कुछ कहा लाजोजी?

लाजोजी : मैंने कहा, निक्के को मेरी बुनी हुई टोपी बहुत पसन्द आई। कहता था, दादी जुराबें भी बिन देना।

हवेलीराम : बहुत प्यारा बच्चा है।

रोशन कमरे में प्रवेश करता है : मैं जी?

हवेलीराम : निक्का। तेरी माताजी की बनाई टोपी की बहुत तारीफ कर गया। जुराबें बनाने को कह गया।

रोशन : काम के वास्ते तो निक्के की माँ भी कह देती है माताजी से। (गाकर) हे-हे-हे...। हे-हे-हे...।

रोशन सतबीर की ओर बढ़ता है जो एक कोने में मुट्ठी को ठोड़ी पर रख के कुछ सोच रहा है। रोशन तर्जनी से उसकी ठोढ़ी उठाता है : क्या सोचने लग पड़ा मेरे फटीचर फ्लिौस्फर? (गाकर) हे-हे-हे...।

सतबीर : ओए चुप कर।

रोशन : डायलॉग का वजन सही रखा कर बिरादर। दुबारा इस तरह कह-ओए चुप कर मुफ्लिस मसखरे।

सतबीर जोरों से डाँटता है 'चुप'। और उसके पास से उठकर जाने लगता है। रोशन उसके पीछे-पीछे आता है : बिरादर! जब श्यामलाल को हमसे मिलने में पेरशानी नहीं ना हो रही है तब हमें उससे मिलने में किस करके हो?

सतबीर : वो भरोसा करने लायक इंसान नहीं है।

रोशन : तो मैं-आप कौन भरोसा कर सकने लायक हूँ? गैर-भरोसेमंद बन्दों में आपस में निहायत ही भरोसेमन्द सौदे होते हैं भोले बादशाह!

लाजो : श्यामलाल से अब क्या सौदा करने लगे हो लुम लोग?

रोशन : जाना तब बात बता देने हैं। चल सत!

सतबीर अनमने ढंग से साथ हो लेता है।

लाजो : श्यामालाल के पास जाने की कोई जरूरत नहीं है, सुना?

रोशन : माताजी, आपका ये नालायक पुत्तर रोशन कभी बगैर जरूरत या मतलब कहीं गया है आज तक? श्यामलाल के पास तो हम ऐसा हथियार लेने जा रहे हैं जिससे लाला वृषभान और उसके पुत्तर दोनों का खात्मा हो जाना है।

हवेलीराम : किसी के खात्मे की बातें इस तरह खुश हो के सोची जाती हैं?

रोशन : जब सचमुच खत्म हो जाने हैं लाला वृषभान एण्ड पुत्तर तब हम डेढ़

आंसू रो भी लेने हैं पिताजी। इक आंसू लाले वास्ते, अद्धा उसके पुत्तर वास्ते।

लाजो : इस तरह का बेहूदा मजाक हमारे सामने मत किया कर रोशन।

सतबीर : (सहसा तेज होकर) क्यों न करें?

सतबीर के तेज बोलने पर हवेलीराम चौंकता है। लाजो दुखी होती है और लाजो मुंह फेरकर हवेलीराम की ओर बढ़ती है। सतबीर पीछे से आता है।

सतबीर : (सम्हलकर) मेरा मतलब है, लाला वृषभान ने आप हमारे साथ बेहूदा मजाक किया है माताजी। लाला वृषभान ने तो शुरू से ही आप लोगों के साथ दगा किया है फिर भी आप उसके खिलाफ कुछ भी सुनने को तैयार नहीं हो? क्या बात है?

लाजो : रोशन! श्यामलाल के पास तुम किस तरह जा सकते हो? आज तो बच्चे नैनीताल जाने लगे हैं। उन्हें छोड़ने नहीं जाना?

रोशन : बच्चे प्राजी-भरजाईजी के हैं। उन्हें जाना चाहिए।

हवेलीराम : तुम्हारे कुछ नहीं हैं?

रोशन : पिताजी, खर्चे की मंजूरी दो। मैंने उन्हें ठेठ नैनीताल तक छोड़ आना है।

हवेलीराम : फिलहाल स्टेशन तक ही जाओ।

रोशन : चंगा जी।

कुलभूषण अपने क्वार्टर के बाहर दरवाजे पर लगे ताले को उदास मुद्रा में खोल रहा है। उसकी बगल में सुलोचना खड़ी है। रोशन और सतबीर भी है।

सतबीर : अच्छा प्राजी, अब इजाजत दो।

कुलभूषण : नहीं बैठो।

रोशन : प्राजी आप भरजाई जी से हमारे वास्ते तो रोटी बनवाओ मत। हमारा हाजमा खराब हो जाना है, इनका मूड।

सुलोचना : तुम्हारी बातों पर हंसी तो कभी नहीं आती थी रोशन, अब रोना भी नहीं आता।

रोशन : हंसी तो आप मेरे को कभी नहीं आई भरजाईजी। पब्लिक को आती है। पब्लिक का टेस्ट ऐसा ही है।

दरवाजा खुलते ही सुलोचना थड़थड़ाती हुई अंदर चली जाती है। कुलभूषण के कहने पर भी रोशन और सतबीर भीतर नहीं जाते।

सतबीर : नहीं, हमें श्यामलाल के पास जाना है।

कुलभूषण : अब उससे तुम्हारा क्या वास्ता?

रोशन : हम लोग धन्धे में है प्राजी। वास्ता तो हमारा आपसे भी पड़ जाना है। (पुकारकर) अच्छा भरजाईजी चलता हूँ। लौट के मिलता हूँ।

सतबीर : नमस्ते जी!

कुलभूषण जाफरी में खड़ा सतबीर तथा रोशन को देखता रह जाता है। सुलोचना पीछे से आती है : दिखावटी लोग, बनावटी लोग। बच्चों को सी॰ऑफ के नाम पर मखौल करने वास्ते पहुंच गये स्टेशन। कहता है, भरजाईजी बच्चों को बोर्डिग हाउस में डाल तो रहे हो लेकिन जो प्राजी ने घूस नहीं ना खानी है तो इनका बजट फेल हो जाना है।

ऐसे कहता है मानो हाथ जोड़ के कह रहा हो। सुलोचना चारपाई में बैठ जाती है। भूषण कमरे में चलहकदमी करता है। उसे अपनी बेटी कुक्की की एक किताब मिलती है। ये लिटिल वूमन या उस जैसा कोई नॉवल है। वो उसे खोलता है। उसमें एक चिट रखी हुई है, जिसमें लिखा है - 'आई मिस यू डैड...कुक्की' कुलभूषण के मुंह से अपने-आप निकलता है 'आई मिस यू टू माई चाइल्ड'।

कुलभूषण : लोचन प्लीज, बस करो।

सुलोचना : लगता है तुम्हें फिर रूमाल की जरूरत पड़नी है। स्टेशन में जितना रो लिये वो काफी नहीं था क्या?

कुलभूषण : मैं कब रोया?

सुलोचना : छिपकर। रोने तक के मामले में तुम बहादुर नहीं हो भूषण।

कुलभूषण चहलकदमी करता आगे निकल जाता है। लोचन उसके पीछे आती है : हे! भूषण! सुना नहीं? मैंने तुम्हें भड़काने वास्ते कुछ कहा?

कुलभूषण : बच्चों के बिना घर बहुत सूना लग रहा है।

सुलोचना : तुम्हें? तुम्हारा बच्चों से, घर से, क्या वास्ता रहा है जो इस तरह की बात कहते हो? दफ्तर से देरी से घर आना और साथ में फाइलों का ढेर लाना।

कुलभूषण : फुर्सत का सारा वक्त तो उन्हीं के साथ बिताता था।

सुलोचना : अपनी बीबी से बचने वास्ते। पहले फुर्सत का समय अपने माताजी-पिताजी को दिया। अब बच्चों को देते हो। अपनी बीबी वास्ते ही फुर्सत नहीं है।

कुलभूषण : तुम किस तरह की बातें करती हो। तुम उन बच्चों की माँ हो।

सुलोचना धम्म से बिस्तर पर गिर जाती है : मेरे को खबर है इस बात की कि मैं सिर्फ तुम्हारे बच्चों की माँ हूँ। और कुछ नहीं।

कुलभूषण : मैंने भेज तो दिया बच्चों को बोडिंग में? अब और क्या चाहती हो?

सुलोचना बिस्तर पर पसरी हुई होती है। कुलभूषण मुंह फेर के फिर चहलकदमी करने लगता है। सुलोचना झटके से उठ बैठती है : तुम्हारा ध्यान। योर अटैन्शन प्लीज। नॉव लुक भूषण, मैंने तुम्हारे बच्चों को, जो इन्सीडेन्टली मेरे भी हैं, बढ़िया स्कूलों के बोर्डिंग हाउसों में डाला है। किसी कैदखाने में नहीं। तुम ये कहते नहीं थकते कि मैं तो विलायती आदमी हूँ। विलायती लोग तो अपने बच्चों को बोर्डिंग में ही डालते हैं।

कुलभूषण : तो मैंने मना किया है बोर्डिंग में डालने को?

सुलोचना : टाला जितना टल सकते ते। तुम्हें इस बात की खबर है कि कुक्की पन्द्रह साल की होने को आई? मैं तो कुल सात साल की थी जब डैडीजी मेरे को नाथागली कान्वेन्ट में रख के आये थे। और ये ठीक भी था। इसी तरह बच्चे को अपने पांव खड़ा होना आता है और माँ-बाप को मियां-बीबी बने रहने का मौका मिलता है। (प्यार से) भू...ष...ण...।

सुलोचना बिस्तर पर बैठ जाती है। अपने पास वाली जगह थपथपाती है और आंख से इशारा करती है कि बैठो। कुलभूषण इशारा देखकर भी अनदेखा करता है और चहलकदमी करने लगता है। सुलोचना उसकी ओर हैरानी तथा फ्रस्ट्रेशन से देखती है। फिर वह कुलभूषण को पुकारते हुए लेट जाती है और इस क्रम में बिस्तर पर पड़ी हुई 'निटेड' कैप नीचे फेंक देती है। भूषण घूमता है यस...?

सुलोचना : कम हियर बॉय।

भूषण : मैं बॉय नहीं हूँ।

सुलोचना : दैन बी माई मैन।

कुलभूषण : आई एम योर मैन एण्ड यू बैटर नॉट फॉरगेट देट।

सुलोचना खिलखिता के हंसती है। कुलभूषण गुस्सा होकर कमरे से निकल जाता है। टोपी उसके पांव में उलझती है। वो उसे उठाता है : ये क्या? ये टोपी तुमने पैक नहीं की लोचन? उतनी सारी बहस के बाद पैक नहीं की? माताजी ने कितने प्यार से बनाई है निक्के के लिए।

सुलोचना : तुम्हारे माताजी ने तो उतने ही प्यार से बच्चों को ये समझाया कि नैनीताल जाकर पढ़ना फिजूलखर्ची है। दिल्ली में अच्छे-से-अच्छे स्कूल हैं।

कुलभूषण : तो क्या गलत कहा? मेरी लिमिटेड आमदनी में तीन-तीन बच्चों को बोर्डिंग हाउस में रखना कोई अक्लमंदी नहीं है।

सुलोचना ताली बजाते हुए उठ बैठती है : आ हा! अब समझी! भूषण, तुम्हें बच्चों के चले जाने का अफसोस नहीं ना हो रहा है। तुम्हें तो फिजूलखर्ची न करने

के अपने उसूल के चले जाने का अफसोस हो रहा है। तुम्हारे पूज्य माताजी-पिताजी का दिया हुआ उसूल।

भूषण गुस्से में : ये कैप तुमने क्यों नहीं पैक की? प्यार को ठुकराने का उसूल तुमने किससे सीखा है? अपने माताजी से?

सुलोचना : तुमसे।

कुलभूषण : मेरे से? मैंने तुमसे प्यार किया है। तुमने मेरा प्यार ठुकराया है। तुम्हारे कॉलेज के चक्कर मैं खाता था। सब कुछ जानते हुए भी तुमसे शादी मैंने की।

सुलोचना धीमे-धीमे ताली बजाती है : हियर-हियर!

कुलभूषण : मुझे उम्मीद थी कि तुम मुझसे और मेरे उसूलों से प्यार करना सीख जाओगी।

सुलोचना : मुझे भी। वी हैव ग्रेट एक्सपैक्टेशंस ऑफ इच अदर। कम हियर बॉय।

कुलभूषण उठ जाता है।

कुलभूषण : आई एम नो बॉय ऑफ यौर्स।

सुलोचना : दैन बी माई मैन।

सुलोचना खिलखिला के हंसती है। कुलभूषण गुस्से से उसकी ओर बढ़ता है और उसकी बांहे पकड़ता है : आई एम यौर मैन एण्ड यू बैटर नॉट फॉरगैट दैट। स्टॉप इट, आइ से।

सुलोचना एक क्षण को हंसना रोकती है : या तो बोलता नहीं और बोलता है तो दांत पीस के। भूषण द ग्रेट लवर!

सुलोचना फिर पसर जाती है। भूषण को उस पर झुकना पड़ जाता है। सुलोचना खिलखिलाती है। भूषण उसे झकझोरने लगता है : अमीरजादी, मैं तुम्हारा बबुआ नहीं हूँ। मैं इंसान हूँ।

सुलोचना : सुना तो ये था कि तुम फरिश्ता हो। तुम्हें एक बात बताऊं भूषण, फरिश्ते से शादी करने में कोई मजा नहीं है।

कुलभूषण : मेरे को जानवर बनने को मजबूर मत करो लोचन।

सुलोचना : फरिश्ता छोड़ तुम कुछ भी हो जाओ, मेरे को मंजूर है।

सुलोचना भूषण के गले में बांहें डाल देती है। कुलभूषण कुछ नरम पड़ता है और एक अजीब नजर से लोचन को देखता हुआ कुछ सोचता है। सुलोचना जैसे समझाती है : इतने पिटे हुए, ऐसे खोए हुए नजर मत आओ भूषण। सिर्फ इतना ही हुआ है कि मैंने बच्चों को बोर्डिंग में डलवा दिया है ताकि हमें एक-दूसरे के लिए ज्यादा वक्त मिले और तुम अपनी हैसियत के मुताबिक कमाई करने को मजबूर होओ।

कुलभूषण : शायद मैं जल्दी ही आई.ए.एस. में प्रमोट कर दिया जाऊं।

सुलोचना : वण्डरफुल। तब मैंने तुम्हारी हैसियत और बढ़ा देनी है।

श्यामलाल के जलसाघर में सतबीर, रोशन और श्यामलाल बैठे हैं। फूलवती पान की तश्तरी घुमा रही है : आप क्यों ना ले रहे पान पीलिंस जी?

श्यामलाल : अरी फूलवती ये तो उन लोगों में से हैं जो खाना खा लेते हैं पर पान नहीं खाते। ला ये बीड़ा भी मुझे दे दे। हां जी तो अब करें काम की बात?

रोशन : जरूर।

श्यामलाल : पहला काम तो प्रिंस के लिए कराओ कि किसी न किसी तरह जे.बी. साहब के मन में मंगला के बारे में शक डाल दो।

सतबीर : मैंने नहीं कहना ऐसा कुछ भी। आपने इसी तरह की पटिया बात करने को बुलाया है तो मैं चला जाता हूँ।

श्यामलाल : चलो जी, बढ़िया बात सुझा देते हैं। तुम ऐसा करो कि जे.बी. से फिर से दोस्ती कर लो। वो भी आजकल बढ़िया आदमी बनने की कोशिश कर रहा है।

सतबीर : मेरे को नहीं करनी उससे दोस्ती।

श्यामलाल : दोस्त बन के दुश्मनी करने को कह रहे हैं प्यारे भाई। तुम उसके यहां हमारे भेदिए बन जाओ।

रोशन : बस आपने यही सब बताने के लिए बुलाया था? इस सबसे हमारा क्या बनना है? इससे तो आपका फायदा होना है।

श्यामलाल : अब तो जिसमें हमारा फायदा उसमें तुम्हारा फायदा।

रोशन : नहीं।

श्यामलाल : नहीं? तब ऐसा करो, प्रिंस से कहो कि बलली के पास जाए और उसे जे.बी. पर केस चलाने के लिए राजी करे।

सतबीर : किस बात का केस?

श्यामलाल : ये तो जब उससे मिलोगे पता चल जाएगा।

रोशन : श्यामलाल जी, गुस्ताखी माफ। कोई बात नहीं बनी।

श्यामलाल : फिर तो यही करो कि लाला वृषभान एंड संन पर रेड डलवा दो अपने भाईसाहब से। किन-किन लाइसेंसों का कोटा वो ब्लेक कर रहे हैं, इसकी डिटेल मैं ला दूंगा।

सतबीर : भाई साहब का इस काम से क्या वास्ता? ये तो उनका बड़ा अफसर देखता है।

श्यामलाल : अब वो खुद बड़े अफसर हो गए हैं। आई॰ए॰एस॰ बना दिए गए हैं।

रोशन : अच्छा?

श्यामलाल : हां। आप लोग आए उससे जरा ही पहले मुझे फोन पर खबर मिली।

रोशन : ठीक है। ये हम करा देने हैं।

श्यामलाल : और प्यारे भाई, बबली से भी केस कराओ। हर तरफ से हमला करना चाहिए।

रोशन : पहले एक काम तो करो। अच्छा चलता हूँ, लौट के मिलता हूँ।

ये लोग उठकर चले जाते हैं, फिर फूलवती आती है : मैंने कही सामलालजी आप इस मरे पिलिंस को बता क्यूं ना देते कि ये लालाजी का बेटा है। इससे करवाओ केस।

श्यामलाल : देख फूलवती, मैंने तेरे को अपने यहां रखा है तो तेरा दिमाग इस्तेमाल करने के लिए नहीं, दिमाग मेरे पास अपना भतेरा है। अरी बावली, लालाजी की दौलत मुझे अपने हाथ में लेनी है कि उसके जायज-नाजायज बेटों में बंटवानी है?

हवेलीराम लाजो के पास बैठा है। सतबीर और रोशन पास में खड़े हैं।

हवेलीराम : आई॰सी॰एस॰ बनना चाहता था कुलभूषण। दूसरी जंग न छिड़ी होती तो शायद बन भी जाता। चलो अब आई॰ए॰एस॰ ही हो गया।

लाजो : जो सोचा उस बिचारे को कभी मिला नहीं।

हवेलीराम : आज सैर करता हुआ उधर ही निकल जाऊंगा। बधाई देता आऊंगा।

लाजो : उसने आप आ जाना है यहां मिठाई ले के।

रोशन : उससे पहले तो हमने जाकर खिला देनी है मिठाई। चल भई सत।

हवेलीराम : तुम क्यों खिलाओगे? वो खिलाएगा।

रोशन : ताकि हमारा भी धन्धा-पानी कराता रहे।

लाजो : रोशन पुत्तर, खबरदार जो तूने उससे रिश्वत लेने को कहा।

रोशन : मिठाई खाने को कहने हैं।

लाजो : सत क्या बात है?

सतबीर : माताजी हमने प्राजी से बेईमानों के खिलाफ कार्रवाई करने को कहना है।

हवेलीराम : कौन बेईमान?

सतबीर : लाला वृषभान। श्यामलाल जी ने हमें बताया है कि कौन से लाइसेंसों का कोटा वो ब्लैक कर जाते हैं।

लाजो : श्यामलाल जी खुद शिकायत कर सकते हैं। तुम्हें क्या जरूरत है बीच में पड़ने की?

सतबीर : आपके वास्ते लाला वृषभान का हर गुनाह माफ किस तरह है माताजी?

कुलभूषण के कमरे में कुलभूषण के पास सुलोचना बैठी है, सतबीर बैठा है, रोशन मिठाई ऑफर कर रहा है। कुलभूषण एक टुकड़ा मिठाई उठाते हुए कहता है–'मैं तो आप आनेवाला था मिठाई लेके।'

रोशन : भरजाईजी आप भी लो। माताजी तो इतने खुश हुए कि उन्होंने सारे मौहल्ले में मिठाई बंटवा दी। बोले, जा फौरन प्राजी और भरजाईजी को भी खिला।

सुलोचना एक टुकड़ा उठाती है : रोशन तुम इधर-उधर की आलतू-फालतू बातें काफी बोल चुके। अब काम की बात पर आओ। अब बताओ, किस गरज से आए हो?

रोशन : मेरे को भरजाईजी की यही अदा बहुत पसंद है। हमेशा टु दि पाइन्ट। तो प्राजी-भरजाईजी पाइन्ट ये है कि श्यामलाल जी ने हमें ऐसा मसाला दिया है जिसकी बिनाह पर आप लाला वृषभान एण्ड सन पर रेड डाल सकते हो। भई सत इन्हें कागजात दे।

सतबीर कागजात बढ़ाता है लेकिन कुलभूषण से पहले सुलोचना झपट लेती है : जस्ट अ मिनिट। लाला वृषभान पर रेड डलवा के आपको क्या मिलना है?

सतबीर : बदला।

रोशन : अंग्रेजी में बता—स्वीट रिवेंज।

सुलोचना कागजात वापस करती है : लाला वृषभान से अपनी लड़ाई तुम लोग आप लड़ो। भूषण को उसमें फंसाने की जरूरत नहीं है।

सतबीर : प्राजी, फंसाया तो लाला वृषभान ने हम लोगों को था। आपको पता है, मेरे पे झूठा इल्जाम लगाया गया था?

सुलोचना : हमें तो सिर्फ ये पता है कि अदालत ने तुम्हें सजा सुनाई थी।

सतबीर : मैं प्राजी से बात कर रहा हूँ, आपसे नहीं।

सुलोचना : ऑल राइट। गो हेल।

सतबीर : प्राजी, जैसे तब आपने मेरे खिलाफ कार्रवाई होने दी, अब लाला वृषभान के खिलाफ नहीं करोगे?

कुलभूषण कागजात के लिए हाथ बढ़ाता है : जरा मेरे को दिखाना।

कागजात लेता है और देखने लगता है।

सुलोचना : तुम्हें तो सिर्फ एक चीज नजर नहीं ना आनी है भूषण कि ये लोग तुम्हारे वैल-विशर नहीं हैं। इसमें जरूर कोई चाल होनी है।

कुलभूषण : इसमें क्या चाल हो सकती है? ठीक है, मैंने उस पर एक्शन ले लेना है।

सुलोचना : कुछ ठीक नहीं है। मेरे को अब समझ में आ गई है इन लोगों की चाल। सुनो भूषण, तुम्हारे इन भाइयों ने अब घूम-घूम के लोगों से कहना है कि जो तुमने हमारी जेब गरम नहीं करते रहनी है तो हमने तुम पे अपने आई॰ए॰एस॰ भाई से रेड डलवा देनी है।

कुलभूषण रोशन की ओर देखता है : प्राजी ये झूठ है।

सुलोचना : इन्होंने यहां से सीधा वृषभान हौरी के पास जाना है और कहना है कि हमें पैसा दो तो भेद की बात बताएं। पैसा मिलते ही इन्होंने बता देना है कि कहां-कहां छापा पड़ना है। जो पैसा ना मिला तो इन्होंने कुछ नहीं कहना और बाद में बताना है कि हमारी बात नहीं सुनी तो अब घिर गये ना मुसीबत में।

रोशन : प्राजी, माताजी की सौगंध, पिताजी की सौगंध, ऐसी कोई बात नहीं है।

सुलोचना : इनके वास्ते तो माताजी का कोई मतलब नहीं, पिताजी का कोई मतलब नहीं, सौगंध का कोई मतलब नहीं। इनकी बातों में मत आओ भूषण।

कुलभूषण : अब तुम ज्यादा मत बोलो लोचन।

सुलोचना जाने के लिए उठ खड़ी होती है : शुक्र है रब का घर में टेलीफोन लग गया। मन करने पर किसी और से तो बोल सकती हूँ।

लभायाराम का कमरा। मास्टर हवेलीराम और रोशन को लाजो खाना खिला रही है। खाने के नाम पर हवेलीराम की थाली में जहाँ सिर्फ दाल-रोटी है, रोशन की थाली में दही तथा सलाद भी। लाजो हवेलीराम से पूछती है: एक रोटी और आवे मास्टरजी?

हवेलीराम : नहीं लाजोजी, बस।

रोशन : रोज के दाल-रोटी वाले मीनू से पिताजी भी बोर हो गये होने हैं।

हवेलीराम : नहीं पुत्तर, लाजोजी की तरह मेरे लिए भी अपनी मेहनत की दाल-रोटी की कमाई बहुत है।

रोशन : ये भी भला कोई बात है कि हम जो-जो चीजें लाये हैं आप लोग इन्हें खाते नहीं। हमारी कमाई को हराम की किस तरह समझते हो?

लाजो : इमने कभी कहा कि तेरी कमाई हराम की है?

रोशन : तो फिर हम सब लोगों के कमाते हुए भी आप स्कूल में पढ़ाने क्यों जाते हो? और पिताजी पांच रुपया कालम पर लेख क्यों लिखते हो?

लाजो : इसलिए कि हमने दाल-रोटी अपनी कमाई से ही बनानी है।

रोशन : जो आपको अपने कमाए पैसों पर ही गुजर करने की जिद थी तो पिताजी को सतविंजा में इलैक्शन लड़ा देना था।

हवेलीराम उठता है : इलैक्शन कभी नहीं लड़ा तो अब क्या लड़ता?

रोशन : इलैक्शन तो मैंने लड़ना है सतविंजा से। कौम का लीडर बनकर दिखा देना है।

हवेलीराम : मनसूबे बांधने की बीमारी पाल ली है?

रोशन : जी ये बीमारी तो सारी कौम को लग गई है। फाइव इयर प्लान चल पड़ा है नेशन का। जब नेशन का चला है तो रोशन का भी चलना हुआ ।

हवेलीराम : नेशन के प्लान से ही अपने को जोड़ पुत्तर।

रोशन : दूसरे सयाने लोगों की तरह मैं भी यही कर रहा हूँ पिताजी। ऐम ये है कि नेशन का चार करोड़ रुपये का धन्धा करा दो, कमीशन के चार पैसे आप बना लो।

हवेलीराम : कौम के काम में भी अपना फायदा देखता है।

रोशन : कौम हमारे फायदे वास्ते ही तो शुरू कर रही है ये काम।

लाजो : छोड़ो मास्टरजी। ना इन्हें हमारी बात समझ में आनी है, ना हमें इनकी। ये तो कोई और ही जबान बोलने लग पड़े हैं।

रोशन : हम तो जी वो जवान बोलते हैं जिसे सारी पब्लिक समझती है। आप लोग ही संस्किरत बोलने की जिद करते हो माताजी।

हवेलीराम : संस्किरत नहीं, संस्कृत।

रोशन : पिताजी आपने मास्टरजी बन के गलतियां निकालते रहने में ही जिन्दगी बिता देनी है। और दुनिया ने उसी गलत राह पर बढ़ के सही मंजिल पर पहुंचते रहना है।

हवेलीराम : तू भी पहुंच जा पुत्तर!

उदास चेहरा लिये सतबीर को आता देख रोशन पूछता है : सत, पड़ गई रेड?

सतबीर : पड़ गई रेड और फूट गये करम। पहले प्राजी-भरजाईजी की गालियां सुननी पड़ीं, फिर श्यामलाल की।

रोशन : क्यूं ऊं?

सतबीर : रेड में कुछ नहीं निकला। लाला वृषभान हौरी को किसी ने खबरदार कर दिया था। प्राजी को हम पर ही शक है। और श्यामलाल भी यही कहता है कि हमारे यहां से ही किसी ने बताया होना है।

हवेलीराम : पुत्तर तुम लोगों को इस पचड़े में पड़ना ही नहीं चाहिए।

सतबीर : आप लोग तो लाला वृषभान हौरी का कोई नुकसान नहीं देखना चाहते।

रोशन : तो अब?

सतबीर : मेरे को जाना पड़ेगा बबली जी के पास, कि जे॰बी॰ पर केस करो।

लाजो : किस बात का केस?

सतबीर : वादा करके भी शादी नहीं की।

हवेलीराम : वो तो तूने भी नहीं की।

सतबीर : मैंने कोई वादा नहीं किया था।

हवेलीराम : तेरी माँ ने तो किया था।

सतबीर : तो आप लोग कर दो मेरे पर केस।

लाजो : पिताजी से तेज हो कर क्यों बोलता है?

सतबीर : मैं तो सब के हाथ जोड़ के बोलता हूँ और एक ही बात बोलता हूँ कि आप लाला वृषभान हौरी के इतने बड़े खैरखाह क्यो हों?

हवेलीराम सिर झुका लेता है मगर लाजो बहुत तिलमिला जाती है : हम तेरे खैरखाह हैं। सुना?

सतबीर : मेरे? लाला वृषभान की खैर में मेरी खैर समझते हो आप? तो रोशन मैं किस तरह करूं? कल सुबह निकल जाऊं सहारनपुर?

लाजो : मैंने तेरे को वहाँ नहीं जाने देना है।

सतबीर : माताजी गुस्ताखी माफ। मैंने वहाँ जरूर जाना है और बबलीजी से जे॰बी॰ पर मुकदमा करवाना है।

लाजो : तो मैंने आप वहां पहुंच जाना है और ये नहीं होने देना है।

सतबीर चौंकता है फिर कुछ सोचता है और पूछता है : नहीं होने देना है? उसी तरह जिस तरह...जिस तरह रेड को कामयाब नहीं होने दिया? इधर हमसे सुना और उधर जे॰बी॰ हौरी को बता आए।

हवेलीराम : सतबीर!

लाजो : तूने मेरे को चुगलखोर समझा? मेरे को? अपने उसूलों के साथ-साथ अपने होश भी खो बैठा है?

सतबीर : मैं क्या नहीं खो बैठा हूँ? मेरे पास बचा ही क्या है एक बदला लेने की तड़प को छोड़ के? उसे भी छीन लेना चाहते हो आप?

हवेलीराम : तुमसे हमने और क्या छीना पुत्तर?

सतबीर : कुछ आपने छीना, कुछ जमाने ने। वतन छिन गया। आप छिन गये।

पहले भी मेरे पास ज्यादा कुछ तो था नहीं। सिर्फ यही था कि मेरे माताजी-पिताजी हैं, घर है, पहचान है। वो सब छीन लिया आपने मेरे से। फिर एक इज़्ज़त बची थी वो लाला वृषभान ने छीन ली। आपकी तो जरूर कोई मजबूरी रही होनी है कि आप मेरे से धोखा करते रहे, मगर उस कमीने ने ऐसा क्यों किया? उससे मैं बदला क्यों नहीं ले सकता?

हवेलीराम : सत पुत्तर, तू मुझे दो-चार दिन की मोहलत दे। मैं आप जाकर बबली से मिलूंगा। अगर वो चाहती होगी तो उसे जरूर पेश करूंगा।

लाजो ट्रंक में सामान रख रही है और हवेलीराम अपना बिस्तर बांध रहा है।

लाजो : ये आप उससे क्या कह बैठे?

हवेलीराम : ठीक ही कहा। सहारनपुर में बबली से मिल लूंगा और फिर उत्तरकाशी पहुँचकर वीरांवाली से।

●●●